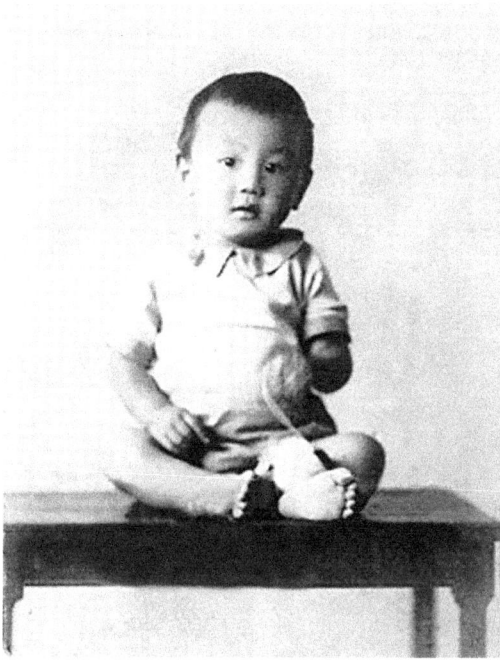

6 个月的李圭白

1957 年的李圭白

1980年，李圭白在研究高浊度水课题

崔福义与李圭白在松花江游船休闲

李圭白（右）与博士研究生马军（左）、陈忠林（中）

李圭白与梁恒在杭州

李圭白生日家宴，与家庭成员及亲属

专业改革讨论照片

老科学家学术成长资料采集工程研究报告
「李圭白学术成长资料采集」项目

净水人生

——李圭白传

陶丹梅　崔福义　梁　恒　编著

中国建筑工业出版社

我的导师——代序言

说明：该文原刊载于《贺李圭白院士八十寿辰——水科学与技术学术报告会论文集》（中国建筑工业出版社 2010 年版）。虽然时间已经过去了 8 年，但是笔者认为该文仍最能表达一个学生的心声，故在"李圭白学术成长资料采集"项目及《净水人生——李圭白传》完成之际，仍将此文作为代序言。同时，也借此机会感谢先生的信任，将如此重要的项目及传记的工作交给我主持，这是学生的莫大荣幸。虽然学生尽力了，但是深感能力有限，肯定还有很多疏漏，还望先生见谅。

学生崔福义 2018 年 9 月 15 日于重庆。

李圭白先生是我的导师。我自大学四年级起便师从李先生，迄今已 30 年了。在筹备庆祝李先生 80 寿诞之际，回顾跟随李先生的点点滴滴，感慨万千。

李先生作为老资格的中国工程院院士，堪称学术大师。他的大师风范表现在哪里？学生认为最主要的是在于他的学术敏锐与创新，对学术问题看得准、抓得住、坚持不懈、持之以恒。先生在近 60 年的学术生涯中一直致力于饮用水处理技术的研究。早在 20 世纪五六十年代，他先后开展了黄河高浊度水处理技术、地下水除铁除锰技术研究，开创了我国这些研究领域的先河，不仅取得了系列成果，满足了国家经济建设在相关技术方面的重要需求，而且形成了一个个完整的学术方向和学术体系，为饮用水处理技术的发展作出了开拓性的贡献。在 20 世纪的八九十年代，我国的水污染逐渐加剧，在许多研究者学习国外的经验研究臭氧活性炭等技术时，李先生独辟蹊径从当时的国情出发开始了高锰酸盐除污染技术的系列研究，并及时将研究成果转化为生产力，为我国微污染饮用水处理开辟了一条新的途径。20世纪80年代末期，水处理工艺过程控制研究刚刚起步，我在国外学习期间参与了流动电流混凝控制技术的研究，但以为此与我们熟悉的水处理工艺有距离，回国后本想将研究的成果写几篇文章了事，由于当时国内对此尚不了解，还遭遇了第一篇在国内的投稿被退稿的窘境。但是当我将在国外研究的情况向李老师汇报后，他则敏锐地看到了此方向的研究前景，鼓励并指导我开展研究。在李老师的领导和指导下，我们课题组坚持10年，在流动电流的原理、检测、应用等多方面开展了系列研究，创造了诸多第一，成为国际上流动电流技术研究与应用最活跃的国家之一。以此为题，产生了多位博士、一批硕士，形成了饮用水处理技术中一个重要的研究方向。在近年，李先生又提出了以膜技术为核心的第三代城市饮用水净化工艺的新思维，并大力倡导与实践，他领导的课题组已经成功地应用第三代水处理技术完成了净水厂改造示范工程。纵观李先生近60年的研究经历，他所开辟的学术方向，无不紧扣时代脉搏、围绕国家需求、创造与引领学术潮流、形成系列的学术成就。

李先生是勤奋、刻苦、严谨、睿智的大师。李先生的勤奋与刻苦是众所周知的。记得是1985年夏天，当时在紧张地筹备一个关于高浊度水处理技术的鉴定会，但是李先生背部不幸严重感染，十分痛苦，以致不能动笔。在医院治疗的间隙，他口述、我记录，坚持完成了会议文件的准备，使会议如期成功举行。现在，李先生以近80岁高龄工作在科研和人才培养的一线，仍亲自指导博士生、硕士生，亲自主持科研课题，亲自下实验现场，不知疲倦。他一年中有一半以上的时间奔波在全国各地的学术活动中。李先生治学严谨，对学生的论文总是逐字逐句的修改，他说过学生的论文他一般要改3遍。李先生还拥有独特的思考习惯，记得多年前听他讲过他有早起的习惯，但有时清早醒来之后并不立即起床，而是在床上闭目思索，产生灵感。也许他的一些重要的学术创新思想就是这样产生的吧。

李先生身为大师，但仍然是谦虚与谦和的，他从不以高高在上之态待人。在学术上，与我们这些学生们经常进行平等的讨论而不是训诫，使我们也敢于积极思考与建言。即使我们工作做得不能令先生满意，他也从不严厉苛责，他的和颜悦色让我们只能充满自责而更加努力。李先生待人随和，他在工作之余也很愿意与学生们共乐。他喜欢放开歌喉，以深沉的嗓音唱起《红梅花儿开》等老歌；在今年学院庆祝建校90周年的文艺演出中，李先生又亲自登台放歌，赢得了雷鸣般的掌声。李先生也喜欢利用学生答辩等机会请学生们聚餐，他总是要亲自点菜、自己买单，我们也乐得看到老先生兴致勃勃的样子，享受他亲点的大餐，在畅饮共叙、其乐融融之中，感受着他长者的慈祥。

作为大师，李先生的贡献还表现在对本科生培养的重视上。他早年亲自为本科生授课，本人就有幸直接受到李先生的教诲而成为他的学生。现在他仍以近80岁的高龄为本科生开讲座，答疑解惑，培养年轻一代树立远大理想。在1995年起的10年内，他担任全国高等学校给水排水工程专业教学指导委员会的主任，积极倡导与领导了我国本专业历史上最大规模的改革，形成了面貌全新的适合时代需求的给水排水工程专业，他还亲自主持编写了专业的核心教材《水质工程学》《城市水工程概论》等，在专业发展史上写下了重要的一页。

今年，李先生已80高寿，他的学术生涯也近60年了。近60年来，李先生一直作为学者活跃在水处理技术研究领域的前沿，他自己笑称作过最大的"官"就是教研室主任。能以近60年的跨度始终坚持工作于教学科研一线，并不多见。他近60年如一日，在饮用水处理技术领域辛勤耕耘，成果等身，桃李满天下，成为令人尊敬的学术大师。李先生迄今已获得国家级技术奖励6项，出版了著作6部，参编教材3部，发表学术论文400余篇，培养了硕士、博士、博士后近百名……如今，李先生的学生中早期的已有退休，而一大批中青年学生已成为国家水处理技术领域的学术和技术骨干，更年轻的学生还在校园里朗朗读书，为获取硕士、博士学位而用功。在祝贺李先生80高寿之际，我的心情是矛盾的，既希望先生继续耕耘，创造出更多的学术成就，培养出更多的师弟师妹；又不忍心先生以80高龄还在亲力亲为，希望先生能放松心情，像普通的老人那样享受生活，颐养天年。也许，这二者并不矛盾，工作使人健康，成就使人快乐，创造使人长寿。满天下的学生们都祝您健康长寿。

在庆祝李圭白老师80寿诞、编辑出版《贺李圭白院士八十寿辰——水科学与技术学术报告会议论文集》之际，谨以此文表达对导师的敬慕之情并代为序。

学生 崔福义

2010 年 6 月

自 序

　　我的一生先是伴随着旧社会的飘摇动荡，后也见证了新中国的蓬勃发展。我出生于 1931 年 9 月 25 日。1931 年最大的事件就是"九一八"事变，发生在沈阳，是日本军事侵略中国的开始。而我正是在"九一八"事变之后的第七天出生在沈阳。

　　2001 年，我 70 岁，我的学生们为我祝寿，要我在会上讲几句话。我那时将我的 70 年人生分为 10 段，每 7 年一个段。

　　我的前三段（1931 年～1952 年的 21 年）人生，主要是在战乱中度过的，经历了国内革命战争、抗日战争、解放战争和抗美援朝 4 场战争。我出生时，我的家庭是一个比较富裕的知识分子家庭，父亲是同济大学毕业的土木工程师，母亲是上海大夏大学文科毕业生。但是随着东北的沦陷，我们全家开始逃难，从沈阳逃到南京，南京沦陷又逃到河南，继而逃到陕西，以及四川，直到 1949 年底在四川被解放。

　　1936 年，我在南京上小学，1943 年我在陕西汉中小学毕业。在我的儿童和少年时期，饱受日军轰炸和颠沛流离之苦。1943 年小学毕业，我考上了设于成都附近灌县的空军幼年学校，这是国民党为培养空军后备力量而创办的一所准军事学校。在校 6 年，我接受了初、高中文化教育及初步准军事训练，该校无论是物质方面还是师资方面在当时都堪称一流。我在该校的 6 年，是从少年成长为一个青年的重要时期，为我的文化知识和身体素质打下了良好的基础。

1949年，我高中毕业，没有去台湾，而是留在大陆，准备考大学。在战乱中，我的家庭经济状态每况愈下，虽然我没有失学，但高中毕业后已无经济实力上大学，为了谋生不得不在一药店打工，成为一名店员，处于社会底层，前途渺茫。1949年12月14日，我在四川广元被解放，对我而言这是一次真正的解放，是我人生的转折点，使我燃起了对人生前途的希望。1950年我考进了哈尔滨工业大学，但这时又爆发了抗美援朝战争，整个社会仍处于战争气氛之中。

我的第四段到第七段（1952年~1980年的28年）人生，经历了从中华人民共和国成立到"文革"期间的各种政治运动。1952年开始了第一个五年建设计划，并提出向科学进军的号召，使人们备受鼓舞。但1957年开始了"反右"，随之而来的是"大跃进"、三年困难时期，直至十年"文革"结束。这段时期，我在哈尔滨工业大学学习、工作，度过了我人生中最宝贵的青壮年时期。

新中国成立初期，我作为热血青年，有很高的政治觉悟和工作热情，在学习和工作中勤奋努力，承担着很重的教学任务，特别是对科研很感兴趣，结合社会需求开展了一些研究工作，也取得一些成果。

在政治上，因受家庭成份影响，我的入党申请不被接受，但我并未感受到很大压力，这主要得益于我的老同学、我们教研室的支部书记汤鸿霄同志。他是北京解放前入党的老党员，他顶着压力实行了一条正确的知识分子政策，对教师们搞科研、提高业务的积极性给予保护和支持，使教研室的政治气氛比较宽松，使得青年教师得以快速成长。

1970 年我全家被下放到农村进行劳动改造，丧失了很多宝贵时间，我的人生步入低谷，对将来失去希望。这期间，我生活压力倍增，艰难度日。

1976 年"文革"结束，邓小平同志提出了"科技是第一生产力，知识分子是工人阶级的一部分"，摘掉了长久以来压在知识分子头上的帽子，使我得到了第二次解放。在这样的新形势下，进入到我人生随后的三个七年（1980 年 ~2001 年的 21 年）。我庆幸在我人生的下半段，赶上了一个好时代。

第二次解放，使我燃起很大的热情，虽然当时我已年至半百，但仍想在这难得的新时代干出一番事业。

1978 年、1982 年和 1986 年，我相继被评为副教授、教授和博导。这时，我国高校开始实行学位制。我从 1978 年开始招收研究生，从此我的科研开始和研究生合作。研究生的加入使科研成果更多、更快也更深入，他们是高校重要的创新力量，我也迎来了科研的春天。我和研究生先后做出一些创新性成果，获得了若干个国家级及省、部级科技奖，两次被评为省劳模，1984 年我光荣地加入了中国共产党，1995 年被评为中国工程院院士。这都是对我工作的鼓励，我会珍惜这些荣誉。

人生七十，被称为古稀之年。在其后的岁月中，我有幸看到我们国家社会经济奇迹般地爆发式增长，国家经济总量已跃居世界第二，科技和军事也日新月异，进入世界科技和军事大国行列，特别是我从事的水业迎来了蓬勃发展的春天。我今年87岁，已是耄耋之年，所幸身体尚好，仍然能为社会做点工作，发挥些余热。我国现已进入中国特色社会主义新时代，正在实现中华民族的伟大复兴，我不愿做一个旁观者，要做一个参与者，生命不息，奋斗不止！

李圭白

2018.11.17

前　言

　　老科学家学术成长资料采集工程（以下简称"采集工程"）于 2010 年正式启动。这是根据国务院批复的《老科学家学术成长资料采集工程实施方案》，中国科协联合中组部、教育部、科技部、工信部、财政部、文化部、国资委、解放军总政治部、中国科学院、中国工程院、国家自然科学基金委员会等 11 部委共同实施的一项抢救性工程。

　　采集内容：通过实物采集、口述访问、录音录像等方法，充分采集，把反映老科学家家庭背景、求学历程、师承关系、重要科研工作经历、学术思想和观点、与国内外同行的学术交往等学术成长历程的关键事件、重要节点等各方面的资料保存下来，为深入研究科技人才成长规律，宣传优秀科技人物提供第一手资料和原始素材。具体包括：口述资料、实物资料（自传、回忆录、获奖情况资料、证书类、信件类、手稿类、著作类、新闻事迹类、档案类、图纸类）、音像资料、与老科学家学术生涯有关的具有保存价值的其他资料。

　　采集工程的成果有三种形式：1. 建设一套系统的"老科学家学术成长资料数据库"，为提供学术研究和弘扬科学精神、宣传科学家之用，在北京理工大学建立"老科学家学术成长数据采集工程馆藏基地"以及"北京理工大学中国科协文献收藏与交流中心"；2. 编辑制作科学家专题资料片系列，以视频形式播出；3. 研究撰写客观反映老科学家学术成长经历的研究报告，以学术传记的形式，与中国科学院、中国工程院联合出版。以传记丛书的形式把采集工程的成果展现给社会公众，是采集工程的目标之一。

李圭白学术成长资料采集小组由李圭白先生的弟子崔福义教授担任项目负责人，主要参加人员有梁恒、张艳、陶丹梅、孙红烈。项目组于 2015 年 ~ 2017 年共进行直接访谈 13 次，间接访谈 12 次，共 1000 多分钟。获得原件 50 余件；数字化 1000 余件。年表 1.8 万字，资料长编 22 万字。研究报告 23 万字。

以上工作，对李圭白先生的学术成长历史的获得起到了较好的收集与梳理作用，在采集工作的基础上，形成了本书的素材，特出版与读者分享。

目　录

第一章

动荡的童年与父系家族

生于"九一八"战乱，随父母逃亡

1931年9月，沈阳一户普通的三口之家，沉浸在兴奋的期待中，因为女主人这几天就要临产，迎接家里的第二个孩子——李圭白。

父亲李芳联，字兰谷，河南偃师人。20世纪20年代毕业于同济大学土木工程专业。大学毕业后，他在沈阳与人合开了一家建筑公司，是土木工程师，薪酬比较优厚；母亲陈淑敏，生于宁波一个经商大户，家境殷实，毕业于上海大厦大学文学专业。李兰谷和陈淑敏在上海读书期间，一个风度翩翩、才华横溢；一个气质优雅，端庄漂亮。经人介绍，两人一见钟情，结为伉俪。1929年她与李兰谷结婚，跟随丈夫到沈阳。婚后生子，做了全职太太，家庭生活衣食无忧。

1930年生下大儿子李璋白，夫妇俩的脸上时常挂着满足的微笑。但天不遂人愿，当大儿子还不到1岁时，他们还没从喜得贵子的兴奋中走出来，就发现儿子的哭声嘶哑有些异样，呼吸困难，并出现紫绀症状。医生诊断：心脏瓣膜闭锁不全。根据当时的医疗条件，这种病没有有效的治疗方法，只能维持。这犹如晴天霹雳！夫妇俩陷入茫然的痛苦中，他们很难接受第一个孩子竟是先天性心脏病患儿。

大儿子是个天生的患儿，需要格外照顾。父亲李兰谷的大部分时间用在了公司的业务上，而照顾患儿的重担就落在了陈淑敏一人身上。很快，陈淑敏又怀上了第二个孩子，他们夫妇又重新燃起了希望……

在沈阳，李兰谷有赖以为生的职业，家有贤妻、孩子，他们夫妇准备在这里生活下去，开始筹划着以后的幸福日子。然而这时的沈阳城，日本帝国主义策划的一场惊天侵略阴谋也正在加紧上演……

1927 年日本"东方会议"①后，为达到扩大国土的目的，日本侵略者在沈阳制造了"皇姑屯事件"，杀掉了日本在中国东北推行侵略政策的最大障碍张作霖。日本侵略者早就对中国东北富饶土地上的森林、矿藏、粮食垂涎三尺，把中国东北作为日本发展的生命线。他们霸占东北，继而占领全中国的阴谋一步步在实施，因此不断地在中国东北制造"中村事件"②"万宝山事件"③。这些都是日本把东北作为侵华的第一站所制造的一个个借口。

1931 年 9 月 18 日晚，临近中秋，李兰谷家的院子洒满月色，街巷一片安静。即将临产的陈淑敏，行动已非常迟缓。④

9 月 19 日中午，日本关东军已全部占领沈阳，整个沈阳城一片混乱！同一天，日军又侵占了长春及南满、安奉两路沿线各城市。

李兰谷夫妇万分惊愕、不知所措。"九一八"来得太突然了！整个沈阳城 45 万居民，人心惶惶，纷纷外逃，逃避战祸的就达三分之二之多，达官显贵者大都逃到了北平，剩下的是老弱病残者和贫苦之人。他们看到，居民大量逃难，街巷到处都是空闲房屋，甚至整个院落都空无一人。

---

① 东方会议：是1927年日本田中内阁为制定侵略中国的总方针而召开的重要会议。会后，日本即按照会议所决定的方针，积极推行侵略中国的政策。

② 中村事件：1931年6月，日本参谋本部派中村震太郎大尉到中国东北进行军事侦察，6月22日在兴安地区被当地中国驻防军队抓获。从其行囊及身上搜出调查笔记、军用地图、测绘仪器及手枪等。其调查笔记详细记载了所经地区的气候、水井以及可容驻兵力情况。据此，中国官兵确认了中村等人的军事间谍身份，遂于当晚将其处死。

③ 万宝山事件：1931年7月发生的"万宝山事件"，是日本帝国主义鼓励朝鲜移民擅自到远离限制垦居区的中国东北腹地——长春，勾结中国奸商，非法租种并由日本警察、宪兵保护强行开垦农田而引起的。

④ 1931年，驻我国东北的日本关东军，炸毁南满铁路柳条湖一段铁轨，反诬是中国军队破坏，以此为借口，炮轰我东北军驻地北大营，占领沈阳城，制造了"九一八"事变。

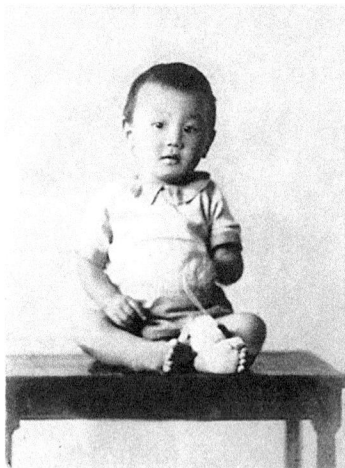

图 1-1　6 个月的李圭白

"九一八"事变的第二天，日军就占领了沈阳最繁华的商业街"四平街"（今"中街"），并在那里架起了枪炮……李兰谷的公司就在这里。战乱中，绝大多数的东北商业、企业和老字号等一些商铺相继闭门歇业，陷入破产、倒闭之中。李兰谷的公司自然也逃脱不了劫难，最后破产倒闭，合伙人各奔他乡。

"九一八"一周后的 9 月 25 日，随着一声响亮的啼哭，李圭白在这乱世中降生了。

李兰谷夫妇给长子和次子分别取名为"璋白"和"圭白"。"圭璋"，玉中之贵也，比喻高尚的品德。《诗·大雅·卷阿》① 中的"颙颙印印，如圭如璋，令闻令望"，形容"态度温和志气昂，品德纯洁好比玉圭和玉璋，名声威望传四方"，喻为有用之才；《礼记·聘义》② 中的"圭璋特达，德也"，喻为德才卓绝，与众不同；"白"，有纯洁之意：一生清白，白璧无瑕。"璋白""圭白"，高贵而纯美的名字，寄予着李圭白父母对儿子未来美好的期盼。

刚出生的圭白和哥哥璋白只相差 1 岁半，两个生不逢时、嗷嗷待哺的孩子，让李圭白父母喜得贵子的兴奋转而即逝。母亲心急如焚，此时逃也难，不逃也难！只能待孩子稍大些再离开沈阳。

由于国民政府继续奉行不抵抗政策，短短 4 个多月，日军占领东三省

---

① 《大雅·卷阿》，先秦无名氏诗歌，出自《诗经》。是周王出游卷阿，诗人所陈赞美之歌。

② 《礼记·聘义》：《礼记》是战国至秦汉年间儒家学者解释说明经书《仪礼》的文章选集，是研究中国古代社会情况、典章制度和儒家思想的重要著作。它内容广博，门类杂多，涉及政治、法律、道德、哲学、历史、祭祀、文艺、日常生活、历法、地理等诸多方面，几乎包罗万象，集中体现了先秦儒家的政治、哲学和伦理思想，是研究先秦社会的重要资料。《聘义》是其中一篇。

128 万平方公里，相当于日本国土面积的 3.5 倍！中国东北全部沦陷，3000 多万同胞成了亡国奴。

东北沦陷后，兵荒马乱。张学良曾在 1929 年把"奉天"改为了"沈阳"，"九一八"后又被日本人改了回去，仍叫"奉天"。此时，李圭白父母正在筹划着逃向何方。

他们看到沈阳大批不愿做亡国奴的难民都向关内涌去。逃难人潮中，推着三轮车的，挑着孩子的，背着行李的，老老少少，离开了他们世代繁衍生息的家乡，他们也将背井离乡了。

1932 年，李兰谷夫妇背着 2 岁的大儿子李璋白，抱着不到 1 岁的小儿子李圭白，加入了旷日持久的迁徙潮流中，从沈阳逃难到南京。一路上，他们受尽艰辛，但总算逃了出来。李圭白母亲说，想想那些没有能力逃走的人，他们还算庆幸。后来李圭白回忆：

有人说，自己是 1949 年生人，是共和国的同龄人，而我生于 1931 年 9 月 25 日"九一八"之后的一个星期，可以说是日本侵略中国的见证人。①

南京沦陷，再逃至河南

1932 年，李圭白一家 4 口逃到南京，并准备在这里生活下去。南京，一座历史名城，十朝都会②。李圭白父母喜欢这个屹立长江之畔的古城，喜欢这里的文化氛围。

---

① 李圭白访谈，2015年3月31日，哈尔滨。资料存于采集工程数据库。
② 十朝都会：指东吴、东晋、宋、齐、梁、陈、南唐、明、太平天国、中华民国先后定都此城。

他们把家安在中山大道附近，这条路是1927年国民政府定都南京后，1928年开始修建的南京第一条柏油马路。中山大道两旁栽种着很多参天的法国梧桐，与周围的建筑构成一道靓丽的风景线。

1929年孙中山先生奉安大典后，"中山大道"正式命名，就是后来著名的中山路。南京的中山路是中国最早的中山路，附近的小学就是中山路小学。

李兰谷在南京军政部做技术人员，生活还算富裕。这期间，他还到山西修过铁路，工作非常艰苦。在山里修路时，山上经常有野狼出没，有的工人上夜班，身强力壮的一个大活人个把小时就变成一堆尸骨。

1933年和1935年，李圭白先后有了皓白和旭白两个弟弟。家里的4个男孩儿，大的叫，小的哭，吵吵闹闹，没一刻安静，李圭白父母忙得不可开交。

图1-2 李圭白（中）与哥哥和弟弟

1936年，长李圭白一岁的哥哥李璋白6周岁，母亲送他上学，但他因身体不好，一直都由母亲特殊照顾，让他一个人去上学，他恐惧，又哭又闹地不愿意去。母亲想出一个办法，让5岁的弟弟圭白陪哥哥一起去南京中山路小学读书。

于是小哥俩每天扯着手，背着小书包，一起快乐地上学放学。在学校因有弟弟作伴，哥哥再也不哭了。每天放学回家，母亲总是一边干活，一边问两个儿子："今天老师都教什么啦？""学没学会啊？"每次都是圭白抢先回答，弟弟总比哥哥活跃。圭白只有 5 岁，可是却知道一路呵护着哥哥。母亲看着一天天长大的小哥俩，心里很是安慰。

母亲陈淑敏，原本是上海大夏大学文学专业的高才生，喜欢读书、写诗、绘画，憧憬着当一个作家。可自从大学毕业，结婚生子，命运随之改变。这几年接二连三生了 4 个男孩儿，她比喻自己就像饲养 4 只"小老虎"，其中一只还是"病虎"的饲养员。哺育孩子，洗洗涮涮，缝缝补补，吃喝拉撒，在繁重、劳累的家务中，她连看书的时间都没有，当作家的春秋大梦自然被眼前的现实生活——混乱的忙碌与期盼取而代之。她盼着 4 个儿子，健康快乐，念小学，读高中，上大学……

然而，她渴望的平静生活又一次被打破了。1937 年 7 月 7 日，日军制造了震惊中外的"七七事变"，他们炮轰了宛平城。1937 年 8 月 13 日，日军又进攻上海。"七七事变"后，抗日战争全面爆发。之后的几个月里，南京城就已人心惶惶。11 月，国民政府从南京迁往重庆。政府都迁走了，许多官员和商人也随之纷纷逃走，城里乱成一片。李圭白和哥哥在南京中山路小学只读了一年。当时，大批逃难居民与溃退的散兵，都拥挤在街道上，南京城中的秩序陷于混乱之中。那一幕，深深地印在他的脑海中。

1937 年夏，李圭白第一次听到令人惊恐的空袭警报声，随即看到人们慌乱地躲避着，街巷一家家的店门接二连三地关闭了。

12 月 13 日，南京城在一片混乱中被日军占领，南京沦陷！

在日本派遣军司令松井石根和第六师团师团长谷寿夫的指挥下，日军在南京城区以及郊区对中国平民和战俘制造了长达 6 个星期的大规模、惨绝人寰的枪杀、火烧、活埋、刀劈、抢掠、强奸等大屠杀战争罪行。

生在战乱中的李圭白，当年父母带着他和哥哥第一次从沈阳逃难到南京时，他只有 1 岁，没有记忆，但这一次逃难，他记忆极其深刻。

一天，父母急急忙忙、慌乱地给几个孩子迅速忙活着穿戴，并带上一些路上充饥的食物。

李圭白茫然地问母亲："我们去哪儿？咱们家不要了吗？"

母亲只是说："不要了！快！穿好衣服，赶快走！日本人杀中国人！不走就没命了！"来不及收拾其他的家当，父母便拽着6岁的李圭白和7岁的哥哥，背着4岁的大弟、抱着2岁的小弟，匆匆忙忙地又踏上了逃亡之路……

1937年南京市的总人口在100万以上，在南京大屠杀中，有30万以上的中国平民和战俘被日军杀害，南京城的三分之一被日军纵火烧毁。苏州、无锡、常州、江阴、镇江、湖州等地先后被日军侵占，所到之处，烧杀淫掠无所不为，江南一带的民众陷入了悲惨境地。日军在攻陷南京一个月内仅抢去的图书文献就超过当时日本最大的图书馆——东京上野帝国图书馆85万册的藏书量。

在仓皇逃离南京城的难民中，李圭白父母带着4个这么小的孩子，一家6口能够成功逃离血腥的南京城，可以说是不幸中之万幸。

李圭白在南京中山路小学读书的快乐时光只有一年，南京沦陷便失学，他多么不情愿离开南京。他回忆说，那时他虽然小，但很留恋学校上下课的摇铃声，留恋音乐课上张大嘴巴地唱歌，留恋操场上嘈杂、同学互相追赶打闹的欢快，留恋喜欢他的老师，留恋与哥哥每天路过的中山大道……是日本侵略者让他没了南京的家，不能上学，从此他的心里埋下对日本侵略者仇恨的种子！

童年读的第一个小学校，在李圭白一生的记忆中是如此深刻。80多年后，李圭白在接受采访时说："现在我还记得中山路小学，因为南京的中山路是很出名的大道，风景也很美。前几年我到南京去，还特意去看了中山路小学。

像这样资历深的小学管理得很到位，都有档案的。但日本侵略南京，这个档案都没了，否则，应该能查到我的学籍……"

李圭白生在沈阳赶上"九一八"；在南京读小学又赶上南京大屠杀，他的童年相伴着中国历史上刻骨铭心的两个重大日本侵华事件，他的命运与中华民族的苦难命运紧紧相连。

1937年12月，李圭白一家6口从南京一路艰辛地逃难到父亲的祖籍——河南偃师县大口镇五小村（多用肖村）。一家人住在李家祖祖辈辈居住的村子里，这里有李家的亲戚，家乡总给人一种安全感和亲切感。

在农村半年多，李圭白暂时没有上学。因过早去世的大伯父曾做过官（县长），家境殷实。家里除了田地、马、骡子，还养着羊、狗、猫、鸡、鸭等；院子种有金橘和杏树，葡萄架上挂满了一串串的葡萄，地里种着柿子和不知名的花草等。

少年李圭白有着强烈的好奇心，对天文和生物都有浓厚的兴趣，他几乎每天都去看动物吃草，喂鸡，喂狗，逗猫玩；丰收季节去地里（旱田）抓蝗虫烤着吃，其香无比。从此李圭白爱上了动植物，直到晚年，仍有此业余爱好，一直喜欢看"动物世界"节目。

因为李兰谷是当地少有的名牌大学毕业的文化人，不久就被推举为偃师县辖下的一个区政府的区长，很快到县城上任。1938年秋，全家由农村搬到了县城，李圭白在偃师县读小学二年级。到县城后李圭白学着乡下人的样子，和弟弟在院子里养了小鸡、小鸭和蚕，种了菜，还种了瓜。

1938年，李圭白的母亲又生了一个妹妹李露茜，此时家里共有5个孩子。由于连年战乱，又不断逃难，家里不断添丁进口，生活每况愈下。李圭白还记得：

抗战期间，农村条件很差。我妹妹出生后，母亲没有奶水，当时又没有奶粉，所以母亲就用大锅熬小米汤，熬完以后就沉淀了，上面的小米汤就是小米油，再加上糖，喂我妹妹。所以她是喝小米汤长大的。那时在河南农村偶尔还能买到一点儿羊奶。[①]

一家7口在偃师县城里生活还算安逸，母亲守着5个孩子，生活在对未来的期盼中，觉得生活会越来越好。

逃过了"九一八"和"南京大屠杀"，来到河南，安静的日子不到一年，万万没想到，他们又遇上抗日战争史上的"三大惨案"[②]之一"花园口决堤"，再次面临着动荡的大逃亡。

1938年5月19日，日军攻陷徐州，逼近郑州。6月9日，为阻止日军西进，蒋介石采取"以水代兵"的办法，下令扒开位于河南省郑州市区北郊黄河南岸的渡口——花园口大堤，引黄河水水淹日军，造成人为的黄河决堤改道，形成大片的黄泛区，河南大逃难开始了。据史料记载，花园口突然决堤，滔滔河水，一泻千里，浪高几米，水深丈余，有的全村遭到灭顶之灾，甚至有的县都没留下活口。6月10日，突然暴雨倾盆，半夜黄河水有如从天而降，下游村庄瞬间房倒屋塌，许多人睡梦中就惨遭大水吞噬。河南大部分地区是一片水乡泽国。无数家庭逃亡他乡，成千上万的难民漂泊无处。许多老人和

---

① 李圭白访谈，2015年9月22日，哈尔滨。资料存于采集工程数据库。
② 三大惨案：（1）花园口决堤（见文中）。（2）长沙大火（1938年10月到11月，日军相继占领武汉、岳阳，蒋介石担心长沙失陷，下令于11月12日~14日在长沙放火两天两夜，全城63%的街巷、房屋被烧，数千年古城毁于一旦。30000多人葬身火海）。（3）重庆防空隧道窒息（1938年~1943年，日军对重庆进行了5年半的轰炸，造成惨重的人员伤亡和财产损失，史称"重庆大轰炸"，因此重庆挖掘了多条防空洞和大隧道。1941年6月5日晚9时左右，原本能容纳四五千人的大隧道里挤进了1万多人，日军突袭长达5个多小时，隧道顶上燃起大火，由于拥挤和缺氧，造成了防空大隧道窒息大惨案，2500余人窒息死亡，伤者无数）并称抗战期间的三大惨案。

孩子就是靠着简陋的小船逃了出来，但更多的人是靠着一根木头、一个木盆，甚至一口棺材才得以逃生。河堤、土岗等较高的地方到处挤满了饥饿的难民，不少难民因饥饿和疾病已奄奄一息……当时，行政院善后救济总署统计：河南、安徽和江苏3省44个县受灾，3911354人外逃，经济损失10.9176亿元。这次人为灾害，豫、皖、苏3省44个县市的5.4万平方公里范围内尽受灭顶之灾，1250万人流离失所，89万人死于滔滔洪水。在这种情势下，1939年李圭白小妹妹还不到1周岁，父母便带着5个孩子离开了无法生活的家乡，继续逃难到陕西汉中。

由于战乱，李圭白的母亲多地频繁逃难，她的娘家宁波也屡遭劫难。1937年宁波遭日军肆虐轰炸，在沦陷之前日军空袭就达2000余次，先后投弹5000多枚，所以李圭白母亲的父母和兄妹生死未卜，她和娘家人从此失去了联系，再也没有他们的音讯。

汉中遭空袭，美味肉夹馍

1939年，李圭白全家从河南逃难到了陕西汉中。这里虽没有日军占领，但却不断遭到日军飞机的轰炸，人们生活在恐慌之中。

李圭白曾做过史料考证，日本的陆军之所以没有打进陕西，一是因为1938年一支由3万多"陕西冷娃"①组成的队伍在黄河北岸一道天然防线中条山坚持抗战近3年，先后粉碎了日军的11次大扫荡，使日军始终未能越过黄河，进入西北。另是因为陕西的潼关天险，山连山，峰连峰，

---

① 陕西冷娃：常用来形容陕西关中地区的青年男性。

谷深崖绝，山高路狭，羊肠小道，往来仅容一车一马。古人常以"细路险与猿猴争""人间路止潼关险"来形容这里地势的险要。日军看到黄河在陕西、山西间的峡谷中奔腾冲出，犹如从天而降，汹涌澎湃，吼声震天，一泻千里，这让他们望而生畏，于是日军便用飞机狂轰滥炸。8年中，轰炸陕西560多次，投弹1.36万枚，炸毁房屋4.3万间，死伤万余人。所以，日军的空袭就成了这里的灾难。李圭白对日军轰炸汉中记忆很深：汉中在抗战中有着特殊的战略地位。1931年~1945年间，汉中修建的飞机场就有5个，还有一些军工厂、发电厂等。当时内迁到这里的学校、医院非常多。另外，汉中还驻有空军和地面防空部队，黄埔军校汉中分校便设在这里，培养抗日力量。也是因为这个原因，汉中成为日军空袭的主要目标之一。

在李圭白一家逃难到汉中的前一年，1938年3月13日，日军就开始对汉中的机场和城区的民房进行了第一次轰炸。

1939年，李圭白在莲花湖中心小学读三年级，直到1943年小学毕业，这期间，日军从来没停止过对汉中的轰炸。他亲眼看见过被日军炸得房倒屋塌、血肉横飞的惨烈场景。他的家就被炸塌过，他和弟弟也险些被炸死。面对国破家亡，李圭白心中升起对日本侵略者的无比仇恨和振兴祖国的强烈愿望。他回忆：

因为汉中有飞机场，那就是一个军事目标。所以在抗战期间，汉中经常有日本飞机轰炸。日本飞机一来，就马上拉警报。我们无论是在学校上课还是在家里，只要听到警报就往市郊跑。有时半夜一拉警报，全家就赶快起床，穿上衣服也往市郊跑。

1942 年 3 月，国民政府空军王叔铭[①]率航空队进驻汉中西郊机场，日军飞机不仅多次轰炸汉中，还疯狂地用机枪扫射。4 月 17 日，日军 10 多架轰炸机对汉中狂轰滥炸，在这次轰炸中我的家被炸塌了。

那天，我和我弟弟上小学，我们俩比较淘气，警报拉响后，学生往郊外逃，在家的人也都呼呼往外跑。因为这种情况是经常的，所以我们兄弟俩有时候不愿意跑，就回家在附近的单人掩体里躲着。那都是老百姓自己挖的，怕飞机来了以后来不及跑出去，就躲到掩体里。

可那一次我们两个就没有进掩体里，也没回家，是跑到外面去了。我母亲以为我俩还在掩体里，她担心怕我们出事，可那次偏偏掩体被炸垮了，又被炸倒的墙给埋上了……所以我母亲跑回去一看，糟了！以为我们俩被埋在里面了，急得声嘶力竭地喊着我俩的名字。其实我们还在外面玩呢，迟迟没回家。那次我和弟弟没进掩体躲避，算是幸运地捡了两条命，但家被炸了。我家住的是砖瓦房，条件还是不错的，炸了之后，房顶就都塌了。

那期间，我经常看到同胞这个被炸死，那个被炸伤，炸得血肉横飞。飞机场旁边有个城墙，城墙下面就有防空洞。有的炸弹就落到防空洞附近爆炸，炸伤、炸死了很多老百姓。把人炸飞了，半个胳膊、半个腿和一块块血糊糊的肉，连着血丝，就飞上半空，再摔到地上……那个惨啊！当时心里仇恨日本人，恨不得把日本飞机打下来。

那时我已经 8 岁多，记得很清楚，所以日本侵略中国是国仇家恨，当时对日本侵略者是非常仇恨的。[②]

[①] 王叔铭（1905年~1998年）：山东诸城人，国民政府培养的第一批飞行员。1941年曾任空军学校教育长，同年任飞虎队参谋长。中国抗战的空军英雄，战功非凡。1944年8月，国民政府以空军在抗战的历次空战中攘御外侮著有功绩奖空军将领，授予其青天白日勋章以酬其战功。

[②] 李圭白访谈，2015年9月30日，哈尔滨。资料存于采集工程数据库。

面对眼前的房倒屋塌、血肉横飞惨景，李圭白没有恐惧，没有眼泪，只有恨！他骨子里的坚强，造就了他不服输的品质。

在莲花湖中心小学校里，李圭白聪明灵气，不但学习成绩好，身体也好，跑得快，跳得高，在学校比较活跃，深得老师的喜爱。老师让他当了"童子军"队长，他感到很自豪，事事都做得好，经常得到老师的夸奖。

上小学期间，李圭白父亲工作忙，白天上班不在家，主要是母亲带着几个孩子。在4个男孩中，哥哥身体不好，所以老二的他就替代了老大。母亲主持家务，李圭白就是家里的第一号劳力，并且表现出了小男子汉的责任和担当，因此李圭白也最受父母的喜爱。他描述了从小受到的劳动锻炼：

在汉中期间，白天、晚上经常响警报，我父母主要关照我哥，两个弟弟能自己跑，小妹（1~4岁）就由我背着跑。家中买粮、买菜、拎水等体力活儿主要是我帮着母亲干。我母亲是宁波人，讲究喝汤，做鸡汤给我哥补养，所以家里经常吃鸡。我8岁就开始杀鸡、杀鸭、杀鱼。几年下来，我已经成为杀鸡内行，除了给鸡放血、破肚开膛外，鸡内脏如鸡胗、鸡肝、鸡心、鸡肠、鸡输卵管等，我都能清洗得很干净。母亲做饭忙不过来时，我也跟着做饭。母亲生病时，就由我做饭，能做熟，但不好吃。[1]

正因为李圭白过早地承担家务劳动，使他养成了一种做事认真、利落的好习惯。而老师的重用，家长的喜爱，又使得他在童年就逐渐产生了一种勇于担当，追求完美的优越感。

李圭白的人生始于战乱，在童年动荡的逃亡生涯中，他觉得最好吃的东

---

[1] 李圭白访谈，2015年9月30日，哈尔滨。资料存于采集工程数据库。

西莫过于陕西的"羊肉泡馍"和"肉夹馍"。因父亲是土木工程师，在汉中与人合办了一个建筑工程公司，虽然是在抗战时期，但家庭经济情况还比较好。李圭白和弟弟经常在外面吃"羊肉泡馍"和"肉夹馍"，这成为李圭白童年记忆中忘不掉的美味。他回忆：

我和大弟弟皓白两人一早去上学，一般早饭是家里给几个铜板，我们小哥俩一出门就直奔"羊肉泡馍"，而且，越吃越香，吃得非常多。另外，陕西还有一种好吃的"肉夹馍"。快小学毕业的时候，因要考中学就去上补习班。那时候，陕南的老百姓一天只吃两顿饭。下午三四点钟放学回来吃完晚饭再去补习班，晚上七八点钟才回来，肚子早已饿得咕咕响，所以回来前就要加一顿餐。

吃什么呢？那时陕西有生意人挑着担子吆喝着"肉～夹～馍～～"，前面挑的是一个大火炉子，用挂炉烤烧饼，后面就是一个小锅炖的红烧肉。那炖肉色泽红润，酥软香醇。肉香味、挂炉饼的香味飘得很远。我一闻到这种香味就会垂涎欲滴，买个烘烤得双面焦黄、外酥里软的烧饼，把炖肉夹里头，咬一口，真是美味无穷。这就是我最爱吃的"肉夹馍"。[1]

每次吃"肉夹馍"的时候，天生爱探索的李圭白就会很奇怪，"肉夹馍"，肉在里面，明明是"馍夹肉"，怎么能是"肉夹馍"呢？原来这里有一种说法是，"肉夹馍"即"肉夹于馍"。陕西人性急，不可能挑着担子吆喝着"肉夹于馍"，于是就省略了"于"直呼"肉夹馍"了。"肉夹馍"的另一种说法是，因为陕西方言里"馍"和没有的"没"发音相同，所以说"馍夹肉"，

---

[1]　李圭白访谈，2015年9月30日，哈尔滨。资料存于采集工程数据库。

发音就是"没夹肉",没有肉卖不出去啊?所以聪明的商家就把这两字换了顺序,叫"肉夹馍"了。"羊肉泡馍"的"馍"也不能说"没",所以改为"羊肉泡"。

无论怎样说,闻名天下的"羊肉泡馍""肉夹馍"是让李圭白忘不掉的美味。在汉中,李圭白童年印象最深的记忆,一个是防空警报撕心裂肺的哀鸣声和日军飞机轰炸的惨景,另一个就是"羊肉泡馍"和"肉夹馍"美食了。

崇文重教,红色家族

李圭白出生于沈阳,但祖籍为河南偃师。

他对中华民族和华夏文明的重要发祥地之一的河南历史文化颇有关注,曾为河南祖籍的历史渊源、文化底蕴和名人胜出而自豪。从夏代到北宋,先后有20个朝代建都或迁都于此,地下文物和馆藏文物均居全国首位。中原大地名流之多,如古代哲学家、思想家、政治家、军事家、科学家、医学家、文学家、艺术家、佛学家,当代史上的抗日英雄、革命先辈等,灿若群星。据统计,在二十四史中立传的历史人物5700余人,其中河南籍占15.8%。唐代留名的2000多名作家,河南籍占20%。

偃师位于河南省中西部地区,因公元前11世纪周武王东征伐纣在此筑城"息偃戎师"而得名,先后有夏、商、东周、东汉、曹魏、西晋、北魏等7个朝代在此建都。偃师还是丝绸之路的东方起点之一。李圭白的祖辈和父辈就生活在偃师大口镇五小村,村前后有5个村子,所以叫五小村(多用肖村)。

他的家族既有学塾先生，又有爱国县长，既有多人投身革命，又有 3 位革命烈士。这个红色家族，在偃师一带口碑好，远近闻名。

祖父，创办私塾和小学

祖父李凤藻，祖辈务农，贫苦农民出身，但自幼聪颖好学，在乡村里文化程度比较高。清朝末年间，他看到农家子弟读书难，便创办了私塾，为私塾先生。他所教授的教材基本是《百家姓》《三字经》《千字文》《龙文鞭影》①和四书五经，同时也教一些珠算。提起私塾，现在的人们就会把它与"封建""落后"联系在一起，但我国民国时期的一大批具有新思想、融通中西的文化名人和大师，他们的童年都接受过私塾教育，而私塾先生就是他们的启蒙教师。

教私塾虽比较贫穷，但李凤藻崇尚文化知识，格外重视教育，他倾囊为每个子女接受良好的教育提供支持。民国时期，他创办了小学校任教员，后任校长。老先生为开明人士，是这一带小有名气的教育家。他课子甚严，三子三女均文化程度较高，在当地是首屈一指的，真应了那句"家有藏书，生子多贤"。受父亲的影响和熏陶，子女们也家有藏书，重视学养，均有革命信仰，为进步爱国者。

---

① 《龙文鞭影》：原名《蒙养故事》，是古代非常有名的汉族儿童启蒙读物，主要介绍中国历史上的人物典故和逸事传说，四字一句，两句押韵，读起来抑扬顿挫，朗朗上口。它问世后，影响极大，成为最受欢迎的童蒙读物之一。"龙文"是古代千里马的名称，它只要看见鞭子的影子就会奔跑驰骋。最初由明人萧良有编撰，后杨臣诤进行了增补修订。

大伯父加入同盟会，伯母抗日担重任

大伯父李赫臣（不详~1921年），字应联，毕业于河南法政学堂，早年加入孙中山领导的中国同盟会（简称同盟会）[①]。

位于开封的法政学堂是河南省高等教育中的第一批高校，不仅培养了大批法政人才，还是辛亥革命的重要纪念地，是河南辛亥起义的重要联络、集会地点之一，同时也是中国同盟会河南分部开展秘密活动、发展成员比较集中的地方。法政学堂的员工及学生大多为参加革命者。在校期间，李赫臣受反抗封建专制、反帝爱国和民主共和思想的影响，毅然加入了由孙中山领导和组织的统一的全国性资产阶级革命政党——中国同盟会，积极参加反帝反封建活动。

1912年（民国元年），李赫臣出任河南汝阳县县长，家中光景由贫穷日渐好转，置办了田宅，但李赫臣身体羸弱，于1921年过早病逝，留下了一个幼子。

关于李赫臣的历史资料查询有限，但在共同的反帝反封建斗争中，李赫臣与同盟会赫赫有名的张钫、杨勉斋义结金兰，我们可通过志同道合、生死之交的两位金兰兄弟来了解李赫臣的革命志向。

两个金兰兄弟都是著名的爱国人士、革命家。张钫，辛亥革命元老、著名爱国人士，1911年参与策划并领导西安起义[②]，不仅是一位精于文韬武略、果敢勇猛的战将，还是一位不断追求进步的革命者。解放战争后期，他毅然

[①] 中国同盟会（简称同盟会），亦为中国革命同盟会，是中国清朝末年，由孙中山领导和组织的一个统一的全国性资产阶级革命政党。同盟会在推翻清政府、结束中国两千多年封建帝制的辛亥革命中起到重要作用，成立了中国历史上第一个资产阶级共和国——中华民国。

[②] 西安起义：1911年10月22日清晨，同盟会、新军、哥老会在新军营长张凤翙的带领下，发动西安起义。西安起义的成功，从政治上、军事上给了清王朝以沉重的打击，有力地支持了南方刚刚建立起来的革命政权，加速了清王朝的崩溃，在辛亥革命史上写下了光辉的一页。

率部起义。1951 年受到毛泽东、周恩来、朱德接见，被毛泽东称为"中原老军事家"。杨勉斋（杨源懋），中国民主革命家，是偃师近代教育事业的奠基者。19 岁前考取进士，人称"中州才子"。他弃官返乡，发起组织偃师教育学会，办学堂，倡导新学。在升任中州公学监督兼任河南教育总会会长期间，全县创办的各类学校如雨后春笋。他开创了河南公费出国留学的先例和豫西警务事业的先河，发展同盟会员 200 多人。

大伯母肖俊，李赫臣的遗孀，抗战时期支持中共地下党的活动，积极为抗日出力。她不仅和家族中的其他女人一样经常为在该村工作的地下党同志送饭送水，缝补浆洗，还冒着生命危险独自秘密执行了两次重要任务：第一次是送在该村活动的地下党同志张琳等 3 位女同志回延安，她机智勇敢地护送她们到"西安八路军办事处"；第二次是护送本村 3 个进步女青年李玉珍、李宾珠、张克奔赴延安参加八路军，她一路巧妙地护送她们到"八路军驻洛阳办事处"。

二伯父，抗日民主政府县长

二伯父李广吾（1891 年~1951 年），字星联（李旭），是豫西地区成立的第一个县级抗日民主政府——偃师县抗日民主政府县长。在偃师，李广吾的知名度很高，是偃师抗战史上的著名人物。

他自幼入乡塾，后考入其兄就读的河南法政学堂，1934 年回乡行医。因其兄李赫臣早逝，家中田宅就由李广吾经管。他温厚儒雅、为人慈善，贫苦人无钱看病，经常得到他的照顾，所以在当地很有威信，颇有影响。

　　李广吾笃信治病救人，钻研《本草纲目》《伤寒论》《皇汉医学》[①]，整理了大量医案验方，以中医为主，兼及西医。

　　李广吾全力以赴投身抗日，给中共地下党在偃师的活动提供了很多帮助。从1937年起，中共偃师县委、豫西特委（地下）领导人刘道安、偃师县委书记陈耳东、豫西地区党委组织部部长兼郑州地委书记席国光[②]、八路军驻洛阳办事处的何毅、张英（军事教官）、彭雪枫[③]等人，都先后在肖村学校任教，从事党的地下活动。他家开的药铺就是中共地下党的联络站。

　　1944年日寇进犯豫西，偃师沦陷。同年皮定均[④]、徐子荣[⑤]率抗日先遣支队挺进豫西，建立抗日根据地，他们认为李广吾很有民族气节，经过民主协商，大家一致推举李广吾出任县长。

　　李广吾献出自家的4支步枪、3箱子弹和一挺捷克式轻机枪，又在本村保长李子俊家起出了重机枪、轻机枪各一挺，迅速建立了县警卫队。后来发展到有100多条枪和100多名热血青年组成的队伍，便是偃师警卫连的前身。

---

① 《皇汉医学》是日本人汤本求真原著，成书于1927年，全书基本上是以我国医圣张仲景所著的经典著作《伤寒论》与《金匮要略》两书为主，内容很珍贵。在日本明治维新时期，汉方医学一度被禁止，而民间有识之士积极传承中国古老的医学智慧，并延续使用对发明汉方医学的汉民族的尊称"皇汉"。日本战败之后，"皇汉医学"因"皇"字也受牵连，改为"汉方医学"。

② 席国光（1916年~2001年），河南人。曾任中共豫西特委秘书长、组织部部长、豫西地区党委组织部部长兼郑州地委书记等职。新中国成立后，曾任公安部副部长兼政治部主任。

③ 彭雪枫（1907年~1944年），河南人。中国工农红军和新四军杰出指挥员、军事家。参加过第三、四、五次反围剿、两万五千里长征。组织过土成岭战役，两次率军攻占娄山关，直取遵义城，横渡金沙江，飞越大渡河，进军天全城，是抗日战争中新四军牺牲的最高将领之一。被毛泽东、朱德誉为"共产党人的好榜样"。

④ 皮定均（1914年~1976年），安徽人，杰出将领，军事家。抗战时期曾任八路军太行军区第五、第七军分区司令员，豫西抗日独立支队司令员。解放战争时期率领中原军区第一纵队第一旅突围中原，创下世界军事史上的奇迹，参加过解放战争和抗美援朝，战功卓著。新中国成立后任中国人民解放军第24军军长兼政委，1955年被授予中将军衔，并担任福建、福州军区副司令员，兰州、福州军区司令员等职。

⑤ 徐子荣（1907年~1969年），河南人。曾任中共确山县委书记，参加并领导确山农民暴动。曾任中共太行三地委书记，八路军豫西人民抗日游击队政委。参与开辟豫西抗日根据地。参加了中原突围、太原等多个战役。新中国成立后，历任公安部办公厅主任、副部长，国务院内务办公室副主任。

《星火燎原》①第七集《红偃师》中有这样一段记载：

——我们派了武占魁和地下党员杨福明同志一起前去，请他出来参加地方工作。开始他还有些犹豫，后经我们"三顾茅庐"地几次邀请，他又目睹我们部队严明的纪律，正直不苟的行动，终于拍拍胸脯，慷慨地说："中！共产党千里迢迢，来救咱中原民众，我老汉跟你们走！"从此他把名字改叫"李旭"，意思是八路军到来，才使豫西有了光明，宛如东方出现了鲜红的太阳，冉冉升起。

……我们经过筹备，也成立了偃师县抗日民主政府。大张大张的布告贴出去，群众争先恐后地围着看。上面县长的署名不是别人，正是李旭老人。没有多久，李旭又动员了他的侄儿，收集附近民间的枪支，成立了偃师警卫连。这便是偃师人民组织起来的第一支武装。

——方升普②

新的县政府刚成立不久，日伪军300余人向县政府驻地多次扫荡。53岁的李广吾带领机关人员转移多个村寨，多次与敌人遭遇。战事稍息，他便开始进行"倒地"③、减租减息，改造保甲机构、建立区一级民主政权、反霸除奸、扩大统一战线等工作。公务极其繁忙，废寝忘食，不遗余力，受到军政领导的很高评价。

---

① 《星火燎原》：1956年7月，为纪念建军30周年，中央军委决定出版一部反映我军30年斗争历史的回忆文集，1982年成书。全书共收入637篇文章，360万字，分成10集。《星火燎原》出版的一切版本都用的是毛泽东题写的书名。这是毛泽东生前唯一一次为一部书题写书名。

② 方升普：《星火燎原》第七集《红偃师》作者（1915年~1981年），安徽省人。1929年参加中国工农红军，抗战和解放战争时期，参加和指挥李洼、曹村伏击战、鲁南、鲁中、莱芜、鲁西南、孟良崮、太原、兰州等重大战役，屡立战功。1955年被授予少将军衔，1962年任兰州军区空军副司令员。

③ 倒地：抗日战争时期，农民在中国共产党的领导下，按原价赎回过去贱卖给地主的土地。

四堂兄参军，两党员一烈士

李广吾共有 4 个儿子，都参加了革命。抗战初期，长子李叶萍投奔延安，后来在战斗中队伍失散回到地方；次子李丙辛参加了偃师八路军的抗日组织，后跟着王震的部队南下；李广吾把三子李长庚、四子李少白也送到延安参加了八路军，两个儿子都于 1937 年前加入中国共产党。李长庚成为新四军的团级干部，后在战斗中牺牲；李少白被组织派到县里当宣传部长，由于劳累过度病逝。

"土改"时，李广吾家虽有几十亩地和一些房产，当时按河南政策他属于地主和富农阶层，田地和房产都分了。因为他是烈属，又革命有功，所以没受到冲击。新中国成立后，他任偃师县人民代表大会副主席、县土改委员会主任等职。1951 年 12 月去世，终年 60 岁。

父亲，中共早期地下党员

父亲李兰谷，1927 年，加入中国共产党。

李兰谷是家里 3 个兄弟中最小的，而且他的年龄比李圭白二伯父小十几岁。受祖父重视读书传统的熏陶，二伯父主家时，支持李圭白父亲出去读高中，之后又供其读大学。20 世纪 20 年代，李兰谷考入由德国海军医生埃里希·宝隆（Erich·Paulun）[①]1907 年在上海创办的同济大学土木专业，该校是中国最

[①] 埃里希·宝隆（1862年~1909年），1907年在上海创办"德文医学堂"，翌年改名"同济德文医学堂"。1912年与创办不久的"同济德文工学堂合并"，更名为"同济德文医工学堂"，1923年正式定名为大学，1927年成为国立同济大学。"同济"寓意德国人与中国人同舟共济。

早的国立大学之一。

1922 年 7 月，中国共产党在上海召开了第二次全国代表大会。大会制定了民主革命纲领，第一次在全国明确地提出了反帝反封建的民主革命纲领，为中国革命指明了方向。当时的上海正值在中国共产党的领导下工农运动迅速发展，学生反帝爱国运动日益高涨，上海成为中国革命思想的宣传阵地。李兰谷满腔热血地积极参加共产党领导的爱国学生运动，宣传共产党反帝反封建的革命纲领。

李兰谷在校读书的 1926 年~1927 年间，正是在北伐战争顺利发展，工农运动不断高涨的形势下，蒋介石在上海发动了"四一二"反革命政变，大肆屠杀共产党员、革命志士和国民党左派。与此同时，张作霖也在北京大肆捕杀共产党员，杀害了李大钊。革命的危急关头，是对每个革命者的严峻考验。就在腥风血雨的 1927 年，李兰谷在同济大学毅然加入了中国共产党，从事党的地下活动。他的革命行动，得到了二哥李广吾的全力支持。

大学毕业后，李兰谷遵从组织要求：地下工作要隐蔽身份，在活动中尽可能职业化，以公开身份作掩护。之后，李兰谷在沈阳与人合办了建筑公司，有了较好的收入。于是，在沈阳的家就成为中共地下党的交通站。从上海、南京等地方来的地下党同志就吃住在这里，临走又带上盘缠。李兰谷的收入除了用于家庭生活外，另一部分便作为南来北往地下党同志的活动经费。当时李兰谷的革命活动曾被注意，曾数次险遭被捕。1936 年他在南京军政部做技术人员，1937 年抗日战争全面爆发，他在河南偃师一带进行抗日救亡工作。

李兰谷带着全家逃难到偃师后，他曾受党的指派，取道汉口，按董必武、叶剑英的指示，往偃师大口镇肖村带回 4 位女同志：陈英、张琳（成仿吾夫人）①、周慎宜、刘惠成，之后他又到"八路军驻洛阳办事处"（络八办）联系，党组织委派纪西②来肖村，名义上是到后方避难，被安排到肖村完小任教，实际上是由纪西负责，搞党的地下活动，他的食宿就安排在他二哥李广吾家的东院内。

姑姑送子参军　两表兄成烈士

李圭白的3个姑姑，坚决支持抗战，在抗日救亡工作中做了大量的支前工作，并纷纷送自己的儿子参军参战，其中两个成为革命烈士。

大姑李婷：其子李江楼随军南下，在战斗中牺牲。

二姑李云英：其子秦建生，在肖村参加地方抗日武装，后随军南下。

三姑李桂英：其长子张炳南，去了延安，后被组织派到西安做地下工作，曾在舅舅李兰谷的公司当实习生做掩护，但被叛徒出卖，组织遭到破坏，被捕牺牲。李圭白说：

"在河南偃师家中，亲人们都积极参加抗日救亡工作，自己的堂兄、表兄积极奔赴延安，一个堂兄和两个表兄都成为烈士。这些都激起自己对祖国的热爱，对日本帝国主义的仇恨，使我对共产党、八路军的好印象逐渐建立起来，这对我以后的成长有很大的影响。我爷爷的亲侄孙李向珍，1937年参

---

① 张琳：出生于1914年，江苏人。教授，曾担任中国人民大学工业经济系第一任系主任，是成仿吾（教育家、文学家、翻译家和无产阶级革命家，曾任陕北公学校长，中国人民大学校长、党委书记）夫人。

② 纪西：即席国光，豫西地区党委组织部部长兼郑州地委书记，新中国成立后曾任公安部副部长。

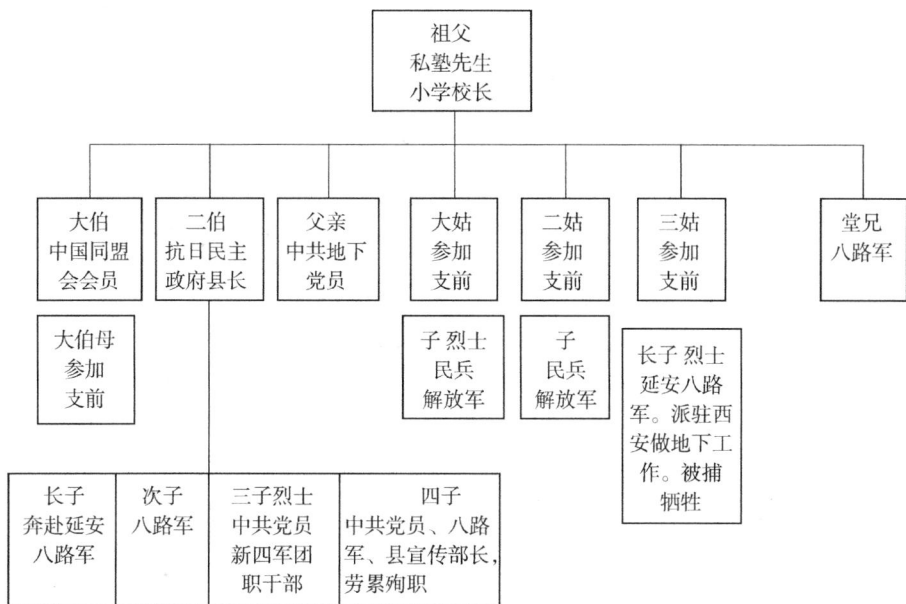

图1-3 李圭白红色家族亲缘图谱

加八路军，转战南北，是抗日战争时期的"三八式"①干部，中华人民共
和国成立后安家在哈尔滨。逢年过节，我和弟弟、妹妹与李向珍经常一起
聚会。"②

---

① "三八式"干部是指抗战初期，八路军称号之前，有一些有文化程度较高的爱国人士参加革命，时间
是从1937年7月7日至1938年12月31日，在这段时间内参加革命的人士，并同时加入中国共产党成为党
员的，称为"三八式"干部。

② 李圭白档案，档案号DA001-032，存于哈尔滨工业大学档案馆。

第二章

空幼岁月

从 12 岁至 18 岁，初、高中 6 年，李圭白在中国历史上独一无二的空军幼年学校度过的。在这个人生重要的成长阶段，他从少年走向青年，从幼稚走向成熟。这 6 年，是他个性的造就、心智的磨砺、体魄的增强和世界观形成的重要阶段。空军幼年学校，这个特殊的成才环境，为他的成功之路奠定了坚忍不拔、持之以恒意志力的基础。

航空救国，12 岁考入空军幼校

1943 年，12 岁的李圭白小学毕业。

这一年，家中发生了一件意想不到的大事，李圭白父母感情破裂。家中 5 子女随母亲一起生活，父亲担负 5 子女的生活和教育费用。当时，5 个孩子中最大的 13 岁，最小的 5 岁。之后，因母亲是大学文学专业毕业，很快便找到工作，在一所中学当了语文教员。

李圭白回忆家中当时的情况：

自从父母感情破裂，母亲带着 5 个孩子，生活水平自然下降，衣食无忧的日子再也没有了。尽管母亲精打细算地过日子，但家里的生活还是每况愈下。抗战期间，因为战乱，父亲的公司经营不好，5 子女的生活费时有时无。

尤其在父亲被捕期间，家里长期得不到他的接济，母亲为生活而挣扎，在精神上是很痛苦的。我1943年离开家以后，哥哥有病不上学，跟着母亲，大弟和小弟上学，生活紧张时没吃没穿，但母亲无论怎样困难都坚持让孩子读书，她把希望全部寄托在子女身上，努力把我们培养成人。[1]

同年暑期，李圭白家还有一件大事。位于四川省灌县的空军幼年学校（简称"空幼"）来汉中招收12~15岁的少年，李圭白正好符合报考条件。汉中是日军轰炸的重灾区，国家危难之时，空军幼年学校来招生的消息一下子传开了，很多青少年都热血沸腾，纷纷报名。

李圭白也跃跃欲试。在汉中这几年，他饱受日军轰炸之苦，亲眼看见过血肉横飞的惨景，自家房屋被炸塌，国恨家仇，那时，他就恨不能当空军，开战斗机，把日军的轰炸机打下来。现在杀敌报国的机会来了，他兴奋地跟母亲说："我要报名！我要当空军！炸掉日本飞机！"

空军幼年学校在四川省灌县（现都江堰市），离陕西汉中遥远，但李圭白母亲还是领着他去报了名，因为这所学校全公费，待遇优厚，半军事化管理，能培养出国家栋梁。她还考虑，让家里减轻一份负担，也让孩子脱离贫困环境，能继续读书。

空军幼年学校是因抗日战争之需而创立的。1937年，抗日战争全面爆发，日本空军大肆轰炸和扫射，支持其地面作战部队。但中国的空军毕竟起步较晚，国民政府的空军力量极为薄弱，装备简陋落后，难以与强大的日本空军长期抗衡。当时的中国空军共有300架飞机，其中能起飞的只有87架。1940年是中国空军最艰苦的阶段，全国仅存飞机65架，尤其是中国空军的

---

① 李圭白访谈，2015年9月30日，哈尔滨。资料存于采集工程数据库。

天王级驾驶员高志航①、梁添成②、李桂丹③、刘粹刚④、乐以琴⑤、闫海文⑥等相继陨落，战机所剩无几，飞行员几乎损失殆尽，中华民族进入历史上"最危险的时候"。当时要想招一名身体符合空军要求、高中以上文化、有志献身报国的青年补充为飞行员极为困难。

第二次世界大战期间，德国、苏联、日本等国家都设有空军幼年学校，他们不但大力加强空军装备的研制，而且非常重视培养少年空军飞行员。

苏联派驻中国的空军总顾问帕尔霍明科向中国航空委员会建议，是否可以效仿苏联"纳西莫夫少年海军学校"⑦的模式，从抗战长远考虑，设立少年空军学校。这个建议得到了包括周恩来、叶剑英、张治中、白崇禧等国共人士的赞同和支持。

1939年，时任国民政府军事委员会副参谋总长的白崇禧到成都视察空军，并与航空委员会主任周至柔、委员张治中等提出了建立空军幼年学校的

---

① 高志航（1907年~1937年），吉林人。空军少将、中国空军驱逐机部队司令兼第4航空大队大队长、东北航空处飞鹰队队长、中国空军四大天王之一。曾在法国学习两年飞机驾驶，回国后在空军任职。培养出刘粹刚、李桂丹、乐以琴等多名王牌飞行员。法国教官称他为天才，他曾拒绝墨索里尼的挽留。
② 梁添成（1913年~1939年），福建省人。任空军第四大队23分队长，中国空军四大天王之一，是抗战时期印度尼西亚归侨空军烈士，被称华侨之鹰。
③ 李桂丹（1914年~1938年），辽宁人，满族。空军第4航空大队大队长，"四大天王"曾先后击落敌机8架，被国民政府授予二级云麾勋章，24岁壮烈殉国。
④ 刘粹刚（1913年~1937年），辽宁人，国民革命军空军第5航空大队第24队队长，国民革命军空军上尉，后被追赠少校。他的飞行技术名列前茅，先后击落日军飞机11架，创中国空军个人击落敌机最高纪录，射击命中率总在90%以上。中国空军四大金刚之一，是名震中外、令日军闻风丧胆的抗日"飞将军"。
⑤ 乐以琴（1914年~1937年），别号一忠，四川人。中国空军第4大队22中队分队长，曾一次空战中击落敌机4架，创造了中国空战史上的奇迹。抗日战争中他总共击落敌机8架，是中国空军第一位空战王牌飞行员。
⑥ 阎海文（1916年~1937年），辽宁人。空军第5航空大队飞行员，被日本军队高射炮击中，机身着火。阎海文跳伞后落入敌阵，遭数十名日本士兵围捕并劝降，阎海文佩戴手枪击毙5名日军，之后用最后一颗子弹自杀殉国。
⑦ 纳希莫夫海军学校：是培养俄罗斯海军军官的预科学校，学校招收14~16岁、身体健康、读完10年制普通中学8年级的男生。该校学制2年，主要以科学文化教育为主，同时学生进行基本军事教育，军事教育是辅助性的，该学校主要侧重进行军人素质的培养。

相关建议和具体事项。之后，周志柔专程前往苏联和西欧诸国考察。中国航空委员会决定成立少年航校，刻不容缓！

1940 年初，学校选址在四川省灌县（现都江堰市）蒲阳场（现蒲阳镇），正式命名为空军幼年学校（简称空幼），并于同年精选 12~15 岁，体质、学识各方面优秀和反应灵敏的小学毕业生和初中生为第一期学员。

白崇禧在回忆录 [1] 中写道：

第一次世界大战之后，各国竞相增强空军力量，后逐渐成为独立军种。其重要性较陆海军有过之而无不及，必定要有制空权，陆海军始能活动。在国防无空防即无国防，殆为近代兵学定论，世界各国均培养优秀空军人才，如德、苏、日培养空军幼年学校，自小培养牺牲精神，锻炼强健体格，使其担任冒险犯难之艰巨任务。就中国一般青年而论，体格不健，体力不强，在学力上也优劣不等。故当时我建议成立空军幼年学校……入校开始，学生即接受以收复失土，捍卫祖国领空为己任的爱国主义教育。

空军幼年学校是按西方军事训练的模式和正统的文化学习开办的。6 年毕业后直升航空军官学校，再送美国训练，要铸造一批世界上最标准的空军人才。学校半军事化管理，全公费。

学校是全国招生，广告在各地一经张贴，社会各界反响很大，优厚的条件也引来了众多向往者。围在广告前的小学生、中学生以及社会青年都兴奋地摩拳擦掌，尤其是饱受日军轰炸之苦，报国无门的城市青少年，有的家长让家中的两个或三个孩子同时报考。

---

[1]　《白崇禧回忆录》，白崇禧著，1987年由解放军出版社出版。

学校招生要进行严格的体检和文化课考试，智力要求也很高。1940年第一期招生时，航委会在8个地区计划招生300人，但只录取了289名学员。考试竞争激烈，甚至有的地方录取率近百分之一，有的学生则连考二三年。

1943年夏，李圭白参加的是空幼第四期招生考试，计划招收300人。招收的学生除应届小学毕业生外，也有初中一、二年级学生，很多考生经过体检、笔试、口试后，或因文化课成绩差，或因体检不合格被淘汰。李圭白不仅文化课成绩优秀，身体素质也很好，又反应机敏。张榜的日子，他欣喜地看到了自己的名字，他被录取了！

空幼学员中不乏名人、要员和国际友人之后。白崇禧将军的长子白先道、黄埔军校副校长李济深的两个儿子李沛钰、李沛琼都考进了空幼。张治中①、吴奇伟②、范石生③等军政要员和竺可桢④、史东山⑤、楚图南⑥ 朱家骅⑦、

---

① 张治中（1890年~1969年），原名本尧，字文白，安徽人。黄埔系骨干将领，中国国民革命军陆军二级上将，爱国主义人士。解放战争后，鉴于张治中对中国和平做出的贡献，被称为"和平将军"。

② 吴奇伟（1891年~1953年），广东人。国民革命军陆军中将。"九·一八"事变后，升任第四军军长，坚决全力抗日，率第四军经三昼夜肉搏血战，歼敌数千，所率第四军，从此获得"铁军"光荣称号。1949年率部起义。

③ 范石生（1887年~1939年），云南人，任国民党第十六军军长，滇军第二军军长。少年学医，1909年考入云南讲武堂，与同学朱德志同道合。1915年底组织护国军出师讨袁，屡立战功。1922年率滇军保卫广州，与孙中山并肩血战，击退叛军。"四一二政变"，抵制蒋介石命令，保护共产党人，晚年行医，不问政事。

④ 竺可桢（1890年~1974年），字藕舫，浙江人。1918年获得哈佛大学博士学位，中国科学院院士、中国地理学会理事长、地理学家、教育家、中国近代地理学和气象学的奠基者、中国物候学创始人。1936年4月，他担任浙江大学校长，历时13年著《论我国气候的几个特点及其与粮食作物生产的关系》《我国五千年气候变迁的初步研究》等。

⑤ 史东山（1902年~1955年），浙江人，原名史匡韶，中国电影导演、编剧。新中国成立后任中国剧协常务理事、文化部电影局艺术委员会委员，代表作《八千里路云和月》《新儿女英雄传》。获捷克卡罗维发利电影节导演奖。

⑥ 楚图南（1899年~1994年），云南人，作家、翻译家、书法家。曾任暨南大学教授。新中国成立后历任北京师范大学教授、西南文教委员会主任、对外文化协会会长、民盟中央主席等职，著有《楚图南集》等。

⑦ 朱家骅（1893年~1963年），字骝先、湘麟，浙江人。中国近代教育家、科学家、政治家、中国近代地质学的奠基人、中国现代化的先驱。

等文化名人的子侄也在空幼学习。

空幼虽为国民党创办，但也有共产党人之后在此学习，如"左联"五烈士之一的中共党员李求实（李伟森）之子李齐泰，李圭白四期同学金杜钳的父亲是朝鲜革命党（劳动党前身）的高层；五期阮树华的父亲是越南共产党的先驱；一期的李家铭家中有多个中共党员。陈泽群的父亲陈一言[①]是知名文化界人士、广西中共党组织的创始人之一，他的叔叔、姑姑和堂伯都是中共党员。国共两党的后人共同成为抗日空中后备军，这充分体现了国共两党"团结抗日，一致对外"的大政方针。空幼 6 年共招生约 2000 名，日本投降后停止招生，这就更证明了抗日是空幼创建的初衷。

蜀道，留下入川足迹

12 岁的李圭白，自考上空军幼年学校，一直处于兴奋之中。

校方派来一位有少尉军衔的教官来接这些考上的小孩儿去学校报到。这一年与李圭白一起考入空军幼年学校的汉中学生有 12 人，初更世事的孩子们依依不舍地告别了父母。教官领着这群兴奋快乐的小孩儿，沿着山壁河谷，翻过了秦岭，又过巴山。回忆起这一路，李圭白印象最深的是第一次领略了"蜀道难"和看到了"张飞柏"。

一路上，李圭白开了眼界，长了见识，听着带队教官给他们讲关于蜀道的一个个传说：

---

① 陈一言（1901年~1956年），广西人。知名文化界人士，1929年加入中国共产党，是广西中共党组织的创始人之一。后遭追捕逃往上海大夏大学读书。期间，先担任该校地下党支部书记，后任地下党虹口区委宣传部长。1931年，他又和"左联"作家林焕平在日本创了"左联"东京支盟，任干事长，主编过《东流》等杂志。

这些传说，让李圭白一路上都处于亢奋之中，他领略了祖国大自然的山川风光。

从古至今，不知有多少文官武将、诗人墨客，在这条路上留下足迹。1943 年，这条路，也留下了李圭白 12 岁入川的足迹。

接受抗战时期的 "豪华教育"

经过艰难的长途跋涉，教官带着一群新学员终于到了学校报到。1943 年 8 月，李圭白开始在空幼 6 年的学习生活。从少年到青年，是他成长道路上重要的人生历练过程。

空军幼年学校建在四川省灌县（现都江堰市）东北 10 公里的蒲阳场。灌县是河东重镇，自古以来经济繁荣，蒲阳场有上百户商家，是灌县最大的乡镇，空幼的创立，使这里更加繁荣。

这里山清水秀，离成都不远，又靠近龙门山区，地形多变，可增加敌机的侦查难度，较大程度地避免了日机的轰炸。这里是培养空军后备人才的最佳地点。

空幼，对李圭白这个 12 岁第一次远离家门的孩子来说，这里的一切都那么新鲜，有趣，令他神往。

一入校，他和其他新生就被剃了光头，小脑袋瓜儿扣上了船形帽儿，操着各地口音的 12~15 岁的学生们，统一着草绿色童子军军服，一个个很有精气神儿，就像缩小版的空军战士。

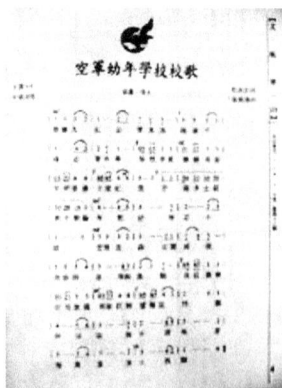

图 2-1　空军幼年

穿上"军装"，李圭白立即觉得自己就是一个军人了。看到校园操场上竖立的巨幅标语牌："风云际会壮士飞，誓死报国不生还""空军决心，要与目的物同归于尽"，他热血奔涌，抗日救国，报效国家的责任感油然而生。尤其是校园里传来的"空幼校歌"：

崇墉九仞，必厚其基；峻岭千寻，必登自卑。惟我空军，岳岳英姿；下俯云汉，上接虹霓。咨尔多士，朝斯夕斯；论年则幼，用志不歧。宏尔造诣，正尔威仪；德与时进，学与岁驰。毋自暴弃，毋用诡随；邦家阢陧，望尔匡持。驱除寇盗，海宇清夷；云程万里，远大为期。

入校不久，他就拍了身穿童子军服的照片，寄给母亲，让她放心。

他在信中写道：现在是童子军，统一穿童子军军服。学校吃得非常好，每天早上都能见到我最爱吃的鸡蛋、肉、花生米。初高中 6 年，吃、住、衣物、被褥全都免费，理发、洗衣也有专人负责。我要在这里努力学，6 年后在汉中就能看到我驾驶的战斗机，把日本轰炸机都干掉……

学校由国民政府创办，隶属于航空委员会，第一任教育总长是汪强将军。这所学校创办的成功，汪强功不可没。

李圭白对空幼的一些教官印象很深，尤其是教育总长汪强。

汪强（1946 年晋任空军中将），能文能武，是一位有强烈爱国心的杰出教育家。他毕业于保定军官学校第三期炮科，与白崇禧、张治中是同班同学。但毕业后他不谙仕途，一直在基督教青年会工作，后在美国纳什维尔（nashville）大学留学，回国后仍在青年会工作。坚决主张抗日的张治忠上将曾先后邀请他出任过国民党中央陆军军官学校体育总教官、苏州前线炮兵总指挥等职。这次成立空幼，张治忠、白崇禧和时任航空委员会主任的周至柔（保定军校校友）认为他学贯中西，文武兼通，又擅长青年工作，教育总长非他莫属，希望他能用培养出一批抗日空军的骨干人才。

不愿当官的汪强，在抗战的危急关头，却挺身而出。名义上是教育总长，实际相当于校长，他负责空幼的全面筹备工作，不负众望，将各项工作都做得非常出色。

他不仅是一位知识渊博的儒将、军人，还是一个虔诚的基督教徒，能把爱心融入教育之中。他强调，战时学生是空军为国献身，和平时期就是国家建设的栋梁。所以他在办学中，除了以爱国主义为主线教育学生外，还强调贯彻全面发展的教育方针。他要求教官严禁对学生进行体罚，并且不要留太多的作业，既要求学生严守纪律，又鼓励学生按自己的兴趣学习和生活，个性发展，所以李圭白说他们在学校没受过体罚。因此，空幼的教育特点是：有普通学校的自由而无其散漫，有军事学校的严格而无其刻板。在这种主导思想的教育理念下，学生的身心得到了健康成长。在校园里，李圭白和学员们经常看到汪强一身戎装，一脸严肃，总是威风地骑着一辆摩托车，风风火火，雷厉风行。

李圭白回忆空幼教师，总是说"他们多才多艺，很有水平"。汪强组建的空幼师资堪称一流。他专程赴海外请来华侨中学校长陈充恩支持空幼教务。有两位著名的爱国归侨，一位是教育家和文艺家、精通多国语言的国文组主任教官陈国桦，另一位是书画兼长、徐悲鸿大师的高徒、国文教官谢少白；留美硕士、英语教官劳远培和郭有玉，以大学教授身份来校任教。

图2-2 空军幼年学校校徽

空幼还从高校聘请了一批优秀的年轻教师来校任课，现在他们都已成为大师。如著名作曲家、音

乐教育家王云阶 [1]，武汉水运学院教授孙锡三，四川大学化学教授陈雪樵，四川音乐学院教授姚以让，画家谭学凯，诗人、作家杨禾，著名诗人林莽。当代著名学者、诗人和书法大家吴丈蜀，25 岁在空幼任教期间便在灌县举办了个人书法展，受到行家的好评。天津文联秘书长、诗人芦甸 [2]，美国西点军校毕业的方丽昭放弃了警察厅官职，来幼校任教。担任拳击课的林益群是当年享誉全国的冠军。有的老师就是教科书作者本人。

最值得一提的是飞行教官牧野 [3]，先后升空六次与入侵日寇作战，获抗战勋章。当时学校还经常邀请四川大学和华西大学的著名教授讲座，其中就有我国现代杰出的历史学家蒙文通 [4] 先生。

这样强大的师资阵容，在抗战烽火的中国堪称"豪华阵容"，李圭白在这里接受的是抗战时期的"豪华教育"。学校的教师不仅学识丰富，而且为了培养空军人才，教学工作不辞辛苦，兢兢业业。他们给李圭白留下了深刻的印象：

空幼的教师都很有水平。那时候有一位教我们国语的老师，知识特别丰富，

---

① 王云阶（1911年~1996年），山东人，著名作曲家、音乐教育家。抗战期间，因指挥学生唱《国际歌》被捕入狱3年。出狱后，与冼星海、聂耳一起进行抗日救亡音乐活动。创作了《新闺怨》《万家灯火》《希望在人间》《乌鸦与麻雀》《三毛流浪记》《林则徐》《阿Q正传》《母亲》《傲蕾·一兰》等一批影片作曲和配乐。他的儿子王龙基在《三毛流浪记》中成功扮演了三毛。

② 芦甸（1916年~1973年），曾是抗战时期胡风主编的杂志《七月》的活跃诗人，是中国现代文学"七月诗派"的重要诗人之一。他在空军幼年学校任教时就是打入学校的中共地下党员。中华人民共和国成立后因胡风集团骨干成员入狱10年，后精神错乱，含冤去世。

③ 牧野（1909年~1991年），原名厉歌天，河南人。主编中华全国文艺界抗敌协会成都分会会刊《笔阵》。1945年3月，加入川东梁山的中美混合轰炸大队，与美国飞虎队员并肩作战，6次驾驶B-25袭击日军机场、火车站和铁路。同年4月到空幼任飞行教官，是打入学校的中共地下党员，也是颇有名气的文学家，开轰炸机的"随军记者"。

④ 蒙文通（1894年~1968年），原名尔达，字文通，四川人，我国现代杰出的历史学家，在中国古代史及古代学术文化研究领域中造诣很深，成就其高。从20世纪20年代起即执教于成都大学、成都师范大学、成都国学院、中央大学、河南大学、北京大学等高校。

每堂课都给我们讲历史故事，讲西方文学，尤其苏联著名作家的文学作品给我们讲了很多，还经常给我们朗诵他自己作的词，因而最受同学们的尊敬和热爱。他教育同学们要做一个有思想、富于同情心的人。他介绍了十月革命前俄国人民所受的压迫和痛苦，嘲笑了贵族无耻荒淫的生活，这些在同学们心中留下了深刻的印象。学校有一位教植物的老师，在动、植物界很知名。当时他就在我们学校旁边搞了各种蔬菜种植，还为学校供应一些蔬菜。这个老教员姓谢，他就是后来正大集团的创始人。所以学校有一些教师是很有影响的人物。[1]

当时的大、中学校几乎都有国民党、三青团组织。空幼虽是国民政府创办，但唯独这所军事学校成为例外。当时四川省的一个官员，要在空幼建立三青团组织，但遭到汪强的拒绝，他说："幼校已有童子军组织，学生年幼，功课繁重，不宜再设。"

因为汪强坚持不在学校设三青团组织，这使得学校成为一片学习的净土。20 多年后，李圭白在"文革"中受审查时，虽屡次牵扯到蒋介石为名誉校长的空军幼年学校，但却查不到他加入国民党和三青团组织的任何记录。

德智体美劳军，全面培养

空幼的学制，初高中各三年。它相当于中央航空军官学校的附中，学员学文化课的同时，兼学发动机学、气象学、空气动力学和滑翔机驾驶训练。6 年中等教育和奠定飞行基础所需的各种训练完成后，直接升入中央航空军

---

[1] 李圭白访谈，2015年9月30日，哈尔滨。资料存于采集工程数据库。

官学校学习飞行。

空幼的文化课和普通中学的相似，但比普通中学课程多且深，仅教科书就厚出一半。学生除学习普通中学的国文、数、理、化、外、生物、美术、工艺、体育等所有课程外，为锻炼动手能力，物理和化学还有操作实验；英文语法和会话有专门教材，另加了英文打字练习；音乐课一直开到高中毕业，除了视唱和乐理知识教学外，还有老师演奏和古典唱片欣赏；动、植物课都有培育和解剖实验，李圭白因8岁在家里就有杀鸡、杀鸭并剖膛的经历，所以解剖动物对他来说是轻车熟路。

根据飞行员基本技能的要求，学校对体育格外重视，各种体育器材和设备应有尽有，最好的中学也无法与之相比。除各种球类运动外，还开设了田径、旱冰、体操、单双杠、游泳、武术、垫上运动、摔跤等科目。学校要求每一个学生必须学会游泳，因为一旦飞行员坠入水中，需要自救逃生。

为了节省经费，教育总长汪强与人自行设计，并率全校师生共同挖坑、抬石灰、砂子、搅拌黏土、填石子，建造了一个长50米、宽25米，有深水和浅水区，还有高跳台和中、低跳板的游泳池。这种标准规格的游泳池是在当时的大后方屈指可数的。

李圭白1943年入校时，游泳池刚刚竣工使用。他在空幼学会了游泳、打乒乓球、打篮球等。无论是大学还是工作期间，他都是让人称道的体育尖子，尤其是喜欢游泳，游泳也成为他一辈子的体育锻炼项目，甚至晚年也一直坚持着。

初中三年阶段，李圭白接受了全面的童子军训练。他们佩戴水壶、挂包、猎刀、军棍和救生绳等，进行野外求生的野营训练，目的是培养学生的动手和动脑能力，也培养他们的集体观念。另外，学校还开设了徒步行军、识别地形地物、旗语通信、星象观察科目和结绳、追踪、搭桥和瞭望台、发摩尔斯电码等教学活动。

图 2-3　1945 年李圭白与初中教官和同学合影

　　航模是空幼 6 年中的必修课之一，李圭白的动手能力比较强，开始用材质超轻的泡桐树制作各种飞机模型，就像小时候玩纸飞机往空中一掷就能飞上片刻一样，有趣而又快乐。后来他又能模仿当时著名的英国、美国、日本等国的新型战斗机，做成精美的模型。空幼这种动手能力的培养，无疑为李圭白后来作为大学教师从事科研，进行实验设备的制作和改造奠定了基础。

　　李圭白上了高中，明显比初中用功了。从高中第二年开始学习立体几何、微积分、球面三角、有机化学、军用化学、应用力学、航空地图等课程。由空军飞行军官讲授航空常识，接受军事训练，初步学习飞行原理、气象学和空军战史等科目。军训课包括步兵操典、散兵作战、劈刺、打靶等。李圭白说，打靶是学习枪的构造、怎么瞄准，遗憾的是只拿空壳子枪比划比划，没真正实弹打靶过。

　　高中时，接受滑翔和航空知识训练。当时教授滑翔课的只有徐吉人和张廷两位教官。每周一次的滑翔课尤其受学员的欢迎。空幼使用了第二飞机制造厂生产的狄克逊型初级滑翔机，当时，学校拥有 4 架滑翔机，还配有机库和维修人员。在本校滑翔场和成都太平寺机场进行实践，空幼滑翔课开了中国滑翔运动的先河。

图 2-4　1946 年李圭白与空军幼年学校第五中队官生合影

李圭白与他最要好的同期同学张立义，最喜欢的科目就是坐上滑降机，威风飒爽地当一回能离开地面的"飞行员"。李圭白记忆中的滑翔训练是这样的：

在这些训练中，学员们最喜欢的、觉得最刺激的就是滑翔术训练。开始是初级滑翔训练，初级滑翔机比较小，用最原始的人工弹力索，就是人坐在上头以后，前面有那种薄的橡皮一样的弹簧绳，两边学生使劲拉，绷紧了以后，这边一放松，就"呜呜——"地拉出去了，将滑翔机弹入空中，然后能飞出 2~3 米高，让我们初步体验了空中飞翔的感受。这种滑翔训练实践，让学生掌握了简单的飞行技巧，同时也是训练飞行员的胆识。我这一生最高的飞翔记录就只有 3 米。[①]

进行空幼思想教育的不是政治教员，而是高度负责的各科老师，尤其是国文、历史、地理教师，在讲课中，结合历史激发学生的爱国思想和报国热忱。

---

① 李圭白自传，1955年，档案号DA-001-032，存于哈尔滨工业大学档案馆。

有的教师还以家破人亡的亲身经历，使学生懂得，国家弱，人民就是亡国奴。与李圭白同期学员周志兴的哥哥就是抗战的空军烈士。哥哥牺牲了，但他的母亲仍然让他继续当空军。学校的刘泰来同学一家 4 个兄弟先后都考进了空幼，为抗战出力。他们的故事也鼓舞着大家的斗志。

至今李圭白仍能记得他们的誓言：

练就铁臂，装上铁翼，飞上蓝天，与日本鬼子血战到底，为死难同胞复仇，把侵略者一个个赶出国门！

汪强是个非常有思想的教育家，他一再强调：学校是专门培养既献身祖国又有一定学养和技能、身心健全的空军战斗员。学生用功学习，但不能成书呆子；锻炼身体但不能"四肢发达，头脑简单"。培养军人素质，不是制造"军事机器"。空幼的学生要具备高尚的人格、崇高的品德、优美的情操、多方面的兴趣和爱好。所以汪强特别注重学生的德、智、体、美、劳全面培养。课余时间，他鼓励学生成立各种社团，如读书会、画社、球队、剧团、合唱团、模型飞机小组等，目的是使学生的能力得到全面锻炼，促进身心健康。正因为有了汪强的这种教育理念，空幼学生的课外活动丰富多彩。同乡会、英语演讲、读书会、黑板报竞赛、各类球赛、歌咏会比赛、戏剧演出等。不分年级，不分班级，在每周六和周日接连进行。球类比赛在学校更是热闹异常。

丰富的课外活动，潜移默化地影响着李圭白，在培养学生中受益终生。70 多年后，李圭白在空幼读书的情景还历历在目：

因为是准军事学校，所以我们是准军事模式管理，设立小队、中队和大队，并配有少尉、中尉、大尉的教官担任管理职务。早晨 6：30 吹起床号，接着列队出操，跑步健身。早餐先列队，等教官一声令下才能到自己的饭桌。就餐时间有规定，就餐完毕，必须到外面列队，之后才能解散。学校的生活紧张而有规律，上午有课程教学，下午有自由活动时间，可以运动或进行其他活动，晚自习9：30就寝吹熄灯号。

我在初中阶段，还是一个比较幼稚的淘气的小孩儿，在同期学员中年龄最小，经常和一些年龄小的同学在一起打闹，生活无忧无虑，比较单纯，喜欢看古代武侠小说。我的数理化成绩好一些，语文、英语差点，年年补考，但一补考就通过了。在紧张的学习和训练中，大家都非常用功。

因为培养飞行员后备军，所以学校第一注重身体，身体不合格就淘汰了；第二个注重学业，考试极为严格，一门主课补考不及格降期（留级），降期后再跟不上就被淘汰。学校的淘汰率还是很高的，我们6年毕业的时候，招进去300人，最后能剩下100多人，淘汰一大半。因为期末总有人因身体或学科成绩降期或被淘汰。所以，早上天没亮树林里就有学生在那里背英语，6年成绩全部合格才能到杭州笕桥空军军官学校接受训练。

那时候，学校鼓励活跃学生的生活，成立了很多社。这个社包括音乐社、提琴社、钢琴社，也有篮球队，是学生自己组织的。学校还有很多13~5岁的学员，在同学中一排队，我12岁最小。年龄大的不带我们打篮球，所以我们年龄小的就单独组织了一个篮球队，然后找同级年岁大的校队同学当我们的篮球教练。中学我爱运动，我跑步的速度在同班同学里算是比较快的。在学校，我爱跑，爱跳，爱玩，也爱登山。学校每年组织春游，主要是去青城山，顺便游览灌县的都江堰。四川有两座名山，"峨眉天下秀，青城天下幽"，青城山群峰环绕，林木葱茏，名胜古迹很多。那时真是阅尽了四川的名山大川，为祖国壮美的山河所陶醉。[①]

---

① 李圭白自传，1955年，档案号DA-001-032，存于哈尔滨工业大学档案馆。

高标营养配餐，身强体壮

为了使未来的飞行员有一个健壮的身体，学校给学员们按"丙种空勤"营养配餐。当时的空军是"天之骄子"，按照规定，"甲种空勤"配餐为正执行飞行任务的空勤人员享用；"乙种空勤"配餐是有飞行人员资格，目前不在空勤第一线工作的人员享用；"丙种空勤"配餐则是专门为空幼学生制定的。

早餐有稀饭、馒头、牛肉、花生米、两盘菜肴、白糖，每人还有 2 个鸡蛋；中餐、晚餐都是 6 菜 1 汤——4 荤 2 素。这么好的伙食，在抗战的艰难时期称得上"高标准"营养配餐，是那个时期其他同龄人难以奢望的。

李圭白对饭厅每天早餐那热闹的场景津津乐道：6 人一桌，每个学员拿着一生一熟 2 个鸡蛋。教官一声令下："开始打蛋！"于是，数百学员用金属勺子同时"啪""啪""啪"地敲打生鸡蛋，敲破一个小洞随后再传出一片吮吸生鸡蛋的"吸溜——""啧啧——"的声音。

据说，有一次，冯玉祥将军来学校视察，看到学员们挺胸昂头、步伐整齐，精神抖擞地正步走，似看到了未来的中国空军，他非常高兴，并豪爽放言："今天，大家表现非常好，每人奖励 1 斤肉！"他期待着小伙子们听到"1 斤肉"，会高兴得欢呼起来，可是，待遇优厚的空幼学员对此并没有什么反应。

李圭白回忆，汪强教育总长还亲自教学生吃西餐，并告诉大家："吃西餐不是为了享受，而是为了学习西方的就餐礼仪，为了将来我们到美国学习飞行的时候，不至于因为不知道西方礼仪而给国人丢脸。"

空幼为这些 12~15 岁的孩子提供了学习文化，增长心智，强健体魄的物质基础，使他们从少年长成为驱寇报国的青壮年。

在空幼成立以来的六年中，宋美龄、冯玉祥、白崇禧、张治中、李济深等国民党军政领导和当时代表美国共和党竞选总统的威尔基、苏联大使彼德罗夫、苏联军事总顾问帕尔霍明珂等曾先后来校参观访问。他们对学校的教学、训练和为学生提供的条件以及学生的精神面貌，颇有好评。

学员们的身体发育和运动技能相当突出：全校没有一个旱鸭子，学生篮球队远征成都、重庆等地，并有多名同学参加全军和全国运动会，所取得的成绩和名次，都使空幼声名远扬，一些符合条件的学生争先恐后地报考。

空幼的学生，德、智、体的全面素质明显优于一般中学。如1948年的毕业生中，第三期学员中有4个学生没拿到毕业证，便以同等学历报考清华大学，当时清华大学的录取率为5%，但空幼的4名学生都被录取。

李圭白说，空幼的图书室、大礼堂、运动场、游泳池、滑翔场、滑冰场、医务所等，足够的营养伙食和完好的生活条件给十几岁的孩子提供了学习和发育的物质保证。

"贫贱忧戚，庸玉汝于成"。李圭白在空幼，他不仅接受了系统的中学教育和飞行员基本素质与基本技能的训练，空幼也培养了他民族至上，国家利益高于一切的优秀品格。他回忆说，在抗战的艰难岁月里，空幼的6年学习和生活实为难得，那是他人生中重要的一段经历。

5年未归，空幼迁台，选留大陆

1948年，李圭白17岁，读高二。

自从1943年离家入空幼读书，李圭白与家人一别整整5年。这期间他与母亲只是通信联系，每年的寒暑假他因没有回家的路费，只能留在学校。

因为我家离得很远，家庭经济状况不好，我没有假期回家的往返路费，所以入校5年没有回家。在我们班里，也有少数几个同学家境比较差的，回不了家，我们就在学校过暑假。几个人出去爬山，打鱼摸虾，挺有趣儿。灌县浦阳附近，属丘陵地带，山清水秀，植被茂密，风景优美，农村都被竹林环抱，农田主要为水田及菜地，一派小桥流水的江南风光。

因为四川的小河沟很多，我们找只有半米宽的小河沟，拿个篓子，在下面兜着，上面一个学生往下撵，撵下来的小鱼小虾就进到篓子里，篓子捞起来就打到鱼虾了。有时就找不太宽的小河沟，把两头一垒，里头的水掏空了，一抓抓半盆鱼，回来做着吃。另外，我们晚上还去抓鳝鱼，抓青蛙。青蛙和鳝鱼必须阴天去抓，有月亮它能看见你，抓不着。阴天我们就点个火把，它对紫外线蓝色光比较敏感，对红色光不敏感，它看不到火把。我们抓了很多鳝鱼、青蛙，第二天早上自己做菜吃，像这样的田园生活还是有很多乐趣的。因年纪小，在学校和同学玩得很高兴。

那时候卫生条件比较差，我每年夏天都患肠道疾病。刚入校时，学校还没有营房，周围还有些农家大院，学校把它租下来。一个大的庙宇厅堂，里面的床一张挨一张，一个房间里住着好几十人，到我快毕业，学校慢慢开始建立了营房。当时的营房就是草房，四周用柱子堆上，编上竹子，一抹泥，顶上就是草，就成了草房。草房挡风遮雨是没问题的。[1]

李圭白离开家后，他父亲定期给家里寄钱，提供子女的生活费。后来他的公司经营不景气。抗日战争期间他在陕南，抗战胜利后，他回河南，解放战争期间，他与家里联系中断，无法汇款。

---

[1] 李圭白自传，1955年，档案号DA-001-032，存于哈尔滨工业大学档案馆。

李圭白回忆，母亲带着 4 个孩子生活极为困苦，最困难的时候没吃没喝，但是母亲还是坚持让孩子都上学，最后只有卖家底儿。李圭白父亲办公司的时候，在家里剩点儿建筑材料和家具，母亲便把这些东西变卖了，钱全部买米，装在米垛子里。家里有了米，至少孩子们不挨饿了，而蔬菜时有时无。日军对汉中的轰炸变本加厉，李圭白母亲又带着孩子搬到了汉中旁边的小县城城固县，生活仍难以为

图 2-5　17 岁的李圭白

继。后得知李圭白二伯父家的长子在四川广元经商，经济尚有实力。为求生存，母亲就带着 4 个孩子从陕南投奔到四川广元。

后来，空幼迁到成都后，李圭白从成都到广元的路就不远了。广元是"蜀北重镇"，历史悠久、古朴而厚重。[①]。

1948 年的暑期，父亲给李圭白寄了一笔钱，5 年没回家的他决定回家看母亲和弟弟妹妹。第一次回家，蜀道艰难，李圭白感叹有惊无险：

因汽车票比较贵，当时我就搭了一个敞篷卡车，从蒲阳绕道成都再到广元。一路上，需翻山越岭，每翻过一个山头，就要下到山谷，再翻过一个山头，在山谷中有小河和桥梁，夏季暴雨多，河水猛涨，淹没了桥梁，汽车便无法行驶。山洪下来了，走不了了，只能在当地老乡家里住一夜。那里老乡比较穷，吃的是青稞面。那种面没有黏性，不能做面条，也不能烙饼，只能做成蝌蚪状，滑溜溜的，放点辣椒，吃着有点意思，但不好消化。就这样，我每天早早上路，天天如此。我经过最险的那个关口就是剑门关。剑门关，"一夫当关，万夫莫开"[②]。

---

① 《武则天生在广元的根据》，刊于 1961 年 5 月 28 日《光明日报》二版。

② 李白：《蜀道难》。

剑门关是四川成都的主要屏障，它山高而险峻，所以到剑门关的时候，那个司机总是停下来休息。我从上面往下看，崎岖的山路，蜿蜒曲折地通向遥远的山脚下。山脚下的路就像一条细细的带子，细带子上面有一个个小蚂蚁一样的东西在爬，那就是汽车。不远处，让我触目惊心，那些翻到山谷里腐烂残破的汽车，太多了！车翻山沟人死了，死尸就放在棚子里，等家属去领尸。那个地方就是蜀道，我艰辛地折腾了一个星期才回到家。[①]

图 2-6　母亲陈淑敏

李圭白离家时是从汉中入川，而 5 年以后回家，家已搬至四川广元。他按母亲信上的地址，找到家。一进院儿，看到母亲正在洗衣服。由于过度操劳，母亲苍老了，李圭白眼睛一阵酸热。此时，站在院子里的是一个身穿国民党军服的小伙子，母亲有点儿不认识他了。当时的情景定格在了李圭白一生的记忆中：

我 12 岁离家，还是个小孩儿，5 年以后 17 岁，已经是个大小伙子了，模样有了很大的改变。我还穿着国民党军装。当时有国民党的伤兵要吃要喝，抢东西，老百姓都反感。那天我早早地进了我们家的院子，我母亲正蹲在地上洗衣服，看见一个当兵的进来，还吓了一跳。

"你找谁啊？什么事啊？"

"我就找你啊？"

母亲一愣，站起来仔细地端详着我，那一刻，认出了是她 5 年没见的二

---

① 李圭白自传，1955 年，档案号 DA-001-032，存于哈尔滨工业大学档案馆。

儿子，泪水立刻涌出来。她喜出望外地拉着我，兴奋地朝屋里喊着："圭白回来了！你们二哥回来了！"我哥和两个弟弟、妹妹都跑出来。全家人看到我那么精神，都很高兴。我走时，妹妹才5岁，还不太记事，5年后她根本就不认识我了。母亲张罗着给我做好吃的，其实当时家里的生活非常困难。一家人围坐在一起，真是悲喜交集啊。母亲说："这么多年，家里人从来没这么高兴过。"

我一路上经过一个星期风吹日晒，军装上连灰带土。脱下了军装，母亲给我洗了好长时间才洗干净。

这次回家，住了半个月，与母亲交流了很多，母亲给我讲起这些年家里、父亲和亲戚的一些事情，父亲过去革命活动的情况以及近几年被捕前后的情况，了解到抗日战争时期，表兄及堂兄是怎样去延安的，都有谁牺牲了……

最重要的是与母亲商量了毕业后的去向问题。初中我贪玩，成绩不太好，上了高中，我懂事知道努力了，成绩逐渐提高，但眼睛近视了，当飞行员已不合格。不能飞行，就得做地勤，我不想干，就想考大学，学科学，科学救国。我母亲也主张我考大学，不同意我去台湾，所以我更坚定了留在大陆的决心。①

1948年，国民党在整个中国内战战场上节节败退，其统治岌岌可危，人心惶惶。动荡的岁月，空幼也不平静了。为了发展共产党在国民党空军中的力量，地下党员卢甸、牧野就以教官的身份进入幼校开展工作，他们在学生中组织读书会，向学生介绍推荐《新华日报》等进步报刊，并发展学员陈

① 李圭白访谈，2015年9月30日，资料存于采集工程数据库。

泽群为中共地下工作者。陈泽群[1]当时是学生中的一个活跃分子，为了配合中共地下党组织开展工作，便发起成立了一个"北斗读书会"。这个"北斗读书会"，中华人民共和国成立后被认定为地下党的一个外围组织。外围组织活动是秘密的，当时李圭白并不清楚哪些人是共产党。

图 2-7　1949 年李圭白与中学同学合影留念（中）

1949 年初，空军幼年学校更名为"空军预备学校"迁至成都太平寺，并做迁往台湾的准备。3 月，因伙食不好，我们第四期同学曾发起一次罢课行动，我也是参加者之一。主要是因为学校有一些人贪污学生的伙食费，引起了学生的强烈不满。当时组织罢课的是我们高年级，低年级同学给了我们大力支持，结果同学们的斗争取得了胜利，伙食按实数供给了，一批长官被撤职了。

学校对个别人进行了审问，我们都回答不知道。据说行动策划者就是共产党地下工作者。当时空幼也有中共地下党活动，并在学生中进行革命宣传，曾听说有的同学看过革命宣传品。那个时候军事学校罢课是不得了的事，事件发生后，上级派人来查，校方采取强硬对策，开除四期同学多人，五、六期同学亦有受牵连者。听说抓了一些教师和学生，有的学生事前得信儿逃走了，有的被抓关在重庆白公馆、渣滓洞里，临近重庆解放，他们牺牲了，我

---

[1] 陈泽群（1927年~2008年），广西人，1941年考入空军幼年学校，我国当代著名杂文家、湖北省杂文学会副会长。在空幼读书期间从事过党的地下工作，后加入人民空军。1957年因发表在《长江日报》上的杂文《倚墙为生的人》被"钦定"为右派。

不知谁是地下党，但也联络过同学，给同学报过信儿。[①]

1949 年 6 月，四川面临解放，李圭白高中毕业，学校从成都迁往台湾屏东东港大鹏湾，他决定留在大陆。因为当时国民党溃败，人心不稳，学校没有强迫大家去台湾，他和一部分不想去台湾的同学都有一个共同的想法，既然不能当飞行员，那么就考大学，走科学救国之路。当时校方没有阻拦，不去台湾的可以自动遣散。所以李圭白和一部分学生也就纷纷离校了。约三分之一同学留在了大陆，他的最要好的同学张立义去了台湾，他从此没了张立义的信息，台湾与大陆同学只能隔海遥望。

从 1940 年~1945 年，空幼共招收 6 期学员，约 2100 人。由于种种原因，有近半数的学生没有进入国民党空军军官学校学习飞行，而学成飞行、在海峡两岸航空界者约占了全部学生的五分之一。

沧海 50 载，空幼出名人

空幼 6 年，学员们无论出自名门，还是贫苦之家，同吃同住，同学习同训练，不是兄弟，胜似兄弟。训练场上严肃认真，营房里勾肩搭背，互唤绰号，彼此结下了深厚的友谊。

1990 年，经国务院台办批准，空幼建校 50 年，在大陆举行了"第一次空幼海内外校友联谊会"，分别 40 多年的大陆、台湾、海外同学在蒲阳相聚，故地重游，激动不已，紧紧拥抱，甚至痛哭失声。相见才知彼此的境遇。李

[①] 李圭白访谈，2015年9月30日，资料存于采集工程数据库。

圭白感叹沧海沉浮，变化之大：

　　1990 年，我们在四川灌县蒲阳镇老校区举办了空幼第一次校友会。当时老校区原址已办起了"空军疗养院"等两所疗养院。当时台湾空军的主要各级领导许多是大陆招的 6 届毕业生。参加会议的有 700 多人（包括家属），大陆、台湾（包括迁居海外的），大约各占一半。我参加了这次盛会，见到不少老同学，刚见面时，因分别了 40 年，无法相认，看了名字也没印象，只有提起当年的一个个"绰号"，大家才恍然想起："我是××呀！""不记得了？我是×××！""当年的××，想起来了？""哎呀，真是你啊！"因为上学时同学们之间一般不叫名字，只喊"绰号"，所以喊了 6 年的"绰号"，便喧宾夺主了。第一次聚会后，大家意犹未尽，之后，各期同学分别在不同地方举行集会，活动一直延续到 2000 年以后。大家感慨万千，互通信息，同时又为空幼出如此多的名人而自豪。[①]

　　这次聚会，大家方知空幼学生的去向和发展状况，大陆和台湾各约40％，其余 20％分布在美国、加拿大、南美、南非、东南亚、阿拉伯等地。当年的"秃瓢"少年，如今成为各有建树的名人，真是令人心潮澎湃。部分空幼学生就职现状见表 2-1。

部分空幼学生就职现况　　　　　　　　表 2-1

大陆	
段一士	国内外著名的理论物理学家、兰州大学教授
刘辽	相对论与天体物理学家、北京师范大学教授

---

① 李圭白访谈，哈尔滨，2015年9月30日，资料存于采集工程数据库。

续表

大陆	
范家参	地震学家、昆明工学院教授
陈祖嘉	电力安全专家、《电力安全标准》起草人
蒋鉴明	《民用建筑热工设计规程》JGJ24-86主要起草人、国内建筑热工学的权威、浙江大学教授
岑冰	中国声乐界泰斗级教育家、男高音歌唱家、首都师范大学和首都联合大学教授，培养出程志、欧阳劲松、牟弦甫、刘旭峰、韦唯、朱明瑛等一批在中国音乐界享有盛誉的学生
陈泽群	当代著名杂文家、江汉大学教授
黎完模	海军工程大学教授
冯立天	北京经济学社团人口研究所所长
周诗成	中国美术学院、浙江美术学院副教授
周祖佑	新华社资深记者
乐光尧	北京石油大学教授
李先彝	海军工程大学教授
梁器奇	广州美术学院教授
楚庄	中国民主促进会（简称民进）原副主席
李沛钰	成套设备专家、教授级高工
史同	大连船舶研究所教授级高工
李圭白	中国工程院院士、哈尔滨工业大学教授
王锡爵	华北民航局副局长（台湾华航波音747货机机长、飞行王牌，战斗英雄）
曹仲彬	吉林大学教授、《王明传》《何孟雄传》作者
杜毓良	吉林大学教授、清华大学教授
陈斯骏	暨南大学教授
李沛琼	北京航空航天大学教授

续表

大陆	
欧阳万里	重庆大学教授
楼世正	西北工业大学教授
谢任之	华南理工大学教授
胡锡骥	中国农业大学教授
牛德增	曲艺家、成都战旗歌舞团团长
魏国瑞	云南农业大学副校长
裴家华	成都体育学院院长
易征	《现代人报》总编
黄永华	广州市人民政府参事、民革中央第七届特邀全国政协委员会委员
台湾地区	
赵知远	上将，"国防部"副部长
华锡钧	上将，国际知名航空专家、美国普度大学博士、经国号战机研发主持人
林文礼	上将，"空军总司令"
唐飞	上将，参谋总长、国防部长、行政院长
数十位将军	"国防部"常务次长、空军副总司令、联勤副总司令、空军作战司令、联队司令、训练司令、空军官校、通校、机校校长及民航局长等，其中包括职位相当的行政官员以及更多的军事和民用航空骨干
张立义	台湾空军"黑猫中队"第一批F-84喷气战斗机驾驶员
韩仁存（罗门）	台湾著名诗人，诗集被译成英、法、德、瑞典、韩、日等文字，被誉为"大师级诗人、现代诗的守护神、战争诗巨擘、都市诗之父、诗人中的诗人"，世界华文诗人协会会长
彭中原	中国时报总经理
何亲贤	译著有70多种（除电子电机类外，还有德华、法华、西华、三部辞典）

海外科学家	
傅京荪	国际知名学者、美籍华裔模式识别与机器智能专家，美国国家工程科学院院士，中国台湾地区中央研究院数理组院士、美国普度大学教授，他是国际电脑界人工智能和模拟识别两大领域的最高权威，被誉为"国际第五代电脑之父"，1985年在美国病逝后，普度大学为他建立了一座纪念馆
何灼彦	普度大学教授，身兼美国国防部4个材料研究分析中心的主任
何达民	美国水利学家
李银波	经济学家、加州大学终身教授
王初平	美国IBM高级专家
朱光复	纽约公共图书馆的东方部主任

　　空幼共 6 期，仅 2000 人的学校，却有众多杰出人物，真是奇迹！同学们之所以能在海内外各界立足发展，与他们在空幼打下的坚实的基础知识，培养成的健全人格不无关系。空幼的人才培养是成功的。

　　1993 年 9 月 11 日，空幼庐山四期校友聚会，李圭白与他同期的要好同学见了面，尤其是王熙爵、张立义的传奇经历，让他感叹国运浮沉，造化弄人：

　　震惊世界的"华航事件"的主角就是我四期同学王锡爵。1949 年，他随校迁到台湾，技术高超，经验丰富，是王牌飞行员，曾当选 1957 年度的"国军"第八届克难英雄的战斗立功英雄，是台湾波音 747 货机机长。他在台湾 37 年，已成家，但对故乡、父母和兄弟姐妹的思念，与日俱增。1986 年他驾波音 747 货机降落在广州白云机场。投奔大陆……他起义的消息在报上刊出后，我们四期留在大陆的同学陆续与他联系，并以他为中心互相建立了联系，之后联系扩展至留在大陆的其他期（一、二、三、五、六期）的同学中。

所以王熙爵不仅全国知名，并且在空幼同学中知名度也是最高的。他起义以后，被任命为北京民航局副局长，1987年起连任六届、七届、八届、九届全国政协委员、常委。其妻数年后来大陆与之相聚，退休后在京郊购一块地，过起田园生活。①

另一个同学是张立义。庐山相见，他们眼含热泪，百感交集，拥抱很久。张立义也是一位震惊中国大陆、台湾地区和美国的知名人物。李圭白讲起他的曲折离奇的传奇经历：

张立义是我四期最要好的同学和知心朋友，他到台湾后又去美国受训，因飞行技术精湛，被选为"黑猫中队"②U-2侦察机飞行员，多次受到蒋介石、蒋经国的接见。1965年1月10日，他驾驶着全世界最难驾驭的高空侦察机之一U—2，对大西北核基地夜间照相侦察。晚9点多，在包头上空7万英尺被解放军击落。他受伤弹跳逃生，昏迷着向下翻滚了6万英尺，到距地面1万英尺时伞开把他震醒。夜色茫茫，他摔在一片荒漠的雪地里。冻了一夜的他，清晨连滚带爬地进了一个蒙古包瘫倒，他被擒获。两天后，台湾地区的《中央日报》报道："空军少校张立义不幸于10日夜驾U-2侦察机到大陆执行任务时殉难……"当时张立义3个孩子中最大的7岁，最小的儿子尚在襁褓之中。蒋经国亲自前往张立义家中慰问，命空军为他建了"衣冠冢"。

---

① 李圭白访谈，哈尔滨，2015年9月30日，资料存于采集工程数据库。
② 黑猫中队：中国台湾地区空军秘密侦察部队—前空军35中队的别称，使用的队徽为"黑猫"。在中国台湾与大陆进行冷战期间配合美国中央情报局执行深入中国大陆领空的高空夜间电子侦察任务。

张立义"殉难"8年后，妻子改嫁一善良忠厚之人，并有约在先，如果前夫生还，将复婚。

张立义被俘后被送往北京空军医院急救，1970年被释放。张立义在大陆先后当过农民、工人、南航实习工厂实习组副组长。1982年大陆公开报道此事，他被送至香港欲转道回台。但因疑被大陆改造，台湾拒绝他回台。U-2飞机是为美情报局服务的，美国得知此事出钱将他接到美国。后其妻与后夫离婚，与他复婚。他在大陆18年，又在中国香港、美国漂泊了多年。因中国台湾政局发生变化，他终于回到台湾。四期同学庐山集会时，我与他见面，彼此回顾交流，真是感叹人生沧桑。

第三章

扎根哈工大

卖药谋生，渴望读书备考

1949年夏，李圭白从空军幼年学校高中毕业，选择留大陆。因为家庭贫困，高中毕业就等于失业了，家里根本没有能力支持他上大学，但他又不甘心。

回家后，迫于无奈，他就在堂兄李叶萍开的药铺当店员。李圭白回想自己在空幼满怀当空军抗战的激情学习、训练，但抗战结束，内战开始，国民党败退台湾，自己眼睛近视不能飞行，想考大学又无经济实力。那段时间，他心无所依，茫然失落，心情异常压抑：

我母亲带着我哥、弟弟和妹妹，在广元得到我堂兄的一些接济。但接济毕竟很少，况且我们家人口也多，家里的经济状态仍很困难。那时我父亲在解放区，我们在蒋管区，他给的生活费寄不过来。我回去了，家里又多了一口人。那时候堂兄开的是一个西药铺，所有的药都是美国进口，全是英文。而他的西药铺里有个小伙计，不懂英文，所以他不能独立工作。顾客买什么药，他只能应酬应酬，然后再问我大嫂。我大嫂是自学成才，学医的。我回去了，懂英文，所以哥嫂就让我在药店帮忙，我懂英文，可以独立售药，顾客要买什么药我马上可以拿给他，价格也慢慢熟悉了。哥嫂觉得我很得力，他们每个月就给我两个银元的报酬。这样，我就算作药铺里的小伙计了，吃住都在药铺。两个银元在当时能养活一个半人。之前家里只靠我母亲中学教员的薪水，艰苦度日。当时我两个弟弟都上初中，家里虽困难，但母亲特别重视孩子的教育，她说："在任何条件下都不让你们耽误学业。"

母亲为了孩子上学，克服了一切困难。她除了教课以外，还兼女生管理员，所以她当时就带着最小的妹妹，还有我的病号哥哥住在学校里，两个弟弟跟着我。我和那个小伙计住在铺子里，晚上看店，我两个弟弟就住他们的男店员宿舍里的一个大铺上。

当时成都有很多大学都不错，像四川大学、华西医学院等前身都是美国的一些医疗机构，可我没这样的机会，所以从心理上就受到了很大的打击。我留下来主要是上大学，当店员是当时社会最底层的岗位了，让人呼来唤去，时常遭到老板、顾客和周围人的白眼，所以人世间的冷暖，当时还是有不少体会的。处于社会底层的失学状态，我感到前途暗淡，精神上很压抑，但我并没放弃考学的念头，白天卖药，晚上复习高中课程。我们高中的老师讲得很好，再加上我不断复习，数理化基础打的是不错的。有这一年好好复习的条件，对我入大学以后的学习，有很大的帮助。[1]

1949 年 10 月 1 日，中华人民共和国成立的时候，四川还没有解放。解放前的数月，传来解放军要进川的消息，广元局势就开始紧张起来。李圭白堂兄怕小城市一乱遭抢，于是他们夫妇就跑到成都去了，药铺暂时撂给了李圭白兄弟打理，他和弟弟偶尔卖点药底子度日。李圭白回忆，在解放军进广元之前的数月时间里，国民党的纸币就不用了，改用银元，上面印着袁世凯的头像。那时一个银元能换近 100 个铜板，当时有很多人在捣腾银元。

那段时间，广元当地的治安很混乱，大批国民党伤兵都带着枪，在街上游荡，

---

[1] 李圭白访谈，2015年3月31日，哈尔滨，资料存于采集工程数据库。

见什么抢什么。李圭白说："一天，药铺闯进一个拄着拐的伤兵，蛮横地要包扎，给他包了，还要了两种药，拿完了不付钱就走，不敢惹，就得赶快关门。"

1949 年 12 月 14 日广元解放，李圭白迎来了人生的第一个转折，心情非常激动，他见证了那个难忘的日子：

大概在解放前的三五天，商店、铺子纷纷都关门了。因为解放军快进城的时候，国民党兵就跑得差不多了。解放军进城之后，没有经过什么激烈的战斗。14 日黎明之时，感觉到城里比较安静，偶尔听到些枪声，但不密集。12 月 14 日一早，各家商铺纷纷开始营业。

解放军进城了！ 14 日上午 10 点多，街上有人放起鞭炮，群众闻声涌上街头，夹道欢迎解放军。李圭白也挤在北街的人群中，他看到军容整齐的解放军队伍受到附近居民的欢迎，场面十分热烈。

那几天，李圭白一直处于兴奋之中，中华人民共和国成立了，一种新的生活和希望在召唤着他。他这样述说当时的心情：

广元解放，这是许多日子都在盼望的，现在终于盼到了。当时非常兴奋，我属于一个有抱负有理想却处于社会底层的失学青年，受到社会很多人的白眼。要上大学，实现抱负，没有希望，始终处于苦闷之中，现在中华人民共和国建立了，自己的出路在哪儿呢？解放！只有解放，只有解放才有唯一的出路。感觉自己第一次获得了真正的解放。解放是我人生的转折，使我心中重新燃起了上大学的希望，一切一切都有了希望。[1]

---

[1] 李圭白访谈，2015年3月31日，哈尔滨，资料存于采集工程数据库。

李圭白急切地想出川，考大学：

跳出这个环境的欲望与日俱增，当时家里还保存了一本《政治经济学》的读本，这本书的阅读更刺激了这种读书、学习科学知识的要求。解放了，过去的一切暗影被一扫而光，个人升学的危机、理想的危机等都消除了。我们用青年所具有的狂热迎接解放，当时高兴的心情是难以形容的，对新知识渴望的心情也是无比的，于是我就跑到书店，买了许多书乱看一气，一举一动都在心底唤起了共鸣：下一步便是出川了。[①]

赴京赶考，3 所高校榜上有名

中华人民共和国成立了，李圭白心中燃起的希望是那么强烈，那些日子他一直处于命运转折、获得新生的兴奋之中。

1949 年 12 月 27 日，成都解放，他的堂兄堂嫂回来了，他把药铺交给他们。这时父亲也从郑州托人捎信，接续上了给家里的供给。当时，李圭白母亲在中学当教员，哥哥正发病，弟弟、妹妹都上学，家里仍相当困难。

他与母亲商量："哥哥有病，只能在家，我带着皓白、旭白和小妹去郑州找父亲，我准备考大学。"母亲觉得儿子已经长大，有主见，有担当了。她同意儿子的主张："好，你们先去郑州，等你哥病有好转，我再做打算。"但毕竟李圭白才 18 岁，领着 16 岁、14 岁和 11 岁的弟弟妹妹去那么远的地方，母亲还是有些放心不下，烙了一些大饼给他们带上，又带了些咸菜，并嘱咐

---

① 李圭白自传，1955 年，档案号DA-001-032，存于哈尔滨工业大学档案馆。

李圭白："路上一定小心，照顾好弟弟妹妹，他们都是第一次出远门，到了马上来信儿……"

1950年3月，李圭白兄妹4人艰难上路了：由广元出发时，坐卡车半路抛锚，为赶路他们4人与另外两家租了一台大手推车，放行李和小孩子，他与大弟弟徒步一路翻越秦岭，到了宝鸡。从宝鸡坐的是装货的闷罐车，因为每站都停，行进很慢。每个小站旁都是卖鸡蛋、烧饼的。煮熟的鸡蛋一分钱一个，但李圭白带着弟弟妹妹尽量省着花钱，吃母亲给他们带的干粮，走了将近两天才到郑州找到父亲。

由于父亲李兰谷多地逃难，在陕西又曾因掩护中共党员的外甥做地下工作，被捕入狱，险些遇难，亲戚花了一笔钱将其保释出狱，后与组织失去了联系。中华人民共和国建立后，李圭白父亲开的建筑公司，按共产党的政策公司可以保留，父亲仍然是经理。这样，他仍然有一些收入。

高考，是李圭白命运的转折点。

1950年5月26日，教育部发布了新中国第一份高校招生考试文件《关于高等学校一九五零年度暑期招考新生的规定》，开始有组织、有计划地年度招生——同一地区的高校联合招生。当时划分为华北地区、华东地区、西北地区、西南地区、东北地区。但当年考试招生仍没有完全突破旧的格局，联合招生和独立招生的高校并存。

同年6月初，李圭白第一次来到中华人民共和国的首都，看到首都的新气象，令他热血奔涌，犹如当年进空军幼年学校，报国杀敌那样，有一股使不完的力量，于是一下子报了不同地区的3所高校（东北地区的一些高校也在华北地区招生）。7月，他满怀信心地分别参加了3所高校的考试。他在国文、英语、政治常识、数学、中外历史、中外地理、物理、化学科目的考试中得心应手，成绩突出。8月，他接到了3所学校同时发来的录取通知书，兴奋的心情无法形容。

回忆他报考的 3 所高校，李圭白记忆犹新：

考上的第一所高校是唐山交通大学。唐山交大是中国近现代办学最早的工科高校之一，在世界上也享有盛誉。茅以升[1]、竺可桢、林同炎[2]、杨杏佛[3]、黄万里[4] 等都是这个学校的学生。唐山交大在国际声名鹊起，被誉为东方康奈尔，对我是很有吸引力的。1952 年院系调整，以唐山交大的许多专业为基础成立了北京的八大学院。

华北工学院，是我报考的第二所高校，是北京理工大学的前身。

我考上的第三所高校是哈尔滨工业大学。因为我父亲在沈阳开过建筑公司，他工程界的一些熟人也有哈工大的毕业生，他对哈工大比较了解，再加上当时中苏关系好，向苏联学习，哈工大很有发展前景。于是他建议我考哈工大，读土木专业，因为他就是同济大学土木专业毕业的。那时我 19 岁，自己对考什么专业也没什么主见，就按他说的做，考上了。到现在为止，我仍没离开哈尔滨工业大学。[5]

---

[1] 茅以升（1896年~1989年），字唐臣，江苏人。土木工程学家、桥梁专家、工程教育家、中国科学院院士、美国工程院外籍院士、中央研究院院士。1919年获美国卡耐基理工学院（现卡内基梅隆大学）博士学位，是该校的第一位工科博士。主持修建了中国第一座现代化大型桥梁——钱塘江大桥，是中国土力学学科的创始人和倡导者。

[2] 林同炎（1912年~2003年），福建人，美国籍。土木工程学家、加州大学伯克利分校教授，被誉为"预应力先生"，美国预应力学会创始人之一，亚裔第一位美国国家工程科学院院士，获美国国家最高科学奖。1996年当选为中国科学院外籍院士。

[3] 杨杏佛（1893年~1933年）杨铨，江西人。经济管理学家、辛亥革命社会活动家、中国人权运动先驱、中国管理科学先驱。武昌起义爆发，赴武昌参加保卫战，曾任孙中山秘书。先后赴美康奈尔大学和哈佛大学学习，期间发起创办《科学》杂志。

[4] 黄万里（1911年~2001年），中国著名水利工程学专家、清华大学教授，是近代著名教育家、革命家黄炎培第三子。美国伊利诺伊大学香槟分校第一个获工学博士学位的中国人。主要成就：洪流估算理论、连续介体动力学理论，只身坚持真理，反对三门峡工程和三峡工程，曾六次给中央领导写信，陈述长江三峡大坝工程永不可建的道理。

[5] 李圭白访谈，2015年4月1日，哈尔滨。资料存于采集工程数据库。

当年全国高校录取了 58000 名学生。

李圭白在北京待考和录取后出发这段经历，让他难忘的是在这里遇到了两个他一生志同道合的同学、同事、挚友：

我从郑州到北京，来这里高考的学生很多，北京学联负责招待和安排考生吃住。我被安排在北京宣武门中学的一个教室。地上铺着草垫子，每人借给一个毛毯，教室里十几个人，夏天，很闷热，尽管这样，因大家心情特别好，都觉得很好过。在这个临时寝室里，从青岛来的考生—青岛帮，也被安排在这里。我遇见了王宝贞（著名环境工程专家、国际水科学院终身院士、现哈尔滨工业大学环境学院教授）。考前考后，早早晚晚，大家在一起交流，对答案，也就熟悉起来。我们都报了哈尔滨工业大学的同一个专业，彼此很谈得来，青岛帮里有好几个学生也考上了哈工大，还有一个是考焊接专业的，后来是焊接专业的教授。

8月底，被录取的考生从北京出发，因哈工大由中东铁路[①]局管理，近水楼台，为这次在北京招的好几百人包了专列，免费把我们从北京一直送到哈尔滨。在车上，我又遇到了汤鸿霄（中国工程院院士、著名环境工程学与环境水质学专家、现中国科学院生态环境研究中心研究员），他是从北京考上来的。王宝贞、汤鸿霄，我们一同考上哈工大，读同一个专业，又留校当教师，我们有着共同的追求，共同的奋斗目标，是一辈子的莫逆之交。[②]

---

① 中东铁路：沙俄为掠夺和侵略中国，控制远东在中国领土上修建了一条铁路，中东铁路是"中国东清铁路"的简称，亦作"东清铁路""东省铁路"。1897年~1903年修建，以哈尔滨为中心，西至满洲里，东至绥芬河，南至大连，全长2400余公里。日俄战争后，南段（长春至大连）为日本所占，称南满铁路。民国后改称"中国东省铁路"，简称"中东铁路"。抗战胜利后，称为中国长春铁路，简称中长铁路，由中苏共管。
② 李圭白访谈，2015年4月1日，哈尔滨。资料存于采集工程数据库。

同年，李圭白的大弟弟皓白初中毕业，考上了辽宁省本溪高等职业学校，也离开了郑州。小弟和小妹仍在父亲那里。因妹妹不愿意在父亲家，母亲便带着哥哥赶到郑州。母亲在郑州第一中学当语文老师，又兼职当女生的管理员，妹妹又回到母亲身边。1951 年，小弟 16 岁便参加了海军。

初识 "东方莫斯科"，结缘哈工大

1950 年 8 月 29 日，李圭白来到哈尔滨工业大学报到，从此，他的根扎在了哈尔滨，在哈工大近 70 年，奋斗、贡献了一生。

李圭白还记得，从哈尔滨火车站走出来，满眼的新鲜感和神秘感。这个洋气十足的城市吸引了他。

哈尔滨是一个国际化的移民城市，20 世纪 20 年代初，俄国、法国、意大利、日本等国家的大批移民，以及犹太人不同宗教信仰和文化传统的移民，在哈尔滨建造了一批又一批新艺术运动、巴洛克、折衷主义、文艺复兴等多种建筑艺术风格的教堂、领事馆、学校、旅馆、银行、医院、商店和住宅。这些欧式建筑，增添了哈尔滨城市迷人的浪漫色彩，使其具有了浓郁的异国风情的外来文化。

李圭白和新生们来到位于公司街的哈尔滨工业大学报到时，校舍令他们十分惊叹。这座米黄色的俄式建筑，端庄大方，它标志性的拱形门和外墙高浮雕装饰人物雕像极具特色，圆顶塔楼的转角设计新颖别致、造型巧妙，是欧洲新艺术运动风格建筑的经典之作，由当时的哈尔滨工业大学教师、俄国著名建筑师 П・С・斯维里多夫 [①] 设计。它建于 1906 年，1909 年是俄

---

① П・С・斯维里多夫：俄著名建筑设计师，在哈尔滨工作数十年。曾任哈尔滨中俄工业学校（哈尔滨工业大学）教师。是哈尔滨霁虹桥、国际饭店（原名新哈尔滨旅馆）哈尔滨工业大学老校舍（老土木楼）等建筑的设计者。

图 3-1 哈尔滨工业大学老校舍（老土木楼），1909 年是俄驻
哈尔滨总领事馆，1920 年为哈尔滨中俄工业学校校址，现为哈
尔滨工业大学博物馆。欧洲新艺术运动建筑风格的经典之作，
由俄国著名建筑师 Π·C·斯维里多夫设计

国驻哈尔滨总领事馆，1920 年为中俄工业学校（哈尔滨工业大学前身）的
校址。20 世纪 20 年代，登上这座建筑的三层瞭望塔楼，整个哈尔滨便一览
无余。

　　走进教学楼内，更让李圭白惊讶的是自己仿佛到了"苏联"。楼内张贴
的校令、布告、通知、教学课程安排等全是俄文，就连教室、厕所的标牌也
是清一色的俄文。他因不认识俄文标牌，而找不到厕所。所见到的门卫、清
洁员、教师几乎都是俄国人，走廊里的苏侨学生，嘟噜嘟噜地说着他听不懂
的俄语……

　　这里就是令李圭白向往的大学，是他憧憬的科学殿堂。中华人民共和国
刚刚成立，百废待兴，国家需要人才建设祖国，而向苏联老大哥学习，走苏
联的道路，必须突破俄语关。李圭白下决心"每天一定要超量背俄语单词，
只有学会了俄语，才能听懂专业课，才可以交流"。他有一种冲动，恨不得
马上就能从嘴里蹦出俄语来，因为哈尔滨工业大学的历史、哈尔滨工业大学
的发展，这里的一切一切都与俄语联系在一起。

　　他虽按父亲的意见报考了哈尔滨工业大学,但对这所学校并不十分了解。当他了解了学校的历史后,认为自己的选择是正确的,他热爱这所有历史的学校。

　　哈尔滨工业大学的历史始于一条铁路。19世纪末,沙俄修建了穿越中国东北的中东铁路(抗战胜利后为"中长铁路")。1917年"十月革命"[①]后,大批旧白俄贵族携带家眷移民也通过中东路来到哈尔滨。俄侨子女们需要接受高等教育,同时为培养铁路工程技术人员,1920年中东铁路局创建了哈尔滨中俄工业学校,这就是哈尔滨工业大学的前身,学校成为中国近代培养工业人才的摇篮。

　　首任校长为著名道路交通工程师阿·阿·摄罗阔夫[②]。学校建校初就引入了西方早年的高等教育模式,采用俄语授课,是纯正的俄式办学,学生通过毕业设计答辩,就可获工程师称号。

　　一批土木建筑、电气机械、道路交通、材料和教育学等领域的著名专家,学者来校担任教师,其中许多教师有留学或执教德、法、英的经历,他们有着丰富的教学和工程实践经验。学生来自俄、日、犹太、朝鲜、蒙古、奥地利等国家和民族,他们获得了欧洲先进的科学技术知识,其毕业文凭得到了欧洲国家的承认,许多大学生毕业后进入欧洲著名大学深造。

　　1935年,日本用物资换取了中东铁路苏联一方的产权,学校开始向日本教育模式过渡,教师大都是日本

图3-2　首任校长阿·阿·摄罗阔夫(俄)

————————

① 十月革命:1917年11月7日,列宁领导的布尔什维克武装力量向资产阶级临时政府所在地圣彼得堡冬宫发起总攻,推翻了临时政府,建立苏维埃政权。
② 阿·阿·摄罗阔夫(俄),著名大地测量专家、道路交通工程师。1920年,哈尔滨中俄工业学校(哈尔滨工业大学前身)首任校长。

人，采用日语教学，外籍学生居多。1945年，抗日战争胜利后，哈尔滨工业大学由中长铁路局领导，属中苏两国政府共同管理，又恢复俄语教学。1949年中华人民共和国成立，哈尔滨工业大学回到中国政府怀抱，同年松江省（黑龙江省）省长冯仲云兼任哈尔滨工业大学校长，他是哈尔滨工业大学第一位中国人校长。

中华人民共和国成立后，哈尔滨工业大学迎来了重要的历史转折时期：学校隶属关系由中长铁路管理向由中国政府管理转换，学校服务对象由为中长铁路服务向为国家工业化建设服务转换，学校规模由百余名教师、数百名本科学生向改建扩建为全国重点大学转换。在这个重要而特殊的关键历史转折期，冯仲云与当时的高铁[①]副校长成为学校改建扩建的主要奠基人。他发电聘请苏联专家，根据哈尔滨工业大学的历史情况和国家工业化建设的整体布局，积极向中央建议把哈尔滨工业大学改建扩建成一个学习苏联的五年制理工科大学，并为全国理工科大学培养师资，中共中央东北局同意了学校的意见，报请中央获批。以此为起点，学校步入了改建扩建，进入全国第一批重点大学行列的新的历史时期。

李圭白入学时，哈尔滨工业大学正处在中华人民共和国建设时期，学习苏联高等教育模式办学，进入改建扩建的新阶段。1950年9月，他开始在预科班学习，因校舍紧张，预科基地位于当时属于近郊的沙曼屯（现南岗区和兴路和清滨路一带），为了适应学校的俄语教学，学生要先在预科学习一年俄语，然后再转入本科学习。从预科开始，李圭白真正进入了大学时代，这位水科学家的人生轨迹就在这里开始延伸。

---

① 高铁（1915年~1998年）：辽宁人，教育家。1935年积极参加"一二·九"学生运动，"七·七"事变前夕投身革命，先后任三五九旅七一九团政治处主任、湘鄂赣军区政治部宣传部长、东北人民政府工业部地方工业处处长，1950年后先后任哈尔滨工业大学副校长、校长、校领导小组组长等职，北京大学党委副书记、常务副校长、国家建筑材料工业部副部长等职。

预科，为俄语打基础

李圭白读预科，吃、住、上课都在沙曼屯。当时学生皆免费，生活上由国家提供助学金。哈尔滨工业大学的预科从 1920 年一建校就开始了，1925年预科班在全国招生并有相当影响，其俄语教学也为其他学校树立了榜样。预科对学生文化的培养和俄语的基本训练起了重要作用。

20 世纪 50 年代，哈尔滨工业大学的定位是学习苏联的样板学校，因为学校历史上就是俄文教学，所以哈尔滨工业大学的俄文教学，在全国高校是首屈一指的。中华人民共和国成立初期，沙曼屯成为学习俄语的基地。

沙曼屯土地空旷，房舍破旧，树少，人少，一片荒凉，春秋风大时，黄沙漫天。因这里与日军 731 细菌部队 ① 平房区接壤，所以李圭白和新生刚到这里时，都打了防疫针。哈尔滨的冬天最低气温零下 30 几度，冰天雪地，学生穿着厚厚的棉服，睡的是火炕，一日三餐是高粱米、玉米碴子、窝窝头。有的南方学生受不了，放假回家后就再没回来，但李圭白身体好，很快适应了这种生活。他怀着

图 3-3　1950 年李圭白读预科的哈尔滨工业大学沙曼屯校址

① 日军731细菌部队：全名为"日本关东军驻满洲第731防疫给水部队"，也是日本法西斯于日本以外领土从事生物战、细菌战研究和人体试验相关研究的秘密军事医疗部队的代称，设于今哈尔滨市平房区。1945年8月，731部队败逃之际炸毁大部分建筑，现仍存部分遗址。该遗址是世界历史上规模最大的细菌武器研究、实验及制造基地。

建设社会主义新中国的激情和学习苏联先进科学技术的旺盛热情，没觉得艰苦，而是全力以赴地投入到紧张而有趣的俄语学习中。李圭白回忆当时的情景：

　　当时招来的学生分 10 个班，一个班约 30 人。因为都不会俄文，所以学校安排一年预科学俄文。教俄文的是本地的一些白俄老太太，从字母教起。她们很喜欢学生，学生放学后常到她们家里做客。当时学生虽然都是考到哈尔滨工业大学的，但文化程度也参差不齐，于是学校就在预科班增设了由中国老师补习的数理化课程。当时曾从南京金陵大学请来了一位 50 岁的吴教授教数学。那时候我们的校长是省长冯仲云兼任，才 40 多岁。常务副校长是高铁，可能也 40 岁左右，所以高铁跟在 50 岁的老教授后面吴老吴老地叫。现在 50 岁有人叫你"老"吗，当时我们用的教材都是俄文，他不懂，所以他为熟悉俄文教材日夜勤奋工作，劳累过度，不幸脑溢血逝世。[①]

　　李圭白每天早 6 点起床背单词，晚上学到 12 点。校园的早晨同学们都在比着练习俄语。在学习中，他和同学们还用了许多巧妙的谐音帮助记忆，如：星期六 суббота（书包大）、星期天 воскресенье（袜子搁在鞋里）、你好 Здравствуйте（丝特拉丝特乌一姐）、再见 досвидания（打死为大娘呀）、首都 столица（使大力擦）、谢谢 спасибо（死吧西吧）、对不起 извините（一字喂你姐）……

　　凡是能沾上谐音的词，都非常有趣儿，容易说出口，李圭白和同学们都像说笑话一样记得非常牢固。哈尔滨有着得天独厚的俄语学习环境，秋林商店的店员全是白俄，街上也随便就遇到说俄语的机会。李圭白的俄语进步很快，预科结束时，听、说、读、写都打下了一定基础。

---

① 李圭白访谈，2015年4月1日，哈尔滨，资料存于采集工程数据库。

1950 年秋，学校召开了秋季运动会，喜欢体育运动的李圭白取得了百米冠军。他说："获得了男子百米冠军，但成绩平平（12.5 秒），说明入学时新生的运动水平都不高。我的运动兴趣比较广，常参加篮球、器械操等运动，还学会了滑冰，体育在班级里算是先进水平，是校篮球队的候补队员，也是哈尔滨工业大学器械操和垫上运动校队成员。"

1950 年冬，李圭白成为共青团预备团员。这时，抗美援朝开始了，学校掀起了报名参军的热潮，他积极报名参加志愿军赴朝作战，但未被批准，学校只有高年级一部分学生被抽调，给帮助中华人民共和国建设空军和海军的苏联专家作翻译，也有一部分到工业部当翻译。当时的备战气氛很紧张，他和同学们多次参加挖防空壕、修飞机的防空机窝，为支援前线，青年团员半夜集合秘密给志愿军做炒面。

1951 年 6 月 25 日，中央正式任命陈康白为哈尔滨工业大学校长，主持哈尔滨工业大学工作，这成为当时整个中国高等教育界关注的焦点。因为陈康白是留洋化学博士，1937 年抗战爆发，一心报国，从德国奔赴延安，成为延安学位最高的科学家，曾任延安自然科学院院长。他到哈尔滨工业大学正是哈尔滨工业大学在苏联专家的帮助下进行改建扩建的重要时期，向苏联专家学习就成了学校的头等大事。他和高铁副校长引进、学习苏联新的教育制度和现代科学技术教学内容的教学体系。根据学校改建扩建的要求，陈康白校长等制订了《哈尔滨工业大学五年发展计划》，这是新中国哈尔滨工业大学的第一个发展计划，全校师生都为之振奋。他提拔青年人才，南下招聘教师，引进优秀归国者。1953 年，哈尔滨工业大学已形成了多种师资引进和培养模式。

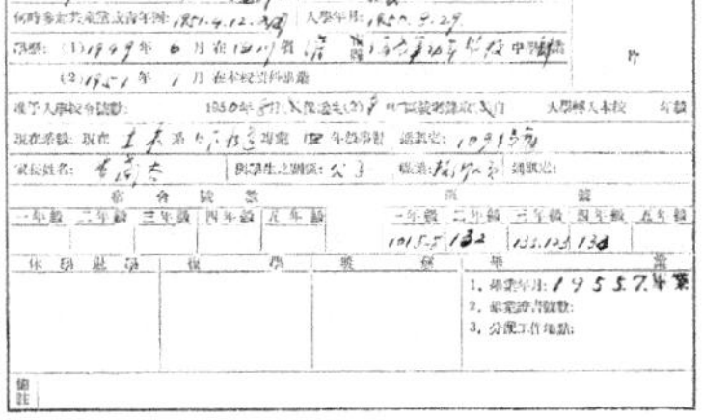

图 3-4　李圭白学籍卡

抗美援朝战争爆发不久，学校发出指示："目前国家最缺的是工程师，打仗的事由工农群众承担。你们要加紧学习以后建设新中国"。这让李圭白激情高涨：一定珍惜这个学习机会，建设新中国就是我们的任务。[1]

显露才华，脱颖而出

1951年9月，李圭白转入大学本科，从此，他在哈尔滨工业大学接受了系统的自然科学教育，在工程和创新能力上开始了深厚的积淀。

当时"一边倒"全面学习苏联经验，本科课程全面按照苏联教学计划安排，使用苏联教科书，由苏侨教授授课。分配专业时，因为同学们都不愿报水暖专业，学校动员大家报这个专业。当时李圭白表示："我响应号召，服从组织分配，个人利益服从集体利益。"他回忆当时分专业的情况：

当时哈工大只有3个系，土木、机械和电机系。因我父亲是学土木的，所以考大学我也报了土木系。土木系也分专业，因为很多人愿意学建筑、工民建专业，对水暖没什么印象，都以为水暖就是搞管道的，没人愿意学。而我当时提出："分配我学啥我学啥"，于是1951年我就被分配到了水暖专业，水暖班大概30人左右。[2]

本科是在李圭白报到时认为的"苏联"的教学楼上课。本来在预科自己觉得听、说、读、写"四会"已经过关了，但上本科的第一堂课时，苏侨教授使

---

[1] 引自：哈尔滨工业大学校友回忆《回忆在哈工大预科的学习与生活》。
[2] 李圭白访谈，2015年4月1日，哈尔滨。资料存于采集工程数据库。

用俄语原版教材，讲专业课语速很快，大量的专业词语在飞快的语速中，让他一头雾水，听课和记笔记又是一大难关，之后，他经过课前查找生词，预习要讲的内容，约 3 个月的刻苦努力，听课才初步过关，一个学期终于达到"四会"。

哈尔滨工业大学本科教学执行的是苏联高等教育部制定的教育计划，当时学生的课程是很繁重的。李圭白回忆他们所学的课程：

> 因为课程繁重，学生的压力都比较大。比如力学，现在我们工民建专业学的就是三大力学和四大结构。三大力学，即理论力学、材料力学和结构力学；四大结构即钢筋混凝土结构、钢结构、砖石结构和木结构。当时我们是全学啊，所以我们当时学的课程不比现在工民建专业学得少，特别是当时我们给水排水专业，是归在土木类里，土木类的课程以力学为基础，所以当时力学学得非常多。现在我们专业改革，因为我们主要需要学化学、生物学，现在我们力学已学得很少了。①

学校对教学过程中的考试与考核环节极为严格，其考试方式也很独特。主考是本门课程的主讲教师，考试方式是口试。首先由主考教师准备数量超过考试学生三四倍的"考票"，每张"考票"上有几道考题，内容涵盖一学期讲授的内容。考试学生进入考场，抽出一张"考票"，并把要回答的问题写在黑板上，主考老师随时提出问题，立即给予评分。5 分优，4 分良，3 分及格，补考 3 次不及格则降级，淘汰率是比较高的。

苏联的教学计划很庞大，基础课学时数多且扎实，相关的技术基础课开设面较广，生产实习、毕业前实习、课程设计也较多，学生完成毕业设计或

---

① 李圭白访谈，2015年4月1日，哈尔滨。资料存于采集工程数据库。

毕业论文，答辩通过才能毕业。

同学都感到考试对他们来说是很难熬的，尤其是考试的那一个月，大家都废寝忘食，宿舍里没有了往日的歌声和欢笑声，等考完最后一个科目，大家去澡堂洗澡称量，体重都要掉3~5斤。但即使在这种紧张的气氛中，李圭白和同学们仍然都精神饱满，拼命地学习着。

在班级里，李圭白非常积极主动地承担工作，表现出了很高的觉悟，第二学期被大家选为班长。大学里的第一次实习给他的印象很深刻，他在自传中写道：

一年级去鞍山测量实习，对我有很大的教育，亲眼看见了祖国辽阔的土地上蕴藏着巨大的矿藏。鞍山，这座钢铁之城，将要有很大的发展，只要有我们踏过的地方，就会出现巨大的无数的工厂，我们第一次为祖国工作，我们分享着劳动的幸福，劳动锻炼了我们……祖国，为了你，我们愿意贡献一切。[1]

1951年上学期，李圭白被评为优秀共青团员。

中华人民共和国成立前，我国高校没有给水排水工程专业，1952年，苏联专家大批来到哈尔滨工业大学后，哈尔滨工业大学成为工科院校学习苏联的样板，"全盘学苏"，工科一枝独秀。教育部决定首先在哈尔滨工业大学、清华大学、同济大学3所院校开设给水排水工程专业。原水暖专业学生分别进入给水排水工程专业和采暖通风工程专业，李圭白被分配在给水排水工程专业学习，成为新中国给水排水工程专业的第一批大学生。学给水排水工程专业后，他倾注了全部的热情，对于给水排水工程专业的种种科技问题始终有着强烈的探索欲望。从此，他的一生都与水结缘，净水成为他毕生的事业。

---

[1] 李圭白自传，1955年，档案号DA-001-032，存于哈尔滨工业大学档案馆。

在班级里，李圭白的学习成绩脱颖而出，显露出锐气和才华，经常受到老师的表扬，因而本就直率的他又有了一点点自傲。一次上水力学课，一位年轻助教辅导等速流概念，画了个管子是弯的，直径不变，说这是等速流，流速不变。李圭白当时就反驳说："等速流不是这个概念，等速流的流线都是平行的直线，弯的管子，流线是弯曲的不是等速流。"在其他同学浑然不知其所以然的时候，他却与辅导老师争辩起来，因为他看懂了俄文原版教材，认为老师讲错了，当时很让老师下不来台。几十年后他说："唉，那时年轻，又直率，课堂上完全不顾及老师的面子。"

李圭白上课总是积极活跃地提出问题，积极回答问题。数学老师讲微分方程的公式，他不是特别清楚，马上就举手："这个问题是不是请老师再讲一遍！"老师说："这个问题是很重要的，大家都有问题的话就再讲一遍！"其实，别的同学第一遍也没听懂，但没有勇气提出来。李圭白回忆："那时比较自我，也比较自信，现在这样的学生很少了，都不愿意出头提问。"

他是理论力学教师的得意门生，老师比较欣赏他，曾想留下他给他当助教，跟他搞理论力学。凡是教过李圭白的老师对他的印象都非常好，认为他是一个聪明，又很用功，是一个有前途的学生。

不仅在学习上，在思想上他也在不断进步。暑期在工地实习，他亲眼看到了祖国轰轰烈烈大建设的场面，印象比较深的一次是：1953年按教学计划到长春第一汽车厂实习，那时候新中国建设，正是我国开始第一个五年计划期间，东北是苏联援建的重点地区，苏联援建我国的150多项工程大部分在东北，其中很大一部分在长春。李圭白看到，长春第一汽车制造厂当时正在建厂，规模非常宏大，很受鼓舞。

他向党组织递交了入党申请，表达了自己愿意为党的事业，为共产主义奋斗终生的决心："虽然我的缺点很多，离一个共产党员的标准还差很远，但申请入党是我的强烈的愿望，我决心用实际行动争取入党，接受党的长期考验，为党的事业贡献一生"[1]

提前读研，给同学当老师

"仿效苏联工业大学的办法，培养重工业部门的工程师和国内大学的理工科师资"，这是哈尔滨工业大学在《关于哈尔滨工业大学改进计划的报告》中确定的办学方针和任务。1951年，毛泽东、朱德、陈云、李富春等先后传阅过《改进计划》。从此，与北京大学、清华大学、中国人民大学齐名的哈尔滨工业大学担负起学习苏联先进经验，推动我国改革旧教育制度的使命，成为学习苏联两所（另一所是中国人民大学）样板学校之一，成为培养高校优秀人才基地，以"工程师摇篮"著称。

当时哈尔滨工业大学承担着为全国理工科大学培养师资的任务，派到哈尔滨工业大学向苏联专家学习的有清华大学、同济大学等一些高校的教师。

1951年~1960年，哈尔滨工业大学先后聘请了74位苏联专家和3位捷克专家，培养了一批研究生和青年教师。

1953年年初，莫斯科土建学院（莫斯科市政建筑工程学院）给水排水工程专业副教授莫尔加索夫应聘来哈尔滨工业大学。哈尔滨工业大学在全国范围第一次举办了全脱产研究生班，学员是由几所大学土木系毕业生中保送推荐的。与此同时，哈尔滨工业大学还开办了给水排水师资进修班，哈尔滨工业大学给水排水教研室的教师全部参加，此外，清华大学、同济大学、太原工学院等高等院校也派教师来进修学习。上述研究生班和进修班的教师后

---

[1] 李圭白自传，1955年，档案号DA-001-032，存于哈尔滨工业大学档案馆。

来成为我国许多高校给水排水工程专业教师的骨干。

　　同年，李圭白作为班级里的高才生，大学三年级时被苏联专家抽调到研究生班学习，同时抽调的还有王宝贞[①]、邵元中[②]，他们3人被分配在同一个寝室。研究生班完全用俄语上课，他们学习都非常刻苦。李圭白说："上大学是我梦寐以求的，过去我家庭经济困难想上大学却上不了，而新中国家庭贫困也能上大学，我很珍惜这个机会，所以要抓紧时间，用功学，王宝贞也一样很努力，我们每天晚上学习都超过12点。"

图 3-5　1955 年李圭白（右）与王宝贞（中）、邵元中在哈尔滨工业大学校门前

　　李圭白的导师 А·М·莫尔加索夫（А·М·Мордясов）是苏共党员、给水排水工程专家。他来哈尔滨工业大学的任务除传授给水工程与排水工程知识外，还协助创办全国最早的给水排水工程专业。1953 年为研究生班授课。当时在哈尔滨工业大学聚集了十几位准备随同这位专家学习的中国教师和学生，其中有哈尔滨工业大学自行组建的教师队伍中的 9 人，因此，哈尔滨工业大学颁布校令，组建了"给水排水工程教研室"。

　　莫尔加索夫在研究生班主要讲当时最新出版的苏联给水排水工程专业本科教材《Водоснабжение》（《给水工程》）和《Канализаация》（《排水工程》）。

---

①　王宝贞：1955年哈尔滨工业大学土木系毕业。现为哈尔滨工业大学教授，博士生导师。他曾担任哈尔滨建筑工程学院水处理研究室主任、市政与环境工程系主任等职。1978年的全国首届科技大会上，他领导的水处理研究室被国家科技委员会授会予"全国科研先进集体"称号。做为博士生导师五十多年来，他为国家培养了百余名硕士生和博士，其中有两位中国工程院院士。1985年经中国科协推荐，他代表国家正式进入（IAW），成为该协会的中国理事。2002年鉴于他的贡献，国际水科学院在挪威奥斯陆授予王宝贞先生终身院士。

②　邵元中：哈尔滨工业大学教师。

他的教学方式主要是"讲课"和"答疑"，指导课程设计及最后的毕业设计。讨论答疑时，由学生提出问题，专家直接用俄文解释，或进行讨论，此外，他还有协助建立给水排水工程专业的任务。

李圭白整天捧着《Водоснабжение》(《给水工程》）和《Канализация》(《排水工程》）两本俄文教科书的影印本，都像砖一样厚，分量很重。他的学习方式主要是自学，学习时间安排得非常紧，每周一到周六基本是跟随专家学习活动。

当时，李圭白的学习热情很高，劲头十足，善于提问，对问题的讨论也比较深入，他给莫尔加索夫留下的印象很深，导师对这个有见解，肯钻研的勤奋学生很满意。李圭白回忆：

导师工作很忙，我与他的接触主要是教学活动，如讲课、指导设计、答疑等，其他时间接触不多，特别是后来导师担任哈工大苏联专家组组长以后，接触就更少了，但导师对工作高度负责的作风和高度敬业精神给我印象很深。导师的副博士论文提出了一个污水沉淀池的新计算方法，他是首先观察到沉淀池中一个特殊的沉淀现象，据此提出一个沉淀池中水流的模型以及相应的计算方法，这个计算方法在污水沉淀池计算理论中属非主流，但为一家之言。这种研究问题的方法对我有很大启发，在我研究和提出高浊度水沉淀池计算方法时就参考了这种研究方法。[①]

在研究生班学习，是李圭白最紧张，最辛苦和劳累的两年。当时学校极缺专业课教师。1954 年，他在学习研究生课程的同时，又被提前抽调担任本科生教学工作。他提前抽调读研究生班后，他的同班同学仍在读本科。巧的是，他教的第一个班就是 1950 年跟他一起入学的同班同学。

———————————

① 李圭白访谈，2015年9月22日，哈尔滨，资料存于采集工程数据库。

　　第一次上讲台，深呼吸，先给自己打打气，初生牛犊，毫不畏惧。讲的课程是"工业给水"，听苏联专家讲完了，自己再看看书，就"现买现卖"了。当他壮大胆子走进教室，同学们立刻兴奋地睁大了眼睛，同声道："啊，李圭白？"

　　上课时，同学们很尊重这个同学"小老师"，但一下课，刘馨远、董辅祥、金锥等一帮同学，里一圈外一圈地把他围起来："李圭白，啊呀，李老师——"大家跟他开着玩笑，给同班同学当老师，好新奇啊。后来，李圭白的研究生刘灿生[1]回忆他在佳木斯水厂工作时金锥跟他说起的这件事：金锥老师、李老师那时候经常到我们这儿做试验，金老师跟我说："李老师很厉害，我们入学是同学，毕业的时候他是我指导教师。另外他语言能力也很强，俄语从零开始学了8个月就开始给苏联专家作翻译。苏联专家讲课的时候，他就站在旁边翻译，我们跟他比不了。"

　　李圭白回忆大学几个印象深刻的同学：

　　我们给水排水班只调出我、王宝贞和邵元中3个人，暖通班因本科生多调出5个。我们8个人一直跟着苏联专家学习。我们和暖通原来就是一个班，所以我们互相之间都很熟悉。贺平，乒乓球打得非常好。陆煜，是他们的一号业务尖子，学习成绩最好，是中共党员，1956年留苏，1960年回校任教。那时候苏联专家主要是教进修师资班和研究生班，本科生课程慢慢地过渡给了中国教师教。所以我和王宝贞1955年参加工作，比我们同班留校的1956年参加工作的要早一年。因为缺教师就大批留校，本科同班的刘馨远、金锥、董辅祥3人也留校了[2]

---

[1] 刘灿生：1979年~1981年师从李圭白，获工学硕士学位，毕业留校任教，后任系副主任、教授，学校企业处处长、国家大学科技园副主任，著书四部，发表论文60余篇。现任中国机械设备工程股份有限公司水务资深专家、总工程师、教授级高工，主持多项供水和污水处理系统国际工程。

[2] 李圭白访谈，2015年9月22日，哈尔滨，资料存于采集工程数据库。

1955 年 6 月 27 日，李圭白以"优等"成绩从研究生班毕业，他的成绩单上的 39 个科目的成绩中，有 37 个是优。毕业论文题为《一个工业企业的供水设计》，受到导师 A·M·莫尔加索夫的好评。他留校任教，开始了他钟爱一生、倾尽心血的教师生涯。

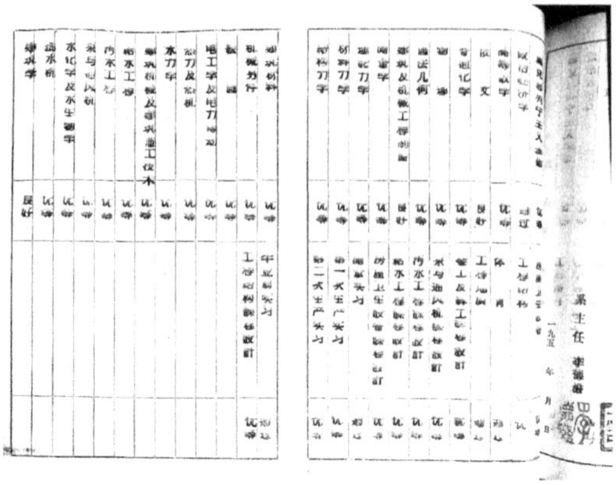

图 3-6 李圭白研究生毕业成绩单

"最聪明、最帅的，娶了最漂亮的"

20 世纪 50 年代，哈尔滨工业大学这样的工科高校是男生的世界，女学生凤毛麟角，因此，女生特别引人注目，而能入女生"法眼"的人就要无可挑剔。

杜魁元，是辽宁绥中人，但在中华人民共和国成立前她就随父母迁到北京，并在北京读中学。1949 年哈尔滨工业大学去北京招生，她正好高中毕业报考哈尔滨工业大学并被录取，入了预科高级班，当时的高级班就相当于高中毕业。

李圭白回忆，当时大学生是非常缺的，大批的高中生都参加支前，中华人民共和国成立后就转到地方当干部。这样生源就比较少，1949 年到 1950 年，只要报名考大学，考得好就读好大学，成绩不理想的也能上个一般大学。杜魁元在高级班是学习成绩比较好的。

　　李圭白和杜魁元都学一年俄文，1952 年大学二年，开始分专业时，李圭白积极响应学校的动员令，报名到水暖专业，巧的是杜魁元也被分到水暖专业，1952 年他们成了同班同学。后来苏联专家到哈尔滨工业大学，有个暖通名教授，水暖班 30 个人大部分跟随名教授去学暖通，而给水排水的苏联专家 A·M·莫尔加索夫是个副教授，剩下的人就学了给水排水工程专业。又一次巧合的是杜魁元也分到了这个班，两次巧合使李圭白和她有了相识、相知和相恋的缘分。

　　当时暖通班里有两个女生，给水排水班只有杜魁元一个女生。她端庄漂亮、大方可人，是女学生中的佼佼者，如众星捧月般地得到其他男生的"照顾"自然多一些。而李圭白当班长，学习上出类拔萃，既聪明智慧，又儒雅帅气。李圭白、杜魁元两个年轻人自然相互有了好感。

　　男女生彼此爱慕，谈情说爱总能找到各种接触的机会。1953 年李圭白提前抽调到研究生班随苏联专家学习，而杜魁元还在本科。他们在学习上各有特长，就是这个特长成就了他们的姻缘。李圭白说："她在语言上有特长，俄语学得特别好，俄语老师非常喜欢她，总表扬她，而我的数理化比较好，俄语跟她比不了，她数理化差一些。这样，她数理化有什么问题就来问我，我给她讲一讲，我问问她俄语，我们就在学习上互相讨论讨论，慢慢地发展，双方也就有了感情。"

　　那时男生宿舍和女生宿舍是完全分开的，杜魁元的女生宿舍是校园里的一个 3 层小楼，门卫看管也比较严，而男生宿舍在校外，离得比较远，他们见面不是很容易。他们的恋爱是传统、朴素而单纯的，除了在学习上互相帮助以外，他们没时间、没精力、更没钱去购置表示爱意的礼物。

　　哈尔滨工业大学学生用餐、学杂费和讲义全部免费，学校还给生活较困难的学生发放棉衣棉裤。当时学习虽然很紧张，但学校的文体活动却比较活跃和丰富，在空幼打下的基础，李圭白各种体育项目都很擅长。周末，他和杜魁元偶尔也会去看看学校的欧式礼堂里苏联专家和教师伴随着钢琴旋律的舞会。在学习之余，他俩都喜欢唱《莫斯科郊外的晚上》《喀秋莎》《山楂树》《红莓花儿开》等苏联歌曲。一直到晚年，李圭白都忘不掉这些歌曲，有活动时，他也会给学生唱。

1955年，杜魁元因学习压力太大，睡眠不好，得了严重的神经衰弱，回北京治病，休学两年。同年李圭白从研究生班毕业留校任教。在杜魁元回北京之前他们就把关系确定下来。

那时，刚刚走上工作岗位的李圭白，充满着革命的理想，建设中华人民共和国的激情和干劲十足，个人利益服从国家利益的观念根深蒂固。建设中华人民共和国的使命感、责任感，也直接体现了在了他的人生观和爱情观上。他边忙教学，边等待着北京的心上人归来。

李圭白的爱情信条是忠贞和执着，敢于担当：只要确定关系，就不离不弃，携手到老。

杜魁元在北京治疗期间，他们一直通过书信抒发相思之情，杜魁元在信中表达"天涯地角有穷时，只有相思无尽处"[1]"从别后，忆相逢，几回魂梦与君同"[2]时，李圭白便回"两情若是长久时，又岂在朝朝暮暮"[3]，并承诺"执子之手，与子偕老"[4]。两年间，他们的恋情在鸿雁传书中继续发展，不断升温。

大学5年，同学经济条件好的寒暑假能回家，但李圭白因家庭经济困难没有回家的路费，像当年在空军幼年学校一样，在哈尔滨工业大学读书5年一直没有回家。直到1955年暑期，参加工作有了收入，才回到郑州，去看望母亲。5年期间，李圭白一直与母亲通信。在此期间，母亲仍在郑州的中学任教，哥哥通过自学成才也当了初中的数学教员。这次回家，他发现母亲

---

① 出自宋代晏殊的《玉楼春》。

② 出自北宋著名词人晏几道的《鹧鸪天三首其一》。

③ 出自宋代词人秦观的《鹊桥仙》。

④ 出自佚名的《诗经·邶风·击鼓》。

的头发已经斑白了，母亲 5 年后才见到儿子也特别激动。

他告诉母亲他与杜魁元相恋并确定关系的事情，母亲拿着儿子带回来的未来儿媳的照片，高兴得仔细端详，爱不释手，她相信儿子有能力料理好自己的事情，婚姻让他自己做主，她放心。

1957 年，杜魁元休学两年治疗结束，回校继续读书。而他们很多的同学也毕业留校当了老师。当李圭白与杜魁元公开恋情，并举行了简单的婚礼时，大家这才恍然大悟："哦，最聪明最帅的人，娶了最漂亮的！"

当教师，编教材，作翻译

我的职业已确立为光荣的人民教师，我热爱这个职业，并将一生的精力投入到这个职业中去，它能在为实现共产主义而奋斗的事业中，起到一点作用。在人民的国家中，科学应该为人民服务。我希望能够在这个科学的大进军中，不做落伍者，而做一个先锋，在夺取科学堡垒的战斗中立功。[①]

1953 年，哈尔滨工业大学组建了给水排水工程教研室，樊冠球[②] 任代理主任（主任为苏联专家），张自杰[③] 任代理副主任。1955 年，李圭白留校后，任给水排水教研室代理主任助理。1956 年，哈尔滨工业大学成立了全国第一

---

① 李圭白自传，1955年，档案号DA-001-032，存于哈尔滨工业大学档案馆。

② 樊冠球：生于1924年，哈尔滨工业大学给水排水工程专业创始人之一、教授、研究员级高级工程师。1956年赴莫斯科土建学院学习，获副博士学位，回国后任给水排水教研室主任，研究生导师。1974年后曾任第二汽车制造厂副总动力师等职，被授予"建厂功臣"称号。

③ 张自杰（1926年~2019年）：我国著名市政工程专家、哈尔滨工业大学教授、博士生导师。1952年哈尔滨工业大学毕业留校任教、兼苏联专家翻译，1959年获列宁格勒建筑工程学院技术科学副博士学位。回校后长期从事废水处理技术的教学与科研工作，是学术界公认为中国废水生物处理科学研究的前辈之一，曾担任我国第一届给水排水工程专业指导委员会主任。中华人民共和国成立前曾是中共哈尔滨工业大学学生地下党支部书记。

个给水排水工程实验室。

图3-7　1957年的李圭白

教研室分给水组和排水组，李圭白在研究生班学的是给水，自然在给水组。因当时师资非常紧缺，李圭白刚任教就承担了多门课程。在1955年~1966年的11年里，他先后讲授过的主要课程有"给水处理""工业给水""给水排水"三门专业课和"水化学""水力学"两门专业基础课。"工业给水"是整个"给水工程"的一个重要部分，而"给水处理"又是其中的重中之重。除此还讲过"工业给水处理""室内给水排水""胶体化学"等课程，承担了全部教学环节，如习题课、课程设计、毕业设计、认识实习、水厂生产实习、毕业实习等教学实验。特别是在外地的水厂实习和毕业实习，大多由李圭白担任。

刚工作不久，当时有一门"物理化学"课没人开，领导找李圭白谈："这门课必须得开，但目前没有人上。你年轻，精力充沛，看看能不能接过来？"25岁的李圭白，面对如此繁重的教学任务，热情极高，乐此不疲，他痛快地答应了，很快就开出了"物理化学"这门课。他回忆当时的情况：

当时工作热情很高，组织上安排什么就干什么。我前前后后开了许多门课程，每门课程都要备课、讲课、辅导、习题、实验，上哪个专业课，都有生产实习、毕业实习、课程作业、毕业设计等这些教学环节，都需要大量的时间和精力。学校是学习苏联的一个样板高校，所以我们是全套的按苏联教学计划执行，按照苏联专家讲稿和苏联的教材教学，当时的工作量是相当大的，非常紧张。大量的教学工作，虽然压力很大，但也使我很快积累了教学经验，并逐步成熟起来。[1]

———————————

① 李圭白访谈，2015年9月22日，哈尔滨，资料存于采集工程数据库。

哈尔滨工业大学准备建立中国人自己的教师队伍，但因学校地处寒冷的东北，工作和生活条件比较艰苦，招聘并留住教师却是当时的一个难题。

李圭白毕业后，本可以去北京，去南方，但他仍坚守在哈尔滨工业大学当教师。他说："在他贫穷又最想上大学的时候考了哈尔滨工业大学，满怀着学科学，报效新中国的理想，在这里学到了知识，哈尔滨工业大学培养了他，学校招教师越难，他越要留下。现在国家刚刚实施第一个'五年计划'，正需要人才，我要为国家作贡献。"就是这样一种单纯为国家作贡献的理想，成为他为净水事业，为培养学生奉献一生的力量源泉。

哈尔滨工业大学招来的第一位华人专业教师还有这样一段佳话：

校长冯仲云是清华大学的校友，所以1949年8月，他去清华委托钱三强教授在清华公开为哈尔滨工业大学招聘20名助教。但当招聘启事张贴后，整个清华园的年轻教师只有会俄语的助教陈雨波[1]立刻去钱三强教授家报了名。钱三强把陈雨波介绍给冯仲云，冯校长非常爱惜眼前这个特别儒雅帅气的青年教师，立即决定聘用。

当时的哈尔滨工业大学，本科教职员工几乎都是苏侨。学校除了一位体育教师、两位教外籍学生中文的教师，以及预科的两位国文教师外，陈雨波是到哈尔滨工业大学的第一位华人专业教师。

1953年3月，根据学校改建扩建的要求，陈康白校长等制订了新中国建立后哈尔滨工业大学的第一个五年发展计划，全校师生都为之振奋，向苏联专家学习就成了学校的头等大事。

---

[1] 陈雨波：生于1922年，江苏人，哈尔滨工业大学教授。1945年毕业于西南联合大学土木系，在清华大学任教。中华人民共和国成立后被聘为哈尔滨工业大学第一位华人专业教师。历任哈尔滨工业大学讲师、副教授，哈尔滨建筑工程学院副教授、教授、教学科研处处长，1982年任哈尔滨建筑工程学院院长，1983年任哈尔滨建筑工程学院党委书记兼院长、全国高等教育自学考试指导委员会兼土建专业委员会主任。

同年秋，经毛主席、周总理亲点，团中央书记李昌[①]任哈尔滨工业大学校长。李昌在任 11 年间，他把促使一个设施陈旧、条件简陋的哈尔滨工业大学建设成为那个时期全国最好的大学之一，培养出大批人才，为祖国的国防工业和航天事业作出了重要的贡献，他是促使哈尔滨工业大学成为中国航天人摇篮的奠基人。

在前任校长的基础上，李昌和高铁副校长为了培养中国自己的教师队伍，采取了借调、借用、抽调、提拔、送出国培养等办法补充师资。为留住青年教师，高铁副校长和夫人孙克悠为青年教师当红娘，李圭白见证过学校为青年教师多次举行的集体婚礼。

20 世纪 50 年代初，哈尔滨工业大学成为全国理工科大学培养师资的重要基地，以"工程师摇篮"著称全国。哈尔滨工业大学在改建扩建基础上，进入大建设、大发展和大提高阶段。这时期称为历史上的"第一个黄金时期"。

1954 年 10 月，哈尔滨工业大学和清华大学等 6 所高校被定为全国重点大学，并且哈尔滨工业大学是京外唯一一所重点大学。在这种大发展的形势下，李昌要造就一支过硬的教学和科研队伍，他要求教师在教学上必须做到"规格严格，功夫到家"。

图 3-8　哈尔滨工业大学校长李昌

这八个字成为哈尔滨工业大学的校训和优良传统，也成为李圭白的座右铭，他用实际行动诠释了"身为教师，教书育人"这八个字。李圭白的大工作量训练，正是李昌校长所提倡的给青年教师压担子，让他们尽快地成长起来。

---

① 李昌（1914年~2010年）：原名雷骏随，湖南人，土家族，革命家，教育家。1934年考入清华大学，先后参加"一二·九"运动、参与发起成立"民族解放先锋队"，先后被选为清华大学"民先队"大队长和全国"民先队"总队长，是爱国运动学生领袖。抗战爆发后，领导北平、天津地区民先队组织，支援二十九军抗战。新中国成立后，先后任团中央书记处书记、哈尔滨工业大学校长、国务院对外文化联络委员会党组书记、中国科学院党组书记、中共中央纪律检查委员会书记、中央顾问委员会委员等职。

到 1957 年，哈尔滨工业大学教师队伍达 800 余人，他们平均年龄仅 27.5 岁，却承担了全校的教学和科研任务，被誉为第一代"八百壮士"。他们开创了哈尔滨工业大学历史上的第一个"黄金时期"。

半个多世纪后，李圭白去哈尔滨工业大学博物馆参观，在留言簿上他郑重地签下自己名字："八百壮士之一"，他以自己在那个艰苦而热火朝天的时代为哈尔滨工业大学的辉煌贡献过青春而自豪。

经过苏联教学过程的严格训练，李圭白在学习、消化到传授的过程中，从多个侧面更加扎实地接触到了现代先进的工程科学技术。他一头埋在多门课程的教学里，潜心于每一个教学环节。繁重的教学工作使他在实践中得到了锻炼，也为以后的科学研究打下了基础。

20 世纪 50 年代，我国高校给水排水工程专业没有专门教材，为了学习苏联的高教制度、教学进程、教学计划和教学方法，哈尔滨工业大学专业教师翻译了大量的苏联高校教材，整理规范的苏联专家教学笔记，同时按照苏联的教学计划、教学大纲，组织编写统一教材和教学方法指导书。哈尔滨工业大学给水排水工程专业教师在承担繁重的教学任务的同时，以苏联有关教材作参考，开始编写一系列教材。教材编写工作在 A·M·莫尔加索夫的指导下进行。

1956 年，刚参加工作不久的李圭白在承担大量教学任务的同时，参与编写了由哈尔滨工业大学出版社出版的教材《给水排水》，他编写其中的《工业给水》部分，该教材在全国影响很大。编教材的工作清晰地留在他的记忆中：

我们编写了全国第一套给水排水工程专业教材《给水排水》。这套教材按专业课程分成几册，如《给水管网》《给水处理》《工业给水》《排水管网》《污水处理》《工业废水处理》等，是以分册出版的。教材出版以后，在国内影响很大。

苏联专家帮助在哈尔滨工业大学、清华大学和同济大学 3 个学校最早成立了给水排水工程专业后，第一批教材就由哈尔滨工业大学主编出版。这样，哈尔滨工业大学的给水排水工程专业在全国高校这个领域里的影响力就比较大，以后其他学校也陆陆续续开始成立给水排水工程专业。当时同济大学和清华大学给水排水工程专业课程都有一批老教授教，而我们哈尔滨工业大学没有老教授，就是这些"少壮派"，却与清华和同济形成了三足鼎立的局面。[①]

1959年12月，哈尔滨工业大学的土木系独立扩建为哈尔滨建筑工程学院。李圭白在哈尔滨建筑工程学院继续任教师。这是建设部老八所院校之一。同年，李圭白又参编了高校通用教材《给水工程》(上、下册)，由中国建筑工业出版社出版。这是我国第一套正式出版的给水排水工程专业教材，当时成为设此专业高校的首选教材，影响很大，受到清华大学和同济大学陶葆楷等老先生的赞许。长期的教学实践，已使李圭白迅速地成长为有水平、有能力的优秀教师。

1956年，唐山铁道学院聘请了给水排水工程专业的苏联专家别良夫斯基来校讲学。因哈尔滨工业大学师生俄语水平比较高，该校就请哈尔滨工业大学派一教师担任讲座翻译。

别良夫斯基在唐山铁道学院任期一年，第一学期派出的是李圭白的研究生班同学邵元中，半年后他有教学任务回校。第二学期派出的是李圭白，这个学校就是当年他曾经考上的3所大学中的一所，因此他对这所学校有着很特别的感情。

在唐山铁道学院，李圭白一方面为别良夫斯基授课作现场翻译，帮助翻译学术报告外，另一方面陪他到其他高校访问，然后参观一些水厂。

别良夫斯基上课不拿讲稿，讲得明白而流畅。他一般都把写好的讲义提前给李圭白看看，课堂上他每讲完一句或一段，李圭白就翻译一次。他在苏

---

① 李圭白访谈，2015年9月22日，哈尔滨。资料存于采集工程数据库。

联专家身旁，儒雅帅气的形象和熟练驾驭听、说、读、写俄语的程度，让台下的学生好不羡慕。课堂的专业课翻译虽难不住李圭白，但李圭白却有败走餐厅和戏院之时。说起翻译上有意思的事，李圭白仍记忆深刻：

陪别良夫斯基出差，在餐车上吃饭得点菜啊，给水排水工程专业的词我很熟悉，但食品的俄文名我不熟。别良夫斯基很喜欢吃中国菜，每次吃饭，他说的"葱爆牛肉""煎鱼排""回锅肉"，我都不会翻译，所以我就在他和服务员中间一个劲儿地比画着，又是查字典，又是翻书，越弄越蒙。如果服务员推荐"麻辣鸡丝"，我不会翻，就得给别良夫斯基学出鸡的样子……唉！菜的名字很难翻译，最后管它是烤还是煎，反正他知道吃的是鸡肉不是牛肉就行了。

另一次，同济大学领导招待别良夫斯基晚上看中国的戏曲，戏曲我就张不开口了，一句也翻不了。正巧我们座位旁边是其他苏联专家，有专业的翻译给他们讲霸王别姬、西厢记是怎么回事，翻译得挺溜，帮我解脱了。[1]

1957年，李圭白在唐山铁道学院当翻译期间，他突然收到母亲发来的急电："哥病逝，速来协和"。哥哥因先天性心脏病在北京协和医院住院，本来病情已经稳定了，母亲要先一步回学校，但当她刚刚离开医院，哥哥就突然去世了。此时，李圭白在唐山的任务已经结束，便立刻赶到北京和母亲一起处理后事。哥哥27岁，一直与母亲生活在一起，他们的感情很深。这次哥哥突然去世，母亲难过至极，李圭白陪母亲回郑州。因哥哥在初中教数学，教学效果非常好，所以学校还给他开了追悼会。

李圭白在唐山铁道学院给学院的师生留下了谦逊稳重、才气过人的好印象，别良夫斯基对他的翻译工作也非常满意，他半年后返回哈尔滨工业大学。

---

[1] 李圭白访谈，2015年9月22日，哈尔滨。资料存于采集工程数据库。

第四章

开创地下水除铁除锰新工艺

李圭白大学毕业后沿着两个方向一直走到晚年。一个是培养学生，另一个是科学研究。他的命运与中华民族的命运紧紧相连，他的教学与科研都紧扣时代的脉搏，与国家的需求和发展紧密结合在一起。"地下水除铁"，开启了他的科研成功之路。强烈的责任感和使命感，让他脚踏实地、持之以恒、坚持不懈、不断发现、不断创新，在我国地下水除铁除锰的探索中奋斗了艰苦、漫长的数十年，使我国的除铁除锰技术走向世界。

除铁，开启科研成功之路

1956 年，党中央发出向科学进军的号召，哈尔滨工业大学确定了结合教学，联系生产实际，从事科研工作的几项原则，各个教研室根据"结合工厂的技术改造参加生产实际，既解决生产中具体技术问题，又注意研究技术发展中的新方向"，制定了科研规划。李圭白受到了很大的鼓舞，也调动了他从事科研的积极性。

在第一个五年计划期间，苏联援建的 156 项重点工程大部分在我国东北，所以东北地区的工业和城市建设发展很快。大型项目开始建设后，城市用水量也大增。

地下水是一种十分宝贵的资源。我国许多城镇和工矿企业都以地下水为水源，东北、华北、西北地区，以地下水为水源的为数甚多，尤其东北属高寒地区，冬季气温很低，中小河流全部结冰无法取水，所以当时我国工矿企业普遍开发利用地下水源供水。

苏联、美国、日本、西德以及世界许多地区的地下水均含有铁质，我国有丰富的地下水资源，含有铁质的地下水也十分普遍。国家饮用水标准规定，地下水含铁每升不超过 0.3 毫克，含锰每升不超过 0.1 毫克。

饮用水中的铁和锰都是人体必须的微量元素，但铁和锰含量超标，会在器物上产生黄褐色和黑色的锈斑；人体摄入过量的铁和锰，就会慢性中毒，会诱发疾病；使供水管道出现铁锈、腐蚀或由于沉淀及铁细菌繁殖造成管道堵塞。尤其在工业上，水中的铁质能在锅炉内壁和冷却器内结垢，影响供热，甚至使设备报废。含铁水在造纸工业、食品工业、印染工业等方面，严重影响产品的质量。所以，工业用水对铁、锰含量有着更加严格的指标要求。

20 世纪 50 年代，国际上除铁工艺的状况是：日本用氯氧化，美国、欧洲有的用自然氧化工艺，有的用化学氧化工艺，即投加高锰酸钾药剂。而新中国成立之初，我国工业还十分落后，化学药剂价格很贵，处理成本很高。

当时苏联的工艺，比较符合我国国情，因为它主要是利用空气中的氧做氧化剂，不加药剂比较经济。"一五"期间，我国执行的是"向苏联一边倒"的方针，教育界和工程界学习苏联成为那时的主流。所以当时的地下水除铁工艺是从苏联引进的"自然氧化除铁"工艺，但苏联的这种由曝气、反应沉淀、石英砂过滤三级处理构筑物组成的自然氧化法除铁工艺，系统复杂，设备庞大，建设费用高；水在处理构筑物内的停留时间达 1~4 小时，周期很长；易受多种因素干扰，处理效果不稳定。

一些工企、城建单位，如哈尔滨平房飞机制造厂、佳木斯自来水公司、齐齐哈尔自来水公司、齐齐哈尔铁路局水务段等许多供水企业苦于除铁困难，便纷纷找到哈尔滨工业大学帮助解决技术难题。

当时哈尔滨工业大学的给水排水师资队伍很薄弱，但年轻的李圭白想：为生产解决问题，这正是我为新中国建设出力的机会，我接这个课题！于是，他主动请缨与企业合作。企业领导看到这个戴着眼镜、儒雅的年轻人态度坚定，就打消了疑虑，跟他谈起了生产中存在的诸多问题和困难。1956年，李圭白25岁，他在承担繁重教学任务的同时，开展了地下水除铁除锰的研究，这是他最早的科研项目之一。从此他教学、科研"双肩挑"，一"挑"就是60多年。

他做了大量的考察，发现松花江、辽河流域的地下水大部分含有过量的铁和锰。地下水中的铁质，是地下水在渗透过程中形成的。在地层的无氧状态下，地下水中的铁质均以亚铁离子状态存在，因此，地下水除铁就是从地下水中去除亚铁离子。他翻阅了大量的文献，得知国外有一种"人造锰砂"，具有一定的接触催化能力，能加速铁的氧化，提高除铁效果。针对这一生产课题，李圭白于1956年首先采用文献中的人造锰砂技术，发现效果很好。但中华人民共和国成立初期，药剂价格很高，这是生产单位承受不了的，所以在此基础上，李圭白开始探究降低费用的新途径。他深刻地认识到："搞科研，一定要考虑到适合我国的国情，考虑社会的需求。"从那时起，这成为他进行科学研究所遵循的一贯原则。

他敏感地由人造锰砂联想到了用天然锰矿砂来催化除铁。因为我国有丰富的天然锰矿，能不能找到更便宜的锰砂除铁，这个问题他一直萦绕于心。当时正值教育革命，强调教学要理论联系实际，李圭白便与本科学生一起进行天然锰砂接触催化除铁的试验。他开始寻找天然锰砂："派学生到全国锰矿产地跑了一圈，并在国内锰矿区采集回多种锰矿样品进行试验，效果极佳。湖南、广西的锰矿路途遥远，最后我们选定了东北地区辽宁瓦房子镇境内的锰矿，这里的锰矿资源十分丰富。瓦房子锰矿规模比较大，为鞍钢炼钢提供锰矿石。用作滤料的锰矿粉属锰矿区废料，价格十分便宜，可就近取材，运输费用大大降低。"

1960 年，李圭白、虞维元[①]和给水专业师生在齐齐哈尔铁路局给水段建立了我国第一台生产实验装置，把天然锰砂除铁新工艺流程简化到：曝气—天然锰砂过滤，并用天然锰砂样品做了第一个生产试验。曝气后的含铁地下水，用天然锰砂来催化氧化，只经天然锰砂滤池过滤，便完成了除铁过程，从而试验成功了地下水天然锰砂接触氧化除铁工艺。这是适合在我国应用的具有我国特点的地下水除铁的一种新工艺。

这种工艺与苏联的自然氧化除铁工艺相比，不需大型曝气装置和氧化反应沉淀构筑物，只需一个接触催化除铁滤池。水在处理构筑物内的停留时间从自然氧化工艺的1~4 小时，缩短到5~30 分钟。

李圭白研发的地下水接触催化除铁新工艺，过程简单，建设费用大大降低，除铁效果显著提高，比起苏联的自然氧化工艺有明显的优越性。将催化技术引入地下水除铁是除铁技术的一个重大突破。从此，李圭白使我国的地下水除铁进入了接触氧化除铁时代。

他的除铁工艺因具有不需投加药剂，经济有效，特别适合我国国情的特点，在全国大面积普遍推广，如东北地区佳木斯、齐齐哈尔、大庆、牡丹江等地水厂。波兰援建的生产活性炭的铁力木材干馏厂，也推广了这个技术。

1960 年，采用曝气—天然锰砂过滤除铁工艺设计了齐齐哈尔市自来水

---

① 虞维元：哈尔滨建筑大学高级工程师。

公司规模为 30000m³/d 重力式地下水除铁水厂（1966 年投产 12000m³/d）。这套工艺在重力式天然锰砂普通快滤池上设淋水装置，淋水曝气后的水直接进入滤池除铁。这是我国最早采用该工艺的大型重力式除铁水厂。

1963 年，李圭白发表了我国第一篇天然锰砂接触催化除铁的科研论文《天然锰砂除铁法试验研究》，该论文经补充和完善，1965 年又在高等学校自然科学学报上发表《用天然锰砂去除水中铁质的试验研究》。

根据李圭白提出的曝气—天然锰砂过滤除铁的原理和方法，1960 年解放军 5704 工厂采用天然锰砂压力式过滤除铁，将原水含铁浓度由 9~11mg/L 降至 0.1~0.3mg/L。这是我国第一套按接触氧化法除铁原理设计投产的压力式除铁系统。

1964 年佳木斯第一水源水厂根据其研究成果（规模为：10000m³/d）将石英砂滤料改为天然锰砂滤料，这是我国第一套将旧系统改造为新的天然锰砂除铁系统。

大庆油田设计研究院按照上述原理于 1963 年 7 月也开展了天然锰砂除铁和石英砂除铁的现场试验，并根据实验结果进行了水厂设计。1964年 7 月大庆油田投产的规模为 60000m³/d 压力式天然锰砂除铁系统，是当时我国规模最大的地下水除铁系统。原水含铁 0.8~1.0mg/L，出水含铁达 0.05mg/L 以下。至 1975 年 8 月，已建成大型除铁处理厂 6 座，总规模达 320000m³/d。

李圭白与虞维元 1964 年提出了《锰砂除铁装置设计暂行指示》（建议草案），1973 年这篇文章改写为《天然锰砂除铁设计原则》为在全国范围内推广天然锰砂除铁工艺提供了依据。这些设计参数在我国一直沿用至今。

李圭白将催化技术用于地下水除铁，是除铁技术的突破和重要发展。从1960 年后的 10 年间，天然锰砂接触氧化除铁工艺已推广到全国 80% 以上的水厂。

李圭白的科研始于解决生产难题，科研的目的是应用。他所有的科研课题，都具有很强的应用背景。他深深地体会到："净水事业，造福于人类。只有社会需要的，才是最有生命力的。按照这样的技术路线，研究和开发得到的成果，就既有先进性，又具有中国特色，也会受到社会的欢迎"。

"地下水接触催化除铁新工艺"成为我国有代表性的地下水除铁工艺，并使我国地下水除铁工艺步入世界先进行列。

1978 年 3 月，在北京召开的全国科学大会上，李圭白国际领先的创新成果获科学大会奖。

多事之秋，唯有科研

李圭白怀着建设伟大祖国的极高热情，进行地下水除铁除锰的研究。但他 1955 年从留校任教就开始经历肃反运动、1957 年的反"右"斗争、1958 年的人民公社、大跃进以及教育大革命、1964 年的"四清"运动、1966 年的"文革"。他作为一个刚毕业不久的青年教师，对他个人冲击有限。但正当李圭白雄心勃勃大干一场的时候，他在郑州城建学院任教的父亲李兰谷被错划为右派，这使他变成了"右派子弟"，尤其对他的弟弟和妹妹的前途影响很大。

在当时，右派子弟在政治上永远翻不了身。李圭白的小弟弟李旭白 1951 年 16 岁就参军，被培养成为一名优秀的海空军雷达兵，在工作岗位上一直十分出色，但因为是右派子弟，参军 10 年在部队也不能提干；他的妹妹李露茜，1957 年正好高中毕业，她学习成绩优异，但因为是右派子弟，没资格报考大学；李圭白 1953 年提出入党申请，因受父亲牵连，他进不了党组织重点培养对象的行列。

反"右"斗争之后的 1959 年
~1961 年三年困难时期，饥荒严重，
即使粮食有配额，但因副食品蔬
菜严重紧缺，仍饔飧难继。当时
的一斤米，就可以让五六口的一
家人喝上几顿稀粥。尽管这样，
为给国家分忧，李圭白还是主动
将自己的口粮从 30 斤减为 26 斤。

图 4-1　李圭白（右）与弟弟和妹妹

除了这点儿粮食以外，副食、蔬菜水果短缺，条件非常艰苦，那时也有
一些教师因吃不了东北的苦，相继调回南方。这样，学校仍然很缺教师。

1960 年 2 月，李圭白的长子李虹出生，真是生不逢时。李圭白回忆当
时的困境：

长子李虹 1960 年出生时，正赶上三年困难时期，那是最困难的时候，没
吃没喝。我岳母家在北京，所以我爱人快生的时候，就到北京去了。生下孩子
之后，得补充营养，可当时整个北京城买不着一只鸡，更买不到一只老母鸡。
我岳母家在北京的三亲六故也不少，他们就分别托人，最后花高价买了一只瘦
鸡，炖的鸡汤连一滴鸡油都没有。当时人都没吃的，鸡又能吃什么呢。当时我
爱人没有奶，孩子全靠喂养，所以我大儿子的身体就不是太好，从小老闹病。[①]

李圭白这个时期的科研工作虽受到了来自政治上、自然灾害的诸多干
扰，但他从事教学和科研的劲头丝毫没有减弱，也没有影响他科学思维的

---

① 李圭白访谈，2015年9月28日，哈尔滨，资料存于采集工程数据库。

发挥，他的科研工作反而步步登高，频出成果。他要求自己"科研要不断地创新，不能停留在一个水平上"。他始终充满信心，坚信一切困难都是暂时的。

李圭白在地下水除铁除锰过程中又有创新，他提出莲蓬头曝气设备的计算方法并将表面曝气方法引入地下水除铁除锰中。因为含铁含锰地下水中不含氧气，所以在地下水除铁除锰的工艺中要对水进行曝气，即让水与空气充分接触，使空气中的氧能溶于水中，所以曝气对地下水除铁除锰是必不可少的。利用空气中的氧气作除铁除锰的氧化剂，比较便宜，在工程中得到广泛应用。

莲蓬头[①]曝气设备是水处理技术中应用较广的一种曝气设备，它通过一个莲蓬头喷淋，然后使水和空气相接触，曝气方法十分简单，所以在除铁、除锰、除嗅、除味等水处理技术中广泛应用，但它长期完全依靠经验计算和设计。

一般认为，莲蓬头出水流量越大曝气效果越差，但李圭白在试验中发现莲蓬头出水流量越大曝气效果越好的反常现象，并且曝气效果随莲蓬头孔眼流速增大而提高。他抓住这个反常现象做了系列试验，研发出一种新的高负荷莲蓬头曝气装置，并提出了理论计算方法，从而可按曝气要求来设计莲蓬头曝气装置。1961年，他与虞维元等发表了论文《莲蓬头曝气装置的计算方法》。

当需要散除水中的二氧化碳时，我国普遍采用接触式曝气塔。在我国北方地区，曝气塔一般都设于室内，在冬季由于门窗紧闭，空气流通不畅，曝气效果会受到一定影响。此外，因曝气过程需要空气，所以它必须是开放式的。水一层层淋下来，水滴飞溅，蹦到地上大量的水点中被氧化的三价铁，使得

---

① 莲蓬头：也称淋蓬头，指淋浴或花洒用的喷头，多用于浴室。因形似莲蓬的头而得名。

曝气车间满地都是黄褐色的铁泥，环境污染比较严重。表面曝气工艺使水在池里停留 1 小时或更长时间，它上层的叶轮急速旋转使水与空气接触，并使水在池子里上下循环，就相当于给鱼塘充氧一样，最后达到多次曝气的效果，同时还充分去除了水中的二氧化碳。此工艺可以避免水滴溅出池外，改善周围环境，适宜于把曝气装置设于室内的北方寒冷地区使用。于 1982 年他与黑龙江规划设计研究院发表论文《地下水表面叶轮曝气装置》。

李圭白在繁忙的工作中，与母亲和弟、妹一直保持联系。1961 年，他们全家在哈尔滨团聚了：

> 我的小弟弟李旭白在部队入伍 10 年，因是右派子弟无望提干，只得转业，又因两个哥哥家都在哈尔滨，他也转到哈尔滨。小妹受父亲牵连，上大学无望，1958 年，母亲退休后，她们母女二人也来到哈尔滨与我和在黑龙江冶金学校当教师的大弟弟李皓白团聚。这一年，我们一家 5 口，自从 1950 年在广元经历 11 年的离别后，终于在哈尔滨团聚了，真是一件幸事。[1]

1962 年，李圭白晋升为讲师。

发现"铁质滤膜"，修正经典理论

李圭白在地下水除铁道路上初战告捷，使他更有信心继续探索，不断发现和创新。他研究地下水除铁的机理，不但要知其然，还要知其所以然。

---

[1] 李圭白访谈，2015年9月28日，哈尔滨，资料存于采集工程数据库。

1933 年，美国的 Zppfe 提出锰砂除铁的经典理论。经典理论认为，天然锰砂除铁过程中，锰砂表面的二氧化锰是接触催化除铁的催化剂。李圭白在进行天然锰砂除铁模型和生产试验中第一次发现了一些与经典理论不相符合的反常现象。

1960 年，李圭白在佳木斯水厂发现了经典理论解释不了的一个反常现象：

水厂的水含铁量很高，在除铁过程中，滤池过滤一段时间就被铁泥堵塞，按常规要定期反冲洗，即把滤料表面沉积的铁泥冲洗掉。当时老工人工作非常认真，每次冲洗的时间长，冲洗强度也较大，而有的年轻工人在值班时，他们冲洗不认真，没冲干净就休息去了。但奇怪的是，不认真地简单冲洗滤料，二三十分钟之后水质却达标了，而老工人把滤料冲洗得很干净，七八个小时水质也不达标。结果小青年得了奖金，老工人的奖金却倒被扣掉了。这不合常理，老工人不服气啊！

按照经典理论，反冲洗强度越大，反冲洗时间越长，天然锰砂表面越清洁，二氧化锰外露，其催化除铁能力应该最强，除铁效果越好；随着锰砂表面不断被铁质所覆盖，催化除铁能力应该逐渐减弱，除铁效果应该越差，但试验结果却与经典理论恰恰相反。[①]

有了这个发现后，李圭白又用模型试管反复实验，最后得出结论，发现锰砂表面沉淀的"铁泥"才是真正的催化剂，而不是锰砂表面的二氧化锰。在天然锰砂除铁过程中，"铁泥"是起到催化作用的。天然锰砂过滤时，滤

---

① 李圭白访谈，2015 年 9 月28日，哈尔滨。资料存于采集工程数据库。

层中积存的"铁泥"越多,除铁效果越好;反冲洗时,把"铁泥"冲掉,除铁效果就差。把堵塞部分的铁泥冲掉,还保留一部分"铁泥",才能保持它的催化活性。这个"铁泥",李圭白给它命名为"铁质活性滤膜"。

1961年,在生产和模型试验基础上,李圭白首次提出"铁质活性滤膜"的概念。这是一个突破性的创新成果,它质疑和纠正了国内外都沿用的经典理论的观点,在净水研究领域引起很大的反响。因"文革"影响,直到1974年,李圭白才发表了我国第一篇天然锰砂除铁机理的论文《天然锰砂除铁的机理》,对经典理论提出质疑,并提出培养滤膜和保护滤膜的概念及措施。他这样阐述天然锰砂除铁的机理:

催化剂不是锰砂中的二氧化锰,而是除铁时沉积覆盖在锰砂滤料表面的"铁质活性滤膜"。冲洗时保留一部分活性滤膜,才能保持它的催化活性,所以用"铁质活性滤膜"除铁概念来解释这个现象就更为合理。"铁质活性滤膜"才是能起到催化作用的真正的催化剂。它是由特殊构造的三价铁化合物组成,在除铁过程中自动形成,其除铁是一个自催化过程。开始活性滤膜数量很少时除铁效果不佳,随着活性滤膜物质的积累增多,除铁效果越来越好,当活性滤膜物质积累的足够多时,出水达标,表明滤层已经"成熟"。"铁质活性滤膜"在除铁过程中起了重要的作用。[1]

根据这个成果,在除铁过程中,李圭白又有了新的设想,既然锰砂只是"铁质活性滤膜"的一个载体,这个载体就并非一定要用锰砂,也可以用石英砂、无烟煤等比锰砂更便宜的颗粒做载体,况且当时随着天然锰砂

---

[1] 李圭白访谈,2015年9月28日,哈尔滨。资料存于采集工程数据库。

技术的迅速推广和在生产上大规模的使用，已出现天然锰砂滤料越来越贵的情况。

当用石英砂或无烟煤做滤料时，有的条件下特别是原水中二价铁的浓度较低时，滤料成熟比较慢。针对这个问题，李圭白提出用人造"锈砂"来加速铁质活性滤膜的生成。

1974 年，学校响应"开门办学"[①]号召，李圭白带学生在大庆毕业实习，做人造锈砂模型试验。试验是连续进行的，学生 24 小时三班倒不断测量滤管进水和出水的滤速和流量。为了加速石英砂上铁质滤膜的生成，就在原水中加入二价铁，使它的浓度提高，但做了较长时间都不成功。

一天早晨，李圭白发现有一个滤管的砂表面生成了铁质活性滤膜，而其他的滤管都没效果，这很奇怪。他就问夜班学生昨晚发生什么情况，刚开始学生怕挨批评说："不知道啊。"后来李圭白告诉他这个滤管做成功了，这时学生才说实话。原来半夜 12 点，按常规滤管的滤速和流量要不断测量，及时调整，使管内水位稳定在一定的高度上。但学生夜班犯困睡着了。造成滤管里来水比出水少，水位就下降了，没有及时调，最后造成滤管中的滤料露出水面，使进来的水直接冲到滤料上，这本是学生值班的失误，而正如世界上诞生的电动机和青霉素都是由于失误发明的一样，这次失误却获得了意外成功，使这个滤管生成了"人造锈砂"。

抓住这个现象，李圭白又用一个生产滤罐进行生产试验，把滤砂以上的水层控制得很薄，最后都生成了"人造锈砂"，即有催化能力的滤砂，生成滤膜从十多天缩短到 2 天到 3 天，一通水就获得了全部合格的除铁水。

---

① 开门办学：1974年9月29日，国务院科教文组与国家财政部联合发出通知，认为"开门办学"是教育革命的新生事物，要以工农兵为师，拆掉大学的"围墙"，一时间，全国的学校都在学工、学农，兴起了"开门办学"的热潮。

图 4-2 李圭白（中）、刘灿生（左）与李继震 1983 年 4 月在
上海参加中南地区地下水除铁技术经验交流会后于杭州留影

1976 年李圭白在《给水排水》上发表了《接触催化除铁的人造锈砂滤料》。
1977 年，"人造锈砂除铁"被选送到北京"全国工业学大庆展览会"上作
为重要成果展出。

彭永臻[①] 当时是学生班长，和班上同学一起参与了"人造锈砂"模型试验，
随后单独留下跟李圭白参加了生产试验，对"人造锈砂"的研制成功作出了
重要贡献。

根据"铁质活性滤膜"特性，李圭白提出了天然锰砂滤池操作规程：
即在刚开始投产时，少进行反冲洗，以"培养"滤膜，在运行管理中"保护"
滤膜。

一个科研方向，带出一批研究生。20 世纪五六十年代，他只能带本科生
进行试验、生产实习和毕业实习。1978 年我国恢复研究生招生，李圭白开始

---

① 彭永臻：1949 年出生，中国工程院院士，工学博士，北京工业大学环境科学与工程学科首席教授、博
士生导师，环境工程系主任兼水污染控制室主任，哈尔滨工业大学博士生导师，兼任中国城镇供水排
水协会常务理事，中国环境科学学会环境工程分会副主任委员，中国土木工程学会水工业分会理事，
中国工程建设标准化协会城市给水排水委员会委员，国际水学会（IWA）、日本水环境学会（JSWE）
和美国水环境学会（WEF）会员，《环境科学学报》副主编。

招收研究生。刘灿生1969年哈尔滨建筑工程学院毕业后到佳木斯水厂工作，在与母校老师李圭白合作的过程中，他被李老师兢兢业业的科研精神所感动，认为李老师是一个真正搞科学研究的人，于是他1979年考上了李圭白的硕士研究生。刘灿生在水厂工作多年，有着丰富的生产实践经验。1980年~1981年在导师的指导下，又对接触氧化法除铁的原理及规律进行了更深入的研究。他提出新鲜铁质活性滤膜的催化活性最强，随着时间脱水老化催化活性逐渐减弱，并测定出新鲜滤膜的形态和化学组成，从而对日本专家提出的滤膜结构提出质疑。他通过大量系统性试验，提出了接触氧化除铁的基本方程式，使对其规律的认识又深入了一步。刘灿生于1981年写出硕士学位论文《关于接触氧化法除铁若干问题的研究》。1978年李圭白指导王志石[①]也进行了地下水除铁的研究，于1980年写出硕士学位论文《地下水除铁工艺中若干水化学问题》。

除锰技术，三个突破

　　地下水中的铁锰都是共生的，含铁水一般也含锰，但含过量锰的水比含铁水要少。

　　地下水除锰比除铁困难得多。二价锰在天然水条件下难以被溶解氧氧化，以往，我国在地下水除锰方面没有经验，大多数水厂的地下水除铁过程中几乎没有除锰效果，所以在1975年我国的《室外给水设计规范》中没有设地下水除锰的章节。

---

① 　王志石：1978年~1981年师从李圭白，1981年获硕士学位，1986年获美霍布斯金大学博士，现为澳门大学教授。

在国外，一般是采用化学氧化法除锰。中华人民共和国成立初期工业不发达，氧化药剂很贵，所以在国内难以推广，只在个别特殊情况下使用。

1958年，李圭白开启了我国地下水除锰的步伐，他在开展地下水除铁的同时也在研究除锰。当年哈尔滨伟建机械厂按照李圭白提出的曝气—反应沉淀—石英砂过滤处理工艺，建成一座地下水除铁除锰水厂，利用旧有设备进行除铁除锰。投产后滤池经长期运行，除铁除锰效果非常好。这是我国第一座有除锰效果的地下水除铁除锰水厂。

1973年李圭白再次对该厂进行调研，发现对铁和锰仍有极佳的去除效果，同时发现，该厂滤池中的石英砂滤料表面生成一层黑色的薄膜，对锰的氧化有接触催化作用，同时在模型试验中也重现了在石英砂滤料表面生成黑色的"锰质活性滤膜"现象。随后，李圭白在除铁的"铁质活性滤膜"启发下，提出了"锰质活性滤膜接触氧化除锰新工艺"。但"锰质活性滤膜"的成熟期很长，有的长达数月。为了缩短"锰质活性滤膜"的生成（成熟）周期，李圭白1980年采用多种天然锰砂与石英砂等进行对比试验，又发现优质天然锰砂对水中二价锰有很大的吸附能力，并能显著缩短"锰质活性滤膜"生成（成熟）时间。他说：

优质天然锰砂有很大的吸附容量，水厂投产初期，在"锰质活性滤膜"尚未生成（成熟）以前，天然锰砂吸附二价锰后，能使出水含锰量达标，并能显著缩短"锰质活性滤膜"的生成周期，若天然锰砂吸附容量耗尽以前，"锰质活性滤膜"就已经生成（成熟）了，这样就能使水厂从一投产就能持续获得合格的除锰出厂水。用自然形成的锰砂除锰的方法，不需要向水中投加任何药物，运行管理简便，工作稳定可靠，处理效果优异。天然锰砂与人造锰砂相比，价格比较低，货源较为充足，所以是一种可以广泛采用的除锰滤料。

这个工艺是我国应用最广的一种地下水除锰方法。[①]

1978 年，李圭白负责主持工程建设全国通用设计标准规范管理委员会下达的"地下水除锰技术"重点科研项目，该课题组由中国市政工程东北设计院工程师刘超[②]以及航空工业部第四规划设计院的工程师组成。在李圭白的领导下，课题组在 3 年半的时间里，对国内大部分地下水除铁除锰装置进行了两次较大的生产调研测试，进行了 7 项模型试验，对我国东北、两广、长江中下游地区的 10 余套地下水除锰装置进行了全面和系统地调研测试，并对 4 处生产除锰装置进行了长期的生产观测，收集、综合分析了国内外地下水除锰技术资料百余篇，同时，又结合一些相关专题，在哈尔滨、海龙、九台、新民等地又进行了大规模的模型试验和生产性试验研究。他们在全国找锰矿，广西的马山锰矿、湖南、贵州的锰矿，这些锰矿都是含二氧化锰高的优质锰矿，除锰效果特别好，对水中的二价锰有很好的吸附作用。

课题组在全面总结科研成果和生产实践基础上，完整、系统地提出了地下水曝气接触氧化除锰工艺，以及不同水质条件下的除锰流程。上述工作为我国地下水除锰工艺的设计和参数选择提供了依据。这项成果于 1982 年被编成《地下水除锰技术》专著供业内交流。

1982 年 8 月 4 日，作为建设部发布《工程建设全国通用设计标准规范重点科研项目计划》下达的任务之一，"地下水除锰"通过鉴定。研究成果表明，采用"曝气接触氧化除锰"可不加药，处理费用低，管理简便，处理效果好，是国内行之有效的除锰方法。这项研究成果为增订《室外给水设计规范》中有关《地下水除锰》内容提供了科学依据。

---

① 李圭白访谈，2015 年 9 月 28 日，哈尔滨。资料存于采集工程数据库。
② 刘超：中国市政东北设计研究院高级工程师。

"地下水曝气接触氧化除锰工艺"在1985年获得了国家发明二等奖。1986年，国家标准《室外给水设计规范》中增补了由李圭白主持编写的"地下水除锰"的条文，为在我国大量兴建地下水除锰水厂奠定了基础。

之后，地下水除锰成果迅速得到应用。由李圭白、刘灿生参与，中国市政工程东北设计院设计的沈阳石佛寺水厂（规模为200000m³/d）于1986年建成投产，1990年处理水量为180000m³/d。该地下水含铁浓度为10mg/L，含锰浓度为0.2～0.4mg/L，pH=6.8~7.0。除铁滤池和除锰滤池皆用马山锰砂作滤料，处理后的水质达到国家饮用水水质标准。这是国内目前最大的地下水除铁除锰水厂。

李圭白的"锰质活性滤膜"接触氧化除锰工艺的提出有三个突破：第一，将催化技术引入地下水除锰；第二，利用优质天然锰砂对二价锰的吸附作用进行地下水除锰；第三，将优质天然锰砂吸附除锰和"锰质活性滤膜"接触氧化除锰结合起来，这就形成了一个具有中国特色的"天然锰砂除锰工艺"，这又是一项技术上的重大突破，它使我国在地下水除锰技术领域步入了世界先进行列。

李圭白是我国第一个在地下水除铁除锰领域，引入催化技术，开发出了一种高效的接触催化除铁除锰新工艺的学者。"天然锰砂接触氧化除锰工艺"推广到全国80%以上的水厂，并纳入设计手册、教科书和一些除锰文献资料。《室外给水设计规范》每5年重修，在这个过程中，李圭白除铁除锰数十年的科研成果不断被纳入到规范中。

20世纪60年代，芬兰首创地层除铁除锰技术。地层除铁除锰，就是将含氧水注入地层，在注水井周围形成氧化性地层，在抽水过程中，使水中二价铁和二价锰与氧化性地层接触，铁、锰便被氧化而被截留于地层中，从而获得除铁除锰水。这种除铁除锰方法与建于地表的除铁除锰方法比较，可大大减少建设费用，减少占地面积，运行管理也比较方便，具有很大的技术经济价值。

20 世纪 70 年代，李圭白与大庆合作开展了地层除铁生产试验研究，利用单井既回灌又抽水并获得成功。参与试验的还有朱启光[①]和柏蔚华[②]。试验成果《单井充氧回灌地层除铁试验研究》于 1982 年发表在《给水排水》上。该文发表后，地层除铁在国内陆续得到推广。

地层除锰比较地层除铁要困难得多。1985 年，研究生张亚峰[③]对地层除铁除锰进行了研究，他着重研究了地层除锰问题，试验包括室内模型试验，以及在沈阳的两口井上进行的生产性试验。生产试验持续 2 年，他终于获得成功，并于 1988 年写出硕士学位论文《关于地层除铁除锰研究》。

我国约有 40% 的城镇以湖、库为水源。大部分湖、库由于夏秋季会沿水深形成温度梯度，上层水温高下层水温低，形成水温分层现象，上、下水层难以交换，库底层有机质在微生物作用下将水中溶解氧耗尽出现厌氧还原状态，使高价铁和高价锰被还原而溶于水中，致湖、库水季节性地含有超量的铁和锰。此外，由于环境污染，特别是工业废水排放也会使水中铁、锰含量超标，使除铁除锰成为地表水厂处理的新课题。2017 年，李圭白在水工业协会给水委员会年会上，作了《地表水除锰》的学术报告，提出了地表水除锰的问题。

过滤研究，频出成果

李圭白的科研课题是多头并进的，他在进行地下水除铁除锰研究同时还研究过滤技术，这也是他卓有建树的一个重要研究方向。

---

① 朱启光：哈尔滨建筑大学教授。
② 柏蔚华：大庆油田供水公司高级工程师。
③ 张亚峰：沈阳自来水公司总工。师从李圭白，1998年获硕士学位。

在城市饮用水净化工艺中，过滤是去除原水中对人的生活和工业生产造成危害的悬浮物质、胶体物质、细菌及其他有害成分，使之达到净化标准的一种方法。水厂通常采用常规处理工艺——混凝沉淀、过滤及消毒几个过程，这个工艺最关键的一环就是过滤，它是保证饮用水卫生安全的重要措施。

滤池是水处理中最常用的设备，而过滤和反冲洗是滤池的主要运行方式。国内外最早采用的是用石英砂做滤料的慢滤池[①]。但慢滤池却存在着缺陷：为恢复滤层的过滤截留能力，要定期将堵塞的砂泥刮去。

李圭白说："对于一个面积为1000平方米的慢滤池，每次刮去1厘米的砂层，刮除的砂泥体积就达10立方米，重约20吨，需数名工人去铲、挑、运输，工作几天，费时费力，所以为避免滤层堵塞过快，不得不采用很低的滤速（0.1~0.2m/h），这样慢滤池1~2个月刮砂一次。

20世纪初，有人发明了用水自下而上对滤层进行反冲洗的方法，这种方法，在数分钟内就能将滤层中的积泥清除干净，由于反冲洗除泥的高效率，水厂每天可对滤层反冲洗1~2次，所以可采用很高的滤速进行过滤。这样，在反冲洗技术基础上，就发展起来了"快滤技术"。它的滤速比慢滤池高几十倍，滤速提高以后，滤池面积就大大减小，节省了占地面积和建设费用，这是过滤技术发展中的一次重大突破。

半个多世纪以来，在世界各国，滤池的核心—滤料依然是天然砂，快滤池的基本形式几乎一成不变地被沿用着。为了提高快滤池的工作效率，我国城市水厂常采用无烟煤和石英砂构成的双层滤料滤池，效果良好，但两种滤料存在着相互混杂的现象，影响滤池工作。

1977年，李圭白针对我国生产中应用最广的煤、砂滤料和砂、磁铁矿

---

① 慢滤池：慢滤池（slow filter）也称表层过滤，主要利用顶部的滤膜截留悬浮固体，同时发挥微生物对水质的净化作用。这种滤池生产水量少、滤速慢（<10m/d）、占地大。

滤料，提出了混杂指数的概念，并建立了混杂指数与混杂深度的关系，从而提出可以按对滤层混杂的需求来选择两种滤料的粒径配比的方法。1981年他与曲祥瑞[①]在《给水排水》发表论文《多层滤料滤层的层间混杂规律和滤料粒径的选择方法初探》。

滤池的反冲洗，需要多少水来冲洗，这就涉及反冲洗的计算，就是对多大颗粒的砂子，要用多大的水流来冲洗它。李圭白和汤鸿霄合作，通过试验发现我国沿用多年的苏联著名过滤专家A·M明茨提出的计算公式存在错误。他们于1959年~1960年期间，选用山东龙口石英砂、黑龙江双鸭山优质无烟煤，开展了这两种滤料的实验室实验，用试验资料对A·M明茨的公式进行了检验，不仅修正了苏联的过滤公式，还提出了新的更准确的能概括石英砂和无烟煤的计算公式。1981年他与汤鸿霄[②]在《环境科学学报》发表论文。《煤、砂滤层反冲洗计算公式》1981年发表于《环境科学学报》。

李圭白的科研课题，都来自于生产第一线。怎样用最少的水，获得最好的冲洗效果，一直是业界普遍关注的工程课题。关于反冲洗时使污物由滤料表面脱落的理论，当时有两种，一种是颗粒的碰撞理论，另一种是水流剪切理论。1984年，李圭白通过实验资料来检验这两种理论，发现实验得到的最佳反冲洗效果，都位于两种理论高效区的重叠区域，于是提出了反冲洗高效区的概念，认为污物由滤料表面脱落是颗粒碰撞和水流剪切两者综合作用的结果。1985年他在《中国给水排水》上发表成果论文《深层滤床的高效反冲洗问题》。

[①] 曲祥瑞：哈尔滨工业大学市政环境学院教师。

[②] 汤鸿霄：中国工程院院士，1958年毕业于哈尔滨工业大学，现任中国科学院生态环境研究中心研究员、前任学术委员会主任，国家环境咨询委员会委员；开拓我国环境水质学领域，建立"环境水质学国家重点实验室"；主持完成多项国家及国际合作研究项目，获中国科学院自然科学一等奖，国家自然科学二等奖和科技进步二等奖，何梁何利奖及美国科技信息研究所SCI经典论文奖等；曾任前环境科学学报主编；Journal of Environmental Sciences（JES）主编；先后发表专著及论文400余篇；培养研究生及博士后60余名。

他的过滤技术研究，断断续续进行了 20 年。在这 20 年中，他经历了"反右""大跃进"三年困难时期、"文革""下放劳动"，迎来改革开放。在种种磨难中，始终坚持"净水事业，服务于生产，造福于人类"这个理念。他总是在生产中不断发现问题，又不断解决问题。

在滤池研究上，李圭白在我国首次将大型无阀滤池用于水厂设计。我国大型水厂的滤池数量都比较多，且是成组运行，工况比较复杂。而无阀滤池，不设任何阀门，滤池不进行任何电气控制，仅依靠水力控制作用就能实现全自动运行，并且工作稳定可靠，造价低廉，很适于中、小型水厂使用。但在我国，无阀滤池最大过滤面积为 4m×4m 即 $16m^2$。一般无阀滤池的池型较小，主要采用的是小阻力配水系统，但这种系统在反冲洗时，配水不够均匀，所以难以用于大型滤池。

针对这一问题，1975 年李圭白发表《关于无阀滤池反冲洗的计算问题》，指出无阀滤池的现行反冲洗计算方法中存在的问题。1976 年，李圭白任总工程师，集中了建筑、结构、电气、工艺等专业教师，带领学生赴辽宁丹东设计了我国第一座 10 万吨大型无阀滤池新水厂，为降低造价，采用了 5m×5m 即过滤面积为 $25m^2$ 的无阀滤池。设计中采用了中阻力配水系统，以及其他一些优化改进措施，解决了配水不均等问题。水厂投产后，滤池运行效果良好。随之，他取得的一系列研究成果，使滤池的工艺理论和计算方法更加丰富和完善。在国内，为大型水厂也能采用无阀滤池提供了一个实例。1984 年他和陈辅君[1] 在《给水排水》发表《大型无阀滤池若干设计问题的探讨》。

20 世纪 60 年代中期，李圭白带领学生在大庆水厂实习期间，对压力滤池的工况进行了观测，之后进行了理论研究，并提出若干控制初滤速等工艺

---

[1] 陈辅君：山东建筑大学教授。

参数的技术对策。1986 年成果论文《变速过滤的自然调节》刊于《给水排水》。

　　为提高快滤池的反冲洗效果，我国于 20 世纪六七十年代已开始在生产中采用气水反冲洗工艺，为此需要增设大型鼓风机。当时大型鼓风机价格贵，且工作不甚可靠，常出事故，影响水厂的正常运行。李圭白提出了用射流泵代替鼓风机来进行滤池气水反冲洗的设想。1984 年，李圭白指导的研究生刘俊新[①] 在实验室开展了此项试验，取得了一系列创新成果，并于 1987 年完成硕士论文《射流泵抽气进行滤池气水反冲洗新工艺》。研究生郑庭林[②] 于 1985 年在重庆自来水厂进行了中试，于 1988 年写出硕士论文《射流泵抽气进行滤池气水反冲洗新工艺中试及机理研究》、魏玉瑞[③] 于 1986 年进行了大型射流泵的试验，并于 1989 年完成硕士论文《适用于滤池气水反冲洗的大型射流泵和气水分离箱的工作特性试验研究》，为射流泵和分离箱应用于生产提供了参考依据。

---

① 刘俊新：1984年师从李圭白攻读硕士学位，1999年至今，任中国科学院研究生院教授、博士生导师、中国科学院生态环境研究中心研究员。研究方向：水污染控制技术。

② 郑庭林：1985年师从李圭白攻读硕士学位，现北京精密单因子水工程技术公司高级工程师。

③ 魏玉瑞：1986年师从李圭白攻读硕士学位，现北京节能环保中心副主任。

第五章

矢志高浊度水处理

李圭白从 1956 年开始进行地下水除铁、除锰和过滤研究之后，1958 年又开始进行黄河高浊度水处理技术的研究。他总是能抓住国家的重大需求，并坚持做下去，高浊度水这项研究一直持续了 40 年。他是我国最早进行高浊度水处理研究的学者，也是我国高浊度水处理技术的奠基人之一。他研究成功的高浊度水透光脉动单因子絮凝自动控制技术在国际上处于领先地位。

读苏联副博士学位

到 20 世纪 50 年代末，哈尔滨工业大学已先后聘请了 77 位外国专家在校工作，培养研究生和留校任教的研究生数量逐年增加。为了进一步提高师资水平，学校采取了三种方法：1. 选派已毕业的研究生到苏联著名大学去作学位论文；2. 选派青年教师去苏联进修；3. 参照高等教育部制定的研究条例草案，在国内培养，然后到苏联答辩取得副博士学位。

苏联的学位学衔制度是非常严格的，它与西方国家不同，自成体系，学位有两种，即博士和副博士学位。苏联研究生一般为三年，毕业后授予副博士学位，可任副教授一级的职务。获得了副博士学位的人，不仅掌握了马克思主义的一般理论知识，而且还具备了本门学科的专门知识，并有独立从事科学研究工作的能力；此外，在某些专门问题上还能够提出新的见解或新的发现。

　　哈尔滨工业大学在 1953 年~1957 年第一个"五年计划"阶段，全盘学习苏联。学校培养本科生和研究生用的是苏联教材，培养副博士也要学习苏联，要有一个突破。哈尔滨工业大学有一批从研究生抽调的教师被选派出去读副博士学位，其中就有现在的两院院士、原中国工程院院长、著名控制论、系统工程和航空航天技术专家宋健。这里有他的一段故事。他的俄语非常好，1953 年进入莫斯科包曼高级工程学院学习"自动控制"专业。由于成绩非常突出，写出了高水平的副博士论文。校方提出，再延长一段时间，对论文稍加修改，即可获博士学位。但当时中苏关系已开始恶化，国内又急需他的专业，宋健服从组织决定，没等拿到学位就回国进入航天部门工作。中苏关系正常化后，苏联主动授予宋健博士学位，此后俄罗斯科学院又选他为外籍院士。

　　1958 年 3 月，同济大学来了一位苏联专家、列宁格勒建工学院的阿甫切卡列夫教授，他准备在中国带副博士研究生。当时他在同济大学招了 3 个人：高廷耀[1]、严煦世[2]、陈霖庆[3]，阿甫切卡列夫教授在哈尔滨工业大学选中了李圭白。李圭白回忆：

　　我们 4 个人在同济大学跟着苏联专家作副博士学位论文，我们是在国内培养。因为我是外校到同济大学的，所以对我实行了双导师制，一个导师是苏联专家阿甫切卡列夫教授，另一个中国导师就是同济大学的杨钦教授，当时他是副校长。[4]

---

[1]　高廷耀：1966年同济大学城建系研究生毕业。历任该校讲师、副教授、教授、博士生导师，副校长、校长，国务院学位委员会第二届学科评议组成员，全国环境工程专业教材编审委员会第一届副主任委员等职。

[2]　严煦世：同济大学教授。

[3]　陈霖庆：1956年哈工大研究生班毕业，同济大学教授。

[4]　李圭白访谈，2015年4月9日，哈尔滨，资料存于采集工程数据库。

李圭白的中国导师杨钦是著名市政工程专家。20世纪30年代留学美国，抗日战争爆发后，他毅然回国报效祖国，选择了当时我国很落后的给水排水工程技术开展教学与研究。中华人民共和国成立后的1952年，杨钦创办了同济大学的给水排水工程专业。

上海是李圭白父母读书的城市，而同济大学又是他父亲曾就读的学校。到同济大学后，他就觉得有一种亲切感。当时的南方极缺俄语人才，李圭白是哈尔滨工业大学选派去的，他俄语熟练，所以一到那里，就马上被安排给导师阿甫切卡列夫当翻译。导师讲学，李圭白翻译，他极不情愿地当了3个月的翻译。因为他不是去当翻译的，他的任务是赶快确定副博士学位论文选题，开始进入课题研究。

由黄河鲤鱼到战略选题

在李圭白的请求下，他结束了3个月的翻译工作，在同济大学选择了副博士学位研究课题《黄河高浊度水处理》。这也是李圭白开展的最早的科研方向之一。

高浊度水系指泥沙浓度很高、能进行界面沉降的浑浊河水。我国是高浊度水河流较多的国家，河流分布于13个省，流域面积占全国总面积的四分之一。以黄河水系为主，东北、华北、西南、华东部分水系也出现了高浊度水。在国外，苏联的阿姆河、库拉河，美国的科罗拉多河、密西西比河的一些支流，都是有名的高浊度水河流，西班牙和日本等国也有浊度较高的河流，而我国的黄河是典型的高浊度水河流，它的年输沙量和含沙量均居世界之首位。

黄河沿岸的很多城市和工业企业都以黄河水为水源，由于水中泥沙太多，必须处理后才能使用，黄河高浊度水处理却是个非常复杂的技术难题，国内外都没有成熟的经验，所以，对黄河高浊度水处理技术的研究是我国水资源开发的重大课题，也是关系到民生与国家经济建设重大需求的课题。

两位导师都认可、赞成李圭白的选题，并给了他一些建议。

选择黄河高浊度水处理课题，李圭白还讲了这样一件趣事：

因为我家在河南郑州，紧邻黄河。黄河是我的母亲河，它的含沙量是世界之冠。1949 年中华人民共和国成立后，我从四川出来首先到了郑州。在郑州的一个饭馆里吃饭，那里有道菜很出名叫"黄河鲤鱼"。"黄河鲤鱼"和其他鲤鱼颜色不一样，其他鲤鱼是灰黑色的，而黄河鲤鱼为黄红色。为什么呢？好奇心使我琢磨起来：因为黄河水比较浑，浑浊的水挡住了阳光，鲤鱼晒不到太阳，因此它身上的色素就没有变成灰黑色。而其他地方的水比较清，太阳晒到鲤鱼身上，鲤鱼身上的保护色就变得比较深了，所以其他地方的鲤鱼是灰黑色，而黄河鲤鱼就是黄红色的。尤其是井里养的鲤鱼，见不到阳光，颜色非常好看。

所以，我在 1950 年考大学以前，在郑州的时候就对黄河有一些了解。很多城市用黄河水，黄河水的浊度非常高，沿岸的城市用这样的水源，泥沙不去掉就没法用。有一句话叫"跳进黄河洗不清"，一上来一身泥啊。而去除黄河泥沙是一个难度很高的课题，黄河流域、黄河沿岸很多城市和工业企业处理黄河水都特别困难。既然是国家亟需解决的技术难题，我就选它了。

我的中国导师杨钦教授是同济大学副校长，他和苏联导师阿甫切卡列夫都很支持我的选题，所以我就尽快去到郑州做试验。[1]

---

[1]　李圭白访谈，2015年4月9日，哈尔滨，资料存于采集工程数据库。

吃黄河鲤鱼的深刻印象，一直记挂在李圭白的心上。

其实，1955 年，他在哈尔滨工业大学学习 5 年毕业后，第一次回郑州看望母亲的时候，他就到黄河沿岸看到黄河水很浑，泥沙含量特别高，就有了处理黄河高浊度水的想法，所以他到了同济大学后就想开展这个课题，但在同济大学当时的条件下，他要做模型需要花很多资金添置设备，当时各学校的经费都不足，在同济大学最多是看看资料，搞不了试验。

所以，他在同济大学只停留了 3 个月，选择了《黄河高浊度水处理》论文题目后，1958 年 6 月就到了郑州黄河水利委员会下设的泥沙研究所，做泥沙运动规律研究。研究所的条件比较好，有泥沙，有模型，还有搞沉淀试验很好的波流水槽等设备。他在那里就用砖砌的模型做高浊度水沉淀的模型试验。

含沙量究竟高到什么程度呢？ 1 立方米的黄河水，它最高含有 1000 公斤的泥沙。

黄河的泥沙粒径很细，处理十分困难。当时生产上一般都用自然沉淀的方法进行预处理。但是自然沉淀的计算方法却长期没有得到合理的解决。

这样的水对黄河支、干流沿岸以黄河为水源的城市及工矿企业用水造成很大困难，所以黄河水处理已成为影响黄河沿岸城市和工矿企业发展的一个重要课题。

黄河沿岸大部分地区呈荒漠化，经济不发达，比较落后，条件也比较艰苦。为了实地考察，深入了解黄河水质情况，李圭白沿着黄河进行过考察。

有一位老者跟他攀谈起来："黄河水，一盆河水半盆泥啊，你要是有办法把黄河水处理好了，那可是立了头功了！"

郑州 6 个月，创新成果丰

1958 年，我国进入了大规模建设的同时，提出了一系列重大的科学技术新课题。进行高浊度水处理需要修筑自然（初步）沉淀池进行初步沉淀，这是我国给水工程技术中一个独特的课题，而这个课题尚未得到充分的研究，特别是在大规模的经济建设时期，大量新建的工业企业和城市都从这种高浑浊河流中取水，从而解决自然（初步）沉淀池的计算方法问题极为迫切。

李圭白在郑州用黄河泥沙配制浑水，经过几个月无数次的试验，观察到了黄河高浊度水的流态和若干特殊的沉淀现象，发现了沉淀池内的异重流现象，对高浊度水的浓缩也有了一些基本的认识：

我在那里做实验，观察到了很多新的现象。因为黄河高浊度水和普通比较清的河水在沉淀池的流态是很不一样的。它有一个很大的特点，就是含泥沙水的相对密度比清水相对密度大很多，如水的相对密度是 1，泥沙的相对密度是 2.7，它们混在一起就比清水的相对密度大得多。过去，教科书上的经典理想沉淀池理论是水进入沉淀池后沿水平方向直线流动，但在试验中我发现水的流态却完全不是这样。黄河水的相对密度大，进入沉淀池的高浊度水立即潜入沉淀池清水下部流动，两个不同相对密度的液体混在一起，相对密度大的必然要向下运动，这就是"浑水异重流"。这个现象，是与经典理想沉淀池理论不同的。经典理想沉淀池理论只注重了水对颗粒的作用，而忽视了颗粒对水的反作用，这就是经典理论不完善的地方。[1]

---

[1] 李圭白访谈，2015年4月9日，哈尔滨，资料存于采集工程数据库。

于是，李圭白首先提出了一个新概念——浑水异重流流态，这是教科书上所没有的。他认为，教科书里的理想沉淀池理论是有缺陷的，在实验现象面前，必须尊重自然规律，改变旧的观念。水的平行流态是一个基本态，浑水异重流也是一个基本态，两个基本态构成了沉淀池水流的一个流态。所以理想沉淀池理论再加上异重流，这两个合在一起就使得我们对沉淀池中水的流态有一个完整的认识。

他在不断的试验中，逐步建立起沉淀池中浑水异重流流态的观念，并将异重流的概念引入一般沉淀池的流态中。因此，他修正了一般教书上的经典理论，并使之更加完善。

其次，他还发现，浓度很高的泥沙不是简单的沉淀，它是个浓缩的过程，他还观察到高浊度水的界面沉淀有这样一种现象：高浊度的细颗粒泥沙会进行自然絮凝，结成一定大小的泥沙团，以大致相同的速度进行沉降，从而在清、浊水层之间形成一个清晰的界面，进行界面沉降。

李圭白在上述异重流和界面沉降概念的基础上，运用动水和静水沉淀相结合的方法，根据自然沉淀池内浑水的浓缩规律，在国内外首次提出了"高浊度水在沉淀池中进行沉淀浓缩的理论和自然沉淀池的新计算方法"。

1958年他的《高浑浊河水自然沉淀池的新计算方法》发表于《哈尔滨工业大学学报》。这是我国高浊度水处理方面的第一篇论文。这种沉淀池的新计算方法与当时的计算方法相比，使我国水厂沉淀池的一些特殊计算问题得到了解决。

李圭白提出的高浊度水沉淀池的新计算理论，着眼点是研究沉淀池中浑水层体积的变化规律，依据静水实验得到的高浊度水沉淀浓缩特性，进行池面积和池容积的计算，该理论由大量实验证实了其正确性，可适用于稳定和非稳定工况、各种负荷条件下的计算，并可推广应用于中浊度、低浊度水沉淀池的计算，形成了统一的沉淀池的计算理论。

　　李圭白的高浊度水沉淀池的新计算方法与较常用的苏联学者 C·Ф·萨维尔耶夫、П·И·俾斯古诺夫教授、B·A·克略其克和 Г·Д·巴甫洛夫等提出的实验数据和计算公式比较，苏联学者的计算公式只能解决某一粒径的泥沙是否能被沉淀下来的问题，而不能决定整个沉淀池的沉淀效率和出水泥沙浓度的大小。可以看出他们的计算方法是不完善的。

　　由于我国当时沿用的计算方法不完善，使沉淀池设计规模偏大，造成了国家有限资金的浪费。李圭白首次提出的高浑浊河水自然沉淀池的新计算方法，比教科书上的经典理论要更合理。他在论文中以实例说明了当时的计算方法所带来的损失：

　　从各种计算方法求得的沉淀池表面积（沉淀池深度都相等），可以看出，当时的计算方法所得建筑规模都比李圭白的新计算方法规模大 70%~100%，对于泥沙浓度更高的原水，当时的计算方法所得的建筑规模比新的计算方法计算大得更多。

　　李圭白认为，当时的各种计算方法中许多数值带有很大的任意性，往往会造成更大的浪费或设计能力不足。

　　李圭白把《高浑浊河水自然沉淀池的新计算方法》的论文寄给了两位导师。苏联导师阿甫切卡列夫很惊讶，超出他的想象，李圭白竟然在这么短的时间里就研究出具有很高应用价值的突破性的成果，阿甫切卡列夫和中国导师杨钦教授对他的研究工作给了了充分的肯定。

　　在随后的研究中，李圭白还用试验检验了经典的高浊度水沉淀浓缩池的固体通量计算理论。

　　高浊度水是李圭白的一个主要研究方向。处理黄河这种高浊度水，沉淀技术是非常重要的，所以李圭白在研究高浊度水的同时，也研究沉淀理论。研究高浊度水，因有郑州黄河水利委员会泥沙研究所提供的较好的试验条件与支持，所以他在不到一年的时间里集中精力，下大功夫，取得了大量的研究成果。就在李圭白接二连三地取得成果的时候，又一次的政治运动终止了他在郑州黄河沿岸的试验。

1958 年，中国高校教育大革命开始，这是一场影响中国教育命运的运动。高校的专家、学者、教师，都成为被"革命"的对象。

这场教育大革命，终止了李圭白苏联副博士学位课题的研究，在郑州的试验不得不搁浅，这让他感到十分痛心、无奈：

在我提出高浊度水沉淀池的浓缩沉淀模型的计算方法之后，还做了一些基础试验，但当时政治运动是一个接一个，1957 年的反"右"还没有结束，1958 又开始了教育大革命。在教育大革命中，培养苏联副博士就是修正主义的，要受到批判，要立刻叫停。叫停以后，我这个实验就不能进行下去了。所以，我 3 月去的同济大学，6 月到了郑州开始课题研究，秋冬之交，也只有半年就必须返校。虽然时间短，但这段时间我还是有点儿成果。这对我的科学研究思维、训练和科研的方法是很有帮助的。[1]

1958 年深秋的一天，李圭白返校前再一次来到黄河边，回想这段紧张忙碌的试验生活，他为自己没虚度时光，实实在在地做出了一项又一项的研究工作而感到欣慰。想到还有许多研究处于试验阶段，他格外惋惜：如果没有教育大革命，如果能再延长几个月，还会研究出更多的成果……可惜，他接到了学校的通知，必须迅速返回。此时，他伫立黄河边上，久久不愿离去：

---

① 李圭白访谈，2015年4月9日，哈尔滨，资料存于采集工程数据库。

"黄河，母亲河，我只是暂时放下了这里的试验，高浊度水的研究我不会放弃……"

奉命率团队赴兰州

李圭白从同济大学到郑州黄河水利委员会泥沙研究所还不到半年。被迫返校后，他在研究地下水除铁除锰的同时，仍继续进行高浊度水处理技术的研究。

1953 年，在我国国民经济第一个"五年"计划中，兰州被列入第一批发展工业的重点建设城市。

黄河是兰州赖以生存的水利资源，在这里生活的人们，世世代代靠人挑、驴驮，用着黄泥汤一样的黄河水。

兰州西固水厂，是 1955 年由苏联援建的一座采用二级沉淀工艺处理黄河水系高浊度水的大型水厂，1960 年投产。该厂采用的是先对高浊度水进行预沉淀，再对沉淀后的水进行常规净化处理，李圭白介绍当时的情况：

黄河高浊度水因浊度很高，先要进行很长时间的预沉淀，泥沙都沉下去了，上面的是清水，然后把上面的清水再进行常规的水处理，把预沉和常规处理结合在一起。但是这个预沉，是很关键的，若预沉不好，后续处理就不好，所以，就要研究预沉池。兰州是一个很大的石油石化基地，用水量相当大。

"一五"期间，兰州自来水公司在西固陆续建了多个很大的自来水厂，修建了苏联设计的辐流式沉淀池，这是全国最大的高浊度水沉淀池，沉淀池采用了带有刮泥桁架能自动连续排泥的装置。沉淀池是圆形的、辐流式的，池的直径达 100 米。

一般的沉淀池，没有机械排泥装置，水一来就淤死了，淤死以后池子就不能正常工作。这个辐流式沉淀池具有刮泥桁架连续运行，连续进行排泥的特点，它一边沉，一边刮，一边排，泥沙排出去了，上面的清水收集起来，进行了后续的常规处理，西固水厂直径100米的大池子，到1963年就建了20个，规模十分壮观。这是我国首座处理黄河高浊度水的大型工程，并且辐流式沉淀池也是在国内首次使用。这么大的辐流沉淀池，我们国内运行测试和管理的经验很少。[1]

这么宏大的工程建成之后，它的设备运行系统需要测试，经验需要总结。当时，我国三年困难时期已经过去，掀起了建设的热潮，但黄河高浊度水处理技术还是很难解决的问题，这方面我国还缺少经验，而李圭白从1958年就开始研究高浊度水，所以受到水处理工程界的认可。1963年6月，他受兰州西固水厂的委托任队长，带着本校和兰州铁道学院学生、西北给水排水设计院技术人员和自来水公司的技术人员以及工人共20多人组成的设备处理系统测试团队，开展对该水厂辐流式沉淀池工况的生产测试工作。

测试工作从6月到9月连续干了3个多月。因为6月至9月是兰州的雨季，且多有暴雨。暴雨把黄土高原的泥沙冲到河里，试验就取这个时期的高浊度水。当年李圭白从同济大学到郑州也是6月至9月的暴雨期做试验的。

1963年2月，李圭白的次子李星出生，孩子刚满4个月，大儿子李虹也只有3岁，两个这么小的孩子全丢给了爱人，6月李圭白就带队去了兰州3个多月。他爱人身体不好，一个人带两个这么小的孩子实在辛苦，不得已，将大儿子送到了北京的娘家，这使李圭白少了一份后顾之忧。后来忆起这件

---

[1] 李圭白访谈，2015年4月9日，哈尔滨，资料存于采集工程数据库。

事，他说："我在那个时候带着任务必须去兰州，她一个人在家带那么小的孩子，要克服的困难实在太多了，但她也是这个专业出身，很理解，没有一点怨言，这也算是我们这个家对高浊度水研究的一点儿贡献吧。"

李圭白带领的测试组，在高浊度水暴发期间辛苦地进行着每一项工作，合理地总结出了一套运行管理、测试排泥的经验资料，还写出了一些操作管理建议。通过试验，李圭白对黄河高浊度水的沉淀浓缩特性有了进一步的了解，也为今后高浊度水辐流式沉淀池计算和运行提供了经验和依据。他带领的测试组，在西固水厂出色地完成了任务，受到水厂上下的一致好评。

这期间，李圭白研究了高浊度水处理中的一系列问题。高浊度水界面沉降速度是一个重要的工艺参数，为探讨对界面沉降速度的影响因素，李圭白继续进行高浊度水的拥挤沉降试验研究，这是高浑浊水自然沉淀处理课题中的基本理论问题之一。李圭白考察了沉降过程中泥沙浓度和粒径组成的变化特点，进行高度浊水的拥挤沉降试验，研究出拥挤沉降公式的形式及其适用范围，再根据试验结果推导出了泥沙自然絮凝体的自由沉速、重度和粒径等技术数据，并于 1963 年发表论文《高浑浊水的拥挤沉降试验研究》。

在高浑浊水大量试验的基础上，李圭白又提出了稳定泥沙的概念，高浊度水的界面沉降速度只与泥沙中的稳定泥沙浓度有关，而与泥沙总浓度无关。1984 年，他与孟庆海[①] 发表论文《高浓度泥水的沉淀特性》。

苏联著名学者 A·M 明茨认为，当水中悬浮物质的体积浓度小于 0.5% 时，可以看作是自由沉降过程，我国也曾有学者在研究高浊度水的泥沙沉降分析时也有同样的观点。上述情况皆以水中泥沙不进行絮凝为条件，但李圭白在试验中却发现：水中细粒泥沙的自然絮凝现象十分明显，且絮凝而成的泥沙

---

① 孟庆海：哈尔滨工业大学教授。

团结构松散，包含大量水分，在同样的体积浓度下，它的重量浓度较颗粒状泥沙小。所以，在能形成均浓浑水层的稳定泥沙浓度下，应该是拥挤沉降过程，而不是自由沉降过程，李圭白又得出了与苏联著名学者 A·M 明茨理论不相符的正确结果。

针对这个问题，李圭白研究了高浑浊水在自然沉淀池内流动、沉淀和淤积过程，他认为，建立高浑浊水自然沉淀池的计算理论，必须同时以浑水浓缩和异重流的概念为基础，运用动水沉淀和静水沉淀相结合的方法，提出了符合实际生产情况的合理的计算方法。这是一个新计算方法，与单独颗粒计算沉淀池方法是完全不同的。

1964 年，他在土木工程学报上发表《高浊度水动水的浓缩规律和自然沉淀池的计算方法》。

在西固水厂生产试验的基础上，李圭白带领测试组对沙峰型高浊度水沉淀进行了进一步的研究。天然河流中，高浊度水的泥沙浓度多呈沙峰形式变化。即一遇暴雨，大量泥沙冲入河中，河水泥沙的浓度便突然剧增，然后再下降，形成一个沙峰。沙峰的最高浓度、持续时间、浓度变化情况、泥沙粒径组成，因河段情况、暴雨范围和地区特点等不同而异。在黄河中下游这种情况比较常见。高浊度水的泥沙浓度越高，浑水的相对密度也越大。

迄今国内外高浊度水沉淀池的计算理论，都是以进水浓度持续不变为前提，但用于沙峰型高浊度水却不适合，所以沙峰型高浊度水沉淀池的计算，是一个有待解决的课题。李圭白与陈辅君等在水厂做了大量的验证试验，提出了沙峰型高浊度水在池中的动水沉淀浓缩规律和沉淀池的工艺计算方法，解决了生产中的难题。

李圭白在兰州西固水厂对次高浊度水在大型辐流式沉淀池中的沉淀情况进行了观测，提出了次高浊度水沉淀的计算方法，研究成果陆续在 1965 年发表《次高浑浊水的动水浓缩规律》，1983 年发表《次高浊度水沉淀池的计算方法》；1981 年他与陈辅君[①]发表《沙峰型高浊度水沉淀池计算》。这些成果，也是对西固水厂运行测试的非常有价值的总结。

李圭白的学生马军[②]提起这段经历时说：

这是李老师在 50 年代的主要方向。我上大学以后去兰州到西北设计院调研，西北院的老同志对李老师都比较了解，一位总工程师跟我谈起了李老师在兰州做实验时候的事。他说，李老师在这儿做试验真是拼命了，他亲自去黄河做试验，而且做试验非常非常投入，在科研上，他真是一个做学问的人。我听到这些对导师的评价，也很自豪，李老师的敬业精神，对我的科研事业影响很大。[③]

---

① 马军：中国工程院院士，1982年~1990年师从李圭白获工学硕士和博士学位，1990年~1995年先后为同济大学博士后和英国帝国理工学院"居里夫人"博士后，现任哈尔滨工业大学环境学院副院长、教授、博士生导师，城市水资源开发利用（北方）国家工程研究中心副主任，城市水资源与水环境国家重点实验室饮用水安全学术带头人，教育部"长江学者奖励计划特聘教授"，国务院学科评议组成员，国际水协会IWA水与纳米委员会理事，国际臭氧协会（欧亚澳非区组）理事，国家级有突出贡献的中青年专家，英国皇家化学会会士，美国土木工程学会（ASCE）期刊、Advanced Oxidation Technology期刊和Applied Water Science期刊等的副主编等职。
② 陈辅君：山东建筑大学教授。
③ 马军访谈，2015年3月5日，哈尔滨，资料存于采集工程数据库。

第六章

逆境中的学术生涯

"文革"使李圭白的教学和科研受到了冲击，但他顶着压力，坚持完成了他的第一部学术专著《地下水除铁》。他领导全国地下水除铁除锰学术研究会将科学技术转化为生产力，把研究成果无条件地推广到全国范围内的数百个水厂，为国家建设带来了巨大的经济效益和社会效益。

走"白专"道路的"反动学者"

　　1966 年，正当李圭白的教学和科研做得风生水起之时，一场席卷全国的"文化大革命"运动开始了。

　　同年 5 月，李圭白正带学生在大庆搞毕业实习，实习进行得很顺利，为大庆油田解决了多个生产难题，受到大庆有关领导的好评。这时，李圭白接到学校的通知，要求在外实习的师生立刻回校参加"无产阶级文化大革命运动"。

　　他回忆："因大庆的工作尚未结束，我感到学生的毕业论文还没做完，马上回校学生毕不了业，这对学生是不负责任的，于是，我坚持带学生在大庆把毕业论文做完，直到 7 月底，"文革"已经开始一个半月，才草草收摊离开大庆。"

当时的专政对象划分得很清楚：地（主）、富（农）、反（革命）、坏（分子）、右（派），随着"文革"的深入，又有了"叛徒""特务""走资派"，加上"资产阶级知识分子"共9个。因知识分子爱摆"臭架子"，所以就谑称为"臭老九"。

毫无疑问，李圭白就是"臭老九"，但除了这顶"帽子"外，因父亲是"右派"，他又是"右派"子弟。因为中华人民共和国成立前父亲曾开过公司，单纯的李圭白就认为父亲是资本家，所以在填表时填上了"资本家"。

李圭白回忆这件事情时说：

其实，根本就没有哪一级组织认定我父亲是资本家，是我自己认为开公司的就是资本家，就填成了"资本家"。当时上大学时，不能跟组织隐瞒历史啊。"文革"期间经常填表，我们兄妹几个有填地主的、填富农的，填资本家的，乱填一气。我们从小是跟母亲长大的，我母亲是教师，我们却没一个填母亲的。当时填"成份"是一件很难的事。①

李圭白是"黑五类"子弟，但当时他还算不上学术权威，只能算个"反动学者"，又不曾担任过任何党政领导，所以还不是批斗重点，只是背靠背地写交待材料。

因为他中学曾在国民政府的空军幼年学校学习6年，因"历史问题"被隔离审查。同年开始"清理阶级队伍"，李圭白自然成了"清队"的对象，参加火线学习班。

1969年，他被遣送去大庆劳动，接受工人阶级再教育。

---

① 李圭白访谈，2015年4月2日，哈尔滨，资料存于采集工程数据库。

下放农村，两个贡献

1970 年春，李圭白和一些教师被下放到农村。他插队落户到哈尔滨市北边的呼兰县孟家公社富裕大队榆树屯小队。

白天他随小队出工，孩子在农村上小学，妻子从事家务。

回忆干农活儿的情景，李圭白还记忆深刻：

刚到乡下，开始学着干农活。我每天出工，割豆子，割麦子，房东老韩最小的儿子 15 岁，就算是小半拉子，小半拉子就是半个工，刚开始，我不会干农活，体力也不行，就和他搭伴，顶一个工。参加秋收时，割高粱，别人一个劳力拿 6 垄，我们两个就合起来 6 条垄。割高粱非常难，它有一人多高，割的同时，还要打腰子，高粱的杆是脆的，一掰就折，腰子不好打。所以这农活里还有很多技巧呢，但我很快就把农活都学会了。①

在农村，李圭白和夫人杜魁元用知识和技术为农民作了两个贡献：

第一，帮助农民用简易方法进行地下水除铁，提高了生活质量。

李圭白插队的呼兰县孟家位于松花江北岸，呼兰河下游，是 20 世纪 30 年代著名左翼女作家萧红的故乡。这里，松花江、呼兰河、泥河、少陵河、漂河纵横交错。他插队的地方是呼兰河的一个支流，是村子附近的泥河，这里的地下水很丰富。当地人都饮用井水，而井水中含铁量很高，这不仅影响了他们的健康，也影响他们的日常生活，村民洗浅色衣物时就会染上锈色斑点。为避免白衣服洗黄，村民们采用的办法是，先把水烧开，冷却、沉淀后

---

① 李圭白访谈，2015年4月2日，哈尔滨，资料存于采集工程数据库。

再取上层的清水洗。这不仅麻烦，还费时费工，因洗衣物用水量大，又耗费了十分稀缺的燃料。

为解决这个问题，1970年秋，李圭白在农村就地取材，做了一个土法除铁的滤柱，推广他的简易除铁装置。他说：

我用慢滤池的方法，在一个小缸里放一个陶土管，管底部用木头把它塞住，上面放几公分的小卵石，再放几十公分的沙子，每天挑完水就倒大水缸里，倒的过程水与空气接触就是曝气。然后我把水用舀子舀出来，倒在小缸中的管子里，这样，水中有了溶解氧以后经过沙子慢滤，二价铁氧化成三价铁沉淀，铁被完全除掉，即获得了清澈的除铁水。这样就不用再把水烧开、冷却洗衣服了，除铁的水还可饮用，做饭，对身体没有了健康隐患。[1]

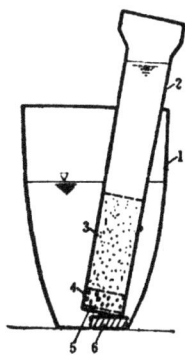

1—缸；2—滤管；3—砂滤层；4—卵石承托层；5—穿孔堵板；6—垫木

图6-1 简易除铁装置

这个除铁方法，一下子传开了："走啊，去看看，老韩家的那个大学老师有除铁的办法，不用花钱！"从此，李圭白在当地出了名。房东、左邻右舍的男女老少纷纷来他家观看。杜魁元热情地招待村民："要洗白衣服的都到我们家来取水！"她把净好的水一盆两盆地舀给她们。大家看到效果之后，李圭白就给他们讲了简易除铁的原理，并把方法一一教会他们，一户农民用这个方法每天可过滤百升以上的水，足够一家人平时饮食和洗涤

---

[1] 李圭白访谈，2015年4月2日，哈尔滨，资料存于采集工程数据库。

衣物之用。

"这回再不用烧开水洗衣服了！"这个简易的除铁装置，最受大姑娘小媳妇们的欢迎。通过净水，李圭白一家与村民建立了非常好的关系，她们时常采摘些自家小园的水萝卜、黄瓜、大葱等蔬菜送过来，他们一家开始与农民有了更多的接触。

之后，根据李圭白的地下水简易除铁法，一些村镇建起不少集体使用的除铁滤槽，每日滤水数千升，供学校、食堂和居民使用。在一些有地方病（如大骨节病）的农村地区，结合地方病的防治工作，也推广了家庭除铁滤缸和集体使用的除铁滤槽，以改善饮用水水质。

第二，帮助农民科学防鸡瘟。

农村普遍饲养的家禽就是鸡。在农村闹鸡瘟，是防不胜防，涉及家家户户的一件大事。李圭白介绍："一个公社，有好几个大队，一个大队，有十个八个小队，一个自然村就是一个小队，上百户人家。有一户闹鸡瘟，第二天就开始传染，家家户户，一传染一片，非常迅速，最后整个村子的鸡都不能幸免"。

1971 年春，李圭白所在的大队发生了鸡瘟。他分析了瘟鸡的传染途径：因为一家鸡闹鸡瘟的时候，其他家的鸡就在这一家附近，与瘟鸡一起活动，通过瘟鸡的粪便等传染了，所以一户一户的鸡瘟就蔓延开来。

老百姓着急了，有的人想办法把鸡隔离，放到地窖里，可是不管用；还有的把鸡放到屋里，还是照样瘟。农民没招了，各种迷信的办法就使出来了。

房东老韩就很迷信，他对李圭白说："鸡瘟以后，第一个瘟鸡快死了就杀掉，把它的血在鸡窝门口洒一洒，这就辟邪了"。李圭白告诉他这种方法不科学，但他很固执，不信。老韩把鸡血洒在鸡窝门口的地上和门上。因为鸡血是一种蛋白质，其他鸡抢着把鸡血给叨吃了，鸡吃后全都瘟了。

　　大队里上千户人家的鸡都迅速地瘟死了，只有李圭白家养的七八只鸡没有事。咦？这就邪了门了，为什么他家的鸡就不瘟呢？这可是个新鲜事，人们纷纷跟他取经。事实胜于雄辩，他乘机以自家鸡为例，告诉他们不要相信迷信，给他们普及科学的防鸡瘟知识：

　　为什么我家的鸡没有瘟呢？这是因为我们知道鸡瘟的传染途径，采取了严格的隔离措施。我们每家都有一个储藏的棚子，鸡全都放到那里，外面再用树杆加一个围子，我家每天喂鸡只有我爱人一个人进出，其他人谁也不能进去，而且她每次给鸡喂食，进围子里的时候，一定要换里边的鞋才能进去。喂完鸡，鸡就在棚子里关着，不让它出去。因为鸡是接触传染，院子外的鸡到处跑，瘟鸡也到处跑，地上都是鸡粪，且带有病毒，进围子换一双鞋，这样围子里没有外面的鸡粪进来，就杜绝了传染。你们把鸡放到地窖里隔离，人进去喂食穿的鞋子带有瘟鸡的鸡粪病毒，就又传染给鸡了，所以你们的隔离无效；你们把鸡关在屋子里隔离，可家里的人从外面回来，出出进进，那也会传染。

　　我家的方法是科学的隔离方法，你们得相信科学，你隔离了那个传染途径，鸡就能保住了。

　　村民们眼见为实，恍然大悟："唉呀，说得对啊，有道理！"[1]

　　从此，村民们跟李圭白学会了怎样科学防鸡瘟的方法。这个简单易学的隔离办法，特别受农民欢迎。

---

[1]　李圭白访谈，2015年4月2日，哈尔滨，资料存于采集工程数据库。

重返讲台，继续"白专"

1972 年春，学校传来消息，要求在农村插队的教师返城，准备给第一批工农兵学员上课。但 1972 年仍处于"文革"期间，李圭白并没有因为返城而"解放"，仍属于"靠边站"之列。

他 1972 年刚从农村返城，就与刘灿生、丁仲[①]、吴贵本[②] 等在佳木斯自来水公司现场研究地下水除铁中的问题，并做了大量的试验。

1974 年，他重返讲台，给第一批工农兵学员上专业课。

国家恢复办大学，要从工农兵中选拔、推荐学生。招生办法是群众推荐、领导批准和学校复审相结合。于是，那些政治思想好、身体健康，有相当于初中以上文化程度，在单位表现特别突出的工人、贫下中农、解放军战士和青年干部，经推荐，政审合格后，即可成为工农兵学员，他们的任务是"上大学、管大学、用毛泽东思想改造大学"。当时对教师的方针是：对高校的教师既要进行再教育，又要使用。这种使用，就是让他们与工农相结合。

因为"文革"期间，水厂是不停产的，李圭白带领学生一起搞生产设计，进行地下水除铁除锰等科研课题的研究。

在"文革"前的十年里，李圭白与教研室的老师们在那段时间里，教学水平和科研能力能得到提高，并做出不少成绩，是与汤鸿霄坚持的党的正确的知识分子路线是分不开的。李圭白谈起这些十分感慨：

　　从参加工作到"文革"前 11 年，我主要是地下水除铁除锰，还有高浊

---

① 丁仲：佳木斯自来水公司经理。
② 吴贵本：佳木斯自来水公司技术人员。

度水处理，再加上滤池的研究工作，在这三方面做了比较系统的科学研究，而这个过程就必须要提到汤鸿霄。1950 年他与我一起考入哈尔滨工业大学，并坐同一列火车来到学校，也读给水排水专业。1955 因他被派出搞肃反运动等，所以比我晚两年毕业。他是新中国成立前中共地下党员，所以毕业留校进入教研室就任党支部书记。

1956 年，我党提出"多快好省"建设社会主义的总路线，我作为刚参加工作的青年教师非常受鼓舞。汤鸿霄当书记的时候，他鼓励我们搞教学。

汤鸿霄的业务能力很强，英文好到可以读英文小说。他执行的是一条发挥知识分子作用的正确路线，所以大家业务提高很快，学术气氛比较浓，他自己对科研也很感兴趣，认为教师就应该不断地提高学术水平。所以他鼓励大家搞业务，搞科研，积极向上，像我和王宝贞等人的科研成果都是比较突出的。我们专业的发展，科研水平的提高，与他的领导是分不开的。从 20 世纪 50 年代到"文革"期间，我们给水排水专业虽没有老教授，与清华、同济有老教授的高校比，被称为"少壮派"，与他们形成了三足鼎立之势。"文革"后虽人才大量流失，但我们一支很优秀的学术队伍传承下来，形成了很浓的学术气氛，这种学术传统一直保持到现在。哈尔滨工业大学给水排水专业始终处于高校最前列，长盛不衰，仍和清华、同济呈三足鼎立之势，这表明汤鸿霄对哈尔滨工业大学给排水专业的发展确实是有重要贡献的人。①

"文革"期间的专业课，李圭白安排了很多实习，包括很多真正的工程设计，他都是亲自带着同学到生产第一线真刀真枪地练。当时在佳木斯水厂

---

① 李圭白访谈，2015 年4月2日，哈尔滨，资料存于采集工程数据库。

工作的刘灿生说："李老师刚从乡下回来，又在佳木斯水厂做了一年的地下水除铁实验，这个阶段，他身先士卒，都是百分之百地在现场。"

中国工程院院士彭永臻回忆 40 多年前跟李圭白实习的情景：

大学期间，我跟李老师接触比较多。我记得 1975 年开门办学，是李老师带队去大庆一个给水处理厂。他当时在大家印象中是一个"白专"典型。因为我是学生班长，实习前就有领导叮嘱我："你们上课得注意点儿，李圭白业务能力很强，人很好，但是他善于搞科研，往往利用你们学生一块儿搞科研。你们可不能跟他搞！"那个时候认为搞科研是错误的。在实习过程中，就像那个领导说的，李老师真的领我们搞起科研了。我们下去第二天李老师就布置我们怎么怎么干，实际上这完全没脱离生产实习宗旨，他没错啊。

当时，还没有恢复招收研究生，既没有硕士生也没有博士生，我们本科生能和李老师一起实习搞科研，那是我们非常好的锻炼机会，但李老师搞得非常好，我当时跟李老师学到了不少东西。

实习结束了，李老师就把我留下，其他同学实习完之后又到海拉尔了，李老师又给我配了 3 个学生，继续搞他发明的"人造锈砂"。除铁除锰都用锰砂，锰砂比较贵，产地也比较远，李老师就把普通的石英砂挂一层膜，这层膜就有催化氧化的作用，叫"人造锈砂"，就像一层锈，我们当时搞试验还不是用小的瓶瓶罐罐，是在大的生产滤池中做的，做得好，李老师很满意，而且我们在大庆又延长了一两个月。

当时没有"创新"这个词儿，但是李老师的研究工作确实体现了他的创新思维和创新思想，而且还有一些计划非常好，这给我的印象非常深刻。李老师尽管是搞学问的，没有担任什么职务，但他的组织能力非常强，而且把学生的分工安排得有条不紊，计划怎么实施，怎么总结，然后让我们学生汇报，做得非常认真到位。想起来，真是感慨万千，那时候李老师才四十几岁，正年富力强，我们从他身上学到了很多东西，尤其是创新思想。[①]

"文革"中写专著

李圭白返校后，学校的一切教学活动都没有走上正轨，教学安排并不完整，很多专业课教师长时间无课可上。为消磨时间，不知道是哪个教师引领了打家具的热潮，在教师中普遍流行起打家具。

李圭白在科研中一丝不苟的精细也体现在打家具上，他回忆："我买了一张九层的 4 英尺 ×6 英尺的胶合板，事先设计的尺寸正好做一个箱子，一点都没浪费。箱子是有盖的，不用任何钉子，全部是铆接的"。当然，在别人打家具消磨时间的时候，李圭白还是把更多的时间用在了研究上，开始为《地下水除铁》专著做一系列准备：

我回城有一段空闲时间。当时学校已开始招生，我也开始搞一些科研活动。在"文革"初期，我的业务停了一段。"清队"以后，我就开始利用晚上时间研究和整理试验资料，后来即使下乡插队落户，也没有完全中断。"文革"期间，用我们工艺的那些水厂还在继续运行，并记录了很多生产实践数据和经验，我们在水厂的生产实验非常重要。许多教师没事做就打家具，改善生活，我感觉还是应该做点有意义的工作，有必要把"文革"前多年地下水除铁的科研及生产实践过程和结果写出来，系统地整理除铁的研究成果。

---

① 彭永臻访谈，2015年5月5日，哈尔滨，资料存于采集工程数据库。

我开始着手写《地下水除铁》(第一版)。当时没有任何经费,这样做,不为名也不为利,只是想在生产需要的时候能用上,也算是我作的一点贡献吧。[①]

李圭白十分珍惜失而复得的教学和科研机会,白天上课,带学生实习,继续做试验。晚上,就整理地下水除铁实验资料,继续写书。

1973 年,发生了一件让李圭白无可奈何的事。日本学者高井雄在国际上发表了论文《接触酸化除铁の机搆に關する研究(Ⅰ)(Ⅱ)(Ⅲ)》,水道协会杂志第 465,466、467 号(1973)。他发现石英砂表面覆盖一层铁,认为在除铁过程中,起催化作用的是铁质催化剂,提出了铁质催化剂的除铁理论,这与李圭白早在 20 世纪 60 年代就发现的"铁质活性滤膜"如出一辙。这本该是在日本学者之前就发表的研究结果,却因"文革"这项研究中断,李圭白直到 1974 年比日本学者晚一年才发表我国第一篇关于铁质活性滤膜的论文《天然锰砂除铁的机理》,并指出了国内外都沿用的经典理论是错误的观点。

图 6-2 《地下水除铁》专著

"文革"后期,李圭白着手将"铁质活性滤膜"的重要概念写进《地下水除铁》专著中。他用了一年多的时间,整理,总结,将 20 多年的研究成果写成《地下水除铁》一书。

1977 年初,《地下水除铁》,30 万字,凝结着李圭白 20 多年的心血的杰作最后成稿。地下水除铁,是他科技生涯中的第一个科研方向,这部专著,是他个人的第一部科学著作。中国建筑工业出版社组

---

① 李圭白访谈,2015年9月28日,哈尔滨,资料存于采集工程数据库。

织吉林省给水排水设计院陆宗华、大庆油田设计研究院郭维章、哈尔滨建筑工程学院汤鸿霄、佳木斯自来水公司刘灿生等对该书进行了技术研讨和审核。

《地下水除铁》（第一版）内容以天然锰砂接触氧化除铁为重点，吸取国外有关先进技术，系统地阐述了地下水的除铁原理、一般规律、使用条件、影响因素、工艺系统、设备构造、计算方法、技术参数以及试验、设计、运行管理等方面的问题。此外，还对其他的地下水除铁方法，以及除铁水厂废水的回收利用等问题作了简要论述。

1977 年，《地下水除铁》（第一版）由中国建筑工业出版社出版。此书是我国第一部地下水除铁方面的专著，在业界引起很大反响。

在第一版《地下水除铁》出版后的 10 年里，我国地下水除铁除锰技术有了很大发展，特别是试验成功了接触氧化除锰工艺。这样，经过新中国成立以来近 40 年的研究和实践，找到了适合在我国推广应用的地下水除铁除锰工艺，即接触氧化和自然氧化除铁工艺和接触氧化除锰工艺。

在进一步总结了国内外地下水除铁和地下水除锰生产实践经验和实验室试验成果基础上，1989 年李圭白在他的《地下水除铁》（第一版）的基础上与中国市政工程东北设计院刘超[1]重新修订并增加了地下水除锰的章节，出版了我国第一部地下水除铁除锰专著《地下水除铁除锰》（第二版）。专著概括了多年来的研究成果及经验总结，在国内影响较大，成为我国地下水除铁除锰的经典著作，对进一步促进地下水除铁除锰技术

图 6-3　《地下水除铁除锰》

---

[1] 刘超：中国市政东北设计院高级工程师。

的推广起到了积极的作用。

作为地下水除铁除锰的经典专著，它经过了 30 多年大量的科学研究和生产实践，形成了适合于在我国应用的、具有我国特点的地下水除铁除锰工艺，即接触氧化除铁、自然氧化除铁、接触氧化除锰工艺。本书以我国经验为主，吸取国外先进技术，对地下水除铁除锰进行系统阐述。

此书出版发行后，成为给水排水工程、环境工程、化学水处理、废水处理，卫生防疫、化学化工等专业的设计人员、科学研究人员、生产技术和管理人员、水厂的工程技术人员的应用宝典，也成为高校专业教材的重要参考教程。

与李圭白多年的合作者、市政给水排水工程专家李继震[1] 这样评价他：

他创建了地下水接触氧化除铁除锰工艺，又提出了接触氧化除铁除锰机理，从生产技术到学术理论全方位地进行研究并获得成功，是我国地下水除铁除锰事业的开拓者和奠基人，是我国地下水除铁除锰的学术权威，也是国际地下水除铁除锰的学术权威。[2]

领导学会，完成使命

1975 年，由李圭白主持，在佳木斯举办了"全国第一次地下水除铁除锰会议"。本来这个会是东北地区的会议，但消息不胫而走，受到了业界的

---

[1] 李继震：1958年考入哈尔滨工业大学给水排水专业，曾任哈尔滨自来水集团有限责任公司总工程师、副总经理、研究员级高级工程师、哈尔滨工业大学客座教授。

[2] 选自李继震《我的恩师李圭白院士在地下水除铁除锰领域的成就》，资料存于采集工程数据库。

极大重视。

会议代表来自黑龙江、吉林、辽宁、北京、湖北、河南、四川、广东、广西等省市的 100 多人。当时交通很困难，有的代表在途中需劳顿多天，尤其是湛江的代表坐火车到佳木斯经过了 15 天，非常辛苦。后来在这些代表的努力下，这些地方都成为国家地下水除铁除锰示范单位，在全国有很大影响。

全国给水排水技术交流网负责人王扬祖[①]、王真杰[②]也前来支持和参加会议。会上，李圭白给代表们讲解了"地下水接触氧化除铁工艺和机理"，佳木斯、大庆、齐齐哈尔和铁力的专家分别介绍了按照李圭白的"地下水接触氧化除铁工艺"新建和改建的接触氧化除铁水厂的运行情况，为全国数百名与会代表传授了经验，对接触氧化除铁工艺在全国加速推广起到了促进作用。

这次会议，第一次总结了十几年来我国地下水除铁的技术成果和经验，探讨了含铁地下水铁质形态的判别、地下水除铁原理、方法、工艺流程、曝气方式及滤池的构造形式等，与会代表初步解决了对地下水除铁技术、设计、运转管理无认识，无从下手的状态。对于推广地下水除铁技术，加深对地下水除铁原理的认识，活跃学术气氛，以及为后来形成一支地下水除铁除锰技术研究队伍起到了重要的作用。会议交流论文 30 篇，并出版了《东北地区地下水除铁技术座谈会资料选编》。

自 1975 年的"全国第一次地下水除铁除锰会议"后，全国范围内的地下水除铁除锰的学术活动异常活跃：华南、中南、西南地区陆陆续续开了多次会议，其中规模最大的是 1979 年 3 月在广东省湛江市召开的"中南地

① 王扬祖：1960年毕业于哈尔滨工业大学给水排水专业，曾任国家环保局副局长、研究员。
② 王真杰：全国给水排水技术交流网负责人之一。

图 6-4　全国第一次地下水除锰会议

区地下水除铁经验交流会"，除中南各省代表外，上海、北京、黑龙江、浙江、吉林、福建、四川等代表也出席了会议。会上，李圭白介绍了"地下水接触氧化除铁工艺"，进一步加速了地下水接触氧化除铁技术在全国范围的推广应用。

1976 年~1979 年间，部分设计和科研单位对国内地下水除铁除锰情况进行了调研，尤其是 1973 年《室外给水设计规范》修订组负责人、上海市政工程设计院的徐仑芳工程师与吉林省给水排水勘察设计院的技术人员重点对东北地区和武汉、新乡等地的 13 个地下水除铁水厂进行了调研。这些研究工作和经验交流会，都为全国地下水除铁除锰学术研究会的成立做了大量的前期铺垫。

1979 年，李圭白的研究生刘灿生对"铁质活性滤膜"科研课题做了进一步的探讨，取得了重要的研究成果。

1980 年~1986 年期间，在李圭白的指导下，哈尔滨建筑工程学院、中国市政工程东北设计院、中国市政工程中南设计院、大庆水电局等众多单位纷纷对充氧回灌地层除铁除锰技术进行了大量的实验研究工作。

1985 年 11 月由李圭白、刘灿生、黄毅轩[①]、李继震、刘超、刘育超[②] 等人动议，在长春成立了由哈尔滨建工学院、中国市政工程东北设计院、航天部第四设计院、中国市政工程中南设计院、广东省建筑设计研究院、湛江市自来水公司等单位组成的全国地下水除铁除锰学术研究会筹备组。

1986 年 4 月下旬，"全国地下水除铁除锰学术研究会成立大会暨第一次年会"在湛江召开，李圭白任理事长。全国 17 个省、市自治区共 70 多人参加大会。上海市政工程设计院钟淳昌总工程师代表中国土木工程学会给水排水学会对研究会的成立表示祝贺。全国地下水除铁除锰学术研究会是在适应当时地下水除铁除锰学术活动日益活跃、研究人员相对固定的前提下成立的。

李圭白与刘超出版《地下水除铁除锰》后，高校教材将其写入地下水除铁除锰章节，国家标准《室外给水设计规范》GBJ13-1986 增补了地下水除铁除锰条文。

1996 年，在广东召开的中国土木工程学会给水委员会第五次年会上，宣布：认为我国地下水除铁除锰技术已经解决，并且地下水除铁除锰的技术达到了国际先进水平，已经得到了广泛的推广和应用，地下水除铁除锰已不再是难题。全国地下水除铁除锰学术研究会已经圆满完成了使命和任务，学术研究会的工作推动了我国地下水除铁事业的发展，并对地下水除铁除锰科技工作者多年来的贡献和工作给予了充分的肯定和感谢。

沈裘昌[③] 说 40 年前他刚踏上工作岗位，李老师就是他所敬重的学者。他回忆：

---

① 黄毅轩：广东省建筑设计研究院市政工程设计院工程师、高工顾问。
② 刘育超：第三机械工业部第四设计院高级工程师。
③ 沈裘昌：毕业于同济大学。先后任上海市政工程设计研究总院（集团）有限公司教授级高工、所总工程师、院副总工程师等职。1995年起担任中国给水委员会秘书长、常规水处理研究会主任委员。

1975年参与了当时山东聊城的给水工程项目的设计工作。那时山东省还是多数以地下水为水源，浅层地下水一般氟化物超标，深层地下水一般铁、锰超标。当时我们院对地下水除铁、除锰的处理工艺经验还比较少，查阅了大量的技术资料，最后都聚焦在李老师身上，从地下水的曝气充氧、锰砂过滤的机理到人工锈砂的培养，从理论研究到工程实践都有详细的系统介绍，于是我们设计组一行开始了东北的学习之行。一路上走访了东北市政院和有关自来水公司，参观了不少工程项目，最后到了佳木斯市参观了最新建成的除铁除锰滤池的水厂，原想到哈尔滨好好请教一下李老师，可惜李老师出差在外，留下了一个很大的遗憾，但是我们通过对实际工程的考察，进一步加深了对李老师除铁、除锰理论的理解，我一个初出茅庐的年轻人，从此对李老师留下了深刻的印象。[1]

不申报专利，只为推广应用

李圭白从1956年开始进行地下水除铁除锰的研究，几十年来不断地创新，新技术，新工艺不断地推广到全国80%的水厂，可见这项新技术的实用性。他的合作者，又是他学生的刘灿生介绍：

在李老师的"地下水接触催化除铁新工艺"之前，我国地下水除铁一直是给水处理技术的难题，几乎没有适用的去除地下水中铁的办法和技术应用到给水处理方面，除锰更难以想象。我们接触到的如北京、黑龙江、吉林、湖南、

---

[1] 选自沈裘昌2015年《李老师是一位我所敬重的学者》回忆文章，资料存于采集工程数据库。

湖北、广东、广西的大部分地区以地下水作为水源的水厂都存在地下水除铁的难题。十几年来，在李老师的带动下，我国科技人员对地下水除铁、除锰进行了卓有成效的研究，使得地下水除铁除锰科学技术得到解决，为给水处理事业作出了贡献。[①]

　　从农村返城后，李圭白抢时间，积极做新技术研究和推广工作。

　　从"文革"开始至1970年，我国在大力推广天然锰砂接触氧化法除铁工艺的过程中3项颇有影响的成果中，就有李圭白的2项：

　　其一，在天然锰砂接触氧化除铁的实验和生产运行过程中，李圭白发现"铁质活性滤膜"的催化除铁作用，并提出了在生产管理中有意识地"培养滤膜"，"保护滤膜"的方法。这对后来构成接触氧化法除铁的完整概念起到了决定性的作用。

　　其二，1972年，李圭白与金锥[②]、刘灿生、徐英光[③]合作，对水—气射流泵的性能进行了试验研究，为水—气射流泵在地下水除铁中的应用奠定了理论基础，由黑龙江省建筑设计标准站出版了刘灿生编制的《地下水除铁中水—气射流泵的通用图集》。

　　从"文革"初期到"文革"后期，李圭白顶着政治压力，执着地坚持着科学研究，终于迎来了科学的春天。1976年秋，"四人帮"被粉碎，"文革"结束。我国政治形势发生了一系列变化，李圭白从政治阴霾中解放出来：

---

① 刘灿生访谈，2015年5月5日，哈尔滨，资料存于采集工程数据库。
② 金锥：长安大学教授
③ 徐英光：佳木斯自来水公司高级工程师

1978 年，在邓小平领导下，经过拨乱反正，开始了改革开放的时代。我在"文革"中被戴上"资产阶级知识分子"的帽子并被作为敌对阶级分子对待，长期处于政治压抑之中，业务也得不到正常发挥，感到失去了生活的价值和意义。改革开放后，使我从"四人帮"错误路线的压制下解放出来，迎来了光明灿烂的春天。邓小平提出"科学技术是第一生产力"，知识分子是工人阶级的一部分，使我从政治压抑状态下解放出来，并开始在社会主义经济建设中发挥作用，这对我不能不说是第二次"解放"，这是对我极大的鼓舞，使我无限振奋，这也极大地调动了我的政治热情和工作积极性，我坚决拥护党的三中全会的路线、方针、政策，并决心用加倍的努力，去实现三中全会提出的目标。这个阶段，我的工作取得了不少成果，并获得了许多奖励[1]。

他说，1949 年中华人民共和国成立，是他的"第一次解放"，改革开放，就是"第二次解放"。与其说是"第二次解放"，不如说是他迎来了学术生涯厚积薄发的"第二春"。这个阶段，他精神焕发，一边教学，一边搞科研，又引领着我国地下水除铁除锰技术的推广，科研成果呈井喷之势。因教学和科研任务繁重，工作劳累紧张，又频繁地出差带学生到水厂指导实习、生产设计和生产试验。这期间，他患上了严重的胃出血，但教学和科研仍继续进行。1978 年他被评为副教授。

1981 年，他完成了超过工作量定额一倍以上的教学和科研工作。

李圭白进行了大量卓有成效的科研工作，发表了地下水除铁除锰方面的论文 40 余篇，引领了行业的地下水除铁除锰技术的发展。

---

① 李圭白访谈，2015年4月3日，哈尔滨，资料存于采集工程数据库。

1978 年~1982 年春，李圭白负责主持工程建设全国通用设计标准规范管理委员会重点科研项目"地下水除锰技术"。

1980 年~1981 年在上海、佳木斯、长春等地召开地下水除铁、除锰 7 个专题的科研成果鉴定。这期间，李圭白主持和参加的"曝气接触氧化除铁若干问题研究""曝气自然氧化除铁若干问题研究""高滤速煤、砂双层滤料接触氧化除铁滤池""水上水厂"等 4 项成果通过鉴定，达国内先进水平。

1981 年 9 月，李圭白主持参加的"单阀滤池水力自控""地下水三通曝气装置"成果也通过鉴定并推广使用。这些课题都来自于生产，成果有很强的应用背景。李圭白这样谈课题的选择：

20 世纪 80 年代以前，我的科研方向主要是地下水除铁除锰、高浊度水的处理、水的过滤技术等。80 年代以后，随着环境问题的提出和计算机技术的发展，我开始进行饮用水除污染、水的混凝和助凝、混凝和絮凝过程控制等的研究。我在选题上，充分注意到社会和经济发展的需要，因为只有社会需要的才是最有生命力的。

我在科研过程中，不仅希望站到科技发展的前沿，研究和开发最新技术，并且还特别注意结合我国的国情。按照这样的技术路线，研究和开发得到的成果，就既有先进性，又具有中国特色，也得到我国用户欢迎。在获得科研成果以后，我在成果推广和转化生产力方面都做了很大努力，并取得显著成绩，20 世纪 80 年代以前的成果主要以新技术形式在全国推广，80 年代以后的成果主要以新产品形式推广。例如，在地下水除铁除锰领域，由于引入了催化技术，大大提高了效率，从而开发出一种高效的接触催化除铁除锰新工艺，这种工艺不需投加药剂，经济有效，特别适合我国国情，所以几十年内就迅速推广到全国 80% 以上的水厂，成为我国有代表性的一项工艺，并使我国地下水除铁除锰技术步入世界先进行列。[①]

李圭白的这些技术完全是无条件地推广使用，以他为首的研究会将科学技术转化为生产力，在全国范围内数百个水厂推广采用了他的接触氧化除铁除锰工艺，带来了巨大的经济效益和社会效益。他说："地下水除铁除锰新工艺正是新中国建设的需要，技术在全国推广应用就是我所期望的。"

图6-5　1987年李圭白（左六）刘灿生（左七）参加全国地下水除铁除锰学术交流会

---

① 李圭白访谈，2015年4月3日，哈尔滨，资料存于采集工程数据库。

《我国地下水除铁除锰发展史》中有这样一段记载：

李圭白在地下水除铁除锰科学技术领域的研究成果是原创的、开拓性和系统的，涵盖了除铁除锰的机理、基本规律、工艺、参数、设计原则和方法、建设和运行管理的全部内容，并且经过了数百个地下水除铁除锰水厂的实践。李圭白和他领导的学会，没有申报一项专利，没有一项技术保密，大家全力以赴地推广这项技术，没收过一分钱，给我们国家创造了巨大的经济效益和社会效益。

这一时期，李圭白在进行地下水除铁除锰研究的同时，还进行高浊度水的研究，也取得了开创性的成果。

第七章

开拓混凝投药自控新领域

混凝投药一直是水处理工艺中的一个十分重要的环节，而混凝投药的自动控制也是多年来水处理工作者为之奋斗的目标，这也是李圭白的一个重要研究方向。他带领一支团队，发明了透光脉动[①]混凝投药控制技术，不仅应用到我国高浓度水领域，还应用到工业废水领域，是我国所独有的具有国际领先水平的成果。他的团队还从引进、改进到创新，开拓了我国流动电流[②]混凝投药控制技术的新领域，研制出我国第一套流动电流检测系统。使我国成为继美国、英国之后生产流动电流检测器的第三个国家和应用流动电流技术控制水处理混凝过程的第六个国家，使我国在混凝控制技术上跨入世界先进国家行列。他们研制的国产设备在国内水厂得到了大规模的推广应用。

改革开放，成果井喷

　　李圭白的地下水除铁除锰、过滤和高浊水处理几个方向的研究，都同时伴随着一个又一个的政治运动的重重压力与困难，但他看准了国家需求的大方向坚持做下去，且一坚持就是三四十年。在这几个研究方向上，他都取得

---

① 透光脉动：当一束光透过流动的浊水时，透光率与水中泥沙浓度有负相关关系，浊水絮凝后颗粒增大，颗粒数减小，透光脉动值便随之增大，可反映出浊水的絮凝程度。
② 流动电流：流动电流是指当液体相对固体表面运动并带动固液界面的双电层的扩散层一起运动而产生电场的现象，它是胶体的动电特性之一。

了突出的成就。他提出的许多概念、理论、工艺和计算方法，被引用到教科书及同行业的研究报告中。

1978 年，全国科学大会召开，这是我国科学史上的空前盛会。在这次会上，李圭白的"地下水接触催化除铁新工艺"作为我国有代表性的地下水除铁工艺获得科学大会奖，这使他受到了极大的鼓舞，更激发了他科学研究的热情。他不止一次地说过"改革开放，是对我的第二次解放"。

这一年，李圭白 47 岁，可他却感觉自己焕发了青春，既年轻又有朝气，有干劲。科学的春天，迎来的是自己的第二春。这个年龄，正是积累了经验，厚积薄发的年龄。

1978 年，李圭白开始培养研究生（1981 年，他所在的学院给水排水专业获首批硕士学位授予权，他任硕士研究生导师）。他是学院指导研究生最多的教师之一，一直到 86 岁还在招研究生。

1978 年 12 月，李圭白晋升为副教授。

1978 年，闫立华[1] 是他招收的第一批研究生。他与闫立华一起，在实验室完成了对"固体通量"理论的验证实验，指出"固体通量"理论与试验不符，是不完善的。闫立华于 1980 年写出了《高浊度水沉淀池计算理论及混凝沉淀》的硕士学位论文。他与 1980 年招收的硕士研究生肖相尧[2] 一起在实验室对次高浊度水沉淀池计算理论作了进一步的研究，肖相尧于 1982 年写出了题为《关于次高浊度水沉淀池计算理论若干问题的研究》的硕士学位论文。

改革开放，李圭白的研究项目和成果呈井喷之势。这段时间，他格外繁忙，不仅承担了大量的教学任务，还承担了大量繁重的科研任务。之前他的

---

[1] 闫立华：1978年~1981年师从李圭白，于1981年获硕士学位，现为沈阳建筑大学教授。

[2] 肖相尧：1980年~1982年师从李圭白，于1982年获硕士学位，现为哈尔滨工业大学建筑设计研究院高级工程师。

地下水除铁除锰、过滤、高浊度水的研究成果的一系列论文发表、成果鉴定和获奖也都集中在这一时期。

1978年~1981年，他主持承担了国家城建总局、设计局规范组下达的多项科研任务，主持承担"高浊水处理理论""地下水除铁理论""地下水除锰""地层除铁"4项国家重点科研项目；参与了研发"船上一体化水厂"国家项目；与人合译日本井出哲夫著的《水处理工程理论与应用》，由中国建筑工业出版社出版；参编的高校试用教材《给水工程》（第一版），由中国建筑工业出版社出版；1978年10月，他的"高浊度水（沉淀）处理理论"通过专家评议，达国际领先水平。1981年主编了《高浊度水处理资料汇编》。

由于李圭白常年全部的精力都投入到教学和科研上，因而忽略了自己的健康。1981年，他的胃部出现严重不适，经查患了严重的胃出血，医生让他有规律地生活，减小精神压力，但他并没有休息，而是一边服药，一边坚持工作，完成超过工作量定额一倍以上的教学和科研工作。

1982年，他又结合科研课题，与其他教师修建、改造和更新了实验室，建立了高浊度水沉淀处理和除铁除锰两个实验室，给学生开出了混凝、过滤两项教学实验。

自从李圭白读研究生班期间第一次递交入党申请后，历经种种政治压力和磨难，他始终坚定党的信念，以实际行动争取入党。1982年，他又重新向党组织递交了入党申请书。由于教学和科研业绩突出，他晋升为教授。1983年被评为黑龙江省第五届劳动模范。1984年12月，被批准为中共预备党员。同年，他参与研发的"船上水厂"成果获国家科技发明二等奖。

到1984年，他有9项科研成果通过鉴定，发表科技论文40余篇。科研成果中，获全国科学大会奖1项、省科学大会奖1项、省优秀科技成果奖1项。

图7-1　1985年，李圭白（中）与崔福义（右）参加全国高浊度水技术研究会期间合影

1985年因研发成功"地下水曝气接触氧化除锰新工艺"获国家科技进步二等奖。同年5月，"双井互灌地层除铁技术"为国内首创，此项技术在黑龙江省三江平原等地已推广应用。同年受聘担任《中国给水排水》编委会委员。

20世纪80年代初，李圭白继续进行高浊度水的研究。他的这项研究，一直都伴随着生产的需求。改革开放初，他带着1982年招收的硕士研究生崔福义[①]来到兰州自来水公司，解决生产难题：

高浊度水的界面沉降速度很慢，为了提高界面沉降速度，兰州自来水公司有一个曾被打成"右派"的技术人员，用有机高分子絮凝剂——阴离子型

---

① 崔福义：1981年~2001年期间，先后师从李圭白，获工学学士、工学硕士和工学博士学位，并进行博士后研究，是李圭白教授指导的唯一一位本硕博博士后全过程培养的学生。曾任哈尔滨工业大学市政环境工程学院院长，高等学校给排水科学与工程学科指导委员会主任。现任重庆大学环境与生态学院教授、博士生导师，住房城乡建设部排水科学与工程专业评估委员会主任，中国水协给排水工程教育专业委员会主任，教育部土木类专业数学指导委员会委员，国家"卓越工程师培养计划"给水排水工程专业专家组组长，国家重大科技专项"水体污染控制技术与治理工程"太湖流域专家组专家和饮用水主题专家组专家。

聚丙烯酰胺[①]絮凝高浊度水获得成功，使高浊度水界面沉降速度提高了数倍。但存在一个问题，自来水公司投药后发现在絮凝池内有大量的泥沙沉淀，沉淀后就要清泥沙，这给生产带来很多困难。那么怎样控制它的反应沉淀速度呢？兰州自来水公司找到我们去解决这个问题。1984年，我的研究生崔福义的硕士论文就是这个课题。他曾在山西运城一带黄河岸边直接取黄河水做了这个试验，他还做了一些半生产性试验。

我们知道，混凝过程与高浊度水浓度是有关系的，浓度高投药后它在絮凝时颗粒互相碰撞的概率也高，絮凝速度也快，于是，我们开展了聚丙烯酰胺对高浊度水絮凝反应过程的研究，找出了它絮凝的条件，按这个设计效果很好，絮凝反应极快，在若干秒内即可完成，从而提出了采用高浊度水的管道絮凝方法，并在中试和生产试验中获得成功。以往高浊度水处理一般都设有专用的混合池和反应池，然后再用高浊度水管道送往沉淀池，而我们采用高浊度水投药后在管道内完成反应过程，这样不需要单独建反应池，且管道流速大，不产生沉淀，这样使高浊度水投加聚丙烯酰胺的过程得到更大的完善。[②]

这种"高浊度水管道絮凝方法"成果首先由崔福义在1984年的硕士论文《高浊度水的混凝》中发表，成果迅速在全国高浊度水厂中推广。1983年，受山西铝厂委托，李圭白和崔福义结合生产需求，承担了"高浊度水混凝若干问题研究"课题，对高浊度水的最佳水解时间提出了理论依据。

这段时间，李圭白发表了一批高浊度水研究成果论文。1980年发表《高

---

① 聚丙烯酰胺：聚丙烯酰胺（PAM）为水溶性高分子聚合物，不溶于大多数有机溶剂，具有良好的絮凝性，可以降低液体之间的摩擦阻力，按离子特性分可分为非离子、阴离子、阳离子和两性型四种类型。
② 李圭白访谈，2015年4月9日，哈尔滨，资料存于采集工程数据库。

浊度水沉淀池的新计算理论》，1981 年发表《对高浓度浑水静水沉淀浓缩若干理论问题的探讨》，1982 年发表《试论高浓度、中浓度和低浓度浑水沉淀池的统一计算方法》及《高浓度泥水沉淀池的模型律》，1984 年他和教师孟庆海发表《高浓度泥水的沉淀特点》，1985 年与闫立华发表《高

图 7-2　1980 年，李圭白在研究高浊度水课题

浓度水沉淀池计算理论的实验验证》，1986 年和崔福义、闫立华发表《高浊度水絮凝的最优混合反应条件及管道絮凝》，1986 年和 1987 年与崔福义发表《聚丙烯酰胺水解反应规律初探》和《聚丙烯酰胺的最佳水解度及水解条件选择》等。

　　1985 年，全国高浊度水技术研讨会在兰州召开，会议总结了我国 30 年高浊度水处理的科研、设计和生产经验。李圭白多年的研究成果和他指导的研究生的成果形成了一个系列，而这个系列成果又都得到推广应用。会议将这些成果做了汇编，并经过专家讨论和评议。当时中国市政工程西北设计院是我国这个领域最权威的市政设计院，院长贾万新、总工程师戴之荷参加完会议后，马上决定把汇编材料给他们设计院的给水排水设计人员每人一册，把它作为高浊度水重要的设计参考文献。崔福义回忆当时的情况：

　　我去给他们加印了几百册，这虽不是正式刊物，也没有书号，可当时他们把这些成果当作高浊度水设计的宝典，后来西北市政设计院主编了一本正式出版的书《高浊度水处理技术》，书里大量采用了我们的研究成果。

　　李老师抓住一个问题坚持几十年，形成的系列成果，解决了很多重要的

问题，保障了黄河沿岸的供水需要。①

后来，中国市政工程西北设计院编写了有实用价值的《高浊度水处理实用手册》，又用7年时间编出国内外第一部《高浊度水给水规范》，其中收录了李圭白大部分的研究成果，这反映了我国净化高浊度水技术的特色和水平。

1986年，李圭白被评为国家级有突出贡献的中青年专家，同时再次被评为黑龙江省劳动模范。他参编的《给水工程》（下册）（第二版），由中国建筑工业出版社出版。同年，李圭白所在的市政工程学科获批博士学位授予权，他被批准为博士研究生导师，1987年招收了第一批博士研究生马军。

1990年被教育部和科技部联合授予高等学校先进科技工作者称号。

八十年代，走出国门

在改革开放后的20世纪80年代，李圭白有三次出国的经历，看到了外面的世界。

他说："改革开放前，我们很闭塞，只了解苏联的一些科技发展情况，对其他资本主义国家的科技发展了解很少。改革开放后，我国鼓励学者出国，了解先进国家的科研动态，于是学校各个专业都派一些教师出访，我们专业也非常希望我们能够出去。我们与国外一些大学建立了互访与合作关系。随着我国对外开放力度的日益加大，对外交流活动也越来越频繁。当然，我也很希望出去看看，了解了解先进国家的科学发展水平和先进技术。"

---

① 崔福义访谈，2015年5月5日，哈尔滨，资料存于采集工程数据库。

1986 年 10 月，颜景田副院长带着李圭白和采暖通风专业的郭骏 [1] 2 名教授一行 3 人代表团对美国爱荷华大学进行了访问。期间，他们同爱荷华大学就今后联合科研、互派专家学者讲学和互派留学生等问题交换了意见，为两校开展实质性交流途径打下了基础。过程中，两校还互赠了学术资料。李圭白讲述出访的情况：

访问期间，结合我的专业参观了美国水业的一些公司、自来水厂，与水业方面的一些专家建立了联系，还到巴尔的摩自来水公司参观访问。巴尔的摩大学位于美国马里兰州的巴尔的摩市区，于 1925 年建校，是马里兰州的主要公立学校之一。学校里有一位给水界的专家奥米勒，我们和他建立了业务上的联系，这位专家后来到中国访问过。我们这次访问了霍普金斯大学，还去了波士顿，访问了哈佛大学和麻省理工学院，它们是美国顶尖的高等学府。我们和这些学校的有关专家进行了广泛的接触，为学院同美国的进一步合作交流创造了条件。访问过程中我们参观了一些自来水厂和水务公司，了解那里的生产情况。这是我第一次到美国，访问时间虽只有两周多，但是对国外的高校，尤其是对水业有了一个初步的了解。[2]

李圭白在接受采访时，还提到了这样的趣事：

因为我是学俄文出身的，英语是在空军幼年学校打的基础。那个颜景田

---

① 郭骏：福建人，1951 年毕业于上海圣约翰大学土木系，1955 年毕业于哈尔滨工业大学研究班。历任哈尔滨建筑工程学院讲师、副教授、教授，中国建筑学会暖通空调学术委员会第二届副主任委员。专于寒冷地区居住建筑供热节能的研究，领导研制了我国第一个国际标准的"低温热水散热器测试台"，著有《采暖设计》。
② 李圭白访谈，2015 年 4 月 9 日，哈尔滨，资料存于采集工程数据库。

副院长也是学俄文的，曾经当过俄文翻译，他的英文还不如我，郭骏的英文很好，但后来他去了别的地方，我和颜景田两个就到了华盛顿、波士顿。所以交谈都是我在前面，听英文勉勉强强还懂，但说话经常蹦出俄文，有时一蹦出俄文，美国人就一愣，颜景田就捅捅我：俄文又出来了，赶快搜索英文……

　　李圭白第二次出国是 1988 年的春天到美国开一个国际会议。他先到达纽约，再从纽约飞到佛罗里达州，然后坐长途汽车再到 palmcost 一个小镇去参加国际会议，会议是美国的一个工程基金主持召开的。这个工程基金每年都召开很多会议，这次是土木方面的会议之一。李圭白在会上用英文作了《高浊度水沉淀浓缩模型及沉淀池的计算方法》的学术报告。这是李圭白第一次在国外发表自己的研究成果。他在报告中提出的计算方法比传统的经典理论更为合理。20 分钟的报告，让与会专家认识了这位来自中国的高浊度水处理专家——中国的李圭白，修正了传统沉淀浓缩池的经典计算方法。

　　这是李圭白第二次去美国。会议结束后，他沿途去了达拉斯："因为当时我们和美国有交流，达拉斯有个公司，他的老总是一个华侨，他到中国来

图 7-3　1988 年，李圭白（中）参观美国达拉斯水厂

过,我们认识,所以我就访问了这里并作了报告,然后参观达拉斯的自来水厂,考察他们的水处理技术情况,之后再到洛杉矶的自来水厂参观。总之,这两次到美国参观水厂,了解了他们的水处理技术的发展,开了眼界。"

李圭白第三次出国是到英国伦敦大学学院作高级访问学者。出国前的1989 年 3 月,为提高英文的听、说水平,他在西安外国语学院的强化训练班进行英语强化训练。在俄文的基础上再学英文,当时他自己感觉听、说相当困难,因为看的英文专业书不少,所以阅读还是能过关的。年近 60 岁的李圭白,拿出了上大学学俄语的劲头,经过 4 个月的强化训练,口语和听力有了一定提高。

1989 年 8 月 8 日,他登上了去英国的波音 747。

李圭白高访的伦敦大学学院(University College London),简称 UCL,是英国一所世界著名的高等学府,享有顶级学术声誉的综合研究型大学,排在剑桥大学、牛津大学、帝国理工学院之后的第四位,并称"G5 超级精英大学",代表了英国最顶尖的科研实力。

见微知著,巧用创新

李圭白来到伦敦大学学院的土木系,受到土木系主任埃福斯(lves)的欢迎。他讲述了到那里的情况:

这所学校的校长是英国女王的一个女儿,学校有好几十个学院,每个学院都是独立运作的。学校的学术和科研基础深厚。土木系里有个卫生工程专业,它的专业方向很强。土木系主任埃福斯是水界的国际权威,因为英国是

62岁退休，我去的时候他快到62岁了。他退休以后，就担任了国际水协[①]主席。他在过滤上很有研究，也是世界过滤理论的权威。在20世纪50年代，国际水界有两大权威，一个是苏联的明茨，另一个就是英国的埃福斯，他们两个在过滤理论上争了十几年，互相否定，各自用自己的试验来证实自己的正确。他们的争论，已成为科技史上的一段佳话。

我看过埃福斯的文章，然后就给他写信，他了解我在过滤上有长时间的研究并有成果，因为出国前在国内不论是除铁除锰、高浊度水、过滤、混凝、沉淀，这些方面我都接触过。他向我提出了过滤方面的一些问题，对我很感兴趣，并同意我到那里作访问学者。于是我在英语培训期间，把我过去发表的一些主要文章都翻译成英文带过去，在他们那里有机会就去作报告。但我不是直接跟他合作，而是和他手下的格里戈里（John Gregory）[②]教授合作，

图7-4　1989年李圭白（左）在英国伦敦大学学院

---

① 国际水协：是全球水环境领域的最高学术组织，于20世纪末由组建于1947年的原"国际供水协会"（International Water Supply Association）和组建于1965年的"国际水质协会"（International Association on Water Quality）1999年合并而成，在全世界拥有数万名会员。
② 格里戈里（John Gregory）：伦敦大学学院教授，水的混凝领域资深学者。

他是搞混凝的，而我也在搞高浊度水的混凝。

那年，我已经 58 岁了，这个年纪出国，原打算去作高级访问学者，就是出去到他们的研究单位、大学、水厂多考察考察，多交一些学术界的朋友，搞些学术交流活动等，为联合培养学生打通渠道，并没打算做很多试验。可打算归打算，高访半年，我却做了半年的试验。试验做得很有价值，这次高访的收获是很大的。[①]

李圭白到格里戈里的实验室参观，这个实验室是治理泰晤士河最早的实验室，因为英国泰晤士河污染特别严重，另外它还是饮用水处理很多工艺单元的首先研发单位，是非常厉害的。格里戈里教授就是这个领域杂志《Water Research》的主编，在国际上地位非常高。

参观时，李圭白发现实验室里有一个格里戈里教授发明的仪器。他被这个仪器吸引了。因为它可以测定絮凝体颗粒的尺寸。李圭白知道在絮凝过程中，颗粒尺寸是很重要的，这让他很兴奋。

李圭白"文革"前就搞高浊度水处理。一般水厂的常规工艺处理不了高浊度水，要处理必须先把高浊度水经过预沉淀，之后它的泥沙沉下去了，上面的清水浊度也不高了，然后再用常规处理。而黄河泥沙非常细，预沉的速度非常慢，所以说预沉的池子就得非常非常大。为解决预沉淀的慢速度，后来国内有人在高浊度水里投加有机高分子絮凝剂聚丙烯酰胺，虽效果非常好，但药的投加量是根据泥沙浓度来决定的，高浊度水浓度越高，投加的药量越多，而高浊度水的浓度是很难在线测量的，国内始终没有一个准确的测量方法。

---

① 李圭白访谈，2015年4月7日，哈尔滨，资料存于采集工程数据库。

图 7-5　1989 年，李圭白（左）在英国与专家

　　传统的泥沙含量的测定，一般是使用重量分析法，就是取个高浊度水的水样，用滤纸过滤，把泥沙截留在滤纸上，然后烘干、称重，最后算出泥沙的含量。这种测量方法有个很慢很慢的烘干过程，手续繁琐，费时费工，而实际上投下的药直接就进到了后续工艺的沉淀池去了，它不可能等好几个小时烘干算出含量，再去调整投药量。常规浊度水的混凝投药是通过水的浊度进行控制，但高浊度水的浊度常变幻无常，可高达数万度，且变化迅速。絮凝剂聚丙烯酰胺的投加量，不仅与总泥沙浓度有关，还与泥沙粒径组成有关。当河水泥沙浓度迅速变化时，控制投药剂量便十分困难。若投药不足，高浊度水的絮凝效果不好，沉淀池流出浑水，达不到出水水质要求；若投药过量，不仅浪费药剂，还能使泥沙大量沉淀在反应装置及输水渠道中。所以，无论高浊度水的浊度或含沙量还是泥沙颗粒组成，都难以实现在线连续检测，无法实现絮凝剂投加的自动控制。所以，业界希望能有一种快速易行的替代方法。能否准确控制投药剂量，已成为高浊度水处理成败亟待解决的一大技术关键。[1]

————————

① 李圭白访谈，2015年4月7日，哈尔滨，资料存于采集工程数据库。

　　李圭白带着这个絮凝剂投加的自动控制问题，在格里戈里的实验室一碰到这个絮凝颗粒在线检测装置，就触类旁通，闻一知十，马上来了灵感：这个仪器在国外不是用于检测高浊度水的，但它可以在线检测絮凝生成的颗粒尺寸，再反馈控制投药量，就可以用在高浊度水的投药控制上。因为不管投多少药，最终的目的就是要使高浊度水生成沉速快的大颗粒絮凝体。如果能测出絮凝体的大小，即混凝过程中的颗粒尺寸，就能反馈计算出投药量，这样就能解决投药控制问题，这个技术国内正需要。

　　有了这个想法，李圭白放弃了原来的打算，一头扎在实验室。他高访6个月，自己动手，加工一些配件和实验装置，用一个月时间加工了一套微型实验装置，后5个月一直在实验室做实验，试验很成功。

　　20世纪80年代后期，国外研制出的这种絮凝检测装置，能一定程度地反映出水中颗粒杂质的絮凝情况，但由于一般浊度水的絮凝过程进行缓慢，反馈控制不能同步，效果不甚理想，所以没有得到推广。

　　李圭白把这个装置用于高浊度水的投药控制上，由于高浊度水的絮凝过程只需数十秒时间即可完成，所以检测其絮凝情况并反馈控制投药剂量，可以认为已接近同步。他在试验室试验中获得成功，从而提出了一种新的高浊度水絮凝投药控制方法。成果于1992年发表论文《高浊度水透光率脉动单因子絮凝投药控制方法研究》。

　　在英国，李圭白的试验工作很顺利。他一边试验一边写论文。他用英文着墨出底稿，由格里戈里教授润色，在英国高访半年时间里，李圭白发表了3篇学术论文，其中与格里戈里教授合作的《Flocculation and sedimentation of high-turbidity waters》论文被该领域国际权威杂志《water research》列为样板文章。

1990 年 2 月李圭白回国。许国仁 [①] 从硕士到博士都师从导师李圭白，后来他在伦敦大学学院做博士后研究工作，同时也作高级研究员。他说："李老师回国 6 年后，我也去了。那里的人都提 Professor Li，李老师当年在那里做了很突出的工作，他们非常认可，给他们留下的印象很深，这也给我在那里从事科研打下了一个非常好的基础。"

2005 年李圭白指导的硕博连读研究生俞文正 [②] 读研期间经导师推荐也去了伦敦大学学院做课题研究。那里的工作人员得知俞文正是李圭白的学生，都对他表现出了非常的热情和友好。异国他乡的俞文正感到很自豪，他说："他们对李老师评价很高。在我去了之后，那边的教授、高级讲师都表示只要是李老师课题组的学生，都愿意接收。至今，伦敦大学学院的一个工作人员还保留着李老师在 1989 年访问时给的名片。英国帝国理工学院的 Nigel Graham 教授每每谈到李老师的时候，总是流露出一种非常钦佩之情"。

发明絮凝投药自动控制系统

李圭白结束英国的高访回国后，1991 年开始指导博士研究生于水利 [③]，

---

① 许国仁：1993年~1999年师从李圭白硕博连读研究生，获工学博士学位，现任哈尔滨工业大学教授、博士生导师，兼任Water Science & Technology：Water Supply副主编、国际水协（IWA）小规模水和废水学会理事兼秘书长、国际水协（IWA）污泥学会常务理事兼国际事务协调员、11th IWA Conference on Small Water & Wastewater Systems and Sludge Management 主席、12th IWA Sustainable Management of Water & Wastewater Sludges 程序委员会主席与执行主席等职。

② 俞文正：2005年~2010年师从李圭白读硕博连读研究生，获欧洲玛丽居里奖金，现任中国科学院生态环境研究中心研究员、博士生导师，2018年入选中组部第十四批"青年千人计划"

③ 于水利：1991年~1994年师从李圭白获工学博士学位。现任同济大学教授、博士生导师，兼任水工业协会工业给水排水委员会副主任、国际水协会（IWA）会员、日本水环境学会会员（JSWE）、中国膜工业协会会员、全国脱盐协会会员、全国注册公用设备工程师管理委员会专家组成员、国家自然科学基金评议专家、《Polymer》杂志编委等职。

他的学位论文研究课题是《高浊度水絮凝投药控制方法研究》。他们根据我国高浊度水的具体情况，对以絮凝检测仪为基础的高浊度水絮凝投药自动控制系统进行了总体结构设计、控制系统硬件与软件的设计等，并对其进行调试和运转试验，对该系统进行了理论探讨、方案论证、系统设计以及模型试验和生产应用研究。

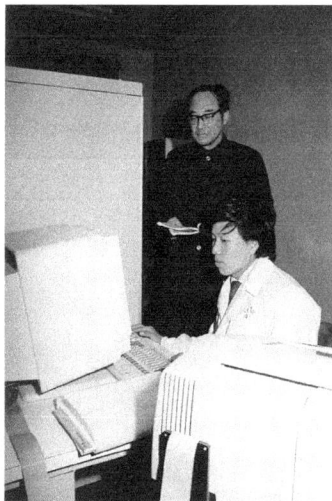

图7-6 李圭白与博士生于水利

于水利做博士课题一开始便遇到了前所未有的难题，他设计了两套以絮凝检测仪为基础的高浊度絮凝投药系统，并从系统的组成、在线连续测量、投药量最优控制、系统可靠性以及投资等多个方面进行比较、论证，认为絮凝检测仪是该系统的关键部分。他总结了信号变换的几个主要过程，絮凝投药控制系统的中心是微机的运用，并要实现"联机"控制……这一切都是交叉科学。高浊度水的絮凝研究，非常需要一个测定简捷、能够可靠反映高浊度水沉降浓缩特性的检测控制系统。李圭白对于水利能够完成这个课题充满信心，他从课题的总体思想、设计原则、关键技术和所需条件上给予指导和帮助。于水利回忆研制的情况：

　　我做自动控制那一块感到非常难，怎么去控制高浊度水投药量？因为控制它肯定有个参数，但很难找到一个合适的参数，也就是说投药量跟哪个相关参数有什么相关的关系，然后来控制。李老师和我们在一起讨论无数次，用哪个参数能突破。最后决定通过光学的原理，用透光脉动的方法去控制，因为李老师在英国做的科研很成功，已经有这个基础了。

　　我原来不是学这个（自动控制）专业的，而系统设计完全是交叉知识的运用。凡是实验需要的一些电器，包括计算机等设备，经费再紧张李老师也想办法购买。根据自动控制需要，当时买了很多那种带磁盘的计算机，当然现在看来那时的电脑是很落伍的了，试验的各种条件李老师都提供得非常充分。他的主导思想是，不能因为条件不足而影响科研进度。我当时做高浊度水自动控制整个试验系统，基本上我能加工的都是自己动手加工了，自己加工不了的才在外面加工，那真是一种难得的锻炼。我觉得这也是体现了我们科研的一种精神，既锻炼了学生的同时也使科研能够顺利进展下去。

我现在也跟我的学生讲，要锻炼这种设计能力，因为我们是工科的学生，不但要有这种设计能力，还要有这种加工能力，然后你对你这个设备才能了如指掌。①

他们经过实验室模型试验，在济南市水厂100米辐流沉淀池进行了一年多的生产试验和应用研究、控制系统的现场规划、现场安装、模型试验系统调试等，共同研发出了适合我国高浊度水的絮凝投药自动控制系统，发明了"高浊度水透光脉动单因子絮凝自动投药控制技术"。这套系统成功解决了一直有待突破的高浊度水投药控制问题，生产应用研究均表明，控制系统设计合理，运行可靠，控制精度高，完全满足了生产的要求，具有很好的应用推广价值。这个设备被列为国家重点新产品。于水利介绍：

这个设备我们叫它"透光脉动检测仪"。这种絮凝检测装置是一种光电测定仪器。当一束光透过流动的浊水时，透光率与水中泥沙浓度有负相关关

---

① 于水利访谈，2015年5月1日，哈尔滨，资料存于采集工程数据库。

系。高浊度水絮凝以后，颗粒增大，颗粒数减少，脉动值便随着增大，并且絮凝越充分，脉动值就越大，所以脉动值可以反映出水的絮凝程度。它对高浊度水的絮凝作用反应相当敏感，不仅能测定悬浮液透光率的脉动成分，还可反映颗粒尺寸和浓度的大小，特别是可以测定出颗粒个数浓度和平均粒径。可用于絮凝监测，尤其适合"联机"应用。作为高浊度水絮凝过程的监测设备，可以快速跟踪原水含沙量、水量等条件的变化，实时调整投药量，使高浊度水的絮凝程度保持不变，提高出水合格率到100%，同时提高了高浊度水处理工艺运行的安全可靠性。[①]

他们发明的这套系统采用现代先进的电子技术，实现对悬浮液透光率脉动值的灵敏、可靠、快速、在线测量，并将该检测装置实现了工业生产应用。从高浊度水絮凝过程的在线监测，到投药自动控制系统的合理设计，且抗干扰性强，并且控制算法简单，易于在线实现。它与原人工投药相比，平均可节约药耗约38%，并且水厂原有的处理工艺不作任何改动，只将原来人工投药方式改为以絮凝检测仪为基础的自动投药方式，因此受到水厂广泛的欢迎，并迅速得到推广应用。

1994年，于水利博士毕业，之后陆续发表了多篇成果论文。

高浊度水透光脉动絮凝投药自动控制技术是我国所独有的，为国内外首创、国际领先的新技术、新成果，是前瞻性的。1996年，"高浊度水透光脉动絮凝投药控制"成果获国家发明三等奖。

提到发明，于水利这样讲他的导师："李老师的创新意识非常强，他总是能用其他领域的东西或是用一些现象规律来解决我们水的问题，所以我是

---

① 于水利访谈，2015年5月1日，哈尔滨，资料存于采集工程数据库。

非常佩服李老师的这种创新思维。他的创新思维总是围绕着怎样解决实际问题。"

李圭白领导的团队 1993 年后在高浊度水的絮凝投药控制方面就相继发表多篇研究论文。

1997 年李圭白和于水利合著的《高浊度水絮凝投药控制》一书由大连理工大学出版社出版。这是我国第一部关于高浊度水絮凝投药自动控制方面的学术专著，在业界引起很大关注和反响。本书的出版获得了国家自然科学基金和国家教委优秀青年教师基金的资助。

《高浊度水絮凝投药控制》一书完成后，得到了国际水质协会理事、国务院学位委员会学科评审组成员、中国环境科学学会理事、国际水科学院院士王宝贞教授的支持，并为本书作序。他在序言中写道：

作者提出了以检测絮凝反应后的高浊度水絮凝体粒径来反馈控制高浊度水絮凝剂投量的设想，并成功地研制出了新型光学在线光学仪，同时开发出了以絮凝检测仪为基础的高浊度水絮凝投药自动控制系统。研制的絮凝检测仪灵敏、可靠，可在线连续测量；自动控制系统组成简单，功能可靠，控制性能好、精度高，是理想的控制高浊度水絮凝剂投量的新技术和新方法，这些都已被实验室的模型试验和生产应用所证实。该成果是开拓性的，具有重要的理论价值和应用价值。

随着计算机技术的迅速发展，给水排水工程中很多工艺都实现了计算机自动监测，自动控制和自动管理，这是实现给水排水工程中的低能耗、高效率、安全运行的重要途径，也是我国给水排水工作者今后研究的方向之一。

20 世纪 50 年代，李圭白开始进行高浊度水研究时力量薄弱，自从改革开放，迎来科学的春天，研究生恢复招生以来，李圭白带领着硕士研究生和博士研究生团队进行了更广泛、更深入的科学研究。多年来，他和他的高浊度水研究团队，从早期的闫立华、肖相尧、崔福义、于水利到后来的李星[①]、杨艳玲[②]等一批又一批研究生都在高浊度水研究上取得了突出的成果。

另外，李圭白还将这项技术用于工业废水的混凝投药控制上。工业废水水质复杂，水中污染物干扰多，成为困扰工程技术界的一个难题。他发明和开发的透光脉动混凝投药自动控制技术，主要是根据水中絮凝颗粒的大小来控制投药，这样就避免了水中污染物的干扰，把该技术用于工业废水的混凝投药控制。

李圭白在高访期间，完成了将水中颗粒的透光率脉动检测技术用于高浓度悬浮液絮凝投药控制的模型试验。后期，他的学生李星和杨艳玲又到英国继续这项研究。李圭白和他们组成团队，对透光脉动检测装置进行了设置，将原装的检测管扩大，以免工业废水中的污染物造成堵塞，并开发分体式系统，使检测头与主机分离，便于在现场安装。经过攻关试制成功，试验装置开始在工业废水中试用，先后用于矿井水、钢铁工业废水、含油污水、含油潜水深度处理、受污染的天然水以及污泥调理中。

除了技术研发外，李圭白还与北京精密单

图7-7　《高浊度水絮凝投药控制》专著

[①] 李星：1990年~1995年师从李圭白（与英国伦敦大学学院UCL格里戈瑞教授联合培养），1995年获博士学位，1999年哈尔滨工业大学博士后出站（合作导师李圭白），现为北京工业大学教授、博士生导师。

[②] 杨艳玲：2000年~2003年师从李圭白，2003年获博士学位，2008年北京工业大学博士后出站，现为北京工业大学教授、博士生导师。

因子水工程技术有限公司联合开发出用于生产的FP-30型透光率脉动检测传感器以及前馈—定值反馈控制（FP-3000型）和前馈—串级反馈控制（FP-4000型）和的混凝投药控制系统。此后，这些控制系统便相继在水源水和工业废水处理中得到推广应用，取得许多经验和成果。迄今，透光率脉动检测混凝制药自动控制技术及成套设备只在我国有生产应用，为我国所独有。

这项研究，李圭白又带出一批团队。李星于1995年完成博士论文《悬浮液透光率脉动检测技术与应用研究》；李孟[1]于1999年完成博士论文《透光脉动检测技术在长江水中的应用研究》；孙连鹏[2]于2001年完成博士论文《透光率脉动混凝投药控制系统的应用研究及系统优化》。刘前君[3]于2004年完成博士论文《智能透光脉动投药控制系统研究》。此外，张金梅[4]于1993年完成硕士论文《高浑浊水絮凝检测单因子絮凝投药自动控制系统试验研究》；高斌[5]于1995年完成硕士论文《高浑浊水透光脉动单因子絮凝投药自控系统生产应用》；王红艳[6]于1995年完成硕士论文《油田含油污水絮凝投药自动控制系统试验研究》；常忠海[7]于1999年完成硕士论文《透光率脉动检测技术在矿井水处理中的应用》。

---

[1] 李孟：1996年师从李圭白，1999年获工学博士学位，现任武汉理工大学土木工程与建筑学院市政工程系主任、武汉理工大学教学名师、国际水质协会（IWA）会员、美国水质协会（AWWA）会员。

[2] 孙连鹏：1996年~2001年师从李圭白硕博连读研究生，获工学博士后在同济大学环境工程博士后流动站从事研究工作，现任中山大学环境科学与工程学院教授、广东省环境污染控制与修复技术重点实验室副主任等职。

[3] 刘前君：1999年~2004年师从李圭白，为硕博连读研究生，2004年获博士学位，现为浙江省城乡规划设计院高级工程师。

[4] 张金梅：1990年~1993年师从李圭白，1993年获硕士学位，现在辽宁抚顺工作。

[5] 高斌：1992年~1995年师从李圭白，1995年获硕士学位，2010年天津大学获博士学位，现任天津市城市规划设计研究院副总工程师，工程规划研究中心主任，工程所所长。

[6] 王红艳：1993年~1995年师从李圭白，1995年获硕士学位，现在北京（国外）工作。

[7] 常忠海：1996年~1999年师从李圭白，1999年获硕士学位，现为哈尔滨工业大学建筑设计研究院高级工程师。

图 7-8 《透光率脉动检测混凝投
药控制技术》专著

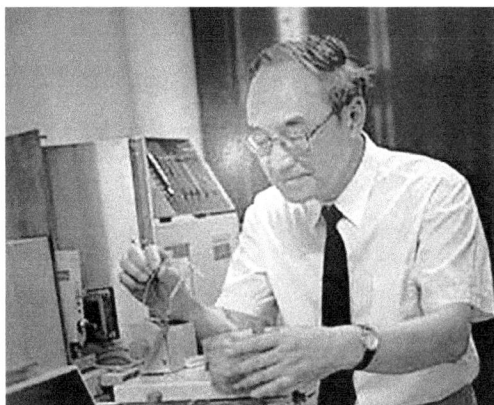

图 7-9 李圭白在实验室

李圭白与李星、杨艳玲和李虹于 2005 年出版科技专著《透光率脉动检测混凝投药控制技术》

塞纳河畔的新发现

1984 年，李圭白的硕士研究生崔福义毕业留校任教，他的本科论文和硕士论文都是高浊度水处理研究。1987 年，作为优秀教师，崔福义获国家奖学金，被派往法国斯特拉斯堡国立卫生技术工程师高等学校高级进修班学习，他是来这个学校学习的第一个中国人。半年后，他获得了 14 门课程考试总分第一的成绩。

学习的后半年，崔福义被安排在世界著名的跨国集团公司里昂水务公司。这里正开展世界最先进的流动电流水处理混凝控制试验。以流动电流为因子控制混凝投药是国际上 20 世纪 80 年代水处理投药控制技术的重大进展。

水的混凝投药控制，是水处理工艺中的关键技术，是几乎所有水处理厂都遇到的亟待解决的重大课题。1966年，美国的Gerdes发明了流动电流检测器，但应用进展缓慢，能达到实际生产应用的水厂极少。直到20世纪80年代初，实际应用开始进展迅速收到了节省药剂、改善水质的明显效果。流动电流单因子投药控制技术是国际上80年代水处理工艺中的最新技术。

水处理工艺中的一个重要问题就是如何准确地控制投药量，过去混凝投药，全凭老工人的经验来控制投药量，国内国外都在想办法实现投药的自动控制，但影响投药量的因素非常多，例如水中的浊度、悬浮物含量、水的温度、水的pH等，美国发明了一种用于连续测定水中胶体粒子表面电荷的流动电荷检测器，是借助流动电流检测器（SCD）在线连续检测水中胶体电荷，据此调整投药量，而不需要控制其他任何参数。李圭白将过去的传统方法和流动电流技术做了比较：

混凝投药是水质净化的重要环节，而准确投加所需要的药量则是取得较好混凝效果的关键。在水厂实际运行过程中，水质水量不断波动，要想达到准确投药非常困难，国内外对混凝投药的控制技术进行了大量研究。过去较典型的方法是"水质数学模型法"，即以若干原水水质参数为变量，建立确定混凝剂投量的数学模型。但数学模型法的缺点就是：使用中灵活性较小，得到的模型只对特定的水质条件、特定的出水标准有效，如用于这条河的水质条件下的数学模型，用到第二条河就不准了，必须根据第二条河的水质条件重新建立数学模型，而建立数学模型工作量很大，虽也可在线检测，但是不够准确，而且需要的参数和水质控制仪表较多，系统的可靠性较低且投资较大，并且这些设备一旦有一个或两个坏了，整个数学模型就不能运行了，因此这种方法一直难以推广。而在美国和英国大面积推广的流动电流法控制投药技术，仅控制流动电流一个因子，不需要大量的数据，就可实现投药的连续控制，使用方便灵活，是混凝投药控制技术领域的一项重要突破[①]。

流动电流检测器改变了传统投药的控制方式，为混凝控制领域开辟了一条新路。它主要由流动电流检测器、微机和调频调速投药泵三部分组成，以实施优化自动控制投药，具有设备简单、控制灵活、操作方便、运行可靠、节省药剂费用等优点。

当时，崔福义看到用这种技术，只需一台专用检测仪器，只需测量流动电流的一个因子，就能有效地进行投药控制，这太先进了！这技术中国还没有。

他想起临行前导师李圭白叮嘱他的话："出去多了解了解国外的科研发展动态，多学习学习欧洲的先进技术……"导师的嘱托，使他清醒地认识到：应该珍惜国家提供的出国机会，要抓紧学习一切可能学到的东西，做出成绩。

他背负着责任，进入里昂公司的实验室。在那里，他勤奋自律，半年时间都在实验室参加中试，不错过试验的每一个环节，掌握了流动电流技术应用的全过程，并写出了流动电流混凝控制技术的中试研究报告，以优异的成绩结束学习。他跟导师李圭白通了电话，归心似箭，准备回国跟他详细汇报，发表文章向国内介绍这种先进的技术。

1988年，崔福义结束了在法国的进修。前来机场送行的异国同学发现：崔福义背着沉重的参考书、科技资料，登上了飞往中国的航班。

---

① 李圭白访谈，2015年4月23日，哈尔滨，资料存于采集工程数据库。

引进流动电流技术

崔福义回国后就去找李圭白汇报情况。他们只围绕"流动电流"这一个话题谈了很久很久……中国的流动电流技术的引进与开发就从他们的这次有着深远意义的谈话开始。崔福义回忆这次汇报的情况：

在法国参与这个技术的研究回国后，我的认识当时还是很有局限性的，只想跟导师汇报一下在法国见到了这个新技术和在那里试验的情况，回国写几篇文章，介绍介绍新技术就完事了。但跟李老师一汇报，他就非常敏感地说："这是一个很有发展前景的技术，应该马上引进，因为我们国家很需要。"李老师这样一指点，我才对这个技术的认识上升了一大步，之后，与李老师组成的团队对这个新诞生的研究方向，进行了长达十几年的系列研究。

因为流动电流技术解决的就是水处理的一个关键点混凝投药，李老师能敏锐地抓住这样一个方向，然后把它坚持下去。他抓住并坚持的都是我们国家这个行业特别需要的。他的学术创新意识非常强烈，而且能够紧紧的抓住国家的重大需求，围绕国家重大需求来开展工作，而这个工作一旦开展起来就是锲而不舍的。有的学者可能今天做这个，明天做那个，最后研究的成果放在一起看是零散的，而李老师做得很有特色，坚持下去的都形成了系列。[1]

李圭白和崔福义从国外谈到国内。他们分析对流动电流技术的发展起决

---

[1] 崔福义访谈，2015年5月5日，哈尔滨，资料存于采集工程数据库。

定作用的检测技术研究，只限于美国和英国，这在一定程度上说明该项技术的复杂性，它是综合现代若干高新技术的结果，以其先进、可靠、实用和灵活等特点会越来越受到水处理工程界的关注，正处于实验室试验阶段的法国也将很快应用此技术。

他们还分析了流动电流技术在我国水处理工程中应用的可行性：投药混凝工艺是净化水的关键环节，这个工艺决定着净化水的质量，而化学药剂投入多少又决定着净水成本。在我国，占净水成本第一位的是电耗，第二位便是药剂费。传统落后的人工投药方法带来一系列问题：在水厂，人凭经验投药后，需过几十分钟才能观察出药量投入是否合适；若药量少，再继续补投，但水处理是一个连续过程，这就不可避免地影响出水水质；有些水厂的工作宁可多投药，这既造成了药剂的浪费，又增加了药物对人体的不良影响。而流动电流混凝控制技术却能轻而易举地解决上述问题，可以根据原水水质不同时刻的变化，准确投放药量。特别是水质、水量都在变，它一变化马上就得调整，所以，混凝剂投入量的自动在线控制当时是一个世界性的难题。

李圭白认定这个项目将给我国净水工艺带来大变革。他们决定引进、开发这个技术，第一步找合作单位，先引进流动电流设备，把这个技术引进来，同时他们组建了一支由博士生和硕士生组成的研究生团队，对流动电流及其应用技术做深入系统的研究开发。

当时国内水处理行业没有人了解"流动电流"这个词，所以崔福义的第一篇论文投出之后，被杂志社退稿。李圭白仍很有信心，鼓励崔福义继续投稿："这是一个新领域，总要有一个认识过程，投一次不行再继续投，这家不行投另一家。"1988 年年底，他们的流动电流技术研究在国内开展起来，1989 年崔福义发表了《混凝剂投加优化自动控制——检测器法的试验研究》论文，这是我国第一篇流动电流用于水处理混凝控制的研究论文。

随后，李圭白组织科研团队开展了全方位的研究与应用工作，对流动电流的理论及基本特性、流动电流的检测技术、流动电流混凝投药控制的基本工艺和应用技术、流动电流混凝投药控制技术的推广应用等方面开始进行深入的研究。

技术虽先进，但要引进设备还是困难重重。崔福义跑到国内的水厂宣传，先后给许多供水企业的经理、厂长、工程技术人员介绍流动电流这种先进工艺，他们听得津津有味，但却犹豫不决，不肯拍板行动，因为企业追求效益，尤其是听到这个进口设备高昂的价格，更不敢随便冒险。更多的企业习惯了传统运行方式，迈不开更新设备、改进工艺的步子。

经过一番辛苦，杭州自来水公司和大庆供水公司一南一北两个企业终于同意合作，进口设备，采用流动电流新工艺控制投药。杭州自来水公司出资首先从美国进口了一台流动电流检测器，这是我国引进的第一台流动电流检测设备，崔福义现场进行技术指导，生产实验很成功。他回忆：

虽然是进口设备，但引进还要根据国情的特点，这里有一系列的技术问题，还有一个适用范围的问题，这也恰好是我们那几年研究中所迫切要解决的问题。因为它不是我们想象中的傻瓜型的电视机，买来往那儿一摆接上电源就能看。进口流动电流设备的应用远没达到这个程度，它只是一个核心部件，相当于核心仪器，这个设备还要设置一个控制系统，然后研究和具体水厂工艺怎么衔接才能用。另外，水厂的各种各样工艺条件、水质条件和这个设备的使用之间有一些参数是什么关系，我们一切都是在一无所知的情况下开展研究的，所以第一个成功的就是杭州自来水公司，成果后来得到很高的评价，因为那时国内第一次应用这样的技术控制混凝投药。①

1990 年 5 月，位于杭州南部钱塘江边的南星桥自来水厂在国内第一个实现了流动电流混凝投药自动控制技术的生产应用，同时进行了长达近 2 年的试验研究工作，应用成果于 1991 年通过技术鉴定。流动电流混凝控制技术在我国首次应用成功，使我国成为应用该技术的第 6 个国家。

南方水厂和北方水厂的应用研究几乎同步进行，一南一北两个水厂要交错跑。大庆水厂在荒郊野外，为进行生产性试验，崔福义只好住工棚。白天食堂只在中午开一顿饭，他常常饿着肚子工作，晚上忍受蚊虫叮咬更难熬。

新技术的应用过程虽苦涩，但结果令人欣慰和振奋。杭州自来水公司应用流动电流混凝控制技术，使水质合格率稳定达 100%，节药率达 24%；大庆水厂应用新工艺，不仅大大提高了水质的合格率，而且平均节药率达 36.8%，设备投资回收期为 4 个月。仅大庆供水公司水厂两年就节药费 140 万元以上。若在全国推广，将产生巨大的经济效益。

1990 年，崔福义继续师从李圭白在职读博士学位，他的博士研究课题就是《流动电流投药控制工艺技术研究》。同年，课题组的论文《流动电流单因子凝聚投药自动控制生产性试验》发表在《给水排水》第五期。

最高规格的鉴定会

流动电流技术在杭州自来水公司首次应用成功。

---

① 崔福义访谈，2015年5月5日，哈尔滨，资料存于采集工程数据库。

1991 年，李圭白和崔福义、曲久辉 [1] 发表论文《流动电流的原理测定与应用》。论文指出，流动电流技术已展现出良好的应用前景，特别是在给水排水工艺基础理论研究与生产实践应用上，都有重要的开发价值。在流动电流理论、检测技术以及应用研究方面，国外虽起步早，但仍有很多问题有待探索。

这样一个先进技术在我国应用成功，引领了我国天然水投药控制技术的发展，并对水处理关键技术起到了推动作用。1991 年 5 月 3 日，建设部科技发展司在杭州主持了"八五"攻关课题"流动电流单因子絮凝投药自动控制生产性试验研究"鉴定会。

1991 年 5 月 6 日~8 日，中国土木工程学会给水排水学会及第二届理事会在上海召开。部分专家提前专程赶到杭州参加鉴定会，可见专家们对流动电流技术在我国应用的重视程度。

这次鉴定会是当时我国水行业最高规格和最高水平的鉴定会。鉴定会的专家委员会成员是水行业顶级的专家，这成为鉴定会最大的一个亮点。

担任主任委员的是国内水界第一号泰斗、我国给水行业学术第一人、清华大学教授许保玖，他是我国市政工程领域的重要奠基人、给水排水教育家和科学家。1949 年他获美国密歇根大学卫生工程硕士学位，1951 年获美国威斯康辛大学哲学博士学位，在水处理工程领域硕果累累。在我国给水排水工程学科中具有很高的学术声望，为全国给水排水事业的发展作出了卓越的贡献。

---

[1] 曲久辉：出生于1957年，吉林人，中国工程院院士，美国国家工程院外籍院士第三世界科学院院士。1985年~1992年师从李圭白攻读硕士和博士学位。中国科学院生态环境研究中心研究员、博士生导师，兼聘中国工程院环境与轻纺学部主任，中国环境科学会副理事长、国家自然科学基金委员会工程与材料科学部主任，中华环保联合会副主席，中国城市研究会副理事长，国家"十五"重大科技专项"水污染控制技术与治理工程"总体专家组组长等职。主要从事水质转化与过程控制的理论与技术研究。

　　第一位副主任委员是我国给水领域的领军人物、上海市政工程设计研究总院总工程师、教授级高级工程师钟淳昌。1944 年他毕业于上海交通大学土木工程系，曾先后在上海公用局自来水公司、建设部给水排水设计院上海分院和兰州分院、华东市政设计院任部主任、工程师，曾主编《华东给水排水》等，为我国的给水排水事业作出了突出的贡献。

　　第二位副主任委员是自来水公司的技术权威、上海自来水公司教授级高级工程师宋仁元，当时兼任中国城镇供水协会常务理事、科技委主任、国际自来水协会科技委员等职，是市政供水工艺技术、自来水厂运营管理、自来水公司经营管理、工业供水技术、饮用水水质安全技术与管理、河流治理、节水技术与管理等方面的著名专家。他后来获得了中国水业年度人物终身成就奖（2016 年度）。

　　此外，参加鉴定会的还有给水排水科研领域的领军人物、中科院生态环境研究中心学术委员会主任汤鸿霄。他开拓了我国"用水废水化学"和"环境水化学"学科领域，在我国此前沿领域作出了重要贡献。主持完成多项国家科技攻关、国家自然科学重点及面上基金，中科院重点及国际重大合作项目，曾获国家何梁何利奖、美国科学信息研究所 SCI 引用经典论文奖。在无机高分子絮凝剂理论、开发、生产及应用工艺的多年系列研究中作出了重要贡献。他与李圭白是哈尔滨工业大学的同期同学，并同一年评为中国工程院院士。

　　鉴定委员们都是全国水界很有影响力的专家，如上海市政院给水部门的权威专家、在国内这个行业德高望重的天津自来水公司总工程师沈大年、上海同济大学的许建华教授，他们受李圭白的邀请，纷纷赶到杭州来参加流动电流技术鉴定会。

　　鉴定会开得非常成功，专家们的鉴定认为：

利用流动电流作为混凝过程自动投药控制技术的单因子，技术先进，管理简单，是国际上的一项重大突破（进展）。课题组应用了该项技术，在杭州南星水厂进行了系统配套和应用性试验，取得了成功。通过一年来的试验证明，在提高沉淀水合格率和节约混凝剂方面获得了显著成果和经济效益。该项试验为我国填补了一项技术空白，达到了国际先进水平，为推进我国投加混凝剂自动化作出了贡献。

该项系统的试验成功，表明了该项投药自动控制技术具有广阔的使用前景，希望进一步对不同水质进行多方面的试验积累资料，并加速设备的国产化，为该技术的推广使用创造条件。

许保玖、钟淳昌、宋仁元、汤鸿霄等专家对混凝投药控制中很重要的自动化项目给予充分的肯定和很高的评价，并建议在全国推广应用此项成果。

在鉴定会后的 10 余年里，我国在流动电流的基本理论、工艺技术研究、专用设备国产化开发、应用推广等方面，都取得了十分显著的进展，特别是在应用技术方面取得了丰硕的成果，使得该项技术的应用日益广泛而普及。

白手起家，研发国产设备

流动电流投药控制技术，因具有仅检测并控制流动电流单一因子，就可实现混凝投药的自动控制的优势，特别适合我国当时水厂的技术与设备条件，并展现出良好的发展前景。

应用进口设备虽取得了明显的净水效果和显著的经济效益，但该设备国外只有美国和英国两个国家生产，引进国外设备价格高，对于大多数中小型水厂是个不小的支出，况且更换零部件不便，日后国外派人维修费用很高、技术服务方面难以配套，这些因素都在一定程度上制约了流动电流技术在我国的应用推广。

另外，他们发现进口设备在国内水厂应用存在不符合中国国情的问题。如：美国的水质很好，他们的设备在中国应用就存在明显的问题，因为中国水污染严重，水中大量有机物对检测有影响。特别是由于我国的原水多样化，水质恶劣且变化比较快，比如有名的钱江潮，每半个月涨潮一次，潮起时翻江倒海，浊流滔天，不到 10 分钟，江水浊度就由涨潮前的 100 度升至几千度；牡丹江属山区河流，暴雨季节江水浊度也急剧上升，这种原水水质急剧变化的情况在国外是很少见的；南方水源水普遍含藻类，有的水含有机污染物，还有的企业夜间排放石油类污染物，由于是不连续排放，导致流动电流控制系统夜间灵敏度下降，不同的水源水对检测系统造成堵塞、干扰，需采取预处理措施，所以进口设备不能完全适应中国的水质、水厂处理工艺的要求，因此在引进设备进行生产应用研究的同时，国产设备的开发研制也列入了工作日程。

因为我国原水水质条件较许多西方国家要恶劣得多，因而使水处理混凝投药自动控制系统的应用具有更大的难度，对控制技术与设备的性能也提出了更高的要求。这个艰巨的任务摆在李圭白的课题组，研制国产设备就意味着向更大的困难挑战。

李圭白认为，必须搞出有中国特色的、适合我国国情的设备，才是国内推广应用流动电流混凝控制技术的关键。当时，搞这项科研几乎没有经费。

1990 年，他们与牡丹江水厂签订合同，厂家投资支持，开发国产设备。

1991 年第一台国产设备的样机生产出来，他们对国产设备的基本性能、对浊度的灵敏性、混凝剂投量的灵敏性、稳定性对比、传感器的达稳时间和调节速度等方面进行了评价。

1992年，他们经过3年的努力，终于解决了一系列难题，开始批量生产流动电流检测器。国产设备于1992年4月首先在牡丹江最大的水厂生产应用成功，取得良好的效果。我国由此成为继美国、英国之后生产流动电流检测器的第三个国家。崔福义离开法国时，法国已经进入生产试验阶段，而我国比法国起步晚，却在应用和制造上走在了法国的前面。

首次采用国产流动电流投药控制设备在牡丹江四水厂取得了预期的成果：确保出水水质，实现了混凝投药的自动控制。国产设备运行可靠，仪器性能不仅达到国外进口产品水平，在某些方面还优于国外产品，并有操作简便、易于掌握的特点；它反应灵敏，操作方便，对原水水量、水质、混凝剂浓度不要求精确计算；投资小，维护方便，易于推广。国产设备在老水厂中也可应用，它显著节约混凝剂近30%，在水质较差时可节约43%，投资回收期为4个月。

1992年9月13日，黑龙江省建委邀请有关专家对"国产流动电流投药控制系统的生产应用试验"成果进行了技术鉴定。专家们认为："这套国产设备性能稳定，运行可靠，性能良好，其基本性能已达到国外同类产品水平；流动电流自动投药控制系统与人工投药系统对比试验，流动电流自动控制混凝投药系统可大幅度提高沉淀水水质合格率，大量节省混凝剂，因此有重大的社会效益和经济效益；该套国产设备与国外同类设备以及国内其他自动投药控制装置相比成本低，为国内大规模推广创造了先决条件，将大大推进我国投药系统自动化的过程，是对我国给水净化工艺和净水厂自动控制技术上的一大贡献。国产流动电流投药控制设备的制造技术和投药控制系统的研究成果已达到国际先进水平"。专家们建议，在此基础上，加速国产设备系列化开发生产和国内水厂的加速使用。

国产设备有了这样一个良好的开端之后，李圭白的创新团队又在松花江和长江一带的水厂、深圳地区的水厂等继续开始艰难的国产设备不同型号的系列产品研究开发和应用工作。

1994年，他们发表研究成果论文《国产流动电流投药控制的基本性能与应用评价》。国产设备的诞生，为国内大规模推广这项技术创造了先决条件，大大推动了我国混凝投药系统的自动化进程。李圭白说，国产设备的研制是从我国国情出发的：

我们开发出的国产设备在国内不同的水系、不同水厂，特别是污染严重的原水条件下进行了试用，并不断总结经验和改进设备。水中许多污染物对检测有干扰，需开发抗污染的传感器；有许多水源水含污泥和粗砂，能造成传感器的堵塞和磨损，故在传感器前放置了预处理装置；又如，我国南方许多水厂都在室外，所以国产设备也需采取防雨防风等技术措施以便设于室外。还有的水厂投药后取水样检测地点位于室外混合池旁，而设备主机位于控制室，两者之间需解决远距离信号传输以及信号传输受干扰等问题。

上述问题逐步得到解决，开发出的适应我国水质以及水厂条件的国产设备和系统，并在国内迅速推广，使我国成为应用流动电流混凝投药自动控制技术最多的国家之一，从而在该领域步入世界先进行列。[1]

此外，他们在配套仪器设备的研制方面也取得了重要进展：研制成功了专用的测控仪，调控效果好，仪器稳定可靠；同时还研制成功了专用的变频调速

---

[1] 李圭白访谈，2015年4月23日，哈尔滨，资料存于采集工程数据库。

设备，可以根据控制系统的指令，调节投药泵的转速，改变投药量。随着检测和控制水平的不断提高，流动电流技术的应用也在不断深入，尤其是它在水处理投药方面的开拓性的贡献，使其成为一项很有发展前途的重要的应用技术。

全部国产化的混凝投药控制系统已经配套形成，达到了国际上的先进水平。之后，一系列成果鉴定会随着研究工作的成功相继召开。到 1995 年，他们已有 5 项技术成果通过部省级鉴定，并获国家级科技成果证书，皆为国内首创并达到国际先进水平，2 项获省部级科技进步奖。

李圭白的科研成果在时间上有这样一个特点：20 世纪 80 年代之前，他的科研成果主要以新技术形式在全国推广，80 年代以后的成果主要以新产品形式在全国推广。

造就一支创新团队

李圭白作为项目负责人，带领的这一支由博士和硕士研究生组成的创新团队争分夺秒地工作。团队成员各有分工，根据自己的专长发挥作用。

国产设备由传感器、信号处理控制器、变频调速控制柜等几部分构成，因此它涉及流动电流的基本理论、胶体与表面化学技术、电化学技术、微电子技术、计算机技术、自动控制技术和机械加工制造技术等，是一项综合应用多学科高新技术的跨学科的复杂工程。

崔福义有给水排水工程专业背景，又在法国掌握了此技术的全过程，还有在杭州和大庆两个水厂进口设备的调试和生产性试验运行经验，他作为团队的骨干，负责整个控制系统与技术方案设计和试验组织。

曲久辉本科毕业于吉林大学化学专业，化学根底深，对流动电流机理研究有一定深度，他主要负责技术原理、检测和传感器的开发以及相关的水质条件对它的影响研究。

李虹本科毕业于浙江大学化工专业，并通过自学掌握了一定的电子仪表专业知识。他曾任教于大庆石油学院和中国环境管理干部学院（现为河北环境工程学院）。他参与了检测和传感器的开发、加工、整个控制系统的调试，以及产品的推广应用。

孙愚蒙当时是哈尔滨电工学院教师，与崔福义是留法同学，他有搞仪器的专长，受崔福义邀请，积极地参与进来，成为课题组成员。他做仪器开发，而他的夫人搞控制系统软件开发。他们夫妻一个搞硬件，一个搞软件。后来孙愚蒙出国，便介绍他的同事杨振海[1]进课题组接替孙愚蒙。

杨振海学的是仪器仪表专业，他发挥特长负责从原理到仪器的设计、生产加工与调试，还为其他人培训，在这个过程中他考取了李圭白的博士研究生。

杨万东[2]的专业是给水排水工程，他做国产设备的应用推广。他和杨振海俩人共同开发了流动电流混凝投药自动控制的串级调节技术，并进行了生产试验获得成功。

研制期间，创新团队的每一个成员都日夜兼程，刻苦攻关。李圭白说："有一天快到 5 点了，我下班要坐通勤车回家，正好看到李虹，就要他替我跑个地方办一件事，可他说我还没吃早饭呢！这帮小伙子都是这样废寝忘食地干。"

李圭白就是领导了这样一支团队，他们在流动电流检测系统的研究和开发中，结合我国市场上能提供的各种材料，并与进口传感器材料进行多次对

---

[1]　杨振海：1992年~1996年师从李圭白获工学博士学位，1997年~1999年在天津大学精密仪器与光电子工程学院做博士后，现在中国建筑科学研究院－中国建筑技术开发总公司工作。

[2]　杨万东：1992年~1995年师从李圭白获工学博士学位。

比和试验，终于找出了可用于传感器的材料，并抓住了控制混凝的最根本因素进行传感器的构造设计，多次加工安装与试验，特别是控制加工精度的改进，终于制造出可用于试验的传感器；在传感器系统的电气配制和电子线路设计等方面，也进行了长时间的试验。他们经过反复安装、调配、实验、调试，在多项技术上都有突破。

同样是流动电流方向，每个人做的都不同，大家从不同的角度做才形成了一个控制体系。崔福义在接受采访时说："我们等于把这样一个技术从原理做到设备的国产化，一直到应用推广，这是一个完整的系列。所以，李老师带领着我们这支团队持续了十几年。他做科研不做则已，做就抓住一个好方向完整系列地做下去。我们的每篇博士论文都围绕这一个大题材侧重一个方面去研究。"

国产设备的研制过程，因涉及诸多交叉学科，对团队成员都是一个艰苦的磨炼和再学习的过程。崔福义回忆研制过程中遇到的困难：

因为这个技术解决的是水处理中的一个关键点混凝投药，处理前的江河水的水质是不稳定的，总在不断变化，状况比较复杂，在这个过程中投药量也跟着变化，凭经验投加是不准确的，不仅影响水处理的质量，也造成浪费。而流动电流技术能构成一个自动控制系统，能在线监测水质的变化，对投药量进行调整，因此这样一个先进设备的研制，它对水处理混凝投药有着重大的意义。但研制国产设备对我们来说困难非常多，因为首先监测本身是一个胶体化学的原理，我们给水排水工程专业的人搞工程行，但搞这些基础性的研究，特别是这些跨学科，而且是由水跨到电再跨到仪表，这个跨度很大。那时候要是没点执着的精神，可能很多事情也许就半途而废了。

我们团队的每一个人都付出了非常多的辛苦。一开始我们对仪器设备、信号处理控制器、变频调速控制、电化学等一无所知，面对所有的环节不知道从哪儿下手，看哪一个部分在当时都是一个陌生的难题。我们经过了很多次的讨论、研究、认证，逐渐抓到一些规律，这中间克服了非常多的困难。我们交叉学科的知识储备不够，既没有搞规格化、标准化产品的经验，又没有资金去加工几万元一台的模具，靠着土办法加苦功夫艰难创业。传感器中的关键部件要求精度高，我们以手代模具一点点地刮，一个部件一刮就是几天……最后，整台仪器的构造以及工作原理被大家琢磨得清清楚楚。[1]

随着流动电流混凝投药控制技术在全国各种水体中的推广应用，针对推广应用中出现的各种问题，该技术得到不断完善。在这个过程中一批博士和硕士研究生都作出了相应的贡献，1999年南军[2]完成博士论文《净水厂混凝投药自控系统优化》；1999年石颖[3]完成博士论文《湖泊、水库水混凝处理及其投药自控应用研究》；2001年黄国忠[4]完成博士论文《流动电流混凝投药自动控制技术在不同水质中应用综合研究》；2002年白桦[5]完成博士论文《智能控制在净水厂混凝投药控制中的应用研究》；此外，1991年李亚强[6]完成硕士论文《流动电流在混凝控制中的应用》；1993年方秀珍[7]完成硕士论文《国产流动电流投药自控设备的实验研究》；1996年王晓颖[8]完成硕士论文《高色度含藻水流动电流混凝投药自动控制系统试验研究和生产作用》；1998

---

① 崔福义访谈，2015年5月5日，哈尔滨，资料存于采集工程数据库。

② 南军：1993年~1999年师从李圭白，1999年获博士学位，现任哈尔滨工业大学教授、博士生导师，环境学院副院长。

③ 石颖：1996年~1999年师从李圭白，1999年获博士学位，现在加拿大工作。

④ 黄国忠：1998年~2001年师从李圭白，2001年获博士学位，现为北京科技大学教授。

⑤ 白桦：1999年~2002年师从李圭白，2002年获博士学位，现为哈尔滨工业大学教授。

⑥ 李亚强：1988年~1991年师从李圭白，1991年获硕士学位，2008年获哈尔滨工业大学博士学位，曾任哈尔滨市房产住宅局党委副书记、副局长。

⑦ 方秀珍：1990年~1993年师从李圭白，1993年获硕士学位，现在深圳自来水公司工作。

⑧ 王晓颖：1993年~1996年师从李圭白，1996年获硕士学位，现在德国。

年方闻① 完成硕士论文《各类混凝剂对流动流电值的影响》；2000 年张雅玲② 完成硕士论文《氧化还原电位（ORP）检测技术在饮用水处理中的应用研究》。

在李圭白的领导下，课题组坚持了十多年，在流动电流的原理、检测、应用等多方面开展了系列研究，创造了诸多第一，成为国际上流动电流技术研究与应用最活跃的国家之一。

以此为题，产生了多位博士、一批硕士。崔福义的《流动电流投药控制工艺技术的应用》、曲久辉的《流动电流特性研究》、杨万东的《流动电流检测器自动投药控制的生产实验》和杨振海的《流动电流混凝投药测控系统的研究》等 4 篇博士论文基本覆盖了流动电流的主体大框架之下的工作，形成了饮用水处理技术中一个重要的研究方向。

图 7-10 《流动电流及其在混凝控制中的应用》

崔福义作为这个方向的核心骨干人员，在流动电流技术研究的基础上，在我国给水排水工程专业首开了"给排水工程仪表与控制"专业课并编写了相关教材。这门新课，补充了现行教学内容的不足，拓展了专业覆盖领域，顺应了行业科技发展趋势，是专业改革的重要内容。相关内容先后获得了国家级和省部级优秀教学成果奖、优秀教材奖和列入国家级规划教材等。1995 年，李圭白和崔福义出版专著《流动电流及其在混凝控制中的应用》，这是我

① 方闻：1995年~1998年师从李圭白，1998年获硕士学位，现在美国哈希公司北京代表处任市场发展经理。
② 张雅玲：1997年~2000年师从李圭白，2000年获硕士学位，现为北京市市政工程设计研究总院高级工程师。

国第一部流动电流混凝控制的专著。

从发表的文献数量上看，我国的研究文献总数仅次于美国，而与法国并列第二，见表7-1。由此可见，我国虽然起步较晚，但后来居上，我国是世界上美、英之后第三个生产流动电流设备的国家，而崔福义参加中试的法国仍停留在实验室的试验阶段。我国在流动电流检测技术及混凝控制技术方面的研究已在国际上占有重要地位，投药控制系统的研究成果已达国际先进水平。

流动电流技术应用于投药控制的最初研究文献发表时间　表 7-1

作者国籍	美国	法国	英国	中国	德国	加拿大
时间	1966	1983	1987	1989	1989	1989

这项研究成果在国内学术界得到公认并产生很大影响，其技术被列入我国"城市供水行业 2000 年技术进步发展规划"，被建设部列入"八五科技攻关项目""建设部新技术推广项目"和"九四年重点技术推广项目"。国家教委优秀年轻教师基金原则上一个人只能申请一次，而崔福义却得到这项基金的两次资助。1996 年，创新团队的《最优投药设备与控制系统开发》获建设部科学技术进步一等奖。

推广规模，名列世界前茅

如果仅从国外引进流动电流设备，这个新技术就很难推广应用。且不说国外设备的价格和不适合中国国情，就是后期服务也无法与国产设备相比。李圭白举了这样的例子：

国外有流动电流的厂家，每个月都有几个厂商到中国推销，通常的情况是到中国推销安装上以后就走了，你设备有问题了再请他回来调试、整修。假如设备是 10 万元，他来一天就要 1 万，所以中国好多用国外仪器的厂家，坏了以后都遇到这样的问题。那么用国产设备，价格不贵，后期服务很好。如我们开发的仪器在广州运行后，有问题了我们就派人过去，在国内来去很方便，所以国产设备在国内很快得到了大规模的推广应用。因此应用中所能提供的售后技术支持、技术服务是十分重要的。[①]

随着国产设备的开发成功与不断完善、流动电流投药混凝控制工艺技术的日臻成熟，从 1994 年起，流动电流技术在国内的水厂大量应用，国产设备需求量大增，因此李圭白的创新团队成立了哈尔滨现代水技术发展公司和北京精密单因子水工程技术有限公司，开始生产流动电流设备以满足国内水厂的需求。进口设备一套需 20 万~30 万元，而国产设备一套只需 10 万元，并且适合中国的水厂现状，适合中国工人操作。

1995 年，他们开发出的具有中国特色、适合中国水厂特点的国产流动电流投药控制成套设备已开始批量生产，为解决我国水处理混凝投药控制难题提供了一条切实可行的途径。同年，国产设备的年产值已达 400 万元。到 1996 年，全国已有 40 多个水厂应用国产设备，流动电流混凝自动控制设备已成为水处理行业的主要产品。

根据对用户的调查，使用流动电流技术进行投药混凝控制，除了具有投资小、设备少、使用方便灵活等特点外，减少混凝剂消耗方面的效益也是很明显的。在保证水质方面，沉淀水浊度合格率平均提高了 9.5 个百分点。在

---

① 李圭白访谈，2015年4月23日，哈尔滨，资料存于采集工程数据库。

节药方面，平均节药 26.1%。由于成套控制设备的投资与相应水处理系统的规模关系不大，所以水处理系统规模越大、控制设备的投资效益越好，投资回收期越短。例如，按上述平均数据测算，一套 10 万吨／日的水处理系统，采用国产设备年节药费 18.55 万元，投资回收期约 0.65 年。

李圭白说："90 年代深圳发展很快，除了市区以外，周边区域也在不断建设发展，民用和工业用水量都相当大，他们用了国产设备，所以我们年年带研究生到那里去试验，不断改进，最后在技术上形成了一套适合中国国情水质的系统。这套系统比较完善，在国内开始大量推广。"

1999 年，已超过 100 多台国产设备在全国各地的水厂、电厂、化工厂、石化企业运转，其范围覆盖了东北、华北、华东、中南、西南地区大部分省、市、自治区，取得非常显著的社会效益和经济效益。流动电流成为水处理混凝投药控制中是最成功、最有发展前景的应用技术之一。

在大规模地生产应用中，他们也在不断丰富完善流动电流技术体系，取得的成果不断扩大，应用技术达到了规范化，在运行技术方面积累了丰富的经验，在效益分析方面也取得了大量的数据。

国产设备具有推广应用的明显优势还在于，设备是专门针对我国的水源种类、水质、水处理工艺及应用条件量体裁衣进行研究设计的。如：根据东北、华北、华东、中南、西南地区的江水、水库水和湖泊水等多类地表水源水的特点，进行有针对性的设计，使得国产设备更符合南北不同水厂的水质条件和处理工艺。流动电流技术已成为我国水处理混凝控制的主导技术之一。

在国产设备的应用实践中，水厂规模由几千 m^3/d 到上百万 m^3/d 不等，表明该技术对各种规模的水厂都是适用的。如镇江金山水厂水量变化很大，采用国产 SC-4000 型设备，其沉淀后水浊度波动仅为 1.0NTU 左右，药量调节及时，水质合格率达 100%。

流动电流技术具有比较宽的应用范围。可以用于一般水厂的投药控制，同样适用于较宽范围的浑浊度的变化。在应用中，我国以铝盐为混凝剂的水厂较多，国产设备应用的效果普遍良好。采用铁盐为混凝剂的水厂以河南新乡一水厂为典型，其水源是黄河水，经水库预沉后年最高浊度为300多度，最低十几度，由于受造纸厂废水污染，氨氮经常超过5mg/L。在应用中，对水样进行一定的前处理，解决了铁盐中的铁质在检测器上沉积的问题，得到了较高的灵敏度，出厂水浊度合格率提高了近20个百分点，节药率达到20%以上。

我国地域辽阔，水源水质复杂多变，南方的许多水源水中含藻问题十分普遍，如深圳沙湾水厂的最高浊度仅有60度，但含藻量最多可达1.3亿个/升。这种低浊、高藻的原水水质，给水处理及过程控制带来非常大的困难，而自从该厂使用国产流动电流自动投药设备后，不仅提高了水质保证率，而且可以节药28.6%。类似情况还有深圳龙岗水厂、武汉东湖水厂、昆明三水厂等，都是典型的高含藻水，应用国产流动电流设备都获得了良好的使用效果。

李圭白和崔福义在《流动电流十年回顾》中回顾了流动电流混凝控制技术在我国的应用与发展的10年：

在应用中，我们对仪器的设计、加工不断地改进完善，已形成了流动电流混凝投药控制设备产品系列，不仅可以进行简单的生产过程监测（SC-2000型）或单参数的简单控制（SC-3000型），也可以适应某些水厂的特殊需要，增加浊度反馈部分，进行双参数的复合控制，使系统的工作更加可靠，其中SC-4000型流动电流控制系统在国际上是一个首创。首台SC-4000型控制系统已于1994年在沈阳第八水厂试用成功，尤其是在牡丹江四水厂1小时之内的浊度变幅达上千度，应用实践证明了在浊度变化幅度大的条件下，用国产设备SC-4000型的效果更为理想，国产设备可以满足使用要求。之后，在武汉、黄石、荆沙、昆明、成都等地不同的水源都获得成功应用。

　　哈尔滨现代水技术发展公司于2000年因机构调整而中止运营。北京精密单因子水技术有限公司持续运营至今，仅该公司在国内市政及工业部门推广应用的流动电流投药混凝控制设备就达数百套，已成为高质量名牌产品。我国流动电流技术，从推广的规模来看，在世界上也是名列前茅的。

　　应用国产设备的水厂都有一本厚厚的用户调查表和用户意见。一些水厂的工程技术人员反映，水厂都需向水中投加混凝剂，其投药控制一直是业界的技术难题。自从流动电流在线检测获得成功，水厂自动控制技术得到了迅速的发展。

第八章

谱写锰化合物净水传奇

锰化合物①净水技术是改革开放后李圭白的一个重要研究方向。20世纪80年代，他领导的科研团队在我国首次将高锰酸钾②用于饮用水除污染并领导课题组进行了长达20年的研究和开发工作，研发成功一系列除污染技术，特别是20世纪90年代发明了以高锰酸钾为主剂的高锰酸盐复合剂除污染技术，还研发出多种适合中国国情的组合工艺，这是在国内外首次提出的具有国际领先水平的水处理新技术，并大量推广应用，为饮用水除污染开辟了一条新途径。

来自水危机的忧患

"文革"期间，我国处于动乱时期，水污染得不到重视。作为一个水科学家，李圭白深知水污染和水资源短缺对人类的危害，他对我国日益严重的水污染程度感到十分忧虑，这种忧患意识始终贯穿于他全部的科学研究和教育生涯中。

1972年，美国国家环境保护署一份关于《密西西比河下游工业污染》的研究报告发表后，饮用水中有机污染物和氯化消毒副产物的污染程度和危害才引起了全世界范围内的广泛关注。这份报告，第一次给出了饮用水中

---

① 锰化合物：在本文中主要指高锰酸钾（$KMnO_4$）、高锰酸盐（含有MnO_4^{2-}根的化合物）、二氧化锰（MnO_2）等。
② 高锰酸钾：（$KMnO_4$）为黑紫色、细长的棱形结晶或颗粒，带蓝色的金属光泽；在化学品生产中广泛用作为氧化剂，在医药上用作防腐剂、消毒剂、除臭剂及解毒剂。

存在三卤甲烷（THMs）[①] 以及由于工业污染引起的饮用水中含有合成有机物（SOCs）的相关证据。随后美国环境保护署 1977 年又提出了饮用水中 129 种优先控制的污染物"黑名单"，其中 114 种是有机物。

之后，我国也制定了适合中国国情的《饮用水中优先控制污染物黑名单》，包括 14 类 68 种有毒化学污染物，其中有机物占了 58 种。

李圭白说："人口暴发和消费爆炸造成了资源、环境的全面危机，水危机便是其中之一。水危机是以水资源短缺和水环境污染为标志的"。

他分析了水危机的根源："现在已面临着世界水危机，而我国尤甚。联合国报告预测，到 21 世纪，淡水将成为全世界最紧张的自然资源。"

李圭白指出水危机主要表现在两个方面：一方面，水量短缺。随着社会需水量的大幅增加，水资源矛盾日益突出，水量短缺现象非常严重。1997 年，联合国在对世界范围内的水资源状况分析研究后发出警告："世界缺水将严重制约下个世纪（21 世纪）的经济发展，可能导致国家间的冲突"。全球已经有 1/4 的人口面临着一场为得到足够的饮用水、灌溉用水和工业用水而展开争斗。

另一方面，水环境污染严重。随着经济、技术和城市化的发展，排放到环境中的污水量日益增大。据统计，21 世纪初全世界每年有超过 $420km^3$ 排入江河湖海，污染了 $5500km^3$ 的淡水。而这之后的 25~30 年内，全世界污水量将增加 14 倍。特别是在第三世界国家，污水和废水基本不经过处理就排入地表水体，造成水质日趋恶化。据不完全统计，到 21 世纪初，发展中国家每年有 2500 万以上的人死于饮用不洁净的水，占所有发展中国家死亡人数的 1/3。

[①] 三卤甲烷（trihalomethans，THM）：在饮用水氯化消毒过程中，氯与水中的有机物所反应生成的主要挥发性卤代烃类化合物，包括氯仿等，1974年Rook首次在饮用水中监测到。

李圭白在《锰化合物净水技术》一书中指出："长期以来，人们都认为水是取之不尽，用之不竭的，所以就不懂得珍惜。两个世纪前本杰明·富兰克林（Benjamin Franklin）[1]就曾经说过：'只要水井不干，我们就不会了解水的真正价值'。在人类的发展过程中，人类一边消耗着越来越多的水，另一方面还忽视水资源的重要性，将水体作为废物倾倒场，向湖泊、河流和海洋倾倒数十亿吨的化学品、金属和有机污染物。因此，目前不但全世界水井的水位都在下降，而且水体也被污染，有时达到不能饮用的程度。从人类社会未来发展趋势看，对水的需求矛盾将制约人类社会的进步，在全球范围内，带来水的饥荒，引起了严重的水危机。"

水污染造成的"水质型缺水"，加剧了水资源的短缺矛盾。1995年12月在曼谷召开的"水与发展"大会上，专家们提出了一个触目惊心的事实："世界上近10亿人口没有足够量的安全水源"。

在全球性的水危机背景下，我国的水危机更使李圭白担忧。他分析了我国的水资源现状：

中华人民共和国成立后的20~30年期间，人民生活不富裕，工业不发达，农业主要靠雨养，所以水资源不紧张。一般城市和工业要多少水供应多少水，即以需定供，基本是无偿使用，造成用水大量浪费。在"先生产，后生活"的方针指导下，城市给水排水被归入生活类，故发展滞后，使大量城市污水和工业废水不经处理排入水体，造成水环境污染。

改革开放后，经济迅速发展，用水量急剧增加，水环境污染加剧，水危机突显出来。随着国民经济的快速发展，城市和工矿企业急需大量用水，而

① 本杰明·富兰克林Benjamin Franklin（1706年~1790年）：美国政治家、物理学家、科学家、哲学家、发明家、外交家、文学家和慈善家，发明了避雷针，最早提出电荷守恒定律，是英国皇家学会院士。

给水排水设施又欠账太多，并且我们又是一个水资源短缺的国家，人均水资源量为 2200m³，只有美国的 1/5，是世界平均值的 1/4。在严重缺水地区远远满足不了需求，形成很大的供需矛盾。另外，城市及工矿企业污废水处理，也欠账太多，大部分污废水不经处理便排入天然水体，造成水环境的污染。从而出现了严重的所谓"水危机"，其标志就是水资源短缺和水环境污染，开始成为我国国民经济发展的制约因素。[①]

20 世纪 70 年代以来，工业废水（化工、制药、造纸、纺织、印染等）、生活污水、医疗废水、船舶废水不加任何处理，源源不断地向江河湖海排放。1973 年，我国颁布了第一个环境保护标准《工业"三废"排放标准》GBJ4-73，以后开始有组织地制定了一系列环境保护政策、法规、标准，但收效并不乐观。

据 1979 年统计，我国有监测资料的 1200 多条河段，受污染的占 70%，其中淮河流域、海河流域、辽河流域、黄河流域尤为严重。这些水环境污染包括江水、河水、湖泊、水库和地下水。在长江流经的 21 个监测点，有 18 个检测出酚，最高酚含量超标 305 倍。松花江水中检测出 400 多种有机污染物。河南省周口市坐落在淮河支流，全村 1500 人，40 多人患食道癌。

1994 年 7 月 20 日，2 亿立方米污染水体如同巨大的污染团带突然从淮河上游奔腾下泄。8 个昼夜，以 100 多公里长的污染团带直逼江苏盱眙。《人民日报》于同年 8 月 13 日，曾以《污水大于天灾》为题，报道了盱眙淮河变黑的消息。这是中国第一次公开披露淮河的特大污染事件。

1997 年，东营特大夏旱，黄河断流 12 次，累计 226 天。黄河大堤上，翘首以待的人们从来没有像现在这样感受到他们的生活对浑浊的黄河水是如

---

① 李圭白《锰化合物净水技术》，2006年出版，资料存于采集工程数据库。

此的依赖！而我国北方不仅有河断流，而且有水的河流也全部污染！

1998 年，特大洪水携带着大量的垃圾冲向葛洲坝，在葛洲坝前堆积成一道高达 2~4 米的"垃圾山"，竟迫使电厂停机。

这只是水污染的冰山一角。人类得益于水，却不善待水资源，大自然就会变本加厉地报复人类。对于这种严酷的现实，李圭白牵挂于心。他呼吁，在治理水体污染的同时，应进行饮用水除污染处理，把住"毒从口入"这一关。

选定锰化合物深度净水技术

20 世纪 70 年代，国外在饮用水中发现了对人体有毒害的微量有机污染物和氯化消毒副产物①。这是人类面临的一个重大的饮用水化学安全性问题。

"微量有机污染物"，水行业习惯称之为"微污染"。它的含量很低，但种类很多。我国从 20 世纪 80 年代至今，在水源水中发现微量有机污染物 2000 余种，其中有许多是有毒有害的。多年来，氯被广泛用于饮用水消毒杀菌，为人们的生命健康保驾护航，但近年来，由于氯化过程中形成有害的氯化消毒副产物，氯化消毒受到人们的质疑。因此，各种减少氯化消毒副产物的方法和技术受到人们的关注，并成为研究热点。

有人把饮用水中有机微量污染物归为 6 大类：1. 能致癌、致畸、致突变（三致）的有机物，这类有机物具有生物毒性，主要由工业污染和农药污染所致；2. 消毒副产物，是指消毒剂（氯、臭氧、二氧化氯）在消毒过

---

① 氯化消毒副产物：在氯化消毒杀灭水中病原微生物的同时，氯与水中的有机物反应，产生的一系列氯化消毒副产物。氯化消毒副产物的研究主要集中在"三致"作用上，即致畸、致癌、致突变。饮用水中比例较高的两类副产物为三卤甲烷类（THMs）和二卤乙酸类（HAAs），占总体的80%以上。

程中产生的有生物毒性（三致）的化合物，氯化消毒副产物种类很多，其中大部分具有生物毒性；3. 很难被自然界生物所降解的微量有机物；4. 内分泌干扰物质，主要指能干扰和影响人类与生物生殖能力的微量有机物，是被怀疑具有内分泌干扰作用的化学物质，日本列出了 67 种，其中农药类有 45 种，据研究，由于环境污染，人类（尤其男性）的生殖能力在 20 世纪已下降一半；5. 可致人畜急性中毒的藻毒素；6. 藻类分泌物，以及工业废水、生活污水等产臭味物质。

以上有机污染物的去除，成为各国不可忽视的重要研究课题。李圭白说：西方用"臭氧—生物活性炭"联用技术，能有效去除微污染和控制氯化消毒副产物的生成，并被称为"深度处理"工艺，成为一种通用技术在西方得到推广。但在当时臭氧和活性炭价格昂贵，该工艺投资大，建设费用和运行费用高，操作管理复杂，仅在一个 5 万 ~10 万吨 / 日规模的水厂应用，就需要投资几千万元。改革开放前期，我国水厂的资金有限，水厂普遍认为这种工艺"用不起"。因此国外的工艺当时并不适合在我国广泛推广使用。

那么我们中国的问题就出来了，水中含有对人体有害的微量有机污染物，国外的先进技术我们又用不起，当时我们就想能不能找到一种既经济又有效的适合我们国情的一个技术，当时我就提出了用高锰酸钾来净化这个受工业废水污染的微污染水。因为过去在西方高锰酸钾一个是用作氧化剂，在医院里咱们都知道它是消毒剂，第二个用在自来水除臭除味上。因为有的水库里长藻类以后，水里就有腥臭味，那么西方对水质要求比较高，就加一点高锰酸钾来去除臭味，因为水中的臭味就是一种很微量的有机污染物。

那时候湖泊产生藻类了，有一部分藻类释放一些分泌物，就是臭味物质，所以很多以水库和湖泊做城市饮用水水源的，每年经常有季节性藻类暴发水就有味，包括北京的密云水库。所以，我们就想到高锰酸钾能除臭除味，臭和味都是水中的微量有机污染物，既然它能去除天然生成的微量天然有机污染物、嗅味物质，它是不是也可以去除水中化工产生的这种对人体有害的微量有机污染物呢，想到这点，当时我就带了两个硕士研究生，一个是马军，另一个是曲久辉，把这个作为课题进行研究。[①]

李圭白指出："水中的每一种污染物都有好几种方法进行处理，当然各种方法处理的效果是不同的。不同的用水，对水中污染物的去除条件也是不同的。那么一种能在水处理中推广应用的技术，不仅要考虑其技术可行性，还要考虑其经济合理性。不仅在去除水中污染物方面是有效的，并且还要适合我国现阶段的经济、社会发展水平。此外还要对生态环境，特别是对人体健康是无害的。"

这一时期，李圭白传授给学生的净水观念是：提倡发展绿色化学和绿色技术，研究绿色净水技术。而寻找经济、高效、低耗、适合我国国情，又易于推广应用的饮用水除污染技术应该是我们科研工作的主导方向，也是李圭白一个重要的研究方向。

早在 20 世纪五六十年代，我国地下水除铁除锰是一个比较棘手的问题，李圭白研发成功天然锰砂地下水接触氧化除铁技术，并迅速在全国推广，取代了我国沿用的苏联的曝气法除铁，之后又研发成功天然锰砂地下水接触氧化除锰技术，也在全国得到大量的迅速推广。因此，李圭白对锰化合物有比较早的接触和深入的研究，并通过试验熟悉氯、氧、高锰酸钾等氧化剂的特性。当自然氧化有问题的时候，他曾投加过高锰酸钾去氧化铁和锰，所以高锰酸钾对他来说并不生疏。

---

① 李圭白访谈，2015年4月22日，哈尔滨，资料存于采集工程数据库。

　　20 世纪初，高锰酸钾首次在英国作为水处理剂，之后陆续在美国、西班牙等国使用，且使用规模越来越大。美国在服务人口超过 1 万人的水厂中，约有 36.8% 使用高锰酸钾，占美国人口的 21%，其比例仅次于氯。

　　但高锰酸钾在西方主要用于地下水的除铁、除锰以及饮用水除臭除味等净水工艺，并没用在去除水中微量有机污染物方面。根据李圭白对锰化合物的了解，他联想到高锰酸钾能除天然水中的微量有机物质——臭味，那么也应能除水中微量有机污染物质。20 世纪 80 年代初，李圭白在我国首先提出将高锰酸钾用于饮用水除微污染的研究。

锰化合物系列成果

　　1982 年，马军是李圭白这一年招收的一名硕士研究生，他也是李圭白招收的第一位博士研究生。见到导师的第一天，李圭白就把一本英文版的《水中污染物的去除》交给了他，并对他说："这本书你拿回去，仔细看看。从目前来看，我国水污染问题将会越来越突出。饮用水除污染会逐渐成为具有重大社会效益的研究课题，我看你就朝着这个方向发展吧。"

图 8-1　李圭白（右）与博士研究生马军（左）、陈忠林（中）

导师给马军的这本书，使他较早地接触了有关除污染技术方面的知识，了解到除污染技术的发展动态。在李圭白带领的锰化合物深度净水团队中，马军成为在这个研究方向上取得多项创新成果的水处理专家。他回忆：

李老师紧紧地结合国家的需求，提出了饮用水除微污染技术。我很荣幸，刚刚考取了李老师的研究生，就有机会从事这个方向的研究。

因为李老师研究过黄河高浊度水的聚丙烯酰胺高分子絮凝剂絮凝，知道水中不可避免地残留丙烯酰胺单体。已有证明，它是一种中等慢性毒品，那么如何去除丙烯酰胺单体就成了一个课题。在我硕士期间，李老师就希望我做丙烯酰胺单体的去除工作。我开始做了活性炭，效果并不好，后来发现臭氧效果好，但是成本高。高锰酸钾氧化效果是很明显的，而且成本低，所以我的硕士后半期就做的是高锰酸钾氧化去除水中丙烯酰胺单体和苯酚等的研究工作。

我读博士研究的也是高锰酸钾。李老师在选这个课题的时候，一直在思考这个课题怎么做，因为我是他的第一个博士生，在选题上，我们都比较慎重。李老师确实是站得高，看得远。选择这个博士课题的时候，他分析了国内外的一些情况，因为高锰酸钾成本比较低，关于它的一些除污染的特性研究得并不多，这样我就在这个方向上启动了我的博士课题《高锰酸钾去除与控制饮用水中有机污染物的效能与机理》，又进一步开展了高锰酸钾除各种其他污染物的研究工作。李老师非常重视这个课题，我们经常探讨课题。有导师的支持和鼓励，我的研究工作无论有多少次失败都能坚持下去。[①]

----

① 马军访谈，2015年3月5日，哈尔滨，资料存于采集工程数据库。

马军在硕士论文和博士论文中都对用高锰酸钾去除水中微量丙烯酰胺单体进行了研究，并于 1989 年在《给水排水》期刊上发表了《高锰酸钾氧化法去除饮用水中微量的丙烯酰胺》文章。他在博士论文中对高锰酸钾的助凝作用进行了研究，并在大庆水厂的生产中应用成功，于 1992 年在《中国给水排水》期刊上发表了《高锰酸钾的氧化助凝效能研究》的文章。

1985 年，李圭白承担了沈阳一项水污染处理任务。沈阳浑河的上游是抚顺的化工基地，浑河受到有机物污染。当时沈阳的自来水全部取自地下水，因水厂在浑河两岸打井取水，所以浑河污染的水通过地层渗透到了水井里，井水的有机污染物含量很高，甚至有臭味。当时有两个方案，要么废井，要么处理井水使之达标，于是沈阳派人求助李圭白。

当时，李圭白招收了硕士研究生曲久辉，因他有化学专业背景，进行高锰酸钾研究很有优势。李圭白和曲久辉分析了项目的可行性，派他到沈阳某水厂做高锰酸钾去除浑河污染井水的试验。曲久辉到那里在浑河岸边选了一口井，用高锰酸钾做去除水中微量有机污染物试验。

他试验的那口井的水中含有较高浓度的二价锰，当时设想二价锰能与高锰酸钾作用，会降低高锰酸钾的除污染效果，所以应先将水中锰去除，再用高锰酸钾除污染，但是试验结果恰恰相反，在含锰水中投加高锰酸钾后的除污染效果优于除锰水的效果。

曲久辉又发现高锰酸钾对水中的微量有机污染物有广谱去除效果，不但能去除能被高锰酸钾氧化的微量有机物，还能去除高锰酸钾不能氧化的微量有机物。在上述试验现象的基础上，他提出了高锰酸钾的吸附除污染机理，即高锰酸钾氧化生成的二氧化锰对水中微量有机污染物有吸附作用；当原水中含有二价锰时，高锰酸钾氧化二价锰生成二氧化锰沉淀物，能吸附去除大量微污染物，故除污染效果，不但没有降低，反而提高了。水中不能被高锰酸钾氧化的微量有机污染物也能被高锰酸钾去除，表明去除机理不是氧化而是吸附。过去人们只认为到高锰酸钾的氧化作用，现在曲久辉提出氧化生成物二氧化锰的吸附去除机理，是对高锰酸钾除污染机理的一次突破，它对高锰酸钾除污染技术的发展意义重大，为高锰酸钾除污染技术的发展奠定了理论基础，这也正是曲久辉硕士学位论文的一个重要的创新点。1989年，曲久辉在《给水排水》期刊上发表《用高锰酸钾去除饮用水中微量有机污染物》的文章，这是国内第一篇关于用高锰酸钾对水中近百种微污染物进行广谱性去除效果研究的文章。

1991年，李圭白承担了大庆以受严重污染湖水为水源的工业用水厂的水处理任务，由于受到水中高含量有机物的干扰水的混凝效果很差，水厂为提高混凝效果向水中投加了大剂量的氯进行助凝，李圭白领导的团队用较低剂量的高锰酸钾取代氯，取得了比氯更好的助凝效果。

许国仁在生产试验中发现，氯与高锰酸钾在对水中氧化助凝中有互补作用，向水中投加适量的氯，能使高锰酸钾的助凝效果更优异，并能获得良好的除污染效果，从而提出高锰酸盐 [①] 复合剂的概念。

1994年，李圭白与团队的马军、柏蔚华、许国仁、陈忠林在《给水排水》期刊上发表《高锰酸盐复合药剂预处理控制氯化消毒副产物及致突变活性》，1995年许国仁与马军发表了《高锰酸钾复合药剂助凝生产性试验》的文章，这是国内最早关于高锰酸盐复合剂的论文。高锰酸盐复合剂的研制成功是一项重要发明，它开启了高锰酸盐除微污染的一个新途径。李圭白这样介绍高锰酸盐复合剂：

---

① 　高锰酸盐：又名过锰酸盐，是指所有阴离子为高锰酸根离子（MnO_4^-）的盐类的总称，其中锰元素的化合价为+7价。通常高锰酸盐都具有氧化性、易制毒、易制爆、加热易分解。

由高锰酸钾（主剂）和其他多种药剂（辅剂）组成。高锰酸钾主剂和辅剂在预处理中具有极好的协同作用，有优异的助凝作用，能有效去除有机污染物和降低致突变活性，且价格便宜，不改变水处理流程，不需要增加过多的附属设备，投加方便、灵活，易于运行管理，使用较为安全可靠等特点。

它的另一大优点是能够有效地控制氯化消毒副产物的生成，特别是氯仿（$CHCl_3$）[1]的生成量，在氯化副产物中，氯仿的生成量是最高的。对目前给水处理界普遍关心的"利用新的预处理工艺代替预氯化，减少氯仿生成量"的课题来说，高锰酸盐复合剂预处理是技术上一个可喜的发现。

于 1999 年，许国仁完成博士论文《高锰酸盐复合药剂预处理工艺在微污染等水中强化混凝强化过滤效能机理的研究》。

我国许多湖、库常季节性暴发藻类产生臭味，以湖、库为水源的水厂对水进行除臭除味处理。此外，受城市污水和工业废水污染的水源水也常有臭味。一般除臭除味多用粉末活性炭处理，但有时效果不佳。

陈忠林[2]参与了多项水的除臭除味实验，特别是承担了郑州市引黄贮水池硅藻藻臭的去除研究，于 1997 年完成博士论文《高锰酸盐复合剂强化混凝除浊除臭研究》。陈忠林还首次提出高锰酸钾与粉末活性炭联用除污染技术，姜成春[3]以此为博士论文课题进行了系统研究，并于 2000 年完成博士论

---

[1]　氯仿（三氯甲烷）：外观与性状：无色透明重质液体，极易挥发，有特殊气味。氯仿可经消化道、呼吸道、皮肤接触进入机体。其主要急性毒性作用是对中枢神经系统有麻醉作用，对眼及皮肤有刺激作用，并能损害心脏、肝脏、肾脏，另外可脱脂。人口服10mL（140mg/kg）可致命。国际癌症研究中心和美国把氯仿列为对人的可疑致癌物。

[2]　陈忠林：1993年师从李圭白，1997年获工学博士学位，现任哈尔滨工业大学环境学院实验中心主任、教授、博士生导师、城市水资源与水环境国家重点实验室副主任，主要研究方向为饮用水中化学污染物迁移转化规律与控制去除技术。

[3]　姜成春：1996年~2000年师从李圭白，2001年获工学博士学位，现深圳职业技术学院建筑与环境学院教授。

文《高锰酸钾与粉末活性炭联用除污染效能研究》。

研究发现高锰酸钾（及其复合剂）与粉末活性炭在除微污染和除臭除味方面有互补性，即对有的微污染或臭味物质，粉末活性炭去除效果优于高锰酸钾（及其复合剂），而对另一些微污染或臭味物质高锰酸钾（及其复合物）的去除效果则优于粉末活性炭。现今高锰酸钾（及其复合剂）与粉末活性炭联用已成为一种新的除微污染技术，特别是对于除臭除味两者联用，已成为一种有效的通用技术在国内推广。

我国由国外引进的臭氧与颗粒活性炭联用除污染技术，由于大型臭氧发生装置当时国内不能制作，而进口臭氧发生装置价格昂贵，成为其推广的制约因素。范洁[1]在博士论文中用廉价的高锰酸钾复合剂取代臭氧，研究了高锰酸钾复合剂与颗粒活性炭联用除污染技术，于1999年完成博士论文《高锰酸盐复合剂与活性炭联用技术去除水中有机污染物研究》。

以湖、库为水源的水厂，当湖、库水藻类暴发时除藻是个难题，特别是如太湖这样的水体，在水源水域蓝绿藻暴发时，每升水中藻含量可达数亿，对水质及水处理过程都影响很大。陈卫[2]以此为博士论文选题，采用高锰酸盐复合剂对之进行处理，获得了异常优异的效果，于2001完成博士论文《高锰酸盐复合剂强化混凝去除太湖蓝藻等污染物质研究》。当需进行除藻时，一般都采用氯、二氧化氯、臭氧等为氧化剂，这些氧化剂不仅能将藻杀死，还会破坏藻细胞使藻细胞内溶物外泄，造成水中有机物以及藻毒素浓度增高，即二次污染。相反地，高锰酸钾（及其复合剂）能使藻失活，但不破

---

[1] 范洁：1993年~1999年师从李圭白获工学博士学位，2001年进入深圳市水务集团博士后工作站，现在深圳市深水龙岗水务集团有限公司。

[2] 陈卫：1997年~2001年师从李圭白获工学博士学位，现任河海大学环境学院教授、博士生导师、现代水处理技术研究所所长、国家住房城乡建设部资源环境与可持续发展专家委员会委员、江苏省土木建筑学会理事、江苏省建筑节能协会常务理事等职。

坏藻细胞，所以不会造成二次污染，所以是一种更好的除藻剂，现已在国内得到推广应用。

氧化剂是水处理中常用的净水药剂，自从 20 世纪 70 年代发现了氯能生成对人体有毒害的氯化消毒副产物以后，人们开始对氧化剂的化学安全性加以关注，发现现今用作氯消毒替代品的二氧化氯、臭氧等，也都能生成对人体有毒害的氧化副产物。丛丽[1]于 2002 年在完成的《新生态二氧化锰净水作用研究》的博士论文中，不仅对新生态二氧化锰对微量有机污染物的去除进行了比较深入的研究，并且对高锰酸钾在净水过程中生成的氧化副产物进行研究，指出迄今尚未发现高锰酸钾能生成对人体有毒害作用氧化副产物，所以认为高锰酸钾是比其他氧化剂（氯、二氧化氯、臭氧等）更安全的氧化剂，也可称为绿色氧化剂，这一成果对高锰酸钾用于饮用水处理是有重要意义的。

虽然氯消毒的替代技术发展很快，但迄今在世界范围内氯仍然是用得最多的消毒剂，所以氯化消毒副产物问题远未得到解决。杨艳玲以此为博士论文课题，发现高锰酸钾有强化氯消毒的作用。高锰酸钾的杀菌消毒能力比氯弱，但在用高锰酸钾替代一半投氯量条件下仍能获得与氯相同的消毒效果，从而使氯化消毒副产物的生成量显著减少，是一种比单独氯消毒更安全的消毒技术，并于 2003 年写出《高锰酸钾安全强化受污染水预氯化消毒技术研究》的博士论文。

在对高锰酸钾及其复合剂的研究、应用，特别是生产性试验中，刘锐平[2]的工作量是非常大的，他提出高锰酸钾的净水机理是氧化、吸附以及氧

---

[1] 丛丽：1999年~2002年师从李圭白获工学博士学位，后进入中科院生态环境研究中心博士后流动站，先后任黑龙江省伊春市市政府党组成员、市长助理、黑龙江省科学技术协会副主席，黑龙江省生态环境厅总工程师。

[2] 刘锐平：2000年~2005年考入李圭白硕士和博士研究生，获工学博士学位。现为清华大学教授、博士生导师，国家杰出青年科学基金获得者。

化生成的二氧化锰作为絮凝核心共沉淀三者作用的结果。论文还详细对比了高锰酸钾与高锰酸盐复合剂的净水效果，发现高锰酸盐复合剂不仅在除污染方面并且在净水工艺上皆优于高锰酸钾。论文中还详细叙述了高锰酸钾及其复合剂在我国不同地区四个水厂中的应用资料，表明其对水质的广泛适应性。论文提出了通过高锰酸钾氧化和原位生成二氧化锰去除水中砷的新工艺。2005年刘锐平写出了题为《高锰酸钾及其复合剂氧化吸附集成化除污染效能与机制》的博士学位论文。

我国改革开放以来，矿产得到大规模开发，但同时地表水体也受到了重金属不同程度地污染，去除水中微量重金属已成为保障饮用水化学安全性方面的重大课题。李圭白的团队有多人（马军、陈忠林、杨威、杨艳玲、梁恒、杜星等）参与了"用高锰酸盐复合剂去除水中微量重金属"的研究，发现高锰酸钾及其复合剂对水中微量铅、镉、铬、汞、铊、锑等都有良好的去除效果。杨威[①]于2007年写出了《水合二氧化锰的净水机理应用研究》的博士学位论文。

广州某水厂取自白坭河，河水水源水受到工业废水污染，原水有机物、氨氮、铁、锰等指标超过Ⅴ类水体标准，出厂水锰常年超标，水厂曾采用氯和低剂量高锰酸钾预氧化，但除锰效果不佳。2007年李圭白派博士研究生俞文正去参加水厂的除锰试验工作。水厂原水中的锰主要以溶解态锰和胶态锰形式共存，由于水中有机物含量很高，故常以二价锰络合物形式存在，难以去除，俞文正单独用高锰酸钾氧化时，投加量很高，而将高锰酸钾与氯联用在适当投加量比例条件下获得很好的除锰效果，在较低高锰酸钾投量时，便可使出水锰浓度稳定达标。

---

① 杨威：2004年~2007年师从李圭白获工学博士学位，2009进入哈尔滨工业大学环境工程博士后流动站进行博士后工作，现任哈尔滨商业大学教授、硕士生导师。

神奇的复合剂

李圭白带领团队从事高锰酸钾及其复合剂净水技术研究至今有三十多年，在水处理领域已将高锰酸钾及其复合剂成功应用到大部分工艺中，其中主要有：

高锰酸钾及其复合剂除浊；

高锰酸钾及其复合剂强化混凝去除水中有机物及氯化消毒副产物前质；

高锰酸钾及其复合剂去除水中微量有机污染物；

高锰酸钾及其复合剂去除水中致突变物质；

高锰酸钾及其复合剂除藻除臭味；

高锰酸钾及其复合剂去除地面水中高稳定性铁和锰；

高锰酸钾及其复合剂强化预氯化和预氯氨化的消毒和杀菌；

高锰酸钾及其复合剂强化对地下水中的砷去除；

高锰酸钾及其复合剂对印染废水色度的去除；

高锰酸钾及其复合剂与粉末活性炭联用除有机污染物；

高锰酸钾及其复合剂与颗粒活性炭联用除有机污染物；

高锰酸钾及其复合剂与生物活性炭联用除有机污染物；

高锰酸钾及其复合剂去除水中微量重金属。

课题组与北京精密单因子水工程技术有限公司合作，使高锰酸盐复合剂净水技术实现了向生产力的转化，并在全国推广。

将高锰酸钾及其复合剂应用于饮用水除污染的研究成果大部分都是开创性的，具有国际领先水平。

李圭白团队的科研成果"高锰酸钾助凝取代预氯化减少氯仿生成量"1995年获得国家级科技进步三等奖。科研成果"高锰酸盐复合剂除污染技术"2002

年获国家技术发明二等奖。还有许多科研成果曾获省部级多项奖励。2006 年李圭白和他的团队在高锰酸钾及其复合剂 20 多年的研究成果基础上写出了《锰化合物净水技术》一书，在国内有很大影响。

锰化合物净水技术的推广应用

李圭白团队对高锰酸钾及其复合剂的研究和应用的特点是，不仅在实验室中进行，特别是它还结合生产中的大量工程问题在水厂中应用。进行过实验的水厂遍布我国的南、北、东、西几乎涵盖了所有主要水系，从而将锰化合物净水技术推广到了全国各地。

位于北京门头沟的某水厂，处理水量 3 万 ~4 万 m^3/d，其原水主要由密云水库经京密引水渠引入。该水厂投高锰酸盐复合剂，结果表明，高锰酸盐复合剂除臭味效果明显，原水水藻由 14 种降为 5 种，藻类总数去除率 96.7%。

某市一地面水厂，主要水源为嫩江水，由于上游居民生活污染和工业废水的排入，水源受到严重污染，有机物含量特别高，是典型的难处理水体。试验选在 1 月~4 月、10 月~12 月的低温低浊时期，共进行了 2 年时间。用高锰酸钾复合剂对嫩江低温低浊水库水预处理取代预氯化，对水强化混凝，效果非常好。

1997 年，黄河频繁断流达 280 天。位于黄河最下游的一水库，原水为水库积蓄的丰水期的黄河水。水库上游和周边的企业不断发展，废水排放量不断增多，导致水中有机物污染日益加剧，臭味、色度、藻类逐年增高，用不同的高锰酸钾复合剂逐一解决了问题。

胜利油田某水厂，以黄河水为水源，因黄河断流引进了附近受养殖水污染的水源，而导致水中有机物升高，水体呈现乳白色，污染较重，采用高锰酸盐复合剂强化混凝处理，停止了预投氯。结果表明，高锰酸盐复合剂预处理有效去除了有机污染物，明显改善了出水水质，同时具有较好的经济效益。

大庆某水库水厂为大庆油田的主要饮水源，水库中的水由嫩江引入，由于嫩江沿线造纸、化工厂生产废水排入嫩江，使水源受到污染。在大庆水厂夏、秋两季，用高锰酸钾复合剂强化混凝，不仅达到了净水效果，而且还大幅度地节省了混凝剂药耗。

松花江是哈尔滨的主要饮水水源，由于受生活污水和工业废水的污染，增加了水厂混凝处理的难度。特别是地处北方寒冷地区，冬季低温低浊时期，处理尤为困难，哈尔滨某水厂用高锰酸钾及高锰酸盐复合剂，使原水中有机污染物大幅下降。

攀枝花钢铁集团某水厂以金沙江为水源，水厂原水水质受季节影响大，温度、有机污染物、铁、锰等指标大大升高。金沙江洪水来临时原水水质迅速恶化，进厂水浊度常常在数小时由数百度急剧上升高达上万度，给生产运行带来困难。用高锰酸盐复合剂有效地去除了污染物，降低了浊度，提高了出水水质的稳定性。

七台河市位于黑龙江省东部，以七台河市水库为主要饮水水源。七台河市水厂是一座新建水厂，由于水中的有机物浓度高，混凝处理过程中，混凝剂消耗大，因而制水成本增高。用高锰酸钾复合剂强化混凝后，不仅达到了国家的饮用水水质标准，还降低了制水成本。

广东省佛山市顺德某水厂，取水于珠江北江与西江交汇处，附近有乡镇排污口，排污后水厂原水水质变差，严重影响供水水质和水量，用高锰酸盐复合剂进行预氧化工艺处理，有机污染物去除率达 94%，同时对醛、酮、酚、苯、酯、多环芳烃等化合物去除效能较高。同样取自珠江的东莞某水厂，用高锰酸盐复合剂去除了出厂水臭味，控制了氯化消毒副产物。

李圭白团队还参与了在国内具有重大影响的水污染事件的解决，不仅使他及其团队，以及高锰酸钾及高锰酸盐复合剂净水技术在国内知名度大幅提升，并且对国家也作出了重要贡献。

第一个使用高锰酸钾净水的水厂

1988 年，大庆有一个水厂因水源水受到严重污染，水处理效果很差，李圭白的团队用高锰酸钾取代氯对水助凝获得了良好的效果。这是第一个使用高锰酸钾取代高投加氯助凝的水厂。李圭白至今记忆犹新：

1988 年，有一个地面水源受城市污水和工业废水污染很严重。我带着马军到那里看到，这个水厂以附近的水库为水源，而水库是一个自然形成的浅水库。由于水库周围居民的生活污水和工业废水直接排入水库，使该水源受到严重污染。这种高有机污染物、低浊度的地表水很难处理，尤其是冬季，水中有机污染物对混凝干扰，混凝的效果很差。因为氯能氧化有机物，所以水厂以前不得不采用预氯化强化混凝，但由于水中有机物浓度高，使投氯量加大，达到了 19mg/L（常规消毒自来水投氯 1~2mg/L）。东北冬天冷，投药车间都建在室内，投那么大浓度的氯，就有少部分氯气跑出来，整个水处理车间都充满了氯气味儿，我们进去都被呛得难以呼吸。这样的水厂氯味大，工作环境十分恶劣。氯气对于金属管道、金属阀门有很强的腐蚀性，水厂的设备已严重腐蚀，不但给运行管理造成很大困难，而且水中的卤代有机物生成量也很高。

我和马军、陈忠林用高锰酸钾替代氯进行助凝，发现高锰酸钾在比氯小数倍投量下就能取得优良的助凝效果，从而发现了高锰酸钾的助凝作用。它的氧化能力还可以缓解有机污染物干扰，在水厂不同季节、特别是冬季低温低浊时期的生产试验，发现只投少量高锰酸钾，便取代水厂现行的预氯化处理工艺，不仅改善了水质和工作环境，还避免了卤代有机物的毒害。[①]

这是李圭白团队将高锰酸钾用于水处理取得成功的第一个水厂。在该水厂的进一步生产试验中，当时作为该厂职工的许国仁也参加了工作，发现高锰酸钾与氯在助凝方面有相互促进作用，从而提出了高锰酸盐复合剂的概念。

除郑州水鱼腥臭味

1992 年 ~1993 年春，以黄河水为水源的郑州某水厂水中的鱼腥臭味大暴发，在居民中引起强烈反响。那段时间，当地的供水公司电话几乎被打爆。

水厂每年冬季从 12 月到次年 3 月，水厂常规处理后的出厂水中有明显的鱼腥味，特别是水经加热或烧开后，鱼腥臭味更加严重，令人恶心，直接影响了居民的日常生活和身心健康。这种状况虽引起了郑州有关方面的关注，但一直没有好的方法解决。

陈忠林回忆当时的情况：

那个臭鱼汤味儿，老百姓反响很大。而那个水厂供水的范围包括省、市政府，政府官员反响就更大了，他们直接就给供水集团老总打电话：这眼看

---

① 李圭白访谈，2015年4月22日，哈尔滨，资料存于采集工程数据库。

就要过年了，不用买鱼了啊，我们不管做点儿什么东西，把自来水一放就可以做鱼汤啊。幽默归幽默，可水厂的压力非常大，所以供水集团老总急电求助李圭白老师，赶快派人解决这个棘手问题！

常规的水处理工艺，可以混凝沉淀除去杂质把水变清，但鱼腥味去除不了。蓄水池很大，水在里面有一定的停留时间，里边有污浊物，在适合的温度和阳光条件下，藻类就开始繁殖。而凋亡了的藻细胞腐烂在里面释放出来有味的物质，这就属于污染。那时，我刚读博士，李老师就派我去郑州。在那里白天黑夜地倒班做试验，在食堂喝添了佐料掩盖了鱼腥味的汤，基本不敢喝那里的水。[1]

课题组根据鱼腥味的水质特征，确定了鱼腥味产生的根源。因水厂取水为黄河水，从黄河水源到水厂，中间经历了沉砂池、蓄水池，又经过长距离输水管线。他们为了解从黄河水到进厂原水之间的藻类变化情况，多次取黄河水、沉砂池水、蓄水池水、进厂原水4个水样进行藻类测定，数据表明，黄河水的藻类并不高，经沉砂池停留后有所上升，增加了1.5~13.4倍，到了蓄水池最多时增加了57倍之多，而且还有增加趋势。

这些藻类中硅藻占了近90%，由此可见，鱼腥味与来自于沉砂池和蓄水池大量繁殖的藻类有关。之所以每年这个季节都出现鱼腥味，那是因为水厂是由预氯化和氯化消毒杀藻，杀死的藻类尸体及其代谢物产生了具有鱼腥臭味的物质，但水厂的预氯化和氯化消毒是无法取代和替代的，因此这种状况一直恶性循环下去。

陈忠林在前期试验中发现高锰酸盐复合剂和氯的投加地点对除臭效果有

---

[1] 陈忠林访谈，2015年1月13日，哈尔滨，资料存于采集工程数据库。

影响，最后确定在原水厂采用预氯化的前提下，选用了高锰酸盐复合剂，去除了水中的鱼腥味，使出厂水符合国家饮用水水质标准。

净化太湖巢湖饮用水

随着城市的发达和工业的发展，地表水富营养化越来越严重，由此带来的藻类和臭味也引起国内外水界的关注。我国几乎所有的湖泊、水库都有藻害发生，其中，太湖、巢湖、东湖等都存在严重的水臭。

在太湖，李圭白课题组了解到，令水厂头疼的是硅藻门、绿藻门和蓝藻门中的几十种微小藻（几微米到几十微米），因其密度小，不易混凝，使药耗增加，进入滤池后常常造成滤池堵塞，严重时水厂被迫停产。

小小的藻类进入管网后，促进了细菌的增长，而细菌的再繁殖造成在管网中发生腐蚀和管垢。

现行的水处理工艺存在局限性，用预氯化除藻达70%，且产生氯化副产物，而李圭白课题组的陈卫用高锰酸钾复合剂去除水藻类，去除率达97%。高锰酸钾不但杀藻灭活、除臭除色效果显著，且不产生副作用。

合肥水厂以巢湖水为水源，后来巢湖水质污染加重，不得不另设新取水点。水厂经处理后的水仍含有大量的藻类，水烧开时会产生难闻的臭味。

1999年~2000年期间，李圭白的课题组开始用高锰酸盐复合剂去除巢湖水源水中的有机污染物。经对比显示，用常规的预氯化处理，水中有机污染物略有降低，而用高锰酸盐复合剂预处理，水中有机污染物浓度明显降低。

2000年4月，课题组对水厂高锰酸盐复合剂除污染效果进行了生产观测，处理后的水比巢湖原水的有机物的种类减少了78%，有机物的浓度去除率为

89%。高锰酸盐复合剂对去除醛、酮、酸、苯、多环芳烃[①]、硝基苯、杂环化合物的去除效果显著。

由于巢湖原水有机物污染严重，藻类含量高，水厂常规处理难于混凝。用高锰酸钾和高锰酸盐复合剂强化混凝优于预氯化的效果，因此可取代预氯化。试验还表明了高锰酸盐复合剂处理后的水的锰含量明显低于用粉末活性炭处理的水的锰含量。

课题组在生产应用中得出的结论令人满意：高锰酸钾和高锰酸盐复合剂对水体中的藻类有较高的去除能力，能明显降低水中由藻类引发的臭味，能很好地改善出水水质；常规的预氯化能降低水中的含藻量，但不能降低藻类引起的臭味，反而能使含藻水的臭味强度升高；粉末活性炭对藻有一定的去除作用，但去除效率远远低于高锰酸钾复合剂，对藻类引发的臭味去除程度有限；高锰酸钾不仅显著提高除藻除臭的效果，还可节省50%的混凝剂，具有一定的经济效益和使用价值。

图 8-2　2003 年，李圭白在做试验

---

① 多环芳烃（PAHs）：是指具有两个或两个以上苯环的一类有机化合物。多环芳烃是分子中含有两个以上苯环的碳氢化合物，包括萘、蒽、菲、芘等 150 余种化合物。常见的多环芳烃具有致癌作用的多环芳烃多为四到六环的稠环化合物。国际癌研究中心（IARC）（1976年）列出的94种对实验动物致癌的化合物，其中15种属于多环芳烃，由于苯并（a）芘是第一个被发现的环境化学致癌物，而且致癌性很强，故常以苯并（a）芘作为多环芳的代表，它占全部致癌性多环芳烃1%~20%。

十六大前，急奔密云水库

2002年11月8日~14日，中共第十六次全国代表大会在北京顺利召开。可是，会议开幕前北京密云水库首次暴发大面积蓝藻水华，[①]饮用水产生臭味，李圭白、马军等人与北京自来水公司等部门的相关人员一起展开了一场无声的除藻大战。

密云水库为大型、山谷型深水人工湖，是北京城市供水最主要的地表水源。1999年以来，华北地区连续干旱，密云水库库区蓄水量锐减，水位急剧下降，2002年在库区8个段面均测不出流速。因缺少足够的水源补给，水库贮存量大大减少，导致水中污染物浓度加大。因而以密云水库为水源的供水区内的饮用水出现臭味，给城市供水带来很大困扰。

据查，密云水库水体的富营养化日益严重，使水体自净能力下降，水库内蓝藻、绿藻等藻类异常增殖，其中硅藻、隐藻、绿藻、蓝藻等生物代谢过程产生的微量致臭有机物明显升高，导致水源水臭味异常严重。2001年~2002年夏秋季，东库区表层水体中甚至出现裸眼可见的淡黄色、颗粒状微囊藻细胞团。

北京为严重资源型缺水的特大城市，水量与水质直接关系到首都人民的生活、经济发展与社会稳定。20世纪80年代以来，密云水库的水质问题就陆续有报道。以密云水库为水源的北京市×水厂等许多水厂的现行工艺对水中的致臭有机物去除能力较差，出厂水臭味强度超标，用户对饮用水臭味问题投诉日益增多。李圭白回忆：

[①] 蓝藻水华：蓝藻是藻类生物，又叫蓝绿藻。大多数蓝藻的细胞壁外面有胶质衣，因此又叫粘藻。在所有藻类生物中，蓝藻是最简单、最原始的一种。蓝藻中有些种类（如微囊藻）还会产生毒素（简称MC），MC除了直接对鱼类、人畜产生毒害之外，是强烈的致癌物质，也是肝癌的重要诱因，直接威胁着人类的健康和生存。

十六大召开之前，密云水库暴发严重藻类污染，用户反映也很强烈，相关部门非常紧张，饮用水除臭除味成为关注的焦点。

当时，北京市自来水集团集中技术力量，对国内外文献上的各种除臭除味的方法都搜集过来，如粉末活性炭吸附、臭氧预氧化、过氧化氢氧化、二氧化氯氧化、石灰助凝等多种强化去除饮用水中臭味的方案，并进行了深入细致的对比试验研究。经过全面系统的试验以及技术经济比较，高锰酸盐复合剂预氧化技术最终被确定为第 × 水厂生产中采用的工艺正式投入生产应用。

国内一般用粉末活性炭去除臭味，马军和陈忠林他们在很多地方做过实验，发现高锰酸钾也有除臭除味的功能，高锰酸钾在除臭除味方面与粉末活性炭联用有功能互补性。就是说对一些臭味，粉末活性炭效果好，而对另一些臭味，高锰酸钾效果非常好，它们有互补性，把它们两个联用就对大多数臭味物质都有效了，这是一个很重要的成果，这个成果第一次大规模应用就用在了北京密云水库。[1]

马军介绍当时的情况：

当时，处理水污染的事件非常紧急。北京亲自派人到哈尔滨工业大学希望我们去用高锰酸盐复合剂解决去除臭味的问题。李老师带着我们到现场，他亲自在第一线指挥整个应急方案实施，我和李老师商量，到底用什么样的方案去解决，李老师给我配了个博士生刘锐平，他和我们一起到北京，又到现场工作。在北京水源第九水厂用高锰酸盐复合剂解决水质问题，并在生产实际中表现出良好的除污染效果。那么这个复合剂当时不仅解决了十六大前自来水中的臭味

---

[1] 李圭白访谈，2015年4月22日，哈尔滨，资料存于采集工程数据库。

问题，还有效地确保了北京市城区居民的安全、优质饮用水的供给。

高锰酸钾和粉末活性炭联用技术已经成为一种国内通用的除臭除味的方法，现在推广非常快，全国各个地方都在用。①

松花江重大污染，应急工艺立功

2005年11月13日，中石油吉林石化公司双苯厂爆炸，100吨左右的苯类（苯、硝基苯）流入松花江，造成松花江流域重大水污染事故，松花江哈尔滨段的硝基苯浓度最高峰值超标33倍，哈尔滨停止供水4天。

一时间，这个400万人口的特大城市陷入恐慌，人们蜂拥各超市，抢购瓶装水、桶装水、牛奶、八宝粥、饼干和面包等，在短短的一天之内，哈尔滨市民把1.6万吨的纯净水存货抢购一空，相当于平时100天的供应量。

李圭白接受媒体采访时说，苯和硝基苯是化工生产中的重要原料，是一种剧毒有机物，美国国家环保局将其列为128种"优先控制有毒有机污染物"之一。硝基苯是非常稳定的物质，空气对其无法氧化，甚至连最强的氧化剂都无法氧化它。如果在水中进行天然降解需要2~3年。

松花江是东北最大的水系，流域面积占东北三省面积的70%，流域人口总数为5000万人。松花江水体发生重大污染，给流域沿岸的居民生活、工业和农业带来了严重的影响。

此次污染事件中，松花江污染团中硝基苯的浓度极高，到达吉林省松原市时硝基苯浓度就已超标约100倍，松原市自来水厂被迫停水。11月18日，

---

① 马军访谈，2015年3月5日，哈尔滨，资料存于采集工程数据库。

图 8-3 李圭白讲解松花江污染事件

松原市自来水停水的消息传到哈尔滨。哈尔滨各自来水厂均以松花江为水源，水厂现有的常规净水工艺根本无法应对如此高浓度的硝基苯。

11 月 21 日晚上 11 点，黑龙江省政府向中央报告松花江水源污染事件；22 日零点 31 分，建设部向国务院报告，国务院办公厅在 22 日上午召开紧急办公会议；从 23 日停水开始，各大媒体和中央电视台新闻联播报道了哈尔滨停水事件，引起全国关注。

得知松花江污染，李圭白心急如焚，立刻从广州飞回哈尔滨，下了飞机，穿着一件单薄的衬衫，冒着零下 23℃的寒冷低温赶到工作现场。马军也从外地匆匆赶回来，直奔水厂。

松花江水污染事件惊动了党中央和国务院，胡锦涛、温家宝均作了重要批示。国务院派的工作组、协调工作专家组陆续到达哈尔滨。

11 月 24 日，城市供水指挥部技术组决定立即由哈尔滨工业大学牵头组成技术攻关组，进行除硝基苯系列试验，并要求于 27 日供水前拿出最佳方案。紧急进驻到哈尔滨第三水厂进行现场科研攻关，哈尔滨工业大学市政环境工程学院实验室的仪器几乎都搬到了现场。此时，李圭白的压力很大。他指出，苯和硝基苯相对密度大于水且不溶于水，随着水流会逐渐吸附在所经过的河道、河床上。硝基苯是制作炸药的材料，此前，世界上还没有出现过硝基苯污染水体的先例。因此，这方面的研究尚属空白。污染的残留物到底能够延续多久，危害究竟有多大暂时还无法断定。已75岁高龄的李圭白，作为专家组成员从水源地到水厂，从省、市政府的会场到实验场地，都能看到他的身影。

陈忠林，在哈尔滨工业大学比其他人更早得到了松花江污染的消息，并在关键时刻冲到第一线。他化学专业出身，之前对各种污染物做过分析检测。这次他掌握着硝基苯测试和应急方案试验的所有数据，随时提供给专家决策。他回忆了参加水污染处理的过程：

11月20号，自来水公司化验中心的纪峰[①]主任给我打电话说市里已经组织人开会了，松花江上游吉化厂爆炸出现了硝基苯污染，马上就要流到松花江。他很着急地说，你赶快来帮帮我，马上组织人监测这个污染物。当时的情况是很紧张的，有污染，首先要监测到，得拿数据说话。

我立刻带着我的两个博士生沈吉敏和齐飞赶到了水厂化验室。把分析方法建立起来，多台机器同时开动，然后又派学生，两天两夜在那儿，每一个小时取一次水样，不间断地监测污染团。刚开始学生总也监测不到硝基苯有点耐不住了。可是，一天后半夜，学生突然喊着："哎呀，老师，测出来了！"测出硝基苯就说明污染带到了。然后就看到硝基苯的浓度一个小时一变地迅速往上升，哈尔滨江段的硝基苯浓度最高峰值超标33倍，然后我们把这监测数据立刻反馈给专家组。

李老师和马老师从外地赶回来就直奔我们所在的第三水厂，然后研究各种处理方案，组织做多种试验。李老师、马老师是专家组专家，一直现场坐

① 纪峰：1998年~2010年师从李圭白，获工学博士学位，现在哈尔滨供水集团公司总工程师。

镇指挥，而试验的任务就交给我负责。当时我们3个老师带的所有的硕士生和博士生大约有20多人，全部投上去在现场取水测试做各种投加试验。为了拿出一个最佳技术参数，学生们24小时连夜轮班工作，加大了苯和硝基苯的检测频率，每天检测样品数百个。[1]

在李圭白的指挥下，攻关小组首先研究了粉末活性炭对硝基苯的吸附特性，马军在这方面有比较深的研究：

因为我的硕士课题就是做的粉末炭，再加上当时哈尔滨的四水厂和三水厂一直在用粉末炭来除污染。所以我们研究了一宿，决定粉末炭的投加量必须在40~60mg/L，另外接触时间要大于30分钟，再加上我们的高锰酸盐复合剂。但按照这样一个条件，水厂当时的条件不够，所以我们第二天早上8点钟就和刚到哈尔滨市的建设部专家组开会讨论到底怎么做，讨论之后又去省里汇报讨论，李老师作为专家组的成员，在整个现场指挥着各个方面的工作。当时松花江污染连续几天时间，他75岁高龄甚至在后半夜还在现场，我觉得这非常令人敬佩。[2]

攻关组针对粉末活性炭投量大可能缩短滤池过滤周期的情况，当时选用了几个工艺优化组合的处理方案，并多次对比试验结果，如投加粉末活性炭吸附、高锰酸盐复合剂和水厂常规投加的混凝剂等，不同药剂的配比是多少，投多少量能达到最佳处理效果，这几个工艺怎么组合，投的顺序，跟水接触多长时间，怎么混合，陈忠林带着学生日夜兼程做了大量的试验。

---

[1] 陈忠林访谈，2015年1月13日，哈尔滨，资料存于采集工程数据库。
[2] 马军访谈，2015年3月5日，哈尔滨，资料存于采集工程数据库。

那几天，李圭白的攻关组在一线岗位度过了最紧张的时刻。他强调，越是这种时候，大家越不能有一丝一毫的疏忽。

最终，攻关小组确定了"粉末活性炭预吸附协同高锰酸盐复合剂强化复合铝铁（PAF）混凝"的应急工艺，26 日在哈尔滨第四水厂正式开始对去除硝基苯的应急工艺及其技术参数的生产试验。

试验表明，应急工艺可去除水中绝大部分硝基苯，对硝基苯的去除率高达 97%。这个工艺被确定为净水厂的应急工艺。马军等人曾研究过粉末活性炭除水中微量酚类化合物，吸附效果明显，但是还没有见到应用粉末活性炭吸附水中微量硝基苯的报道，这是第一次。

11 月 24 日~26 日，经过数名专家连续攻坚，哈尔滨首次大规模更换过滤池滤料。

11 月 26 日温家宝总理代表党中央和国务院到哈尔滨察看松花江水污染情况，他一下飞机就来到第三水厂。在哈期间，温家宝还到哈尔滨工业大学看望了学生。

1 月 26 日 14 时左右，在第四水厂净水车间，试验效果非常理想。经过处理的水中的硝基苯含量为 0.0034mg/L，低于国家标准。

恢复供水前的几个小时的气氛是相当紧张的。11 月 27 日 4 点 30 分，天还没亮，马军急急忙忙地从第三水厂赶回，向守在会议室李圭白等专家和相关领导通报情况。几分钟后，李圭白和马军又赶往第四水厂……

27 日 8 时，建设部官员宣布：所有指标检测都合格！ 27 日 11 时 30 分，恢复哈尔滨市区供水。

那些日子，时时关注电视新闻的哈尔滨市民对停水前和恢复供水后的水质是否达标、水污染会否长期存在等问题提出诸多疑问。李圭白作为松花江水污染处理组专家，成为水质安全的代言人多次出镜，解答市民关心的问题。

图 8-4　李圭白就活性炭对松花江受污染水源水处理等有关问题接受记者采访

　　他向市民解释，上游发现污染超标后，到达取水口还需要相当的时间，这时我们就已经关闭了取水口。所以停水以前供应的水是安全可靠的。我们采用的应急工艺，能够去除水中绝大部分的苯、硝基苯等有机类有害物质，是最有效的方法。他向大家保证，污染过后的松花江水在经过三道程序的处理后，供水水质肯定符合国家饮用水水质标准的，大可放心饮用。

　　在松花江水污染事件中，李圭白领导的哈尔滨工业大学攻关团队作出了重要的贡献，受到了建设部、省政府和市政府高度评价。哈尔滨工业大学参与紧急治污课题组的学生，在工作现场成立了临时党支部。他们克服条件极其艰苦的困难，辅助专家进行科研攻关，受到建设部和黑龙江省政府的表彰。2005 年松花江硝基苯引起水污染的案例是在中国水处理行业影响非常大的事件，引起了我国政府对全国江河流域的突发污染应急处理的重视。为了从根本上解决松花江水体污染的问题，李圭白和其他专家一起向国家提出了"松花江水专项计划"新课题。

　　松花江污染事件是一个重要的转折，在以后的 10 里，国家进行了三湖和七大水系的治理，这些江河的污染修复治理，都是影响深远的。

　　从松花江污染事件后，国家在重大专项里设了水专项，有很多水方面的科研项目立项，李圭白参与了很多国家重大专项的研究工作。

亚运会在即，广州告急

2010 年 10 月 18 日，在亚运环境工作抽查中发现，广东北江发生严重铊超标事故，北江干流 12 个断面铊浓度均不同程度出现超标现象，最高超标 10 倍。广州、佛山、清远等多个城市供水安全受到严重威胁。

而 25 天之后的 11 月 12 日～27 日，第十六届亚运会将在广州举行，届时，来自亚洲 45 个国家的代表将汇集在这里。能否妥善处置好，不仅直接关系沿线群众的饮水安全，而且直接关系广州亚运会的顺利举办，这是一件非常大的关系国际影响的事件。

广东省的水源有西江、北江、东江 3 个水源。北江，是珠江流域第二大水系，广东最重要的河流之一。经排查，此次铊污染事故是由北江上游的有色金属冶炼厂违法向北江排放含铊废水所致。

环境保护部、住房城乡建设部、水利部对此次事件高度关注。广东省政府立即成立了处置"10·18"北江铊污染事故工作领导小组和由国家、高校、科研机构、机关、企业的环境保护、水文、水质处理、卫生、防疫等方面的专家、教授组成的专家组。

国际上对铊的研究虽已有 100 多年的历史，但人们在生活中还是很少听到"铊"这个可怕的字眼儿。李圭白介绍，铊是一种剧毒高危重金属，为强烈神经毒物，对肝、肾有损害作用，吸入、口服可引起急性中毒，其毒性远超砷、汞、镉、铅等，且具有一定的积蓄性，毒性作用可持续较长时间。铊长期累积会慢性中毒累及全身系统，导致人体四肢痛、脱发、神经麻痹、双目失明、血压升高，心跳过速、内分泌异常，甚至死亡。它在燃煤、燃油和其他矿石的冶炼过程中很容易进入环境中，引起环境污染。各国饮用水对水中铊的限量很低。饮用水除铊在国内外一直是一个有待解决的课题。

我国一些地区在矿产资源利用中有将铊在内的重金属释放到环境中，引发环境污染，并有导致多人死亡的案例。北江地区就曾因含铊、汞矿开发利用造成的铊环境污染，导致两次大面积范围百人中毒现象。

这次铊污染，"依靠专家、科学决策"又把李圭白推到了除污净水的第一线。

李圭白在我国重大的水污染事件中，就像"救火队长"哪里有问题就带队往哪儿冲，但非"救火"，而是"救水"。"污染大于天灾"，污水殃及的人数、危害的程度远远大于火灾的危害。李圭白接到这个紧急任务，马上组成团队，奔广州。

陈忠林说："当时，李老师、马军老师都在外面出差，而我在江苏出差，李老师给我打电话说'赶快！你坐最早的航班，咱们到广州机场集合！'李老师、马军老师，梁恒[1]和我4个教师，还带了几个博士生李凯[2]、邵森林[3]……从不同的地方急匆匆奔广州机场集合。"

李圭白带着这支团队一头扎在了广州。时间紧，任务重，处理难度大。他讲述了当时北江铊污染事故工作领导小组的做法和他们的应急攻关过程：

当时的情况很紧急，广东省政府成立了3个科研组，一个是我们哈尔滨工业大学组，因为我在佛山有个院士工作站，当时院士工作站刚刚建立，我、马军、陈忠林，还有梁恒等，我们4个人带着我的几个研究生就在那里开始试验。第二个组是清华大学组成的课题组。第三个是深圳自来水公

---

[1] 梁恒：2002年~2007年师从李圭白硕博连读，获工学博士学位，现任哈尔滨工业大学环境学院教授、博士生导师，兼任城市水资源开发利用（北方）国家工程研究中心副主任，教育部高等学校给排水科学与工程专业教学指导分委员会秘书长、中国水协青年委员会主任等。

[2] 李凯：2009年~2015年师从李圭白，2015年获博士学位，现为西安建筑科技大学教师。

[3] 邵森林：2011年~2015年师从李圭白，2015年获博士学位，现为武汉大学特聘副研究员。

司和华南理工大学合作组成的课题组。这 3 个组分头行动，目标相同，重任相同，八仙过海，各显其能。

除铊，这是个很棘手的处理工艺，我们每一个人压力都很大，因为这关系到国际政治影响。我们在那里苦战了 3 天 3 夜，反复试验，反复比较，最终采用高锰酸盐复合剂技术，配合混凝法，利用其氧化、吸附、共沉淀作用，成功将铊降至水质标准限值以下。

广东省认为我们的方案最合适，便选择了这个工艺，马上用到了水厂，解决了问题。这个工艺在之后的一两个月里，在省市领导、水公司领导、技术人员及全体职工共同努力下，迅速推广到了广东省的 30 多个水厂，覆盖人口是 600 万人，这个工艺在当地立了一大功。

这期间，在除水中重金属污染时，高锰酸盐复合剂用的是十分广泛的，比如除汞、铅、镉、铬都是很有效的。所以在全国很快得到了推广。这个技术是马军和陈忠林以及他们带的好多研究生做出来的，他们在这方面做了很多研究。北江除铊使我们这个技术大放光彩。铊在水中稍微含量高一点就对人体有害，所以铊是超微量的，是微量的污染物，重金属污染，因为它毒性大，所以

图 8-5　李圭白坐镇应急实验中试现场

发现了铊污染以后，就要马上治理，而铊污染在国内外没有一个有效的方法。这次无论如何也要拿出最好的处理方法。[①]

高锰酸盐复合剂不是一个固定的组方，它是一个大概念，不是固定不变的一剂药包治百病。每遇污染，课题组要根据现场的污染物性质和水质情况去调整配比，优化出来一个适合这种污染处理的一个组成配方。

由于北江事故应对及时，选择的处理工艺见效快，经过 1 个多月的艰苦努力，处置工作取得圆满成功。北江沿线没有一个城市水厂停水，没有发生一起群众恐慌事件，沿线群众饮水安全得到保障，社会秩序稳定，确保了广州亚运会的顺利举办。

而在广州试验期间，课题组的人也要克服"两头搋"的困难。马军、陈忠林在学校都有课，他们两边都要兼顾。陈忠林说："我当时是飞回学校上课，上完课再飞回去。可以说当时国内那么多的高校在那儿，最后的处理方案是以我们的方案作为最佳方案推广在整个污染片区，这也捍卫了哈尔滨工业大学水处理这块招牌。"

2011 年 1 月 8 日春节前夕，广东省佛山市市委常委、常务副市长冼瑞伦率佛山市政府、水业集团及相关部门负责人一行 14 人来哈尔滨工业大学拜会李圭白院士及其科研团队，并向市政学院李圭白及其团队长期以来对佛山市环境保护及治理水体污染方面的技术支持表示敬意和感谢。

长期以来，李圭白院士的科研团队及市政学院一直与佛山市保持着良好的产学研合作关系。"李圭白院士工作室"就是其团队保障地方城市用水安全、服务地方经济建设的一个缩影。

---

① 李圭白访谈，2015年4月22日，哈尔滨，资料存于采集工程数据库。

　　早在 2010 年 4 月，作为国内水务企业首家院士工作室"李圭白院士工作室"就已落户佛山水业集团，成为促进高校与企业产学研深入合作，加快水行业科技成果转化和科技进步的"新引擎"。研究内容对于提高水行业的技术水平，促进企业技术发展，保障地方城市用水安全都具有重要意义。

　　冼瑞伦副市长代表佛山市政府向李圭白工作室团队成员颁发了荣誉证书，并向市政学院和学校赠送了纪念品。

　　这次成功处理铊污染是一个非常好的报国家奖的一个素材，但当时的工作都在保密状态，他们失去了一次难得的报国家奖的机会。

　　在推广高锰酸钾及高锰酸盐复合剂的过程中，李圭白带出了一支团队，除前面提到了以外，还有纪峰于 2010 年完成博士论文《松花江中硝基苯类污染物应急检测及水质达标技术研究》；张锦[1] 于 2001 年完成博士论文《高锰酸钾复合药剂除酚除臭研究》；张永吉[2] 于 2004 年完成博士论文《高锰酸盐复合剂预氧化去除水中天然有机物及卤仿控制》；蔡冬鸣[3] 于 2004 年完成博士论文《高价态锰化合物处理剂对染料废水的脱色研究》；此外，从波[4] 于 1999 年完成硕士论文《高锰酸钾复合药剂 PPC 强化混凝除浊及除 COD_{Mn} 研究》；刘玉清[5] 于 2002 年完成硕士论文《新生态二氧化锰的混凝研究》；何立娟[6] 于 2007 年完成硕士论文《高锰酸盐复合药剂处理东江东莞段水源水微污染效能的研究》；刘灿波[7] 于 2008 年完成硕士论文《新生态二氧化锰净水作用及机理研究》。

---

[1] 张锦：1998年~2001年师从李圭白，2001年获博士学位。2003年中国地震局工程力学研究所博士后出站，现为大连海事大学教授，环境科学与工程学院副院长。

[2] 张永吉：2001年~2004年师从李圭白，于2004年获博士学位，现同济大学教授。

[3] 蔡冬鸣：2001年~2004年师从李圭白，于2004年获博士学位，现在日本工作。

[4] 从波：1995年~1998年师从李圭白，于1998年获硕士学位，现为哈尔滨供排水集团设计院高级工程师。

[5] 刘玉清：2000年~2002年师从李圭白，于2002年获硕士学位，现为无锡轻大建筑设计研究院高级工程师。

[6] 何立娟：2004年~2007年师从吕谋和李圭白，于2007年获硕士学位，现在山东省国联环境保护对外合作中心工作。

[7] 刘灿波：2005年~2008年师从吕谋和李圭白，于2008年获硕士学位，现在北京康富合剑水务科技有限公司工作。

第九章

走进膜滤时代，引领第三代绿色净水工艺

膜滤技术是李圭白晚年一个重要的科研方向。当水质问题成为社会关注的热点时，这就为他的探索提供了一个更为广阔的天地。"社会需求是科学技术发展的强大推动力，技术突破引领技术发展的方向"，这是李圭白从事科学技术研究的深切体会。他的每一个科研方向上的创新和发展，都紧扣"国家需求"和"社会需求"的主题。他在世界水大会上提出的"第三代城市饮用水净化工艺——以超滤为核心技术的组合工艺"，给水界同仁和水工业指明了一条绿色工艺的发展方向。

超前的战略选题

　　1989 年，李圭白在英国高访。

　　1990 年初，他有机会到法国巴黎世界著名的跨国集团里昂公司的一个研究所访问参观。而那个时候，李圭白正在考虑饮用水的生物安全性课题。

　　在研究所参观，正巧那里在做超滤净水实验，是用一个超滤膜①的小型实验装置做处理河水的试验。发现超滤后水中的微生物几乎全部被去除，这

①　超滤膜：超滤膜是一种具有超级"筛分"分离功能的多孔膜。它的孔径只有几纳米到几十纳米，也就是说只有一根头发丝的1‰。超滤膜的截留分子量在100000以上，能截留0.01μm以上的粒子。

一现象引起了我很大的兴趣。超滤膜的孔径可以做到比水中最小的生物——病毒还要小，所以，这个超滤就可以把水中包括病毒在内的一切致病微生物全部去除，就可以大大提高水的生物安全性，这就完全解决了长期困扰业界的头号课题之一"饮用水的生物安全性"，我感觉到这个超滤如果用于自来水将是饮用水发展的一个很重要的方向，意义非常重大。由此我开始关注膜滤用于水处理，特别是用于生活饮用水处理的问题。[①]

李圭白指出，城市饮用水最重要的是水的安全性。安全性主要是两方面，一方面是生物安全性，另一方面是化学安全性。生物安全性是首要的，因为生物安全性一旦出了问题就会引起城市疾病的爆发，后果极其严重。

20世纪末期，世界出现的以"两虫"[②]为代表的新的饮用水重大安全性问题——生物安全性问题。人们很少知道的"两虫"即贾第鞭毛虫和隐孢子虫。它们是致病原生动物，广泛分布于自然界，可寄生于人体和哺乳动物、两栖动物、鸟类在内的数十种动物体内，是一种对人类致病的原生动物。贾第鞭毛虫包囊为卵圆形，长 $8\sim12\mu m$，宽 $7\sim10\mu m$；隐孢子虫卵囊为圆形，尺寸为 $4\sim6\mu m$。它们的包囊或卵囊随粪便排出，使水源水遭到污染。当水厂水处理发生故障时，包囊或卵囊能穿透滤层，其抗氯性很强，氯难以将它杀死，且致病性很强，世界各地都有其疾病暴发记录。

1993年，美国威斯康星（Wisconsin）州密尔瓦基市（Milwaukee）市发生的饮用水中隐孢子虫病的爆发导致超过40万人感染，其中死亡50人，震惊世界。隐孢子虫卵囊的致病性很强，据报道，在当时约有26个国家发现受到隐孢子虫感染。贾第鞭毛虫病的症状包括腹泻、腹痛、食欲不振、呕吐等，

① 李圭白访谈，2015年4月27日，哈尔滨，资料存于采集工程数据库。
② "两虫"：指贾第鞭毛虫和隐孢子虫。

而其最主要的传播途径也是饮用水。

现行的常规处理和深度处理工艺都难以完全控制"两虫"疾病的暴发。李圭白介绍，有害水生物还有一种甲壳类动物剑水蚤，以藻类等为食，它同时又是鱼类的饵料。由于水环境污染，藻类大量繁殖，而鱼类又被过量捕捞，从而导致水中剑水蚤数量大量增加，而剑水蚤是致病的麦地那拉线虫[①]的宿主。它的活动能力和抗氯性很强，消毒难于将它杀灭，若人饮用了含剑水蚤的水，就可受到感染。1988年美国前总统卡特访问加纳的一个小村庄，发现村庄里超过一半的人得了麦地那拉线虫病。

据世界卫生组织1990年统计，全球每年有500万~1000万人感染这种疾病，非洲和亚洲曾有20多个国家350万人感染这种疾病。

另外，由于水环境污染，水体富营养化，导致水体中藻类大量繁殖，特别是蓝绿藻中有些能产生藻毒素，对水的生物安全性也有很大影响。所以，这些都成为一个重大的生物安全性问题。而膜技术却可以满足人们对饮用水水质的要求。

李圭白对超滤工艺非常感兴趣："超滤是一门新兴的物理分离技术，也是一门多学科交叉的科学技术。膜有微滤膜、超滤膜、纳滤膜和反渗透膜。其中，微滤膜孔径较大，不能充分截留去除病毒和细菌；纳滤膜的孔径在1nm左右，有的超滤膜的孔径为数纳米，小于水中的细菌和病毒，能将水中的致病微生物全部去除（致病原生动物、细菌、病毒），是最有效地去除水中致病微生物的方法"。

膜滤技术是21世纪材料科学技术发展的新成果，能有效去除水中包括

---

① 麦地那拉线虫：一种大型的线虫，雌虫长70~120cm。剑水蚤是致病的麦地那拉线虫的寄主，人或动物饮水将剑水蚤引入体内，线虫雌虫成熟后从寄生部位移行至人体四肢、背部、的皮下组织，释放出大量活跃的一期幼虫在体内为害。

"两虫"在内的致病微生物，所以世界各国纷纷开始将膜滤特别是超滤用于饮用水的处理。

早在 1861 年，世界上第一次超滤膜试验是用牛心包膜截留阿拉伯胶，但此后超滤一直作为实验室工具而未发展，从 1965 年开始，国外不断有新品种的超滤膜问世，1965 年~1975 年是超滤工艺大发展的阶段。1987 年，美国科罗拉多州建成了世界上第一座膜分离水厂，水量为 105m³/d。1988 年，法国也建成了第二座膜分离水厂，水量为 240m³/d。之后法国又建成了用超滤技术日产 10 万吨的水厂。继美国、法国之后，还有德国、波兰、日本等国家利用超滤膜技术净水。到 2000 年，全世界共有 70 多座膜滤水厂建成。到 2009 年，北美地区的超滤水厂达 250 多座。在欧洲，处理能力在 1 万 m³/d 的超滤水厂就有 33 座，仅英国的超滤产水能力就达 110 万 m³/d；在亚洲，日本的超滤水厂供水量已经达到了 110 万 m³/d，新加坡也于 2003 年建成了规模为 27.3 万 m³/d 浸没式膜滤水厂，全球的超滤水厂总产水量已经超过了 800 万 m³/d。

我国从 20 世纪 70 年代开始研究超滤过程，开发的超滤 CA 膜，首先用在电泳漆行业应用。之后多年陆续有电膜、合金膜等用于电泳漆、酶制剂、饮料、食品、超纯水、医药（包括生物制剂）等领域，但还没有把超滤用于水厂的水处理。

与国外相比，我国的某些反渗透工艺技术接近国际先进水平，但膜与膜组的制作技术和性能指标与国际先进水平仍有较大差距，复合膜性能不如国外且未规模化生产。

1992 年，国家人事部和建设部举办了"首届全国高校给水排水工程专业青年骨干教师培训班"，参加培训班的来自于建设部所属的 7 所高校、设计院、工程公司和自来水水厂等全国各地的技术骨干。培训班上，建设部邀请了国内著名的给水排水专家作报告。

　　李圭白在培训班上作了《关于超滤用于水处理的情况和动态》的报告，他在报告中介绍了国外的超滤技术的发展情况，提出膜过滤是一种自动化程度高、运行简单的工艺。提到以"两虫"为代表的饮用水重大安全性问题，指出在常规水处理如氯消毒对这类生物几乎无效的情况下，而超滤技术净化水却有着无比的优越性……

　　李圭白在国内第一次提出膜技术用于水厂的饮用水处理中将会有重大的发展前景的观点，在业界引起了强烈反响。他使大家了解了"超滤"的绿色净水功能，对"超滤"这个全新的物理净水技术有了一个前所未有的认识。很多人尤其是自来水公司的老总和工程技术人员，在李圭白报告后，还继续跟他探讨这个问题的可行性。

　　其实，李圭白在1990年初刚回国时就一直在想在我国推广膜技术，因为他非常关注水的生物安全性问题，但考虑当时我国膜的制造和加工能力还不行，进口的膜价格昂贵，技术推广有经济上的阻力，所以他没急于推广，只是做一些前期的考察和铺垫工作。

　　李圭白认准的方向总是超前的，他不是停留在口头上，而是很快将这个战略性选题落到实处。

　　2000年，夏圣骥[①]是他招收的第一个以超滤膜处理饮用水为课题的硕博连读研究生。

　　2002年，膜已经开始有国产技术和产品了，这时，李圭白认为契机到了，水处理技术是要有一个突破的时候了。之后，他在陆续招收的一部分博士研究生和硕士研究生中，也将膜滤技术作为他们的研究课题。在他的指导下，又一批研究生组成了一支新的团队，使超滤技术的研究工作逐渐铺开，逐渐深入。

---

① 夏圣骥：2000年~2005年师从李圭白，2005年获博士学位，现为同济大学教授，市政工程系主任。

率弟子，引领绿色净水工艺

李圭白认为，人类由古猿进化到现代人类大概经历了 400 万 ~700 万年，这期间人类主要是以狩猎采集为生，傍水而居，一直饮用地表水（河、湖以及地表水补给的浅层地下水），在这种条件下长期形成的人类基因，对地表水质是最适应的，即地表水对人类是最适合最有益健康的。现代由于地表水受到污染而对之进行水处理，能使其天然化学属性改变的水处理工艺（如化学药剂处理等）对人体健康是不利的，所以不是绿色的，而不改变或基本不改变水的天然化学属性的水处理工艺（如自然沉淀、机械过滤、膜滤、生物处理、吸附等）处理后的水对人体健康是有利的，则为绿色工艺。

古稀之年的李圭白，为了我国的绿色净水工艺，率团队在膜技术这个新领域探索，这也许是他科研生涯中最后的精彩一搏。

自 1992 年李圭白在"首届全国高校给水排水工程专业青年骨干教师培训班"上提出膜技术用于水厂的饮用水处理之后的 10 年里，超滤膜已在我国具有规模生产能力，能够为数万吨 / 日规模的水厂提供膜材料，且价格已降至可接受的地步，加快了超滤技术的迅速发展。

1999 年广东东莞建成一座规模为 $6000m^3/d$ 的微滤水厂，2005 年江苏苏州建成一座 1 万 m^3/d 的超滤水厂，天津杨柳青 2007 年建成一座供水 $5000m^3/d$ 的超滤水厂，表明我国已经具备了批量生产优质价廉的超滤膜和微滤膜的能力，所以为建设数座 5 万 ~10 万 m^3/d 大型城市膜滤水厂提供了保证。

李圭白膜技术团队的研究取得了突出的成果：

2005 年，李圭白指导的博士研究生夏圣骥完成了博士学位论文《超滤膜净化地表水研究》，其研究成果 2006 年发表于《膜科学与技术》第四期。论文工作在哈尔滨第三水厂进行，以松花江哈尔滨段水为原水，建立了数学模型来预测超滤膜的通量，为工程设计提供了参考。2006 年之后又陆续发表研究成果《超滤膜净化松花江水数学建模》《混凝／砂滤／超滤组合工艺对水中颗粒物质的去除》等。

李圭白带领团队中的夏圣骥等在国家"863"计划重大科技专项课题"粉末活性炭—超滤膜工艺净化松花江水"中，为了研究超滤技术对地表水的处理效果，建造了一座 120 吨／日中试规模的膜处理水厂，以松花江水为水源，用粉末活性炭吸附作为超滤的预处理工艺，组成了粉末活性炭—超滤膜工艺的组合工艺净化松花江水。

低温低浊水的处理多年来一直是水工作者重视的研究课题。松花江春季时期的水质特点是水温和浊度比较低，而有机物含量较高。这个时期水处理厂通常采用增加混凝剂投加量和增加高分子助凝剂的方式来改善混凝效果，但效果欠佳，出厂水质仍然难以满足国家饮用水卫生标准。把混凝和超滤组合，对溶解性有机物去除较常规处理的效果好，更能有效地截留无机颗粒物等胶体杂质。混凝—超滤法组合工艺对低温低浊水中浊度去除效果优异，膜出水浊度低于 0.1NTU。2007 年李圭白与孙丽华[1]、李星、夏圣骥和吕谋用混凝—超滤法处理低温低浊水研究成果论文在《膜科学与技术》上发表。孙丽华[1]于 2008 年完成博士论文《以超滤膜为核心的组合工艺处理地表水实验研究》。

梁恒是他的第一个用超滤膜处理含藻水的博士研究生。他的主要研究方向是受污染水净化、水体富营养化监测与控制以及膜法水处理技术，他在研究中确定了药剂投量等对超滤膜处理含藻水效能的影响，并提供了优化的工艺参数，为超滤膜处理含藻水提供了安全保障，扩宽了超滤膜在地表水中的使用范围。2007 年他完成博士学位论文《水库水藻类的监测及其

---

[1] 孙丽华，2002年~2008年师从李圭白，2008年获博士学位，2010年北京工业大学博士后出站，现为北京建筑大学教授。

控制机理研究》。

田家宇[1] 以浸没式超滤膜进行水质净化研究。浸没式膜生物反应器不仅有效地去除颗粒物、微生物，还能有效去除氨氮，并在一定程度上去除有机污染物。浸没式膜生物反应器将生物降解作用与膜滤作用置于一个反应器内，具有占地小，出水水质优良的优点。2009 年田家宇完成了博士学位论文《浸没式膜生物反应器组合工艺净化受污染水源水的研究》，论文获 2011 年全国优秀博士学位论文提名。

瞿芳术[2] 结合东营水库水冬季低温低浊和夏秋季高藻的两个水质特点，研究超滤组合工艺处理黄河下游地区平原水库水的效能，对含藻水库水膜污染机理进行了比较系统的研究。2012 年完成博士学位论文《超滤工艺处理黄河下游水库水试验研究》。

近 20 年来，将超滤工艺作为大多数博士研究生研究课题，并对膜技术集中力量进行了研究。迄今，李圭白领导的团队在超滤用于饮用水方面已成为国内高校中规模最大最重要的科研力量，研究方向对超滤在饮用水处理领域的发展起到一定的引领作用。

首提 "第三代超滤组合工艺"

2006 年，李圭白陆续发表了《超滤膜净化水库水试验研究》等一系列论文，指出膜法水处理技术最大的特点就是处理水水质好，超滤工艺取代常规自来水生产工艺能满足人们对饮用水水质越来越高的要求。

---

[1] 田家宇：2004年~2009年师从李圭白，2009年获博士学位，现为河北工业大学教授。
[2] 瞿芳术：2007年~2012年师从李圭白，2012年获博士学位，现为广州大学副教授。

2006 年 9 月 10 日~14 日，由建设部和国际水协共同主办的第五届世界水大会在北京国际会议中心召开，国务院副总理曾培炎出席开幕式并致辞。李圭白等专家学者就我国水的可持续利用战略进行了广泛的研讨，并探讨了我国水的可持续利用战略和创新技术。

李圭白在报告中分析了三代饮用水处理工艺的现状、特点和今后的发展方向。他首次提出了"第三代城市饮用水净化工艺——超滤为核心技术的组合工艺"概念。他认为膜技术是第三代绿色净水技术。他说：

20 世纪以前，因饮水不洁，在城市常爆发烈性水介细菌性传染病（霍乱、痢疾、伤寒）等，给人的健康造成极大的危害。在此背景下诞生了第一代城市饮用水净化工艺（混凝、沉淀、过滤、氯消毒），也称传统的水处理工艺，从而使饮用水的微生物安全性基本得到了保证，但传统的水处理工艺是针对未受污染的水源水建立的。20 世纪中叶又发现了水介病毒性传染病（肝炎、小儿麻痹症等）的流行，在此背景下又有了深度除浊技术。

20 世纪 70 年代，由于水环境的污染和水质检测技术的发展，在城市饮用水中发现了多种对人体有害的微量有机污染物和氯化消毒副产物，而第一代工艺又不能对其进行有效的去除和控制，使水的化学安全性堪忧。在此背景下又有了在第一代工艺后增加臭氧－活性炭深度处理，可称作第二代城市饮用水净化工艺。第二代工艺能较好地去除水中有机物、微量有机污染物及氯化消毒副产物，即提高了水的化学安全性。

20 世纪末，水中又发现了致病原生动物——贾第鞭毛虫和隐孢子虫（两

图 9-1 李圭白作报告

虫）、藻类大量繁殖引起的藻毒素和臭味、水的生物稳定性等重大微生物安全问题。第一代和第二代工艺都难以完全防止"两虫"疾病的暴发，这成为水业界高度关注的问题。针对新出现的重大饮水生物安全性问题，人们发现膜滤（纳滤、超滤、微滤）是去除水中"两虫"最有效的技术，从而将膜滤用于城市水厂在国内外得到了迅速发展。材料科学技术是 21 世纪的生长点，而膜材料正是材料科技的新成果，超滤是城市饮水生物致病风险控制技术的重大突破。超滤除了能去除"两虫"外，还能去除水中的致病细菌和病毒——水中最小的微生物，超滤膜能将水中包括病毒、细菌、原生生物等在内的所有微生物全部去除，是提高饮水生物安全性最有效的技术。但由于我国水源、水质情况复杂，任何一种工艺都不能解决饮水安全的所有问题，膜技术也不是万能的，需要根据当地水源水污染的特点，将超滤与其他水处理技术组合，有针对性地解决水安全问题。这就形成了全新的第三代城市饮水净化工艺——以超滤为核心的组合工艺，能获得高质量的饮用水。[①]

　　李圭白无论在讲台还是在水厂，总是用最通俗的语言讲述超滤净水工艺："膜过滤，它既不向水中加消毒剂，也不用向水中加混凝剂，它只要机械过滤就能把致病微生物和颗粒物质都去掉，所以膜过滤是最绿色的工艺，它对水的天然属性干扰最少，对人类是最合适的，最健康的。"

　　李圭白提出第三代城市饮水净化工艺——以超滤为核心的组合工艺概念之后，在与会者中引起了强烈的反响。当时，参加会议的许多设计院老总、科研部门的专家、高校的教授、自来水公司的老总和政府官员跟李圭白都很熟。会后，他们纷纷跟他探讨他提出的新概念。有个水厂老总带着疑问地对他说："咱们国内自来水厂 95% 用的是第一代工艺，用第二代工艺的也

---

① 选自2007年李圭白的《第三代城市饮用水净化工艺——超滤为核心技术的组合工艺》。

只有 5%。现在第二代工艺还远远没推广呢，你又提出个第三代工艺，是不是太超前了？"

李圭白解释说："第二代工艺是以去除水中一些有毒有害的有机物为目标，那么第三代工艺是以去除水中两虫为目标的，它们的目标不一样，是互补的，并不矛盾。那么从科技发展顺序来看，第二代工艺比第一代传统工艺在技术上有进步，而第三代用的膜滤是过去没有的，是材料科技发展的新成果。这不是预言，是李圭白的科学远见。他提出的新工艺，刚开始虽然一些人有异议，但是后来却得到越来越多的国内水业人员的认可。超滤用于城市饮水净化工艺开始呈迅速发展态势，诸多报告、文章里都提到这个第三代工艺的概念，膜技术净水工艺也不断地得到应用。"

世界水大会后，李圭白继续在学术会议上呼吁倡导超滤组合工艺，在学术刊物上发表文章。2007 年 4 月，他与杨艳玲在《供水技术》第一期发表《超滤——第三代城市饮用水净化工艺的核心技术》，超滤是绿色物理分离技术，将成为城市饮用水净化工艺的新发展方向。之后，他和他的学生发表的超滤成果论文，像雨后春笋一样，让水界看到新技术的广阔前景。

2007 年 10 月 25 日~26 日，李圭白出席"全国给水深度处理研究会 2007 年年会"，指出第三代城市饮用水净化工艺是一种以超滤为核心技术的组合工艺，采用超滤几乎可以完全去除水中的微生物，将使城市饮用水净化工艺产生重大变革。

2008 年 11 月 22 日~23 日，李圭白出席"全国给水深度处理研究会"，参观深圳笔架山水厂深度处理工程时再次强调："饮用水的生物安全性是饮用水最重要的和首要必须保证的"。

主持我国第一座 "大型超滤水厂示范工程"

主持完成国家 "水体污染控制与治理" 科技重大专项 "黄河下游地区饮用水安全保障技术研究与综合示范" 项目：我国第一个标杆示范工程——山东东营 "大型超滤水厂示范工程"。古稀之年的李圭白，又做了第一个 "吃螃蟹" 的人。

他在 2006 年的世界水大会上提出第三代城市饮用水净化工艺——超滤为核心技术的组合工艺的概念之后，一个全新的概念使业界一些老总和工程技术人员感到目前水处理工艺正面临着重大的变革。

山东东营市地处黄河入海口，是我国第二大油田——胜利油田主产区所在地，也是山东省唯一一个全部纳入黄、蓝两大国家发展战略[①] 的城市。全市人均水资源 314m³，不到全国的 1/6，且来源单一，当地浅层地下水受海水侵蚀严重，矿化度极高，而深层地下水又含较高浓度的重金属离子，均不宜作为饮用水源。黄河流经东营境内 138km，本市的生产、生活用水主要依赖于黄河客水。它的主要水源水为调蓄黄河水的平原水库水。

建于 1993 年的 10 万 m³/d 东营南郊水厂以引黄水库水为原水，其水质特点：冬季低温、低浊、微污染，夏秋季藻类大量繁殖。

因水厂的处理工艺相对落后，难以解决冬季低温低浊、夏季高温高藻、微污染、水中臭味和氯化消毒副产物（三氯甲烷）超标等问题。

2006 年，东营南郊水厂领导首先找到上海市政设计院，想进行老水厂技术改造，做水质达标的工艺。设计院专家跟他们建议：李圭白院士提出了一个第三代超滤净水组合工艺，他有这个水处理技术，超滤净水应该是个方向，你们可以找李院士请教请教。

---

① 黄、蓝两大国家发展战略：是指《黄河三角洲高效生态经济区发展规划》与《山东半岛蓝色经济区发展规划》，是两大国家级战略，分别于2009年12月3日和2011年1月4日由国务院正式批复。

图9-2 李圭白(右五)带领超滤膜团队学生在东营水厂

但这毕竟是个新技术,之前国内又没有大型超滤膜水厂的先例。南郊水厂领导和专家慎重地关注了李圭白一段时间,看他及其学生发表的论文,听他的学术报告。后来,他们又去跟李圭白多次探讨,最后决定用超滤膜技术改造水厂。在这个决策过程中,时任东营市自来水公司经理雒安国和南郊水厂厂长纪洪杰[①]等领导是有重要贡献的,作为公司和水厂主要领导人敢于做首个"吃螃蟹"的人,其创新精神是值得称赞的。

2006年8月,"水体污染控制与治理工程"科技重大专项全面启动。"水体污染控制与治理工程"科技重大专项由国家环保部牵头组织实施,环保总局为组长单位,科技部等9个单位为成员单位,国家将投入一定数量的资金予以支持。

东营南郊水厂不仅遇到了李圭白,又赶上了一个好时机。厂长纪洪杰回忆:

---

① 纪洪杰:毕业于山东建筑大学给水排水工程专业,高级工程师,历任东营市自来水公司工程科长、厂长、副经理等职。

2008 年 7 月初的一天，我们接到省住建厅的通知，说国家水专项专家到我市实地考察，特别强调考察团里就有李圭白院士。7 月 4 日，水专项专家一行几人来到了南郊水厂，陪同专家组的有省厅的昝厅长和济南市公用局孙文国副局长。那是我第一次见到了李先生——一个 70 几岁、中等个子的老头，戴着眼镜，鬓角斑白，蓝底格子衬衫，深蓝色夹克，说话语速不快，但铿锵有力。这就是院士？和我想象的不一样啊，太平易近人了！

进入南郊水厂，前往南郊水库考察的途中，一行人走到离大坝还有 100 多米远时，李圭白先生嗅了嗅周围的空气，然后说道："水库藻类问题很严重啊，这么远都能闻到！"确实，一直以黄河水为水源的南郊水厂地处黄河最下游，饱受水源高藻的困扰，自来水口感差，土臭味大。而且黄河上游中游所汇集的污染全部集中到了下游，水质集中表现为微有机污染，夏季高温高藻，冬季低温低浊，常规处理工艺处理存在很大的难度。当时正值夏季高温，厂里天天为水质的问题忙得焦头烂额，老百姓也很有怨言。在与市里领导见面会上，先生就主动提出，建议省厅领导把东营南郊水厂作为"十一五"水专项"黄河下游地区饮用水安全保障技术研究与综合示范"项目——超滤膜处理引黄高藻水研究及示范的合作单位。由此，东营南郊水厂进入了技改的快车道，成为国内自来水行业超滤膜深度处理工艺的探路者和先行者。[①]

李圭白建议把东营南郊水厂作为"十一五"水专项超滤膜处理引黄高藻水研究及示范的合作单位，得到赞同。

在这个水专项背景下，李圭白带着秘书梁恒策划了一件大事：将南郊水厂正式确定为"十一五"国家水体污染控制与治理科技重大专项"引黄水库

---

① 摘自纪洪杰2015年《记李圭白先生的二三事》回忆文章，资料存于采集工程数据库。

水超滤膜处理集成技术研究示范"课题的示范工程。

课题由哈尔滨工业大学、北京工业大学、河海大学、同济大学、东营自来水公司、上海水工业设备公司、济南市供排水监测中心、海南立昇净水科技有限公司8个单位组成的科研团队共同承担。李星担任课题负责人,梁恒为课题秘书,他们二人为课题的进行做了大量工作。梁恒回忆:

超滤技术已经广泛应用于多种行业,但由于受技术、工艺和成本等瓶颈约束,一直没在城市供水行业大规模水厂应用。

李老师就希望做一个大型超滤膜水厂,所以联合了多家单位。南郊水厂虽然决定上这个项目,但他们也非常担心,因为做10万吨的超滤膜水厂是个很大的挑战,以前国内没人做过,他们很怕失败。经过反反复复的论证,李老师就想了一个办法,能不能把它列到重大专项,做一个示范工程研究。因为示范研究第一有研究经费的支持,可以做大量的前期研究来支撑这个工程。第二,从示范工程的角度来说,它不是一个纯粹的工程项目,它应该有个保障。既然是示范工程,它就有好多示范意义,在工程造价上也有一个权威的评估和认证,所以2006年我们开始策划申报这个重大专项,2008年申报到建设部和科技部,2009年就批准立项了。

在这个过程中,李老师的决心始终是非常坚定的,他说:"不管这个项目到什么程度,我们的研究不能断"。所以他不等项目是否批下来,就把设备和人员先派过去,在现场研究。可以说我们前期的铺垫做得很充分,做了将近两年的小试和问题研究,已经充分验证了东营用这个工艺能够解决出水水质的问题。[1]

---

[1] 梁恒访谈,2015年11月19日,哈尔滨,资料存于采集工程数据库。

图9-3　李圭白（中）在东营示范工程座谈会上

自 2007 年以来，课题组开展了一系列的小试、中试研究和联合攻关，确定了超滤处理工程的膜组件、膜处理组合工艺及相关技术参数，并将该技术成果应用到南郊水厂水质改善工程。梁恒说：

当时国内业界不是特别看好超滤。理由是：第一，比较昂贵。第二，可能起不到太大的净化作用。因为没先例，这样一个 10 万吨的大型超滤水厂，第一个做是有很大风险的。所以水厂的领导跟我说"这个东西一旦失败了，你们回去还是老师，我的工作可能就没了。"可说归说，他还是愿意跟我们一起冒这个风险："我相信你们，因为你们的实验结果咱们也总是定期讨论，相信你们有这个实力。"我们还真挺感激东营水厂领导有这个决心，认可了这个技术。李老师说，我们都是第一个吃螃蟹的啊。结果东营上了这个工艺以后不但水质达标，而且还出了优质水，成本又增加得很少，最关键的是它带动了一个产业。[1]

----

[1]　梁恒访谈，2015年11月19日，哈尔滨，资料存于采集工程数据库。

李圭白坚信，第三代绿色净水工艺一定会迅速发展，因为它符合人们对饮用水水质的需求。他说：

在世界范围内有个统计，从 2000 年前后到现在不到 20 年，美国的膜滤水厂已占美国的总出水量达到百分之十了，日本也达到了百分之五。但我国起步比较晚，我们是 2009 年才开始建第一座 10 万吨水厂，到 2015 年也只不过是 6 年时间，我们已达到百分之一点几了，这个是非常快的。

2008 年世界金融危机，之后世界各国的生产都在萎缩，包括我们国家的 GDP 开始破八破七，一直下滑，所以大部分行业要么萎缩了，要么停滞了，但是膜工艺却逆势高速发展，这说明膜这种技术用于水处理它有很好的效益和需求量，受到业界的重视、欢迎和积极采用。2009 年我们在山东东营建成了以超滤为核心技术的组合工艺——第三代城市饮用水净化工艺的水厂之后，国内一些大型水厂也跃跃欲试，所以超滤用于城市饮用水净化开始呈加速发展态势。①

图 9-4　国家科技重大专项中试科研基地

---

① 李圭白访谈，2015年10月28日，哈尔滨，资料存于采集工程数据库。

水厂在增加超滤工艺的基础上，根据原水水质投加高锰酸盐复合剂和粉末活性炭，通过多级屏障去除各种污染物。以超滤为核心的组合工艺具有良好的协同除污染功能，显著提高了饮用水水质，大幅度降低了生物致病风险，有机污染也得到有效控制，出水水质完全满足新版国家《生活饮用水卫生标准》GB 5749—2006 要求。

示范工程获成功

当时，李圭白已近 80 岁高龄，自从项目确定后，他经常亲临基层。从科研基地选址到小试、中试设备安装调试，一年之中先后十几次去到南郊水厂。他不仅亲自参与了示范项目的评审，还对工程的建设、运行、维护进行了细致的指导。为取得详实的运行参数，确保课题的顺利进行，他将大部分课题相关实验安排在南郊水厂进行，并安排了他的多名博士生和硕士生进驻东营实验基地。从小试、中试入手，夯实水厂改造工艺的理论基础，保障了示范工程的正常运行，对东营南郊水厂的改造任务，他倾注了大量的心血和精力。

纪洪杰说："在李圭白老师的带领下，哈尔滨工业大学、北京工业大学、同济大学、河海大学以及济南供排水监测中心等单位组成的科研团队，通过一系列的联合技术攻关，确定了超滤处理工程的膜组件、膜处理组合工艺及相关技术参数，使微污染引黄水库水处理后的出厂水质达到国家新颁布的《生活饮用水卫生标准》GB 5749—2006 规定的 106 项水质指标的要求。"

以李圭白为首的超滤膜科研团队有多项开发和创新：

在技术上，开发了一整套适用于大型水厂的超滤膜处理工艺；开发了超滤膜池出水水质快速巡检系统,实现了对多个膜池出水水质的监测;有效减少了膜池的基建费用;开发了超滤膜组件的快速接配装置,有效地简化了膜组件的安装维护工作;开发了超滤膜池进水口消能装置,有效降低了侧向流进水引起的超滤膜断丝现象,保障了膜池出水的水质;此外,还开发了集在线维护性清洗和离线深度化学清洗于一体的超滤膜污染化学清洗技术等。

示范工程于 2009 年 4 月 28 日开工建设,并于同年 12 月 5 日通水试运行。处理规模达到 10 万 m³/d,是当时国内投入运行规模最大的浸没式超滤膜项目。

它有 4 个特点:①首次大规模采用国产浸没式超滤膜组件,通量大、压差小、耗能低、维护方便;②可自动巡检膜组件的完整性;③清洗方式便捷;④具有自主知识产权的监测与控制系统。

图 9-5 竣工后的超滤膜车间

一期工程正式通水投产,目前,超滤膜运行状况良好,水厂出水经青岛普尼和北京市自来水公司等多家第三方单位监测,出水水质达到了最新国家饮用水卫生标准的 106 项要求。

李圭白指出:课题组依托“十一五”国家水专项,针对引黄水库水的污染特点,围绕保障水安全,采用以超滤膜为核心的组合工艺处理引黄水库水,通过长期的试验研究,突破了膜处理相关关键技术,形成了超滤膜水质净化集成工艺。建成的我国第一座“大型超滤水厂示范工程”,积累了大型超滤水厂的设计、安装、施工、运行管理经验，形成了技术集成和设备配套以及技术规范和标准，为后续城镇供水超滤工艺技术规程的编制提供第一手技术资料。

在这个过程中，李圭白的研究生几乎把精力都投入这项工程中，每个学生各自有自己的研究方向且都有创新。梁恒回忆起在东营南郊水厂的情形：

那几年，李老师的博士生和硕士生几乎都在那里做，我2007年~2009年那两年的时间只要学校没有教学任务，大部分时间都是在东营度过的。水厂的厂长把二楼的值班办公室让给了我，我就在里面安张床，吃住在那里。

到2009年11月底安装完毕。通水前我还记得，大家都挺担心，说这个东西万一失败了怎么办。然后，我心里没底儿，又给李老师打电话，老师鼓励我说，有权威数据做支撑，应该是没有问题的。2009年12月正式通水，一举成功。

五六年的时间，李老师带领我们团队对这个工程倾注了很大的精力，当时全国第一个大规模超滤水厂，我们顶着这么大的压力完成，这个水厂还是值得我们自豪的，但它肯定还不是个非常完美的东西，有很多地方还值得去改善和提高。[①]

2010年1月22日，由哈尔滨工业大学、山东省建设厅、东营市人民政府、中国城镇供水排水协会、城市水资源开发利用（北方）国家工程研究中心共同主办的全国首个"城镇饮用水安全保障及超滤组合工艺技术应用研讨会"在东营召开。会议开了3天，在全国影响很大。

---

① 梁恒访谈，2015年11月19日，哈尔滨，资料存于采集工程数据库。

李圭白任大会主席并致开幕词。他在研讨会的报告中指出：在给水深度处理领域，臭氧—活性炭与膜两主流工艺间存在着暗自较量，对于给水深度处理工艺的选择，无论是臭氧—活性炭工艺，还是膜工艺，都需要根据原水水质来决定具体采用何种深度处理方式。他说，目前全国许多地方的水公司都有建设超滤水厂的规划，东营南郊水厂必将成为旧水厂升级改造的示范工程。以浸没式超滤膜为核心技术的水厂改造，将为我国旧水厂的改造，新水质标准的实现提供新的思路，超滤工艺已走上快车道。

国家科技重大水专项副总师、中国城市规划设计研究院邵益生表示，希望东营超滤膜课题取得的成效可以形成导则，以更好地服务于国家其他水厂的升级改造工作。对此，李圭白称，东营南郊超滤自来水厂通水只是水专项任务中的阶段性成果。按照水专项技术要求，还需要再用1~2年时间，完成膜前膜后处理的优化，同时完成大规模超滤水厂的设计规程、施工安全规程以及调试运行规程。

梁恒说，全国知名的水处理专家，住房城乡建设部的相关领导，山东省东营市的领导都参加了研讨会。会上，展示了我们的示范工程的工艺，对超滤水厂的推广起了推动作用，大家对这个工艺的评价都很高。

这次研讨会推动了超滤膜技术在我国城镇饮用水安全保障中的应用，通过国内超滤膜技术在行业的应用案例交流，促进膜技术在饮用水水质提高及既有水厂升级改造中发挥重要作用。

示范工程在工艺、技术和运行管理上的创新，使范工程不仅取得重大技术突破，而且获得良好的社会效应。水厂运行以来，先后有60多家国内外同行前来参观，示范工程技术人员也到广州、佛山、济南、青岛、烟台、杭州、哈尔滨、泰安等地推广施工运行等经验。目前全国许多地方的水司都有建设超滤水厂的规划，东营南郊水厂必将成为旧水厂升级改造的示范工程。李圭白指出：

"十一五"国家重大专项有 16 个专项，其中有一个就是水专项，这说明国家很重视水的安全性。大型超滤膜水厂示范工程——南郊水厂，是我们国内第一个 10 万吨／日级的大型水厂，投产以后在全国引起很大的反响。以后我们国家就开始陆续出现了许多大规模超滤水厂。最大的达到每日 30 万吨，北京将建约 50 万 m³/d 的超滤水厂，所以我们说这个超滤膜技术在我们国内已经形成一个发展趋势。东营南郊水厂创造了我国超滤自来水厂 10 万吨／日处理规模的纪录，具有里程碑意义。

目前，东营南郊水厂超滤膜组件运行已将近 8 年，李圭白仍然十分关注水厂的运行情况，每年派驻博士生或硕士生到水厂实验基地，积极收集、总结水厂运行数据，对超滤膜进行跟踪研究。

东营南郊水厂为超滤工艺在大型水厂的推广应用奠定了基础，成果达到国内领先水平，已成为我国城市饮用水处理技术发展的里程碑。同时对推动我国具有自主知识产权的膜技术产业的发展亦具有重要意义。工艺、技术和运行管理上的创新，使示范工程不仅取得重大技术突破，而且获得良好的社会效应。它作为"十一五"水专项饮用水主题的标志性成果，在"十一五"国家重大科技成就展中展出，并入选"十一五"国家重大科技成就展成果汇编。

李圭白从大力扶持和培育我国自己的民族企业出发，力主东营南郊水厂采用国产膜，这对于国产膜的推广应用具有深远意义。超滤膜处理技术是新型的水处理技术，在国内较早地实际应用于自来水厂，因此，他对于我国饮用水处理技术的发展和新技术的推广应用发挥着巨大的作用。

2013 年，课题组获得了黑龙江省技术发明一等奖。还获得了"中国产学研合作创新成果奖""山东省建设技术创新奖"一等奖等一系列荣誉。南郊水厂成功入选"中国城镇供水协会受表彰的第一批达标水厂"名单。

在示范工程的引领下，全国各地也陆续开始建超滤膜水厂。

宝刀不老，"膜"频出新

李圭白在进行示范工程过程的同时，对"膜"仍然做更深的研究，不断取得新的成果。超滤，业界对它的绿色净水工艺越来越认可，但也有一个不能回避的问题，膜用久了也会污染，那么膜污染[①]无疑是第三代净水工艺推广应用中的重大问题。

自从《生活饮用水卫生标准》GB 5749—2006 执行以来，将超滤膜技术用于饮用水常规处理工艺升级换代改造的发展前景越来越受到关注。而东营超滤水厂建成之后，随着膜材料技术的发展和超滤膜组合工艺的相关研究成果，在一定程度上推动了超滤膜在供水厂中的规模应用，一些超滤水厂应运而生。水厂更关心的是膜通量[②]的选择，因为它关系到超滤水厂的工程造价和运行成本。

超滤膜是机械截留，那么水中的污染物颗粒就堆积在膜的表面，形成一个滤饼层，这就是膜污染，膜污染积累到最后，过滤水量达不到要求了，我们就要对膜进行反冲洗，恢复它的过滤能力。那么最简单的方法就是靠物理方法，用水用气来冲洗，这个水厂容易接受。如果水气不能完全解决问题，对膜要频繁地进行化学方法清洗，这样涉及多种化学药剂，操作复杂，处理

---

① 膜污染：主要体现为膜过滤过程中膜阻力增加的现象。
② 膜通量：是单位膜面积上过滤水的流量，通常以L/（m²·h）表示。

过程水厂要停止运行两三天。一个大型水厂处理水量大，对工艺过程的稳定性要求很高，整个城市供水是不能停的。但是如果对膜频繁进行化学清洗的话，就影响了自来水厂的稳定运行。另外，水厂对运行工艺还有节能节水的要求。所以这就成为膜用于自来水厂的一个制约因素。

现在世界各国都在研究减少膜污染的技术，那么我们的课题组发现膜的污染和膜过滤的速度有关系，就是膜通量越高污染越严重，那么把过滤速度降下来，膜污染就会大大减轻，且不用频繁进行物理和化学清洗，就能使膜的工作更符合自来水厂稳定运行的要求。所以我提出了"零污染通量"的概念，"零污染通量"就是为了实现超滤膜长期稳定运行过程中的不可逆污染最轻，这也最符合自来水厂稳定运行的要求。[1]

李圭白指出，膜通量关系到工程的建设费用，也关系到工程的运行费用。膜通量越高，建设费用越小，但运行费用（电费、物理清洗费、化学清洗费）便越高，这是一个急需解决的问题。

李圭白与他的课题组在东营南郊水厂进行超滤膜的零污染通量的生产试验，证明膜组在管理运行上，针对超滤技术的膜污染问题，在引入国外膜技术领域的临界通量的概念的基础上，提出了超滤膜的"零不可逆膜污染"运行技术，在示范工程中实现了超滤运行过程中的零不可逆膜污染。

东营南郊水厂示范工程自 2009 年 12 月投产通水以来，超滤膜运行状况良好，不仅水质达到国标的要求，而且工艺运行稳定，无需进行离线的深度化学清洗，基本实现了超滤运行的零不可逆膜污染。水厂运行到 3 年零 8 个月时，才进行了第一次恢复性化学清洗；4 年零 7 个月时，一期超滤已经接

---

[1]　李圭白访谈，2015年10月28日，哈尔滨，资料存于采集工程数据库。

近其理论运行寿命，但气水反冲洗后，它的处理能力与之前相差无几，说明超滤膜系统运行稳定后，它的不可逆污染形成后，不会随着超滤膜的继续使用而增加。李圭白对膜污染有深刻的见解：

膜污染迄今一直是制约膜应用的重要因素。在膜滤发展初期，膜价格很贵，为降低建设费用，常采用高通量策略，这样膜污染必然也随之十分严重。为恢复膜的过滤净水功能，需要对膜采取频繁的物理和化学清洗后以清除污染。随着膜科技的发展，膜价格不断降低，膜通量也随之降低，但国内仍沿用国外过去频繁对膜物理和化学清洗的习惯，因为大型城市水厂的稳定运行十分重要，而频繁地对膜进行物理和化学清洗，必然会影响水厂的稳定运行。为了减少对膜的物理和化学清洗，特别是恢复性化学清洗，我们开展了对引起膜污染的污染物识别及进行处理以对之控制去除的研究，并取得重要成果。[1]

超滤膜过滤污染后，一般都用滤后水对之进行反冲洗以恢复其过滤性能。常海庆[2]用不同化学组成的水对膜进行反冲洗，发现其控制膜的有机不可逆污染效果不同，并发现用一定浓度的 NaCl 溶液反冲洗控制不可逆污染效果比较好，并于 2015 年完成博士学位论文《反冲洗水化学组成及条件对超滤膜不可逆污染的影响》。

据研究，引起膜不可逆污染的有机污染物只占水中有机物的一少部分，但其组成在不同原水条件下，不同科技工作者得出的结论很不相同，至今

---

[1] 李圭白访谈，2015年10月28日，哈尔滨，资料存于采集工程数据库。
[2] 常海庆：2011年~2016年师从李圭白硕博连读，获工学博士，现四川大学任教。

尚无定论，这就难以针对这类有机物进行去除和控制。而李凯[①]于2015年完成的博士学位论文《中孔吸附树脂对超滤膜污染的控制效能与机理研究》，他以与膜基本相同的材料制成吸附剂，以吸附去除引起膜不可逆污染的有机物，从而可显著减少对膜的不可逆污染，获得了良好的控制膜不可逆污染的效果。

膜污染既然与膜通量有关，降低膜通量就能减轻膜污染。为此齐鲁[②]进行了试验研究。他在浸没式超滤膜处理地表水时考虑了低通量运行的特点，并首先研究了临界通量的测试方法和影响因素，于2010年完成博士学位论文《浸没式超滤膜处理地表水的性能及膜污染控制研究》。他认为对膜的不可逆污染必须进行化学清洗，而对膜频繁进行化学清洗又十分不利于水厂的稳定进行，针对大型水厂对稳定运行的要求，进而提出了"不可逆污染零污染通量"的概念，即降低膜通量使膜的不可逆污染降为"零"或"接近零"，从而在膜的使用寿命期间不必对膜再进行频繁性化学清洗，以利于大型水厂的稳定运行。即在大型水厂提倡低通量运行策略。

李圭白和他的团队在超滤技术方面陆续发表了《第三代城市饮用水净化工艺及超滤的零污染通量》《超滤膜的零污染通量及其在城市水处理工艺中的应用》《城市饮水生物致病风险控制技术发展的历史观》《关于在城市饮水净化中采用绿色工艺的一些思考》等成果论文。

李圭白指出，我国有95%的以上的现有水厂仍采用传统水处理工艺，面临升级改造。用超滤技术对传统工艺进行改造，将是超滤应用的另一个重要方向。为了推广第三代绿色净水工艺，除了降低膜通量以外，李圭白又具有创见性地首先提出了降低超滤工程建设费用途径：

---

① 李凯：2009年~2014年师从李圭白硕博连读，获工学博士学位，现在西安建筑科技大学任教。
② 齐鲁：2003年~2010年，师从李圭白硕博连读，获工学博士学位，现在中国人民大学任教。

国外超滤膜工程在膜发展初期都采取高通量运行的策略，且超滤膜的性能也不稳定，为保证膜装置的运行，对每一膜堆都设置了大量计量、检测、控制等配套设备和系统，从而使膜工程的建设费显著提高，膜工程的建设费用过高，十分不利于膜技术的推广应用。随着膜技术的发展，膜的工艺性能也不断提高，特别是我国今后主要采取低通量运行策略，使得膜堆的配套设备有可能得到简化和优化，使配套设备的数量减少，从而使配套费有所降低，此外，还可采用的途径有：增加膜堆的容量，减少膜堆的数量；使膜工程建设走上设备化道路，即工厂制作，现场安装，现代化建设道路；进行膜工程模块化设计，可随水量增加同步建设；使膜工程建设无厂房化等，从而显著降低膜工程的建设费用，有利于膜技术的推广和应用。[1]

李圭白后期的研究生仍然把膜作为重要的研究课题。将膜生物反应器（MBR）用于城市污水处理和中水回用，是当前的一个前沿课题，其中膜的污染控制是膜生物反应器推广应用中的关键技术。余华荣针对城市污水处理中膜生物反应器的膜污染控制，提出用微生物群体感应猝灭菌来控制膜污染的工艺，并于 2015 年完成博士学位论文《基于群体感应猝灭的 MBR 膜污染控制及处理效能影响的研究》。

丁安[2]针对灰水再生回用，采用低水头低通量运行模式，在完全免维护条件下获得稳定的过滤通量，适用于家庭中水处理，于 2015 年完成博士学位论文《重力流膜生物反应器处理灰水效能及膜通量稳定性能研究》。

李圭白提出，为实现膜的零污染，可进行抗污染膜材料、预处理控制膜

---

[1] 李圭白访谈，2015年10月28日，哈尔滨，资料存于采集工程数据库。

[2] 丁安：2009年~2014年师从李圭白硕博连读，获工学博士学位，现任哈尔滨工业大学教师。

污染、优化工艺控制膜污染等方面研究，膜零污染技术开发已成为推动超滤膜在水厂广泛应用的一个新的科研方向。

李圭白在二十年的膜滤净水研究中，带出一支大团队，除前述的以外，还有于莉君[①] 于 2009 年完成博士论文《超滤工艺处理含藻水的膜污染及其控制》；张艳[②] 于 2011 年完成博士论文《浸没式超滤膜处理含藻水及膜污染控制研究》；王兆之[③] 于 2012 年完成博士论文《一体式和分体式粉末活性炭 – 超滤系统处理微污染水研究》；高伟[④] 于 2013 年完成博士论文《几种典型物质对超滤膜的污染及其影响因素与机制研究》；韩正双[⑤] 于 2013 年完成博士论文《外源接种和粉末炭强化 MBR 处理受污染地表水的研究》；邵森林[⑥] 于

图 9-6 李圭白（中）与他的学生高伟（左一），陈杰（左二）、
梁恒（右二）、瞿芳术（右一）在东营水厂

---

① 于莉君：2004年~2009年师从李圭白，2009年获博士学位，现在北京理工大学工作。
② 张艳：2007年~2011师从李圭白，2011年获博士学位，现为东北农业大学副教授。
③ 王兆之：2007年~2012师从李圭白，2012年获博士学位，现在加拿大工作。
④ 高伟：2008年~2013师从李圭白，2013年获博士学位，现为中国城镇供水排水协会副秘书长。
⑤ 韩正双：2008年~2013师从李圭白，2013年获博士学位，现为天津水务集团有限公司天津市公用事业设计研究所科研室副主任，高级工程师。
⑥ 邵森林：2010年~2016师从李圭白，2016年获博士学位，现为武汉大学特聘副研究员。

2015 年完成博士论文《PAC/UF 工艺中 PAC 对膜污染及净水效能的影响研究》；杨海燕 [1] 于 2016 年博士后出站，完成论文《活性炭 – 超滤水质安全保障绿色工艺优化》；白朗明 [2] 于 2017 年完成博士论文《碳纳米管和纳米纤维素晶体对超滤膜性能的提升研究》；杜星 [3] 于 2017 年完成博士论文《低压膜法水处理中表面流体剪切力对混合颗粒污染的影响》；王辉 [4] 于 2017 年完成博士论文《臭氧氧化联合粉末活性炭吸附缓解超滤膜污染研究》；王明泉 [5] 于 2017 年完成博士论文《水源调蓄供水雌激素污染特征及光催化耦合膜滤技术》；王彩虹 [6] 于 2018 年完成博士论文《工艺调控与膜改性对超滤膜除污染效能的影响及机制研究》；柳斌 [7] 于 2018 年完成博士论文《超滤处理含藻水的藻源混合污染特性与工艺调控研究》；唐小斌 [8] 于 2018 年完成博士论文《生物滤饼层／超滤耦合工艺净化水源水机理及优化研究》；鄂忠森 [9] 于 2019 年完成博士论文《膜蒸馏处理高盐废水过程中膜污染和膜润湿及控制》；张剑桥 [10] 于 2013 年完成硕士论文《PAC-UF 系统中超滤膜的物理损伤及其工艺净水效能研究》；还有吴晓波 [11] 于 2014 年完成硕士论文《预培养硝化细菌

---

[1] 杨海燕：2014年~2016年博士后流动站工作（合作导师李圭白），2016年出站，现为华南师范大学教师和特聘研究员。

[2] 白朗明：2011年~2017年师从李圭白，2017年获博士学位，现为哈尔滨工业大学师副教授。

[3] 杜星：2011年~2017年师从李圭白，2017年获博士学位，现为广东工业大学副教授。

[4] 王辉：2012年~2017年师从李圭白，2017年获博士学位，现为中科院宁波材料所博士后。

[5] 王明泉：2011年~2017年师从李圭白，2017年获博士学位，现为山东（济南）供排水监测中心综合处处长。

[6] 王彩虹：2011年~2018年师从李圭白，于2018年获博士学位，现为广州市公用事业规划设计院第二市政分院院长。

[7] 柳斌：2012年~2018年师从李圭白，2018年获博士学位，现为湖南大学助理教授。

[8] 唐小斌：2014年~2018年师从李圭白，2018年获博士学位，现为哈尔滨工业大学教师。

[9] 鄂忠森：2013年~2018年师从李圭白，2018年获博士学位，现为福州大学教师。

[10] 张剑桥：2011年~2013师从李圭白于2013年获硕士学位，现为深圳市罗湖区环境保护和水务局工作。

[11] 吴晓波：2012年~2014年师从李圭白，于2014年获硕士学位，现为中国市政工程华北设计研究总院有限公司项目负责人。

强化超滤工艺处理季节性突发氨氮污染研究》；党敏[①]于2015年完成硕士论文《超滤／纳滤双膜工艺处理南四湖水中试研究》；朱学武[②]于2016年完成硕士论文《超滤／纳滤组合工艺处理钱塘江水系水源水中试研究》；王灿[③]于2016年完成硕士论文《不同性质的活性炭对超滤膜不可逆污染的影响研究》；曹伟奎[④]于2017年完成硕士论文《曝气生物滤池耦合超滤工艺处理山区水库水的试验研究》；黄乔津[⑤]于2018年完成硕士论文《外循环连续过滤—超滤组合工艺处理松花江水的中试研究》；张晗[⑥]于2018年完成硕士论文《鸟粪石结晶联用膜曝气生物膜反应器处理牛粪厌氧发酵液》；李丽[⑦]于2014年完成硕士论文《直接超滤工艺处理微污染水源水的净水效能及膜污染控制研究》。

李圭白提出第三代超滤组合工艺，不仅包括超滤工艺的各种问题，还包括超滤的前处理和后处理问题。李圭白的团队还对这些问题，特别是对水中的浊度、有机物、氨氮、重金属、毒质以及膜前膜后的微生物控制等，进行了广泛的研究。李圭白的团队中有王东田[⑧]于1998年完成博士学位论文《聚硅酸铝混凝剂的应用研究》；武道吉[⑨]于2003年完成博士学位论文《混凝动

---

① 党敏：2013年~2015年师从李圭白，2015年获硕士学位，现为中国市政工程西北设计研究院有限公司项目负责人。

② 朱学武：2014年~2016年师从李圭白，2016年获硕士学位，现为哈尔滨工业大学在读博士研究生。

③ 王灿：2014年~2017年师从吕谋和李圭白，2017年获硕士学位，现为中石化宁波工程有限公司给水排水消防设计师。

④ 曹伟奎：2015年~2018年师从吕谋和李圭白，2018年获硕士学位，现为济南市市政工程设计研究院设计师。

⑤ 黄乔津：2016年~2018年师从李圭白，2018年获硕士学位，现就职于广东省建筑设计研究院。

⑥ 张晗：2016年师从李圭白，现为哈尔滨工业大学在读博士研究生。

⑦ 李丽：2016年~2019年师从吕谋和李圭白，2019年获硕士学位，现为青岛天人环境股份有限公司工艺工程师。

⑧ 王东田于1994年~1998年师从李圭白，1998年获博士学位，现为苏州科技大学教授。

⑨ 武道吉于2001年~2003年师从李圭白，2003年获博士学位，现为山东建筑大学教授。

力学机理与控制指标研究》;陈杰[1]于 2006 年完成博士学位论文《氯胺去除与控制饮用水中污染物的效能及机理研究》;焦忠志[2]于 2006 年完成博士学位论文《饮用水水质安全中若干保障技术的研究》;陶辉[3]于 2008 年完成博士学位论文《有机氮类化合物在饮用水氯化消毒过程中的作用机制研究》;王俊岭[4]于 2009 年完成博士学位论文《水源水混凝过滤工艺深度除磷》;俞文正于 2010 年完成博士学位论文《混凝絮体破碎再絮凝机理研究及对超滤污染的影响》;周玲玲[5]于 2010 年完成博士学位论文《给水管网中生物膜及硝化作用控制》;雒江涵[6]于 2016 年完成博士学位论文《大型原水输水管道水质模拟及生物膜净水功能研究》。此外,张景城[7]于 1986 年完成硕士论文《混凝法去除饮用水中汞等微量重金属的试验研究》;赵明[8]于 1988 年完成硕士论文《浊度对活性炭吸附的影响及过滤吸附滤池研究》;李名锐[9]于 1988 年完成硕士论文《近菱形斜管沉淀池试验研究及新型斜管水力计算数学模型》;崔俊华[10]于 1988 年完成硕士论文《高、中、低浊度水混凝最优 GT 值研究》;李大鹏[11]于 1990 年完成硕士论文《高效节能混凝机理及试验研究》;李瑞文[12]

---

[1] 陈杰于 2001 年~2006 年师从李圭白,2006 年获博士学位,现为上海润源水务科技有限公司总经理。

[2] 焦中志于 2002 年~2005 年师从李圭白,2005 年获博士学位,现为临沂市城市节约用水办公室主任。

[3] 陶辉于 2003 年~2008 年师从李圭白,2008 年获博士学位,现为河海大学教授。

[4] 王俊岭于 2005 年~2009 年师从李圭白,2009 年获博士学位,现为北京建筑大学教授。

[5] 周玲玲于 2006 年~2010 年师从李圭白,(与新加坡国立大学联合培养) 2010 年获博士学位,2013 同济大学博士后,现在同济大学从事科研工作。

[6] 雒江涵:2011 年~2016 年师从李圭白,于 2016 年获博士学位,现为哈尔滨商业大学教师。

[7] 张景成:1983 年~1986 年师从李圭白,于 1986 年获硕士学位,曾为哈尔滨工业大学副教授,现已退休。

[8] 赵明:1985 年~1988 年师从李圭白,于 1988 年获硕士学位。现为哈尔滨工业大学副教授。

[9] 李名锐:1986 年~1988 年师从李圭白,于 1988 年获硕士学位,现在美国工作。

[10] 崔俊华:1986 年~1988 年师从李圭白,于 1988 年获硕士学位,现为河北工程大学教授。

[11] 李大鹏:1987 年~1990 年师从李圭白,于 1990 年获硕士学位,现为现为国家自然科学基金委工程与材料科学部工程科学四处环境工程项目主任。

[12] 李瑞文:1987 年~1990 年师从李圭白,于 1990 年获硕士学位,现单位不详。

于 1990 年完成硕士论文《混凝投药优化控制方法的研究》；盛力[①] 于 1997 年完成硕士论文《含藻水的混凝处理》；姜树宽[②] 于 2000 年完成硕士论文《采暖水化学处理技术的应用研究》；陶毅[③] 于 2001 年完成硕士论文《给水处理新技术在铁路供水系统中的应用研究》；杨海燕[④] 于 2002 年完成硕士论文《聚硅酸金属盐混凝剂处理低浊水的试验研究》；刘志生[⑤] 于 2002 年完成硕士论文《饮用水中微量有机磷农药的去除研究》；张卿[⑥] 于 2005 年完成硕士论文《磷和可同化有机碳（AOC）对饮用水生物稳定性的共同影响》；孙雯[⑦] 于 2009 年完成硕士论文《紫外线消毒对水中微生物灭活及生物稳定性研究》；阳康[⑧] 于 2015 年完成硕士论文《农林废弃物优选及其吸附地表水中 Cu(Ⅱ)、硝基苯的特性研究》；胡熹[⑨] 于 2016 年完成硕士论文《硫酸铝对活性氧化铝动态除氟效能的影响》。

① 盛力：1994年~1997年师从李圭白，于1997年获硕士学位，现为同济大学副教授。
② 姜树宽：1998年~2000年师从李圭白，于2000年获硕士学位，现为吉林化工有限公司高级工程师。
③ 陶毅：1999年~2001年师从李圭白，于2001年获硕士学位，现在沈阳铁路局工作。
④ 杨海燕：1999年~2002年师从李圭白，于2002年获硕士学位，现为北京建筑大学教授。
⑤ 刘志生：2001年~2004年师从李圭白，于2004年获硕士学位，现在长春市城乡规划设计研究院工作。
⑥ 张卿：2002年~2005年师从李圭白，于2005年获硕士学位，现深圳市政设计研究院工作。
⑦ 孙雯：2006年~2009年师从吕谋和李圭白，2009年获硕士学位，现为苏州科技大学教师。
⑧ 阳康：2013年~2015年师从李圭白，于2015年获硕士学位，现为中国建筑西北设计研究院工程师。
⑨ 胡熹：2014年~2016年师从李圭白，于2016年获硕士学位，现为同济大学建筑设计研究院（集团）有限公司给水排水设计师。

第十章

我国给水排水专业改革的领导者

李圭白于 1994 年受聘担任全国高校给水排水工程专业指导委员会主任。主事 10 余年，他没有安享生活，没有满足现状。一种为中国高等教育的担当和责任，使他力主给水排水专业教育改革。根据国家发展需要，他领导专业指导委员会将 20 世纪 50 年代设立的"给水排水工程"专业（2012 年更名为给排水科学与工程专业）的定位由服务于"城市基础设施"重新定位为"水的社会循环"，从培养方案、培养目标、教学计划、课程体系、专业名称、课程设置到教材建设等方面进行了一系列颠覆性的改革，使我国的给水排水专业跨上了一个全新的台阶。他真真正正、踏踏实实地为我国的给水排水专业做了开创性的贡献。

重新定位专业领域

1995 年，65 岁的李圭白开始担任第二届全国高校给水排水工程专业指导委员会主任（1994 年 11 月发文换届，1995 年举行换届会议）。自从大学毕业留校任教，他始终没有离开过给水排水专业，对这个专业在国民经济建设中的发展、变化了如指掌，并把这个专业当成自己神圣的事业，不断革旧立新，让它的生命力更强大。

说起给水排水专业教育改革，许多同行都会疑惑，这个传统专业小打小闹地改改就可以了，为什么非要进行颠覆性的教育改革呢？遇到这样的问题，李圭白则从水的社会循环谈起：

我们这个专业是1952年建立的，当时来到哈尔滨工业大学给水排水专业的苏联专家是来我国给水排水专业的第一位苏联专家。那时哈尔滨工业大学是全国重点向苏联学习的样板大学。按照苏联的教育大纲，我们这个专业是属于土木系里的，而土木的基础是力学，所以当时我们学习力学的量非常大，也就是说理论力学、材料力学、结构力学这三大力学都要学，而且学得还很多，甚至比现在的工民建专业学的还多。然后还要学习四大结构：钢结构、钢筋混凝土结构、木结构、砖石结构。木结构现在都没人学了，而我们还在学。因为城市必须有水、暖、电、路这些系统，所以，当时给水排水专业就定位在城市的基础建设上。

到了20世纪80年代，改革开放以后，我们国家的经济高速发展、就出现了水危机。所谓水危机表现有两个主要的特点：

第一是水资源短缺。原来给水排水发展初期，都认为天然水取之不尽，用之不竭，但是到改革开放以后，我国经济高速发展，问题就凸显出来了。新中国刚开始建设时，国家提出以钢为纲，为发展生产，提出"先生产后生活"，当时给水排水因为是城市基本建设，被归类到生活里。所以"文革"前生活类的给水排水发展相对缓慢、滞后，"文革"后，大城市大量发展需要用水，再加上水费过低，城市和工业大量浪费水，水资源就不足了，就开始水危机。

第二是水环境污染。"文革"前，工业不发达，用水量和污水量都不是特别多，水环境污染还不突出，工业和城市污水处理厂很少。经济发展以后，欠账太多，因此大量的城市污水、工业废水不经处理就排放天然水体中，造成水体的严重污染，这样就出现了水危机，不仅中国出现，全世界都出现，而中国特别严重。所以说，这个水危机就是水资源短缺和水环境污染，它是属于水的社会循环系统里的问题。给水排水专业改革，首先涉及水的社会循环。因为随着社会的发展，给水排水研究的就是水的社会循环，所以，专业教育改革是由水的社会循环决定的。[①]

世界上水的循环可以分为两大类，一类叫作水的自然循环，所谓水的自然循环就是水在太阳的照射下，将海水蒸发成水蒸气和云，被风送到大陆，以雨雪降水的形式降到地面，渗透到地下，最后就汇成河流，流回到大海，这就是水的自然循环。另一类就是人类为满足生活、生产需求，从天然水体取水，用完的水又排回天然水体。因为在人类用水过程，人用多少水，就要排多少水。我们用了水以后，同样数量的水又排回到天然水体，那么这就叫做水的社会循环。

这一时期的李圭白给学生讲课，发表文章，作报告经常提到水的社会循环。由于人类社会对天然水的用水不节制，造成浪费。他列举大量现象来说明：水价很低，可以说甚至是不要钱，人们就大量挥霍用水，这样有限的水资源就显示出水资源短缺了，水用完以后，有很多废弃物进入了水中，水中就含有很多有害的杂质，就造成天然水体的水环境污染，水环境污染以后，受污染的水就丧失了它全部或部分的使用功能，不能作为城市饮用水水源。

李圭白在报告、讲座和论文中进一步总结：水危机是由于不良的水的社会循环造成的，那么现在我们就应该把这个水的不良社会循环，逐渐变成良性循环。良性社会循环就是我们要节制取水，尽量减少从天然水体取水。另外，用过的水经充分处理后再排回天然水体，不对天然水体造成污染，这样我们

---

① 李圭白访谈，2015年5月7日，哈尔滨，资料存于采集工程数据库。

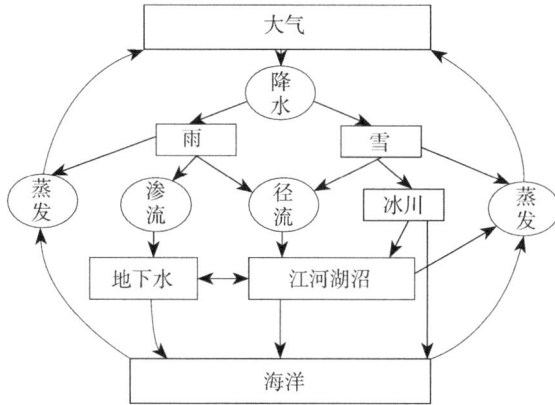

图 10-1 水的自然循环

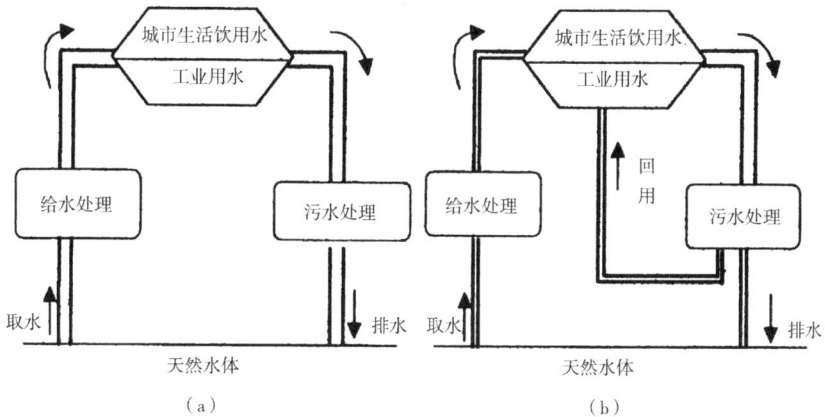

图 10-2 水的社会循环

的水源就可以持续地利用下去，就是一个良性的社会循环了。

李圭白在接受采访时，简明清晰地谈到专业的重新定位与给水排水人的责任：

现在，我们研究水工程的问题主要有水利工程学科和给水排水工程学科。水利工程是研究水的自然循环，而我们给水排水研究的就是水的社会循环。

20 世纪 50 年代，苏联教育大纲把给水排水工程定位为城市的基础设施，也就是把给水排水工程作为城市基础设施之一。这样，在一个狭小领域定位的学科是解决不了水的循环问题的，只有把这个领域扩大，把眼光扩大到水的社会循环，扩大到整个世界水的循环，包括水的自然循环和水的社会循环，把水的社会循环和水的自然循环之间的关系研究清楚以后，那么我们才能提出真正的解决水危机的方案。这是历史赋予我们给水排水人的历史使命，我们给水排水人必须挑起实现水的良性社会循环这样一个重担，把目前水的不良社会循环改造成水的良性社会循环，以解决水危机，要担负起这样一个历史任务，这是我们的责任。①

抛出改革重磅炸弹

1989 年，我国设立了第一届给水排水专业指导委员会（简称专指委），这是国家设立的专业建设专家机构，由住建部任命并领导。因哈尔滨建筑大学（1959 年土木系从哈尔滨工业大学独立出来组建为哈尔滨建筑工程学院并发展为哈尔滨建筑大学，2000 年与哈尔滨工业大学合并，组成新的哈尔滨工业大学）的这个专业最具实力，所以专指委工作由哈尔滨建筑大学主持，迄今三位掌门人均出自哈尔滨建筑大学。第一届专指委主任由张自杰教授担任，第二、三届专指委主任由李圭白担任，崔福义任第四、五、六届专指委主任、同时任第一、二、三、四届专业评估委员会主任和卓越计划专家组组长。

---

① 李圭白访谈，2016年5月7日，哈尔滨，资料存于采集工程数据库。

给水排水专业的发展历史可追溯到清末。1910 年开始到新中国成立前，北洋大学、交通大学、清华大学、哈尔滨工业大学、同济大学、唐山铁道学院、湖南大学等学校的土木工程专业中分别设置了"给水工程""下水道工程"等卫生工程类的课程或专业方向，对学生进行专门化教育。此阶段的高等教育孕育着给水排水工程专业的雏形，为我国早期给水排水工程专业的建设和专业教育的发展奠定了一定的基础。

随着社会的发展、科技的进步和城市化进程速度的加快，根据饮水水质的净化与消毒，市政供水的管道输送，居民生活污水的收集、输送与排放等方面的技术进步，在高等教育的土木工程技术大类中，发展形成了作为给水排水工程学科前身的卫生工程的学科方向。

1952 年，哈尔滨工业大学、清华大学、同济大学同时设置了给水排水工程专业，采用苏联的教育模式。之后，专业不断地向前发展。专业建设与发展可大体分为以下几个阶段：

第一阶段：1952 年以前，是依附于土木工程，尚未独立设置给水排水工程专业阶段。在新中国成立前和成立初，有关的基本教学内容设在土木工程专业之中或作为土木工程专业的一个专门化方向，孕育着给水排水工程专业的雏形，为我国早期给水排水工程专业的建设和专业教育的发展奠定了一定的基础。

第二阶段：1952 年~1965 年，是独立设置专业，探索与成长阶段。新中国成立后，国家大规模经济建设对从事城市给水排水、建筑给水排水和工业给水排水等工程领域的专业人才有很大的需求。我国从 1952 年起，在哈尔滨工业大学、清华大学、同济大学等高校设立了第一批给水排水工程专业。至 20 世纪 50 年代末，全国设有给水排水工程本科专业的学校有 9 所。该阶段的给水排水工程专业教育教学内容带有很强的土木工程痕迹，人才培养强调适应计划经济的需要，毕业生按计划分配，强调专业对口。

第三阶段：1966年~1976年"文革"期间，专业在动荡中坚持阶段。给水排水工程专业的发展停滞，部分高校接受工农兵大学生，学制为3年。各高校教师仍在困难条件下为给水排水事业发展和人才培养努力工作。

第四阶段：1977年~1996年改革开放，专业建设恢复与发展阶段。1977年恢复高考，第一批学生入学。当时的教学条件很不完善，但教师和学生都具有极高的自觉性和积极性，教学效果很好，保证了教学质量。到1996年全国设有给水排水工程专业的本科院校达到50余所。随着社会经济的发展，城市的基础设施建设发展迅速，这对给水排水工程专业的教育规模和教育质量提出了更新更高的要求。

第五阶段：1996年~2012年，是专业教育改革深化，专业建设全面发展阶段。此阶段是我国经济建设快速发展的时期，也是给水排水行业大发展时期，相应的给水排水工程专业也得到了快速发展，2011年我国设立给水排水工程（给排水科学与工程）专业的高等院校办学点达到156个。

2012年后走上了按专业规范办学的新阶段（2012年：专业更名为给排水科学与工程，国家颁布专业规范）。

新中国的高等工程教育本科给水排水工程专业已经走过了60多年的历程。60多年来该专业为国家给水排水行业培养了大量的高级专门技术人才，提供了重要的人才和技术支撑。目前，该专业已经发展到相当的规模，在全国高校的办学点达到156个，年招生超万人。

至今，给排水科学与工程专业已培养出钱易[①]、刘鸿亮[②]、李圭白、汤鸿霄、

① 钱易（1933~　）：江苏人，中国工程院院士、清华大学环境工程学院教授，1992年起任全国人大环境与资源保护委员会副主任、北京市政协副主席、国际科学联盟执行委员会委员、世界工程组织联合会副主席等职。
② 刘鸿亮（1932~　）：辽宁人，中国工程院院士、中国海洋大学硕士生导师，曾任国际湖泊环境委员会常务理事、中国环境科学研究院院长，现任中国环境科学研究院研究员、国家环境保护总局科技顾问委员会副主任。

张杰、郝吉明、曲久辉、侯立安[①]、任南琪、段宁、彭永臻、马军等中国工程院院士，其中 7 位院士出自哈尔滨建筑大学（现哈尔滨工业大学）。

李圭白在专指委任职后的第二年，1996 年 12 月 17 日~20 日，专指委在天津召开第二届第三次（扩大）会议。全国设有给水排水工程本科专业的 43 所高校的代表出席了会议。这次会议是专指委成立以来规模最大的、十分重要的一次会议，对学科发展有着重要意义。会上，由中国土木工程学会给水排水学会和专指委牵头，开始了国家"九五"科技攻关计划"水工业学科设置研究"项目的研究。之后，在北京组织召开的"水工业及其学科体系研讨会"上，收录论文 40 余篇。水工业学科设置研究对专业改革起到了积极的推动作用。

就是在这次会议上，李圭白提出要进行专业教育改革，他的话像在平静的湖水上扔进了一块石头泛起波澜，引起与会者强烈反响，为什么要大刀阔斧地改？李圭白阐述了专业教育改革的大背景：

在水工业产业体系发展与人才需求的背景下，自改革开放以来给水排水工程专业一直在进行着一定程度的改革。尽管由于认识上的差距，这些改革仅是局部的、个别小范围的，如有的学校一些课程内容的少量变化、新课的增加、学时的调整等，然而，这些初步的改革为大规模的改革孕育了条件。

随着我国和世界科技的迅速发展，新兴学科、边缘学科和高新技术层出不穷，尤其是在全球性的严重水污染等问题突出的背景下，给水排水工程的主要矛盾也由水量问题为主转移到水量水质矛盾并重、水质问题突出上来。

[①] 侯立安（1957~　）：江苏人，中国工程院院士、环境工程专家、二炮工程设计院高级工程师，曾任中央联系专家、教育部高等学校环境科学与工程类专业教学指导委员会副主任委员、全国分离膜标准化技术委员会副主任委员、中国未来研究会副理事长、中国建筑装饰协会副会长等职。

同时,我国成功地实现了从计划经济向市场经济的转轨,给水排水行业的内涵及外延已远非传统的给水排水工程所能覆盖,为之服务的高等教育人才培养方式与课程体系的变革是历史的必然。教育改革,就是要把我们这个专业的定位从苏联把给水排水专业与供热、道路并在一起定位为城市基础设施,改成定位为水的社会循环。我们陷入水危机,不从全球、国家、整个区域性流域解决问题,就得不到一个解决水危机的方向,我们专业必须扩展到一个比较宽的,以地球为单位的一个领域,才能考虑中国或世界的水危机现象。

我国高等学校给水排水工程专业经过几代人的努力、建设和发展,已形成了较完整的学科体系。但是随着科学技术的飞速发展,给水排水工程正逐步发展为水工业,其内涵与外延都有了较大的拓展,必须进行专业教育改革,以适应经济建设和对外经济交流对专业人才培养的需求。要在全国经济建设和社会发展的大系统、大背景下,进行人才培养模式、知识能力结构等方面的重大改革。[①]

在这次会上,一些参会者对专业改革还没有转变观念,没完全读懂专业教育改革的真正含义时,李圭白又进一步强调改革的必要性:我国给水排水工程专业建于 20 世纪 50 年代,由于专业面较窄,已不适应社会主义市场经济的特点,不能满足我国新兴产业——水工业以及水危机对人才培养的需求,必须要进行全面改革。概括地说,过去的专业课程设置以力学为主线,土木工程痕迹重,而机械、电气、自动化等知识几乎是空白,经济、管理、法律等教育单薄,但这与当时我国该行业的技术发展水平和社会需求还是基本适应的。

---

① 李圭白访谈,2015年5月7日,哈尔滨,资料存于采集工程数据库。

伴随我国改革开放和科学技术的进步，过去的专业课程设置已不适应现代高等教育。给水排水工程的主要矛盾由水量问题为主转移到水量水质并重、水质问题突出上来。我国从计划经济向市场经济的转轨，给水排水工程内涵逐步丰富，外延不断拓展，专业教育改革就是在这样的背景下进行的。

李圭白提出的专业教育改革，就是要给这个半个世纪前按苏联教育模式设置的专业重新定位，这就意味着大家习惯了的思维定式，因循守旧、一成不变地教学结构和教学内容，要全面动大手术。

力排众议，坚定改革派

1997 年，专指委在西安召开第二届第四次（扩大）会议和 1998 年在宁波召开第三届第一次（扩大）会议，两次会议的主要内容都是重点围绕专业教育改革进行讨论。

李圭白担任专指委主任力主改革，重新定位给水排水专业的课题，就由他领导的专指委牵头单位哈尔滨建筑大学带头去做。李圭白提出的这个颠覆性的专业改革，无疑像一颗重磅炸弹，在专指委中引起强烈反响。在每一年的专指委会上，都讨论得相当激烈，李圭白始终强调专业重新定位是专业的生命力所在：

我国的给水排水工程专业是借鉴苏联的模式，一直延续了近半个世纪。社会和科学技术在发展，学与用却已严重脱节，必须从木土工程中脱胎出来，重新定位。这就是我们要坚持专业教育改革的最主要原因。水危机已经成为社会经济发展的制约因素，必须把它解决了，否则，水资源短缺，没有水怎么发展工业？怎样发展经济？不进行水处理，怎么改变水环境呢，不改善水环境，水就不能用，怎么办？这就给国家带来了重大的经济损失，所以这方面就必须要解决，这个任务就落到我们给水排水专业的水业人士的肩膀上了，你必须得挑，不挑也得挑。给水排水专业不能只限于城市基础设施这个很小的范围内，我们要在城市基础设施的定位上跳出来，而要把它扩大到水的社会循环，研究社会循环中水的质和量的关系，从世界范围内看待水的循环问题。

水利工程主要是研究水的自然循环，研究水的量的问题，它是以力学为基础的，所以水利工程过去一直都是属于土木类的。以后水利工程虽从土木中独立出来，实际上它还是和土木相同，以力学为基础。而给水排水工程主要是研究水的社会循环，水的社会循环从内容上看，牵扯到什么水我们可以用，能满足我们的生活、生产和工业上的要求。天然水的水质并不能够满足我们的要求，所以我们必须对水进行处理。我们现在要减少从天然水体取水，对水进行循环、多级利用。这样就可大大减少从天然水体取水的量，这就牵扯到水循环利用的水质要满足工业使用的要求，牵扯到水质和水处理问题，所以我们要把水的不良社会循环改变成水的良性社会循环，核心的问题就是水质问题，所以水质问题在我们水的社会循环里逐渐上升到一个主导地位。

那么我们原来专业是以力学为基础的土木类，现在我们就要将之改为以化学和生物学为基础的专业。因为这个专业定位、专业的基础都和原来发生了重大的变化，要以化学和生物学为基础，就得进行天翻地覆的改革。要从以力学为中心，转变成以水质为中心，以化学和生物学为基础这样一个专业，所以过去的课程，都要进行重新组合或编排。[①]

[①] 李圭白访谈，2015年5月7日，哈尔滨，资料存于采集工程数据库。

从 1996 年开始,李圭白领导专指委研究专业改革,一次次地讨论、交锋,大家辩论得相当激烈,意见不统一。有人说改,有人说不改,有人说大改,有人说小改。改变传统观念是一个艰难的过程,改革的阻力很大。专指委在每年召开的会议上都要提出一个新的问题来讨论,一次比一次深入,最后就提出建立一个新的教学计划、新的教材体系,然后组织全国高校来编写新教材。

崔福义 1996 年开始担任专指委秘书,是改革整个过程的积极参与者。他回忆:

李老师任这两届专指委主任,为我国的给水排水专业作出了巨大贡献。因为给水排水过去是一个非常传统的专业,20 世纪 50 年代从土木专业分离出来,就带有很强的土木痕迹,八九十年代以后,这个专业逐渐发展,自己的独立特色越来越强了,和土木完全不一样了,但是我们的专业教学却相对滞后于行业的发展。因此李老师从任专指委主任后开始积极倡导专业改革,这就是他站得比较高,有宏观的战略思维的一个表现。

李老师提出改革,开始阻力非常大,一方面说我们这个专业办得挺好,没必要改,另一方面说这些教学内容是我们大家都很熟悉的,你这一改我们怎么教?所以阻力是相当大的。

因为这次专业改革是彻底的改革,要从人才培养的目标定位、课程的知识体系设计、课程设置到教材编写等方面改革,改得和以前完全不一样了。以前给水排水专业的土木痕迹很重,我上学时三大力学总共加一起大概占 100 多学时,可是因为现在专业分工越来越细,土木结构的设计有土木专业的人去做,我们学这么多结构知识,最后没有地方去用。还有很多别的课,也是我们专业不需要的,但还在学。

　　另外，这几十年，水处理新技术发展很快，而水质问题又成为我们给水排水行业的主要的问题，而在这方面恰好我们传统课程上是很薄弱的。我们讲的水处理技术都是非常经典的传统的，大量的新技术人家设计院实践上都在用，而我们却不讲，因为我们传统的课程计划里没有这些内容。再比如，自动化的仪表设备等知识，都是现在给水排水行业发展中的新知识，我们传统教学中也没有。20世纪80年代末，我国水厂就开始引进国外的技术，自动化水厂除了处理工艺是我们传统的优势外，自动化的教学内容根本没有，所以我们培养的人才和社会的需求就明显地脱节了。[1]

　　在讨论中，李圭白力排众议，态度坚决。1996年的专指委会上，他还提出了专业名称和学科名称不适应实际情况的问题，此后开展了长达多年的专业名称讨论。统一认识很艰难，但1997年发生的一件意想不到的事，使大家对改革的认识立即发生了大转折。

　　1997年下半年，教育部在无锡召开一个重要会议，修订本科专业目录，并准备从苏联和当时我国实行的"窄专业"体系、发展为欧美的"宽专业"体系。其间提出了取消给水排水工程专业的方案。

　　巧的是，同一时间专指委在西安开会，会上大家仍在激烈地讨论着改革问题，就在为改不改，改多改少争论不休的时候，突然从无锡教育部的会上传来一个震惊的消息：教育部已经把给水排水专业取消了！新的专业目录方案中没有这个专业了！此时，会场的讨论立刻停止，大家愕然、沉默了片刻，突然意识到现在不是"改不改""改多改少"的问题了，而是"有没有"的问题了，也就是说专业到了生死存亡的关头。

---

① 崔福义访谈，2015年5月5日，哈尔滨，资料存于采集工程数据库。

存亡关头，迈开大步

取消专业这始料不及的消息，使大家幡然醒悟：李圭白力主改革太有远见了！在专业的存亡关头，也就在这场风波之后，改革的阻力突然消失了，真是忧患思进取，大家的认识达到了空前的统一：要适应社会发展，给专业重新定位，改革刻不容缓！

那么，教育部为什么要取消这个专业呢？李圭白解释说：

在当时的高等教育改革中，要求把全国上千个专业合并到 500 个专业，再把 500 个专业合并到 250 个专业所以就想把给水排水专业拆散，把室内给水排水内容，就是建筑给水排水这部分归到采暖通风专业（现建筑环境与能源应用工程专业）把室外给水排水归到环境工程里。一个专业就这样拆散了，这是不合适的。

随着我国社会的进步，人民生活水平的不断提高，不但需水量迅速增加，而且对水质的要求也不断提高。特别是水污染的加剧，使得水质问题已成为甚于洪涝灾害的"水质灾害"，导致水质问题日益突出，促使给水排水工程技术不仅在水量方面有相应发展，特别在水质和水处理方面出现了飞跃。在该领域的科技和产业"生长点"已由传统的水的输送为主转移到水质方面，解决水质问题成为主要矛盾，那么，给水排水专业已成为解决水质问题的重要专业。

取消专业，李圭白坚决反对，他说：近年来，80% 以上的科研论文和科研成果都是有关水质问题的。同时，工程的投资已越来越多地向水质方面倾斜。与之相关的水工业制造业、水工业高新技术产业也从无到有，发展迅猛。随着社会主义市场经济的发展，水是一种商品、水工业是一项产业的观点，已经日益被社会所认同，给水排水行业发生了由"事业型"向"产业型"的根本转变，一个新兴的产业体系——水工业已经形成，并在国民经济中起着不可替代的重要作用。如果将给水排水专业拆分到建筑环境与能源应用工程专业和环境工程里去，就解决不了"水质灾害"的主要矛盾，解决不了水的社会循环中的诸多问题。

李圭白后来在接受采访时说，从给水排水专业人才的社会需求来看，取消专业也是不合理的。这个专业毕业生的就业面广泛，人才需求旺盛。他们从事的工作领域包括与用水、水处理和污水治理相关的城镇建设、工矿企业的工程规划、设计、施工、运营、管理、教学、科学研究等。他说，除了大城市外，县及以下单位部门，专业人才更是奇缺。根据《中国大学生就业报告》[①]的统计，给水排水工程（给排水科学与工程）专业在全国 500 多个本科专业中，2008 年学生毕业半年后的就业率为 95%，在全国高校各专业中排名第六；2010 年的就业率更进一步提升到 96.1%，排名第四；2011 年的就业率为 94.6%，排名第二十九；2012 年 97.5%，排名第一；2013 年 95.9%，排名第六；2014 年 94.1%，排名十八；2017 年 93.9%，排名二十二。在全国五百多个专业中一直是高就业率、需求旺盛的前 10% 专业之一。

李圭白认为，主管部门对给水排水这个专业的重要性还了解不够，也对这个专业在国民经济发展中的重要地位和社会需求了解不够。

之后，专指委迅速派出小组跟教育部汇报和沟通，提出专指委的意见，谈给水排水专业存在的必要性，给水排水学生是社会最需求的。他们要求教育部调整指标。教育部采纳了他们的意见，最终在 1997 年的最后一轮专业目录修订中成功保留了给水排水工程专业。

---

① 《中国大学生就业报告》，作者麦可思，中国大学生就业研究课题组，社会科学文献出版社出版。

高乃云^①后来在回忆中写道：

　　李圭白院士力挽狂澜，力挺给水排水工程专业。在本科专业调整过程中，给水排水工程专业面临着被调整出局的危险。在这关键时刻，李院士一方面积极耐心地与上级有关方面协调，摆事实，讲道理，反映给水排水工程专业继续存在的必要性和重要性，给水排水工程专业的毕业生是国家经济发展和社会主义建设必不可少的主力军之一，上海市把"市政工程"列为上海市"紧缺"人才方向，到上海就业的给水排水毕业生，马上就解决户口问题，无需积分排队。另一方面，李院士还组织专指委辖下的学校向上级有关部门打报告，充分阐明理由，群策群力，终于有惊无险，保住了给水排水工程专业。大家都说，如果不是李圭白院士努力，竭尽全力的努力，可能我们这个专业就不会存在了。^②

　　这件事，也给专指委委员们一个警醒，全国的本科专业要由500多个砍掉一半，那么专业教学内容过于传统，更新不够，没跟上时代的步伐，所教授的知识不适合行业发展要求，就列在了取消范围，看来专业教育改革势在必行。

　　这是整个专业生死存亡的问题，专指委的委员们认为，保住这个专业是历史使命，否则，他们对不起这个专业。

　　专业保住了，是因为这个学科找到了自己的改革发展方向。这件事使大家提高了对专业教育改革的必要性与紧迫性的认识，必须通过改革求发展，

---

① 高乃云：同济大学环境科学与工程学院教授、博士生导师，现兼任全国饮用水深度处理研究会副理事长、中国工程建设标准化协会建筑给水排水委员会委员、建筑给水排水委员会排水分会和消防分会委员，曾任高等学校给水排水工程第四届专业指导委员会副主任、全国高等学校土建学科教学指导委员会委员、中国建筑学会建筑给水排水研究分会第一届院校委员会副主任、国际水协会（IWA）会员等职。
② 选自高乃云《李圭白院士对给排水科学与工程专业的巨大贡献》文章，资料存于采集工程数据库。

要根据社会经济发展的需要，调整拓宽现有的给水排水工程专业。委员们佩服李圭白力主专业教育改革的前瞻性眼光。改革的阻力没了，在李圭白的领导下，大家的心往一处想，拧成了一股绳。

1998年10月28日，李圭白在宁波主持专指委第三届第一次（扩大）会议，教育改革仍是会议的主题。这是对我国给水排水工程专业的历史性改革。傅涛①代表课题组，提交了国家"九五"科技攻关子专题《水工业学科体系建设研究》报告并作了说明。会议结合傅涛所作的报告，对本学科的改革展开了热烈的讨论，并在多方面达成了共识。特别是经过国家专业目录调整的风波，委员会对改革必要性的认识不断提高、改革思想逐步得到统一、改革的力度不断加大、改革工作得以加速进行。

会上，大家还以给水排水专业名称的改革为主题进行了专题讨论，提出了一系列新的观点："以水的良性社会循环为主线""以水化学、水处理生物学、水力学"等为学科基础、"课程体系中，应将水与废水相统一，改变传统的按服务对象设置课程""给水排水工程专业的名称已不符合专业的情况，束缚了专业的发展，应在适当的时候予以更名"等。这些观点的提出，标志着专业教育改革的基本思想已经形成。会议还深入研究了培养的学生应具有由以下专业知识结构：即水处理工艺知识、水资源与管理知识、水工业经济知识、有关的工程知识和机电、仪器仪表、计算机与自动控制等高新技术知识，能从事水工业的规划、设计、施工、管理、教育及研究开发等方面的技术工作。

---

① 傅涛：1996年~1999年师从李圭白，于1999年获博士学位，现任清华大学环境系水业政策研究中心主任、环保产业研究所所长、中国水网顾问总编、中国环境产业联盟秘书长、全国工商联环境服务业商会执行副会长，曾任职建设部和全国住宅产业商会，担任处长、秘书长，负责建设部、国家发展改革委员会、世界银行、亚洲开发银行等机构的多项环境政策和管理研究，系列《清华水业蓝皮书》和《清华水业绿皮书》核心撰写人、中国水网《水业投资资讯》撰稿人、《水业政策与市场年度报告》的首席分析专家。

傅涛说："学科向哪个方向发展，这是个大课题。我当时在读李老师的博士，论文题目就是《水工业的学科体系建设研究》。李老师提出专业改革以后找到我，这正与我感兴趣的研究匹配。李老师牵头来做，专指委的会议基本上我每次都参加，汇报学科研究的进展。后来学科保住了。因为这个学科找到了自己的核心点，它必须有自己的理论基础，这个理论基础就是水质工程学，这是在别的学科里面没有研究过的。"

可以说，李圭白领导的专指委经过近 2 年的酝酿与研究，宁波会议正式迈出了给水排水工程专业改革的步伐。会议提出了面向 21 世纪的"给水排水工程（水工艺与工程）学科教学基本框架"，作为下一阶段修改专业培养方案的基础，并成立了专业培养方案起草小组。

全面改革，重获新生

李圭白领导专指委进行教育改革，卓有成效地加速进行：这个改革进程表，载入了我国给水排水专业教育改革的历史史册——

1996 年天津扩大会议，迈开了专业改革的步伐，进行国家"九五"科技攻关计划"水工业的学科体系建设研究"。

1997 年，西安扩大会议，明确了教改方向，就适应水资源短缺、水污染等挑战、拓展专业的内涵和外延等课题进行研究。

1998 年，宁波扩大会议，提出改革重点：调整拓宽专业教育内涵、更好地为行业发展服务。

1999 年，武汉扩大会议，李圭白与委员们认为"给水排水工程专业面临一个前所未有的发展机遇"，专指委确定了新的《给水排水工程专业人才培养方案》，并颁布了《给水排水工程专业人才培养方案和教学基本要求》。明确了专业培养目标，确定了 10 门专业主干课；还修改完善了课程结构，分别确定了 13 门公共基础课、18 门技术基础课、6 门专业课、多门选修课以及实践环节等。会议明确培养方案是一个指导性文件，是各学校制订教学计划的基本依据。培养方案的出台标志着专业改革取得重要的成果。多数学校自 1999 级或 2000 级开始实行或部分实行新的培养方案。

2000 年，李圭白作为教育部 21 世纪初高等理工科教育教学改革项目（新世纪高等教育教学改革工程）"给水排水专业工程设计类课程改革的实践（给水排水专业课程体系改革、建设的研究与实践）"项目负责人，在专指委的总体协调下，由哈尔滨工业大学、清华大学、同济大学等 24 所高校共同进行研究与实践。研究成果又进一步推动了专业教育改革。2003 年专指委召开了教改经验交流会，出席会议的有来自全国 50 多所高校给水排水工程专业的代表，会议编印论文集 1 部，收入研究报告 64 篇。项目于 2003 年 10 月通过专家组验收，2004 年 10 月通过全国高等学校教学研究中心组织的鉴定。2005 年 9 月，以该项目成果为主要依托，教改成果"给水排水专业课程体系改革、建设的研究与实践"获得国家级教学成果二等奖。

2004 年在北京召开高等学校给水排水工程专业指导委员会工作会议，启动专业发展战略研究工作，成立了发展战略报告起草小组。

2005 年 11 月，给水排水工程专业发展战略研究（第一稿）完成。同年李圭白和张杰主编的《水质工程学》国家级规划教材出版。

给水排水专业为我国给水排水行业高级人才培养和科技发展起到了重要的支撑作用。李圭白说：

这个专业定位、专业的基础都发生了重大的改变。过去是以力学为基础，现在是以化学和生物学为基础，这是天翻地覆的改革。从课程的内容、专业服务的对象来看，是一个水的社会循环。专业要从以力学为中心，转变成以水质为中心，以化学和生物学为基础这样一个专业，所以过去的课程，都要进行重新组合和编排。例如，现在新的教学计划中把过去的三大力学、四大结构内容只保留了一个工程力学，这个工程力学就把这几个力学综合在了一起，而结构力学原则上取消了。在我们给学生介绍专业概论的时候，包括了一点儿钢筋混凝土结构、（取消了）单独的木结构或者钢结构这样专门的课程。我们所有的课程，都加强了化学和生物学的基础，专业课都进行了非常大的调整。我们整个教改，都经过领导全国的高校给水排水专业指导委员会成员共同充分的讨论。[①]

李圭白在专业改革中始终坚持水环境污染和水资源短缺导致专业内涵的变化，内涵由水的供给及排放转化为以水质安全为核心的水的良性社会循环。给水排水专业颠覆性的全面改革，在以下几方面发生了根本性的变化：一、专业的知识主线发生了变化；二、专业知识与内涵发生了变化；三、专业知识与内涵更加丰富；四、对专业人才知识结构的需求发生变化；五、保持了工程特色。

修改专业名称也是专业改革的一个重要内容，一直受到相关学校的普遍关注。1998年专指委启动了关于专业名称的讨论。李圭白认为："给水排水工程"专业的名称已不符合专业的现状，束缚了专业的发展。专业名称的改变是一项严肃的工作，涉及学科内涵的准确表达，同时要考虑到有利于招生和毕业生就业等实际问题。因此，要十分慎重。新专业名称应该对专业的建

---

① 李圭白访谈，2015年5月7日，哈尔滨，资料存于采集工程数据库。

设与发展起到积极的作用。

在历年的专指委会上，与会者就如何调整专业名称的问题开展研究。对新的专业名称，曾提出许多方案，经过充分的讨论，最后确定采用具有普遍共识的名称"给排水科学与工程"，认为它有较好的外延和可拓展性，其内涵特指解决以水质为核心的水的社会循环问题，并向国家有关部门提交《关于高等学校本科教育"给水排水工程"专业的专业名称调整为"给排水科学与工程"的建议》。

2005 年 8 月，专指委发出"高等学校给水排水工程专业指导委员会关于专业名称调整办法的通知"。为了更好地反映水的社会循环的整体概念和科学与工程融合的专业发展特点，2012 年教育部颁布的新的高等教育本科专业目录中，"给水排水工程专业"正式更名为"给排水科学与工程专业"。李圭白解释：

原来我们专业名称叫"给水排水工程"，给水就是给水，排水就是排水，完全给分开了，这个专业名称已不符合专业的情况，束缚了专业的发展。现在我们把它叫做"给排水科学与工程"，而"给排水"三个字是一个词不是两个词，不是给水排水合在一起的。因为我们的研究对象是水的社会循环，社会循环过程里包括从天然水体取水再排回天然水体，还包括水的循环利用，多次利用，其中包括多次处理，所以就不能把给水排水分开了。给水排水要把它统一地考虑，是一个循环中的两个环节，这两个环节不仅包括给水排水，从现在的发展看，还包括城市水系统、城市湿地、城市渠道、河沟、景观、水井等这些方面，包括整个水的社会循环，这个系统发生了天翻地覆的一个改变，体现了给水与排水的统一，体现了科学与工程的融合。我们更加明确了专业的使命：培养专业人才，为实现水的良性社会循环服务；发展科学技术，为行业发展服务。2012 年，该专业首部专业规范的正式颁布，标志着我国的给排水人才培养进一步走上规范化、快速发展的轨道。[①]

专业教育改革，是李圭白担任专指委主任 10 余年间力推并取得的重大成果，对我国给排水专业建设来说是非常重大的事件。这不仅仅是一个专业的问题，而且对整个国家专业人才培养起的作用非常之大，否则我国的给排水行业如果没有这样一个专业提供人才支撑，这个行业的科学技术发展就会受到极大的影响。

而李圭白领导的专业教育改革却是在教育部要砍掉这个专业之前进行的，这足以证明他在这个领域所站的高度和所具有的前瞻性思维。

《水质工程学》精品教材诞生

李圭白领导专指委始终把教材建设当作专业教育改革的重中之重，进行了以主干课教材为核心的教材建设，新的教材体系初步形成，取得了令人瞩目的成就。

1952 年，我国给水排水专业建立之前及专业创办初期，缺乏给水排水工程的专业教材，仅有极少的相关专业的书籍或从苏联教材翻译的其他专业教材。1952 年后，为了解决给水排水专业教材的急需，一些高校和政府主管部门组织翻译，也编著了一批苏联教材。李圭白在校学习和留校当教师期间，哈尔滨工业大学使用的全是苏联教材。他曾参与过教材的翻译和编写工

① 李圭白访谈，2015年5月5日，哈尔滨，资料存于采集工程数据库。

作，这些在我国沿用了半个多世纪的教材为给水排水工程专业的教学打下了基础。

但随着经济和科学技术的加速发展，传统的水处理教学内容的诸多弊端就显现出来，它分散于《给水工程》《排水工程》等教材中。课程分设为给水处理、污水处理、工业给水、工业排水，水处理新技术……将生物技术视为是污水处理技术，物理化学处理视为给水处理技术，将工业与民用技术相分离。在理念上，给水与排水相割裂，与水的良性社会循环理念相悖。教学组织缺乏系统性、科学内涵薄弱、弱化了技术原理的传授，不利于技术的发展与创新，教学内容不能适应行业技术发展的需求，内容重复、浪费学时。

"水质工程学"是专业教材改革的主要内容之一，也是一门发展很快的课程，具有很强的实践性。1999 年，专指委在《给水排水工程专业人才培养方案和教学基本要求》中，整合设立"水质工程学"课程，并使其成为 10 门主干课之一。同年，专指委在昆明召开第三届三次会议，通过竞争，哈尔滨建筑大学获得了《水质工程学》的主编权。全书由李圭白、张杰主编，蒋展鹏[1]主审，由哈尔滨建筑大学（现哈工大）李圭白、崔福义、陈忠林、马军、于水利，彭永臻、任南琪[2]和张杰[3]执笔。

---

[1] 蒋展鹏（1938~　）：浙江人，现为清华大学环境科学与工程系教授、博士生导师，全国高等学校给水排水工程专业学科指导委员会副主任委员、国家自然科学基金委员会第八届学科评审组成员、中国海洋学会海水淡化与水再利用学会常务理事。

[2] 任南琪（1959~　）：江苏人，中国工程院院士，曾任哈尔滨工业大学副校长、教授、博士生导师，国务院学位委员会学科评议组成员，国际水质学会（IAWQ）会员，美国水环境协会（WEF）会员，中国微生物学会环境微生物专业委员会委员，中国环境科学学会环境工程分会委员，教育部环境工程专业指导委员会副主任委员。

[3] 张杰（1938~　）：中国工程院院士，哈尔滨工业大学教授、博士生导师，曾任全国高等给水排水工程学科专业指导委员会委员，中国土木学会给排水学会副理事长，全国给水排水情报网副主任，建设部科技委委员，国家城市给水排水工程技术研究中心工程技术研究委员会副主任。

2002 年，李圭白与"水质工程学"课题组教师就开始对原有课程结构与课程内容进行优化整合。整合后的课程结构和内容体现了以水质为核心的水的良性社会循环理念的实践，改变了传统的将给水与排水相分离、按应用对象组织教学的模式，倡导将给水和废水相统一，按照工艺原理组织教学；加强了教学的学术性、系统性，强化了水质的核心地位。

李圭白说，"水质工程学"作为改革的核心成果之一，也是改革力度最大的课程之一。改革后的《水质工程学》是普通高等教育"十五"国家级规划教材，也是高等学校给水排水工程专业指导委员会规划推荐教材，也是"给水排水工程"专业的主要教材，它按水处理技术原理与分类组织内容，实现课程的整合使之更系统化，增大了信息量，符合专业规范的相关要求。

《水质工程学》2005 年 7 月由中国建筑工业出版社出版，2006 年"水质工程学"被评为国家首批精品课程。

教材建设的成就是有目共睹的。1999 年的专指委会议上，就围绕以10 门主干课为主的教材建设，优先研究确定了《水资源利用与保护》《水质工程学》《给水排水管网系统》《水工艺设备基础》《水工程经济》《城市水工程概论》和《土建工程基础》7 部教材编写计划，完成了包括 10 门主干课在内的 17 门主要课程教学基本要求的制订（修订）工作。这些成果 2004 年以《全国高等学校土建类专业本科教育培养目标和培养方案及主干课程教学基本要求——给水排水工程专业》一书由中国建筑工业出版社正式出版。《水质工程学》《给水排水管道系统》《水工艺仪表与控制》《水资源利用与保护》4 部教材入选国家级"十五"规划教材。2002 年，由崔福义主编的《水工艺仪表与控制》获得全国普通高等学校优秀教材二等奖。

图 10-3 《水质工程学》教材

2005 年之后，李圭白已不再担任专指委主任，但他的继任者崔福义仍继续贯彻他的教改思想，继续推进改革的各项工作。而李圭白并没有因卸任而放弃专指委的工作，作为顾问他继续关心、指导专业建设，并把继续深化《水质工程学》教材的建设工作视为己任，参加各种会议，发表指导意见等。

2014 年 7 月 7 日~8 日，高等学校"水质工程学"教学与改革研讨会在哈尔滨工业大学召开，来自浙江大学、同济大学等全国 70 余所高校近 140 名水质工程学任课教师和相关人员参加了研讨会。会上，李圭白分别从给水排水专业改革的背景、意义和内容，《水质工程学》教材编写的指导原则和方向两个方面作了报告。时任哈尔滨工业大学市政学院院长崔福义作了题为《水质工程学——背景、定位与思考》的主题报告，着重介绍了"水质工程学"课程设置的总体思路与专业教学改革等方面的情况。与会代表围绕如何更好地推进"水质工程学"教学与改革这一议题进行了分组讨论，并达成了广泛共识。

10 年专业教育改革，是李圭白晚年在他所热爱的给水排水专业上的发光发热。回忆这些他很感慨：

哈尔滨建筑大学给水排水专业的师资力量以及教学的研究力量在"文革"后得到迅速恢复，并始终处于全国高校最前列，所以建设部 1989 年在设置专业指导委员会时，将哈尔滨建筑大学定为委员会的负责单位，委员会主任也由张自杰教授担任。1995 年我接张自杰老师任主任委员。在我担任主任委员期间，最主要的成果就是开展了专业教育改革。根据改革开放以来我国的水资源、水环境的情况，特别是出现水危机的现状，提出了将给水排水学科和专业的服务对象由城市基础建设改为水的社会循环，提出给水排水专业在解决我国水危机中所肩负的历史责任。与其配套，提出了按水的社会循环理念制订新的教材体系，并主持编写《水质工程学》教材。《水质工程学》是按水的社会循环理念，将给水与排水都统一在水的社会循环中，将给水处理与污水处理统一在水的社会循环的"水质"理念之中。专业教育改革进行了10年，其成果已获各高校以及水业界的共识。[1]

图 10-4　专业改革讨论照片

---

① 李圭白访谈，2016年5月5日，哈尔滨，资料存于采集工程数据库。

第十一章

耕耘六十载

李圭白作为科学家、教育家，他一生没离开过教书育人和科学研究，鞠躬尽瘁地拼了 60 年。他一生当的最大的"官"是"教研室主任"，却只当了几年，领导过十几人。但他搞科研、作导师却是一辈子。他把培养学生当作研究课题，认真研究了一辈子，积累了独特的培养方法。如今，他的学生四代同堂，薪火相传。亲传弟子成功的足迹和社会极高的评价，就是对他这位教育大师的最高奖赏。

"走出去，激发创新能力"

改革开放后，我国开始恢复研究生教育。1980 年，第五届全国人民代表大会常务委员会第十三次会议通过了学位条例，确定了我国设学士、硕士、博士三级学位制度。

1978 年，李圭白开始招收研究生，1986 年开始招收博士研究生。他把培养研究生当作自己终生的事业尽心尽力去做，他在研究生教育上有自己独特的见解和培养模式：

我在培养研究生的创新能力和理论联系实际上做了一些探索。我体会，研究生创新，应该是研究生培养的核心。这要从他刚一进入研究生学习阶段就开始培养他的创新意识和精神，给他创新的机会。我认为，研究生培养的重心是培养他的创新能力，只在实验室培养研究生，固然能培养其在科学实验中的创新能力，但给排水科学与工程专业属工程应用型，所以在实践中或工程现场的实验工作中培养他们的创新能力是非常必要的。

"文革"后期，还戴着"臭老九""白专"帽子的李圭白在受到监视的恶劣环境下，顶着压力，仍然带着工农兵学员去水厂搞科研。他坚持给学生安排很多生产实习，是真正的结合工程去做设计，当时做的最大的就是丹东市扩建的一个10万吨新水厂的设计。他任总工程师，带着学生吃住在丹东，在原来老式设备上做10万吨水厂的设计，给水排水工艺需要建筑结构、工程力学、电气知识配套，这样，李圭白同时请了相关教研室和相关专业的教师参加。水厂建起来了，锻炼了学生理论联系实际的应用能力。可在那个红卫兵造反的年代里，当时还有个别激进派学生不理解李圭白的苦心。半个世纪后，他的学生回忆当年这些事，很感慨地提到那时的生产实习，在现场搞设计，得到了真刀真枪的锻炼，对他们之后的工作很有帮助。

"注重培养学生理论联系实际的能力，我要求我的学生都去水厂、工地锻炼一年，鼓励他们在第一线发现和解决问题，培养他们的独立工作能力和与人协作的团队思想，所出成果要在工程中应用"，这是李圭白招每一个研究生都坚持这样做的。

许多学生谈起导师让他们到生产第一线锻炼，都说有这样一段经历，对自己的成长至关重要。南军1993年考上李圭白的硕博连读研究生。他跑的工程现场很多，提到这个艰苦的过程，感触颇深：

第一年上完课，我先后跑了100多个水厂的现场做调试，如广州、佛山、顺德、上海闵行的一些大水厂等,像武汉中关水厂等都是当时 100 万吨以上最大的水厂,我们在那里做流动电流的调试。

1994 年,三峡大坝工程要建一些船上水厂,李老师参与了其中的一体化水厂项目。因为三峡没有建水厂的条件,所以当时整个水厂是在武汉白沙州那里建。水厂建在船上,然后把整个船推到三峡。这里的条件很艰苦,我必须在船舱底下做加药调试。武汉夏天高温,船舱里没有空调和风扇,格外闷热,温度有四五十度,况且船舱里全是大大小小的蚊子,我身上每隔 1 厘米就一个包,简直无法忍受了……课题又碰到困难,做不下去了,不知怎么办,当时心情很焦躁、迷茫,最后我就给导师打了电话。李老师在哈尔滨也不可能马上到现场指导,但当时他鼓励我,教我方法:在现场做工程,应该详细到每个环节都要观察到,都要接触到,每一个细小的环节都不能漏掉,才能解决问题。后来我按导师的办法,很快完成了调试任务,并且很成功。事实证明导师说得很对。

那时虽吃了不少苦,但我从硕士到博士期间 100 多个水厂没有白跑,积累了很多经验,也学了很多新技术。我是搞给水排水的,过去对软件一点儿不懂,但在实践中却运用交叉知识解决了工程上的许多问题,现在都可以讲软件、编程等,自己都变成了软件行家了。后来通过做科研课题和大量的工程实践使我又开拓了一个新的研究方向。我很感激李老师的这种培养体制,通过实际工程的训练,不仅培养了我搞科研的一种坚持的韧劲,学到了在学校和实验室里学不到的东西,同时也培养了我吃苦耐劳的精神。我感到,各种艰苦的条件并不算什么,它只是客观因素,主观上我们自身的动力是主要的。缺少工程实践的经历和锻炼,很难激发我们的创造力,也就很难适应以后的科研和教学工作。[1]

---

[1] 南军访谈,2015年5月13日,哈尔滨,资料存于采集工程数据库。

创新需要提供空间。这应该是李圭白培养学生创新能力的一个秘籍。他要求他的每一个研究生必须要到水厂工程现场锻炼一年，解决实际问题。他说，我国小学到中学到大学，都是拼命让学生背记，给学生灌输，以数量取胜，这样培养的学生比较缺乏创造能力，把学生的创新性都给扼杀了。所以，李圭白的每一个科研项目，都给他的学生提供了理论联系实际的机会，培养了一支科研团队。如他亲自为学生联系水厂，让他们参与科研项目，为他们的成才创造条件。他认为：

研究生培养有两种类型，其中一种是以出 SCI 文章为目标，研究生四五年就在实验室里做实验，最后它能够出好几篇高质量的研究论文也就毕业了，但是这种研究生培养在综合素质上有缺憾。因为一个研究生他上大学基本上是教师授业解惑，授业解惑都是单方面的，都是由老师向学生来授业解惑，没有重点发挥学生的创新性，在我们整个教育思想里非常缺乏这种东西，而研究生培养重点就是培养研究生的创新性思维，培养研究生就是这个目标。

学校的实验中心、国家重点实验室，还有国家工程研究中心，这三个单位都有高档仪器，做试验非常方便。学校检测不了的，我们还可以到医科大学、农业大学等学校做试验，这就是利用社会资源。因为水厂里受试验条件限制，难以做更深的研究工作。所以学生一年或一年半回来后，再利用实验室的优越条件进行课题的深入研究。虽然实际工程出文章很困难，但是在水厂却能使他们观察到生产中很多的现象和问题，他们就要考虑这些问题怎么解决，这个过程又使学生不仅学会了处理人际关系，又大大开阔了眼界。学生通过一年左右的时间深入下去，逐渐形成了自己的课题。博士研究生培养我很注重课题，因为这是他的研究方向。课题最好是由学生自己来选择，因为确定课题本身就是一个培养创新性思维的一个非常重要的环节。[1]

"选题来自生产一线"

在李圭白的研究生中，深入生产第一线，发现问题，激发创新能力的实例举不胜举。如：2006年，梁恒到海南屯昌水厂，他发现用膜能高效去除藻类，他就选用超滤膜来除藻作为主攻的方向。现在河海大学任教的陶辉[2]在天津实习，发现有机氮的问题，国外已开始研究，国内研究得很少。他抓住这个课题，把它作为博士论文选题。

学生深入基层，发现了生产中的一些问题，把它凝练出来，就作为博士论文的研究课题，做出了具有创新性的科研成果。他们的课题并非纸上谈兵，都来自于生产第一线，有其应用价值。因此，李圭白的培养方法，不管是硕士研究生还是博士研究生都要放到生产第一线一年或一年半。

李圭白的研究方向都来源于重要的工程需求，以解决问题为重要的研究目标，因此做出的研究成果都能很好地进行大规模的应用，并产生显著的经济效益和社会效益。所以，李圭白反复跟他的学生讲：博士生就是要做科研。科研是什么呢？就是解决问题，如果科研不解决问题的话，科研没有任何意义。如果你只是为了作论文，那价值在哪里？所以他就是灌输一种思想，让学生懂得科研就是要解决一些问题，也就锻炼了学生解决问题的能力。如果你把问题非常漂亮地解决了，那就证明你解决问题的能力很强，尤其是作为工学博士，如果什么实际问题都解决不了，那你最后的

---

① 李圭白访谈，2015年5月7日，哈尔滨，资料存于采集工程数据库。
② 陶辉：2003~2008年师从李圭白硕博连读，获工学博士学位，现河海大学环境学院教师。

博士论文肯定就大打折扣了。陈忠林讲了导师李圭白给他上的第一课就是深入水厂：

　　李先生让学生先深入到水厂，与实际工程紧密结合，从实践环节入手做论文，这是他理论联系实际非常鲜明的特色。我1993年考李先生的博士生，一入学第一课就让我跑水厂。我是学化学的，以前对给水排水和水厂一点儿不熟悉。读博期间，我基本上都在水厂跑，如山东济南水厂、黄河水厂、河南开封水厂、郑州的白庙水厂，还有沧州水厂等，从北到南跑很多水厂做试验，体会是最深的。

　　我拿着高锰酸盐复合剂，在水厂针对实际问题做试验，才能真正找到解决问题的办法，同时又在这个过程中发现新的现象和规律，然后从里面再提炼理论问题，得出科学理论，再升华成理论文章，最后再形成博士论文，同时还要为水厂解决污染的问题，我觉得这是非常见成效的。李先生所有的博士生都有这样一个经历。这就是李先生培养学生非常突出的特点。而且李先生为了让学生学到这些东西，他舍得花钱为学生创造条件，那个年代，我是所有学生当中第一个坐飞机去深圳水厂做实验的。①

　　对李圭白的这种培养模式，有的学生曾担心，提出疑问，下基层一年多的时间，那么就少了作论文的时间，论文数量会受影响。可李圭白认为，他要求学生到生产单位一年或一年半，必须发现哪些问题是能创新的，要求他们回来后必须带回一篇SCI论文。一年完不成，再延长半年。事实证明，他的学生回来就真能带回一篇论文，再加上回来后的一些细致深入的实验室工

---

① 陈忠林访谈，2015年1月13日，哈尔滨，资料存于采集工程数据库。

作，因为在实验室有很多参数是可以控制的，可以更深入地去研究一些课题，一些规律，那么这样就使得他出论文的数量并不比在实验室的同学少。

李圭白的学生一般选择硕博连读的比较多。他们深入到全国各地的水厂接触生产实践，再返回学校从事课题研究，因此课题方向兼具科学价值和工程意义。他的学生俞文正就有亲身感受："虽然看起来刚开始发表论文的速度不如一直待在实验室的同学，但是等到博士毕业的时候，文章发表的数量和质量往往会超越同届的其他同学。而更为重要的是，在后续发展中，由于更加了解水厂实际运行工艺的特点和不足，所做的工作普遍具有更强的实际应用性，研究成果能够更快得到推广和业界认可。"

"一名科技工作者，如果一直亦步亦趋地跟在他人身后，是永远不会有大作为的，""在科学面前，来不得半点虚假。"这是李圭白在科研道路上恪守的信条。他的教学和科研都以严谨著称，但他不保守，富有创新精神。于水利博士毕业留校做科研，导师的创新意识给他很深的印象：

李老师的创新意识非常强，他始终跟大家讲：科学上没有什么不可以探讨的地方，没有什么所谓的经典或是什么不能突破的禁区。所以首先思想要解放，就是有些东西你可以多问个为什么，也可以对一些非常经典的说法、学说提出质疑。不是某些经典已经定下来就不发展了，再不进步了，这一点非常重要。我们探讨科学问题，解决实际问题，就应该没有禁区地去想一些新方法、新技术和新的解释来解决实际中的问题。李老师的这种思想不仅在当时对我们搞科研有帮助，实际在我们国家提出"大众创业、万众创新"这个口号，在这个时代更需要这种精神，怎样去突破现有的技术瓶颈去开发新的技术、新的理论非常重要。[1]

---

[1] 于水利访谈，2015年5月1日，哈尔滨，资料存于采集工程数据库。

李圭白教育他的学生要明确工科学生直接面对的就是解决实际问题，而给排水专业的学生必须要在认识自然和由于人类造成的自然变化中，找到一条解决问题的基本规律。在我国的南方和北方水厂，几乎都有李圭白的研究基地，这为他的研究生提供了接触实际工程创新的条件。例如：东营南郊水厂一跃成为国内首家"10万吨"级的超滤膜水厂，在这之后的10年中，他的一批又一批学生在那里得到了锻炼，发现并解决了实际工程中的难题，写出了一篇篇高质量的论文。

"要培养融入团队的能力"

改革开放以后，李圭白招收的研究生越来越多。他的每一个科研方向都有一支团队在联合攻关。除了本校师与生、学生之间的合作外，还要走出校门，融入社会这个大团队。这个社会大团队就是水厂、工程第一线的各级领导、工程技术人员、管理人员、化验员、工人、甚至保管员等。研究生与各阶层人员的融合能力和依靠社会力量完成工作的能力，直接关系到他的科研课题的研究深度与进度。

李圭白批评当前高校中有相当一部分博导把学生关在实验室，急于让他们出论文的做法。作为一个导师不仅对学生的学业负责，更要对把他们培养成真正的素质全面的人才负责。他认为：只是一个人在实验室埋头搞试验是不够全面的，因为现今的科研工作都是科研团队协作方式，需要学生在一个团队里发挥作用。他非常重视将研究生放到水厂或实际工程中去锻炼和培养，使研究生能与社会接触，能在复杂的社会条件下开展科研工作。学会与社会各阶层领导、工作人员、技术员、工人等和谐相处和团结协作的能力，学会

图 11-1　李圭白与梁恒在杭州

利用社会力量创造条件完成科研工作，这也就是对研究生综合能力的培养。

有些导师把研究生完全关在自己的实验室里 3 年、4 年甚至 5 年，当然它也能出些论文，但是这个学生他大学的时候接触的就是同学，没有接触社会，那么他到了研究生阶段，仍关在实验室，也不接触社会。一个人的能力，特别是科学研究的能力的提高，创新性的成果，不是只靠一个人能够完成的。现在很多的科学研究都靠团队，所以在一个研究生培养的过程中，没有给他一个在团队里工作的训练过程，他的能力是不完全的，这只能在理论上有益，但是他缺乏协作能力，缺乏组织工作能力和缺乏应对社会上各式各样问题的能力。我看到这一点以后，就从博士研究生开始，把他们派到水厂或现场，给他一年到一年半的时间，在现场进行培养，现场培养他的好处就是他融入社会了。在水厂里，只有在各级领导、技术人员、化验员和工人的支持和配合下，工作才能顺利开展，才能做出创新性的成果。①

---

① 李圭白访谈，2015年5月7日，哈尔滨，资料存于采集工程数据库。

提到这样的事，李圭白总是津津乐道：

科研很讲究团队支持，获得团队的支持这是对一个人综合能力的培养和锻炼，这一点我是非常重视的。所以我培养研究生，从20世纪90年代开始就都往下派，一般都要派下一年甚至一年半。这样他们得到的锻炼就比较大，再回到实验室干活就不一样了。尤其是他毕业以后一到工作岗位，马上就能和工作单位上上下下融合在一起。

在我们的社会，需要一个人的综合素质，因为现在任何一种科学研究，都不是像牛顿时代，单打独斗，都是团队操作，在团队里发挥骨干作用，要有团队精神，今后才能干大事。所以，我培养学生的过程比较注重培养学生的综合素质。否则，一个研究生如果就在实验室关上四年五年，团队合作这方面的素质是非常缺乏的，缺乏社会融合的能力，就不够全面。[1]

李圭白所带的课题组进行科研工作的同时，也培养了学生的团队精神。学生都亲身体验过团队的力量。如：膜滤项目团队充分利用多家高校的人才与技术优势，结合东营市自来水公司等4家企业的工程施工、设计、运营及管理的丰富经验，同时采用具有自主知识产权的国产超滤膜，由国内单位设计、施工建设和运行管理，实现了产学研有机结合。这个过程中每一步都离不开团队合作。又如，参加过流动电流科研团队的学生，更加深切地体验到一个科研课题涉及给水排水、化学、电学、计算机、电子，仪表等多个专业的跨学科知识，同时还要有水厂基层、科研单位和生产单位的配合。这绝非一个人所能完成的。所谓团队合作精神，就是融入大环境，在特殊环境和艰苦环境里，与人接触合作的能力。

---

[1] 李圭白访谈，2015年5月7日，哈尔滨，资料存于采集工程数据库。

李圭白的学生刘俊新[1]说:"李老师好多的想法按现在的话来讲,是特别接地气的,能够解决实际问题,而且非常的实用。所以说,你这个学生可能解决这个问题,但是你还有其他问题没解决的时候,他就会安排下一个学生去做,不断地去深入,相当于去完善,并不是后面学生做的东西就把前面这个否定了。"

李圭白经常教育学生,科学发展到今天,各种知识交叉,远远超出一个人的知识储备,靠单打独斗很难完成一项科研工作。他与学生经常在一起开会,讨论问题,大家共同商量,找出好的方法和思路来解决问题,无论是哪一个课题组,这种团队精神都发挥了非常重要的作用。

"为师为友,教学相长"

改革开放 20 年间,李圭白在业务上发展得非常好。他说,这要得益于他的研究生。1978 年之前没招研究生,李圭白搞科研第一是靠自己,第二是他和教研室的老师共同合作,第三是和外单位的工程技术人员合作,第四是靠他带的本科学生,进行生产实习搞科研。

那么这种情况下的科研工作周期比较短,参加人都不是专职搞科研的力量,工作量和深度很有限,因为李圭白自己的本科教学任务也很重。"文革"前他做的是"地下水除铁除锰""高浊度水""滤池技术"等科研,就已经是竭尽全力了。

1978 年他开始招收硕士研究生,1986 年开始招收博士研究生。招收研

---

① 刘俊新访谈,2016年6月2日,北京,资料存于采集工程数据库。

究生对李圭白和学校其他搞科研的教师来说是科研工作上的一个转折。因为研究生都是专职的，尤其博士生3~4年，他们全身心地在做科研工作，取得很多创新性的成果。这样，李圭白和研究生合作，就把科研搞得比较系统和深入，取得了突出的成就。所以李圭白在这个阶段先后开辟了多个新的科研领域。

李圭白尊重每一位学生。为师，他有成功的培养模式和方法，挖掘每个学生的潜力，使他们人尽其才；为友，他与学生相处，没有架子，平等交流与探讨，帮他们渡过难关，完成学业。在学术研究上，他始终保持着谦逊学习的心态，给学生最大的发挥空间和自由度，帮助学生树立正确的学术观和人生观。

那么，李圭白与学生是一种什么样的关系呢？他与学生的关系，有自己精辟的见解和独到的做法：

很多导师带学生，要求学生必须按老师的想法和要求做，做导师规定的题目。我认为，如果都按老师的想法去做，学生的创新积极性就不容易发挥出来。我的做法是，我给他们一个大致的方向，之后，他通过自己的研究，再提出他自己的研究方向，然后再按照他自己的方向提出一个科学研究课题。这样就有两个创新：第一，在一个大方向上确定一个具体选题，这是研究生在选题上的创新点，如科研中我发现了什么，提出了什么，这是很重要的一个创新性的要求和训练。第二，学生进行博士论文和硕士论文的时候，我很重要的作用就是告诉他们怎么干，我定期给一些建议和指导，给他们进行科研创造条件。这样，他们可以自由发挥，重点培养他的创新性。他们自己会自主地进行科研，主动创造搞科研的条件。

我和研究生是一个合作的教学相长的关系，是互补性、互相学习的关系。因为老师在科研广度上比学生要宽广，但是在深度上不如他们，你不可能在每一个方面都很深入。每一个博士生都在一个比较窄的领域里研究得很深，查很多国内外的文献资料，并深入研究了理论或实践中的一些问题或规律，又做了很多试验，有很多创新性的成果和专利，所以，博士研究生在他研究的那个领域，有理论，有实践，他是真正的专家。那么，指导老师在这个领域里要向他们学习，所以老师必须摆正自己的位置，跟研究生很好地互动，互相补充，互相学习，使导师了解到更多的不同领域更深入的知识，这样，导师的水平才有所提高。我通过和研究生的共同工作，对这个问题有更深的理解。

学生在老师这个比较广的知识领域里，能选定一个新领域的创新性课题，这个过程就是教学相长的过程。我的研究生特别是博士，我一般要放到生产单位一年，注重他们在生产单位发展。因为：第一，大学生毕业后考上研究生，对生产方面并不是很了解，要搞一个科学研究，仅靠书本上的知识是不行的，必须对实际工程、实际生产过程有所了解，并且从中发现问题。第二，学校是很单纯的环境，他们接触的就是同学还有老师，老师和他的关系是很简单的。我认为人生的关系里，最纯粹的几个层次，一个是父母子女，这是亲情，另一个是同学之间的关系，同学几年，都建立了终身的联系，毕业后一辈子都是老同学、老关系。还有一个是师生关系。这几种关系都不存在功利色彩，是非常纯真的，能长期维持的，甚至维持终身。所以我就感到，他们还缺少另一种适应社会环境的能力，与生产第一线的各种人合作的关系。[1]

李圭白认为，导师带学生，首先自己要站得高，必须有创新性思维，有

---

① 李圭白访谈，2015年5月7日，哈尔滨，资料存于采集工程数据库。

独特的见解才能指导好学生，影响学生。崔福义讲了这样一件事来说明李老师在学术上总是能发现别人看不到的东西：

　　20世纪80年代末我在法国的时候，膜的制造车间是保密的，我只能在外面看到成品，因为那时膜被视作21世纪的水处理的尖端技术。后来，大家普遍的认识是不管膜本身的质量还是价格，膜技术的关键点在膜的制造上，在膜的应用方面没什么可研究的，你有膜我能用就行了。但恰好在普遍认识的基础上，李老师他就能抓住一些关键问题，说不仅是膜制造，膜的应用工艺也是有很多问题要解决。同样一个膜，我们用得好用得不好也会有很大的不同，所以这些年李老师在膜的应用方面做了很多的研究，解决了很多关键问题。

　　这十几年膜技术发展得很快，但是在应用中正像李老师说的那样遇到很多困难。事实证明，膜不仅仅是制造的问题，在应用工艺方面也有很多问题需要解决。同样一个膜，哪怕膜的质量不变，或膜的价格不变，那我们如果用得好的话，也会提高处理的效能，延长膜的寿命，包括降低膜处理的成本，所以这方面有太多的工作要做，只不过原先大家没意识到，都以为膜只是制造的问题。那么李老师他非常善于抓住一些看似平常的事情，然后发现问题，这也就是现在所说的创新性的思维，这方面能举出许多例子来说明。[①]

　　在科研中，李圭白能够使学生最大限度地发挥主观能动性，给他们的探索提供了一个自由空间。他的讲课特点是把国内外的现有的理论进行分析，对理论发展的历史进行回顾，分析现行的一些技术在理论上存在的问题，然后他再提出自己的一些理论和方法，所以他把国内外的一些背景和他自身的

---

① 崔福义访谈，2015年5月5日，哈尔滨，资料存于采集工程数据库。

研究结果结合起来，不仅使学生接受知识，而且把学生带到了一个思考怎样进行研究、进行探索，怎样分析问题和解决问题的境地。这也是他带研究生的特色。

马军是李圭白院士的嫡传弟子，他于 1982 年考取李先生的硕士研究生，1987 年师从李先生攻读博士研究生，是李先生培养的第一位博士。2019 年被评为中国工程院院士。谈到李先生，他的敬仰之情溢于言表，对恩师的谆谆教诲铭记于心。马军回忆：

先生最重要的学术思想就是从实践中来，应用到实践中去。先生开展理论研究从来都是围绕实际问题层层展开，在理论上充分拔高，技术上有所突破。他的理论研究成果都来自于实践探索，最后也都反馈到工程实践中，这是先生做出多项重要且富有创造性成果的根本原因。

20 世纪七八十年代，我国经济逐渐步入快速发展阶段，水体有机污染现象日益严峻。先生紧密结合国家实际需求，探索了水源水有机污染控制技术。我有幸在硕士研究生阶段，师从先生开展了这一领域的研究。当时针对高浊度水多采用聚丙烯酰胺进行絮凝处理。先生在研究高浊度源水处理时发现聚丙烯酰胺絮凝会在水中不可避免地残留丙烯酰胺单体，而丙烯酰胺有一定的毒性，不利于人体健康。去除水中残留的丙烯酰胺是一个非常关键的水质保障措施。于是我在硕士研究生阶段初步地开展了利用粉末活性去除丙烯酰胺的研究。粉末活性炭对于多数有机污染物具有吸附效果好、投加方便等优点。在研究粉末活性炭去除水中的丙烯酰胺的过程中，我发现当时的常规检测方法不理想，难以精确定量丙烯酰胺的浓度。先生帮我联系了兰州的水厂，但那边对丙烯酰胺的检出回收率（准确度）只有 35%~40%。丙烯酰胺的检测方法成了我研究中的第一只拦路虎。先生勉励我不要灰心，"正面攻不下的山头试着从侧面进攻"。我查阅了大量文献资料，在实验室琢磨出了一套基于色谱原理的丙烯酰胺检测方法，样品分析耗时短，数据准确度高，先生知道后很是惊讶，并给予了高度赞扬。我们这套丙烯酰胺检测方法通过了成果鉴定，并申请了专利。

丙烯酰胺的检测方法有了重要进展，但实验结果表明利用粉末活性炭去除丙烯酰胺效果并不明显。采用臭氧氧化可以有效地氧化丙烯酰胺，改善水质。但臭氧氧化运行成本太高，实际应用中很难有水厂能够负担。在研究了其他种类氧化剂对丙烯酰胺的处理后，我偶然发现高锰酸钾具有明显的氧化效果，且运行成本低。先生得知这一结果后非常高兴，全力支持我的研究工作，并将我硕士研究课题从粉末活性炭扩展到利用高锰酸钾氧化去除水中丙烯酰胺单体和氯酚。

1987年我师从先生读博，是先生的第一个博士生。先生对我的博士课题选题非常慎重，经过了长期思考，最终拟定了利用高锰酸钾控制饮用水中有机污染物这一课题。他仔细分析了当时国内外的研究现状，发现使用高锰酸钾控制水体有机污染的相关研究很少。高锰酸钾成本低，适用于我国水处理。就这样我开展了博士课题《高锰酸钾去除与控制饮用水中有机污染物的效能与机理》的研究。先生非常重视这个课题，常与我讨论课题进展。我清楚地记得在1987年，先生赴外地出差。旅途往来劳顿再加气温剧烈变化，先生患了重感冒。但他刚到哈尔滨便将我叫到家中讨论课题研究。在我博士即将毕业的时候，先生背上长了痈疮，在哈医大医院进行手术。先生强忍病痛在病床上逐字逐句地反复修改我的博士论文。我知道后真的异常感动，能受到先生的教诲是我人生中一大幸事！我在研究中发现高锰酸钾除污染的一系列反常现象，并在毕业后开展长期的理论与技术研究工作，在博士期间的研究为我后续的多年科研工作奠定了坚实基础。目前高锰酸钾及其中间态成分的氧化特性研究已经成为国际广泛关注的前沿课题，并以其运行成本低、处理效果好、使用灵活等优点，成为全球范围内饮用水处理领域的除污染技术，成为我们课题组的标志性研究成果。

先生很少给博士研究生拟定实验计划，而是放手让我们自己去思考、去实验，他只是起到引导的作用。有时候我们反复实验仍得不到预想的效果，先生总说实验失败很正常，鼓励我们寻找可能的失败原因，并不断改进实验方法。最可贵的是先生在指导学生的同时自己也在开展试验，甚至在 60 多岁时仍频繁往来于实验室开展研究，记得我在博士研究生期间，先生在实验室里自己做人造锈砂除锰试验。先生这一点给我们树立了非常好的榜样，我们也将这个榜样传承了下来。

先生的成功不仅体现在科研事业中结出的累累硕果，更体现在人才培养之中。我认为在我国的水处理领域，先生是非常杰出的导师。不仅在学术上，而且在人格上，都是学生指路的明灯。我常跟我的学生们讲，我们不仅要学习先生的学术思想，更要学习先生高尚的人格品质。学高为师，德高为范，先生身体力行地告诉了我们什么是无悔的水处理人生！ [1]

在科学研究中，李圭白不但自己用逆向思维法发现问题，他还教育他的学生也要运用逆向思维法分析问题。刘灿生跟李圭白学习和工作的时间比较长，他感到李老师的逆向思维在科研中起了很大的作用：

地下水除铁除锰，现在解决了看来并不是很复杂，但当时李老师能想出来的在别人看来那是不可能的。比如，任何一个水处理都是经过小颗粒变为大颗粒，然后机械分离这样一个过程。当时苏联还有其他国家地下水除铁的技术都是先曝气，曝气后再氧化，再沉淀过滤，工艺比较复杂。但李老师

---

① 马军访谈，2015年3月5日，哈尔滨，资料存于采集工程数据库。

却用逆向思维把复杂问题往简单了考虑：我不沉淀行不行，我不氧化行不行，我能不能曝气完直接就去过滤。这种情况别人都认为是不可能的，因为那水还是透明的呢，这个物质怎么能出来呢，那么恰恰就是这种思维使李圭白发现了地下水除铁除锰的新理论和新方法。[1]

许国仁在跟导师学习和科研的过程中，总结了李圭白的科研思想给他的重要影响：

第一，一定要解决实际问题。第二，一定要适合中国国情，因为很多国外的东西拿过来根本不适用，或是很复杂，或是价格很昂贵，中国人必须研究自己的技术。第三，从学术研究和培养学生的角度，他放手让学生做，就是让学生有创新的空间，把创新的能力和潜力发挥出来。如果把每一步都限制死之后，学生就会机械地去完成，没有创新。第四，李老师做很多事情不是完全按别人的路子走。他说，如果按照别人路子走，你永远走在别人后边。我们同样解决问题，要看是不是符合中国国情，是不是经济高效，从这一点上考虑，在很多方式方法上就跟国外不能走一条路，就得走我们自己的路。这么多年，我们跟着李老师一直这样走过来。[2]

在科研选题上，李圭白充分注意到社会和经济发展的需求，在科研过程中，不仅力求站到科技发展的前沿，研究和开发最新技术，并且特别注意要结合我国的国情。如在东营南郊水厂水质改善工程项目的实施过程中，他带领他的研究团队投入了极大的精力和热情，从工程的科研、评审、工艺的选

---

① 刘灿生访谈，2015年5月5日，哈尔滨，资料存于采集工程数据库。
② 许国仁访谈，2015年1月22日，哈尔滨，资料存于采集工程数据库。

择到最后的竣工投产都进行了跟踪研究，为超滤膜在老旧水厂的改造指出了新的途径。这个过程，培养了一批有实际经验的人才。

对于研究生的博士论文，他们设计的研究路线，用什么设备，李圭白都给他们提出意见，但不是命令式的，是供他们参考。他尽量让他们独立地进行自己的研究、自己的设计、自己的试验，最后得出一个比较好的成果。他常跟学生说，你们的研究课题范围我给你们确定了，是结合国家和生产需求的课题，其他的你们自己去创新。于水利跟李圭白进行了长时间的学习合作，他很有体会：

李老师的教育思想给我的印象很深，因为我们在一起开会的时候，李老师经常跟我们说："你们一定要有这种独立的科研能力，尤其读博士，你必须有独立的能力。如在选题方面，我首先让你们自己去选，要针对一些前沿的东西去选，你们选不上或者我认为选得不合适了，我再协助你们来选。"所以他总是给学生很多机会让学生有独立思考的过程，这种独立思考的能力，独立思维的能力我们受益非常大。现在我带学生就发现，有很多年轻人缺乏这种独立思维，依赖性比较强，总想让老师给个题目，然后我按你这题目去做，自己不愿去想。那么现在我指导学生就按照李老师的这个教育思想去做。[1]

李圭白的这种做法，刘锐平有亲身经历：

李老师给学生提供了很好的平台，让学生充分发挥自己的主观能动性，无论我想做什么，李老师都非常支持。例如，当时我的课题是《高锰酸钾预

---

[1] 于水利访谈，2015年5月1日，哈尔滨，资料存于采集工程数据库。

氧化强化地表水处理》。后来在文献调研基础上，提出改做《高锰酸钾氧化强化除砷》，当时砷是国际上的研究热点。便问李老师是否可以做，李老师毫不犹豫地回答"当然可以了！"读博期间，我长期在外地协助水厂解决技术难题，李老师都放手让我去干，一般不会过问我怎么做，但如果遇到问题或难题，我不知道如何解决或拿不定主意的时候，给李老师打电话请教，李老师总是仔细认真地给我解惑。设计手册中的很多参数，李老师都烂熟于心，脱口而出，并且教我如何计算以判断某个技术方案是否可行。[1]

"为教育，坚守一份责任"

李圭白从教 60 多年的人生信条是：既然承担了培养学生的重任，就要对他们坚守一份责任，这是对教育事业的忠诚，是对祖国的未来负责。

李圭白说，导师带学生，只有能力是不够的，更要有责任心。

李圭白虽然放手让学生在科研中自由发挥，但他并不是放而不管，而是积极地为学生创造科研条件，尽心尽力地帮助学生去完成课题。

俞文正是李圭白的硕博连读研究生，是欧洲玛丽居里学者。他回忆："李老师总是想办法给学生创造最好的实验条件，满足学生的实验需要，一切都为了科研工作服务。"

李圭白搞科研，一直注重与前沿科技

图 11-2　2005 年，李圭白从教 50 周年

---

[1]　选自2015年刘锐平对李圭白的回忆文章，资料存于采集工程数据库。

的接轨，尤其重视学生的跨学科研究课题，并全力以赴支持：

　　我带的研究生，不完全是给水排水专业的学生，还有的是跨专业的，如化学、化工、电子信息专业的。有一个物理专业的学生他报考我的研究生的时候，我就感觉到他在两个学科内都能够做出创新性的成果，就鼓励他。在这方面的指导，我还要有一些探索。这些学生他们自己想做什么我尽量给他创造比较好的科研条件，如实验设备、实验经费，加工一些设备，我都全力以赴支持。

　　每一个科研成果我都是下本钱的，例如第一个搞超滤膜的夏圣骥，是我带的第一个用超滤膜净水的博士研究生，现在是同济大学的教授。他刚开始从市场上买了一个小的膜装置，第一个实验是在哈尔滨附近的一个水库进行的。他做了一个小型的实验，实验以后效果不错，要进一步中试，需要买稍大型的膜和自控的装置、阀门等，对他的要求我全力支持。

　　买来后，这套设备很快建立起来了，便用膜处理松花江水，最后获得了很好的效果。当时这个大型的膜装置，是我们国内最新，最完整的中试装置。现在新技术特别是监测技术发展非常快。从现在国际上发表的文章看，都很关注用是用老仪器还是最新的仪器监测的。

　　学生搞科研，只要提出用高档仪器来化验，不是浪费，花多少钱李圭白都舍得。

　　他说："前几年有学生做生物DNA分析，这个分析做一个就上万元，比较贵，但只要学生的论文需要我就支持。我鼓励他们用最先进的仪器来分析化验，因为这能使他的论文数据更精确，研究更深入。所以我跟学生说，课题你们自己定的，按自己的科研计划做，我给你们创造一个比较好的科研环境和科研条件，最后你出不了 SCI，你不努力就怪你自己了。所以我对学生是既给他们创造最好的条件，又严格要求，所以许多研究生都很努力，春节也不回家。"

李圭白为人低调，不善于表达自己。对教育事业，李圭白有着强烈的责任感，学生都能感受到他那份执着。他把这份责任实实在在地体现在了严谨治学、言传身教上。2016 年，崔福义讲了 30 年前印象很深的一件事：

1985 年的夏天，我们组织一个科研成果的评审会，我是他的主要助手，当时李老师得了一场大病，他的后背长了一个病，已经感染，发烧，疼痛难忍，如果再耽误下去是会有生命危险的。当时他两个儿子都不在家，那时没现在这么好的条件，我只能用自行车推着他去医院检查、住院、手术。而我正在做会议的筹备工作，看到他很痛苦的样子，就跟他说："推迟两个月，等身体好了再开这个会吧。但李老师说时间已定，就不能推迟。"那个年代通讯都是靠纸质的信件，他就躺在病床上，跟一些人联系，邀请人参加会议。本来信都要李老师亲自写的，但他疼得写不了，只能他口述，我写，之后他签名。就这样他忍着疼痛到底坚持把这个会开完。我们搞流动电流这些跨学科的东西，而且是由水跨到电再跨到仪表与控制，跨度很大，那时候如果李老师没有一种执着精神，可能我们做不下去，很多事情也许就半途而废了。[1]

李圭白以身作则、对学生认真负责的品德对他的学生有着潜移默化的影响。他给学生改论文都是逐字逐句地修改，非常严谨，甚至他会很认真地给学生解释"嗅味"和"臭味"用哪个词比较合适。

---

[1] 崔福义访谈，2015年5月5日，哈尔滨，资料存于采集工程数据库。

马军说："李老师对我们的影响是长期的，我现在每做一件事情，都觉得是在向李老师学习。我硕士毕业留校时他跟我说：'你毕业的第一件事面临的是教学关。自己做事是一个方面，能够把别人教懂，能够对别人讲明白这些科学原理，来和学生进行互动，这其实是一个难点。'我还深深地记得李老师说的这句话：'什么最重要，不是一门两门课，而是研究问题的方法。'如今我又把这句话告诉自己的学生。李老师的讲课方式和对学生负责的品德，让我学到很多。"

我印象比较深的是，他对待任何事情都非常认真，给学生改论文，每个学生每篇论文都是逐字逐句地修改，然后再跟我们讨论。李老师的思维很活跃，我们讨论完以后李老师经常会提出一些新的想法。另外他这种做事态度对我们是一种潜移默化的支持和鼓励，使我们能够更认真地、更踏实地去做事。

我很幸运，有一个高瞻远瞩、博大精深、有着伟大人格力量的导师。在学术方向上，他给我们战略性方向上的指引。他始终是站在最前沿，围绕着国家经济发展中的难题来开展工作。读博期间，他建议我把硕士期间的工作继续深入开展下去。我记得1987年，他从外地出差回来，就把我喊到他家，跟我讨论这个课题，当时李老师是患了重感冒，出差回来也没休息就赶快跟我谈这个事，他是在床上跟我谈的。在我博士快毕业的时候，他因后背的痛在哈医大一院手术，我的博士毕业论文是李老师在病床上逐字逐句地反复修改的，我非常感动……①

图11-3 李圭白与学生谈给水排水专业

① 马军访谈，2015年3月5日，哈尔滨，资料存于采集工程数据库。

身为师，学高为范

每个学生都能说出李圭白"治学严谨，言传身教"的很多故事。刘俊新回忆：

李老师的严谨还表现在写文章上，那个年代还没有电脑，都是在纸上写完了李老师来改，改过以后，我再按李老师的意见再改，改完了李老师再改，最后李老师跟我说："投稿白纸黑字印出去以后是不能再更改了，是抹不掉的，所以你就一定要严谨，严谨到了你认为没有任何一个字可以修改的时候，你才能够投稿。"后来我再发一些文章的时候，从不敢大致一看就投稿，都是反复地改，甚至先放一段时间，过了十天半个月，再看看还有没有可修改之处。李老师确实是给我们做了个表率，而且是教我们不仅仅是作完项目拿到论文毕业了，更多的是教会了我们学习科研的方法和对科研的一个态度。所以李老师这种严谨认真的态度，确实影响了我一辈子。[①]

"给水排水工程"这个专业名称在招生目录里，往往被高中生及其家长认为是"农田水利灌溉""水利工程"等。为了让高中生和学生家长真实地了解给水排水工程专业的科学性和实用性，他亲自撰写了一本书《院士谈给水排水工程专业》，2005年7月由中国建筑工业出版社出版。他在书中写道："我从事给水排水工程学科的教学、科研与工程工作50年，很愿意引领年轻的学子们进入新世纪的朝阳学科——给水排水工程专业。"

---

① 刘俊新访谈，2015年6月2日，北京，资料存于采集工程数据库。

在人们的印象中，一般资深院士每年都给新生作入学教育和专业指导的不多，而南军讲起李圭白亲力亲为地为学生做入学教育：

李老师85岁高龄时，不仅对课题组的学生尽心尽力地指导和答疑解惑，还亲自做入学教育，给新生讲学科的背景和学校的发展，包括给本科生进行专业指导。我在院里分管研究生工作，硕士生和博士生每年招生时，我都是邀请李老师去讲，他非常重视，每年都参加。其实李老师他都是高龄院士了，还热心对学生进行专业指导，可以看出他对教育事业的那份忠诚。对于新生来说，有院士做专业指导，学生们都非常激动，对学生也是一种激励。[①]

李圭白的榜样和示范作用学生是有目共睹：博闻强记，精进不懈，踏实做人，认真讲课。他的课堂教学不仅有口皆碑，计算能力和掌握外语的能力，也给他的学生羡慕不已。刘锐平说："李老师思维非常敏捷，最初进入实验室做课题时，设计中试试验、计算管径、药剂配制浓度等他脱口而出，心算比我们用计算器或用笔算都快得多。"早年的学生刘灿生记忆深刻：

李老师的课讲得非常精彩。后来我当教师时，基本上是按李老师给我的教学笔记给学生上课。然后，我的同学也在其他学校当老师讲这门课，我又把笔记传给了他们。所以大家讲来讲去，讲的东西基本都是李老师教案的内容。包括很多的分析、水力的计算、小阻力大阻力配水系统等。他讲这些系统给我们的印象非常简洁。

---

① 南军访谈，2015年5月13日，哈尔滨，资料存于采集工程数据库。

我跟李老师合作过丹东自来水公司水厂的改造工程。当时国内没有人懂无阀滤池工艺。李老师先给我勾了个草图，给我讲了无阀滤池的要点，然后我画了工艺图，后来改建工程完成后效果非常好。李老师通过计算就会使好多东西发生很大的变化，这是他非常独特的地方。他的记忆力相当好，计算能力非常强。我们经常校核一些数字的时候，他从来不用计算器，基本上用脑袋算，我们好多人用计算器都没有他算得快。所以我们在讨论工程或讨论实验数据的时候，他就会非常快地得出参数，这个给我的印象很深。因为我要去法国，李老师要去英国，我们谈起学外语的话题，他说："我可不怕，我俄语学那么快，英语也会学挺快。"那年，他已年近60，掌握语言的能力还特别强，英语也确实学得不错，并翻译了好几本书。[①]

彭永臻是"文革"后期1973年入学的，后留校工作与李圭白同一个教研室。已成为中国工程院院士的他，回忆李圭白的点点滴滴时说：

我刚入学时就听说李老师讲课和带实习水平高，后发现他对管道、对砾石、混凝、阀门等有关的一些数据非常清晰，随口就来，不用计算器就能说出管径多少，流速怎么怎么样，李老师真是厉害啊，当时我就特别敬佩他。他带我们实习，我跟他做除铁除锰试验感到非常好。1976年我毕业留校，我曾请教过他学外语的事，李老师那时就跟我说，英语得好好学，这非常重要。30多年过去了，我来哈尔滨开会，李老师还没有忘记这个话题，他又对我说"老彭啊，外语很重要，外语如果不行，资料就看不了，资料看不了就跟不上国际研究的前沿，跟不上研究前沿，国内的这些研究内容，

---

① 刘灿生访谈，2015年5月5日，哈尔滨，资料存于采集工程数据库。

应用理论也不能提高。"他的话对我影响非常大。李老师跟我说，他现在也经常看英文，他原来是学俄语的，后来又学日语和英语，所以李老师对外语学习是抓得非常紧的。①

北京威派格科技发展有限公司总经理柳兵因院士论坛事宜与李圭白有过多次接触。他说："在2015年院士论坛之前，李圭白腰椎间盘突出动手术2个多月，但他还在论坛上作了报告。他80多岁在会后第二天，又直飞哈尔滨，指导学生毕业设计和论文答辩，他说，在实验室带学生能够给他们严谨严格的指导，这是他的责任！我接触过很多李院士的学生，他们谈当年李老师对他们在学业上的指导和教诲，都感到受益终身。"

人格魅力，平和之心

李圭白的人格魅力对学生的影响是深远和持久的，并在一代代学生中传承下去。他尊重学生，即使学生犯了错，也不会很严厉地批评。因为他说，导师的一句不经意的话，能毁了一个学生，学生的自尊和自信是很重要的品质，不能随意伤害。他的学生曲久辉院士有这样一段回忆：

李老师的心态是极其平和的，我看不到李老师发怒的时候、焦躁的时候、遇到困难气馁的时候，他永远保持着一种特别平和的心态，我想他的学生都深有感触，这种精神实际上不是一般人所能具备的。李老师经常讲，他说一

---

① 彭永臻访谈，2015年5月5日，哈尔滨，资料存于采集工程数据库。

辈子没有当过官，其实这不在于当不当官，而在于人基本的修养和素质，李老师这平和的心态，成就了他的事业，也成就了他的身体。

李老师从来没有厉声厉色地训过哪一个学生，但他的和蔼就代表了他的威严，如果你想破坏李老师的那种和蔼的话，那就是在挑战李老师的人格。所以学生们都会非常注意这一点。我举一个非常非常典型的例子，我记得有几次有学生犯了很严重的错误，但李老师的那种批评，和我想象中的完全不一样。他并没有用非常让学生下不来台的无地自容的语言去批评他，反而他用非常和蔼的方式告诉他这件事情不对，应该怎么去做，以后应该注意什么……我想这对学生来说是极大的鞭策，为什么？如果一个学生只要有自尊心，当遇到老师用这种态度来教育自己的时候，那种震撼和鼓舞绝对是很大的，我想李老师他的人格首先体现在他具有非常平和的心态，对人非常友善的态度上。[①]

李圭白的为人之道像水一样既有智慧，又能滋养别人而且很和缓。俞文正讲述了自己亲身经历的一件事：

李老师平时很忙，经常到全国各地出差开会，他几乎每次出差回来，都会找每位学生谈谈课题的进展，每个学生按预定的时间顺序汇报课题进展并进行讨论。那天安排我是第一个，可是我却迟到了15分钟，李老师有点生气，因为我的迟到会导致后面每个学生汇报时间的拖后。但是，李老师理解并尊重每个学生的特点，当他知道我喜欢在深夜工作之后，以后每次汇报就都安排我最后一个了。

---

① 曲久辉访谈，2015年6月2日，北京，资料存于采集工程数据库。

在课题选题方面，李老师很尊重学生的选择，也给了我们比较大的自由。本来李老师希望我做一个微型水厂及其推广研究，可是我当时对絮凝产生了较大的兴趣。于是我提出能不能同时做这两个课题，但以后者作为我的博士课题研究方向。李老师并没有反对，还明确表示支持我的想法，只是提醒我在博士期间同时做两个课题要合理安排和分配时间。而现在，我在这两个方向上的研究都在继续，两个领域的研究成果均在国际知名期刊上发表了文章。①

刘俊新说："李老师是很少直接批评学生的，他交代你这个事情以后，更多的就是讨论。我印象中李老师从来没有板着脸或者批评某个学生，或者指责某个学生哪里做得不好，就这一点作为老师很难啊，因为不一定每个学生做得都好，但我没见过李老师板着脸批评过谁。"

尊重学生的自尊心，尊重他人的感受，这是李圭白做人做事的真实写照。2010 年 1 月 22 日，全国"城镇饮用水安全保障及超滤组合工艺技术应用研讨会"在东营召开，会务人员考虑到他的身体吃不消，特意让他坐着作报告，但他马上拒绝了，他说："这是对大家的尊重！"，他坚持站着作报告。实际上这是李圭白的一贯作风。有的研究生一入学，面对新环境和新课题，自信心不足。李圭白一边给他们压担子，一边鼓励他们，要敢于面对困难，迎接挑战，去适应去闯，帮他们顺利渡过难关。

1996 年，李孟师从李圭白攻读博士学位。李圭白结合他的自身特点，一开始就委以重任，让他承担某项透光率脉动检测的工艺设计、安装制作直至在武钢现场调试的任务。可李孟初来乍到，感到人地两疏，一片茫然，

---

① 选自俞文正2015年对导师李圭白的回忆文稿，资料存于采集工程数据库。

马上又承担如此重任，令他感到压力很大，顾虑重重。他说："李老师就不断地引导我，鼓励我，告诉我从一点一滴的技术问题入手，指导我去大胆探索，最终我们圆满顺利地完成了这项工作。这件小事可能在李老师眼里并不算什么，但对我此后的人生道路却产生了巨大的影响。1999 年博士毕业至今已有 18 年了，但李老师博大精深的学术造诣、崇高的人品、虚怀若谷的作风、敏锐的研究思路，时时刻刻地都在感染着我、激励着我奋然前行。我一直尝试着要学习李老师那样的精神，不惧艰险、勇于迎接挑战。"

傅涛分析了在浮躁的社会里，李圭白的科研成就与他的平和心态有直接关系：

几十年如一日，李先生能够当上院士，在学术界脱颖而出，让我非常敬佩。尤其他专注一件事，不断地深入做下去很难得。现在的社会很浮躁，可选择的非常多，尤其互联网以后，人的时间全部碎片化了，都粉末化了，诱惑也太多了。科技也一样，其实我们给排水科学与工程学科的研究也比较复杂，需求太多了，科技经费也多，大部分的学者、教师也比较浮躁。在这个浮躁的氛围中，李先生就像一股清流，他不忘初心，真正在浮躁中能够有自己的建树，能够在一个方向上坚持，不断地钻研，带出了院士、长江学者等很多著名的学者，培养了一大批人，奠定了哈尔滨工业大学给排水科学与工程学科在全国的地位，这一点对我启发很大。他在很多方面的思考也影响了我。

"文革"中，李先生有时间就做试验。他之所以能作出突出的成就，就是因为他有平和、安静的心态，能把心沉下来，这是非常可贵的地方。现在需求太多，诱惑也太多，有很多人的心沉不下来。

我觉得他对人生的理解，对哲学的理解，到了更高的高度，而且也更加谦虚开放，这都是让我非常感动和敬佩的，做他的学生我很荣幸。[1]

为师如父，送上一程

李圭白的学生说起导师扶上马、送一程、唯才是举的品格，都是感恩之言。1958年考入哈尔滨工业大学的李继震回忆李圭白"在56年中对我的辅导和帮助"。56年，半个多世纪，从一名学生到高级工程师，这是怎样一种师生情缘?

我从入学到现在，56年来一直得到李老师的教育、指导和帮助。大学毕业以后，我在饮用水处理技术上经常向李老师请教，李老师住在玻璃钢研究所旁边的建工学院筒子楼、教化广场家属楼、耀景街家属楼、黄河路家属楼和院士楼，我都经常去拜访请教过技术问题。2014年11月9日，我计划去李老师家请教技术问题，但这天李老师家正在装修。在他的安排下，83岁的老人到我家为我答疑解惑，指导我研究技术问题的方向，使我深感过意不去。

多年来，我的研究项目有天然锰砂滤池管式大阻力排水系统计算、单级滤池曝气接触氧化除铁除锰技术研究、接触氧化除铁规律的研究、接触氧化除铁除锰规律的探讨、曝气石灰软化法除铁除锰、降低水硬度和溶解性总固体含量的研究……其研究成果和学术论文都是在李老师的精心指导和帮助下完成的，包含着李老师的学术思想和智慧。

---

[1] 傅涛访谈，2015年6月2日，北京，资料存于采集工程数据库。

我作为学生，向李老师学习和请教最多的是地下水除铁除锰技术问题，李老师对我的教育和帮助是长期、无私和卓有成效的，他是我的恩师。

已在同济大学任系主任的于水利回忆：

我1989年读博那年李老师就年近60了。那时我们在实验室做自控中试期间，因为试验是连续运行，李老师经常连续几个小时地陪着我们一起做，他在那儿观察整个自动控制的情况，包括自控记录的情况。他还亲临生产试验现场观察一些现象，记录和分析一些数据，我感触很深，科研如果不是自己亲自掌握第一手资料，有些规律就很难发现，所以必须自己亲临现场去做，去观察才能发现现象和规律，才能有所发明，有所创造。这一点像李老师包括他们老一代的科学家真是值得我们学习的。因为现在的年轻教师却不怎么愿意到实验室去，都叫学生去做，所以我经常拿这个例子说给一些年轻老师。

李老师已经80多岁了，还非常认真地组织编写《水质工程学》教材，从整个教材的架构到具体的细节，坚持讨论一天，一般人都很难耐，何况他的腰还有病。他这么大年纪，还在这个专业学科上这么一丝不苟地工作，真是不容易，他这种科学精神值得我们年轻一代教师学习和传承。[1]

李圭白带领崔福义等一批研究生组成的团队，结合生产需求，在高浊度水研究上取得了开创性的成果，培养和提携了一批年轻人才。崔福义说：

---

① 于水利访谈，2015年5月1日，哈尔滨，资料存于采集工程数据库。

图 11-4 刘俊新、于水利研究生论文答辩

　　李老师带着我参加了高浊度水技术研究会，我做这个工作的过程也相当受益，又在会上作报告等，大家都认识了我。李老师他们老一代换届下来，我也当上了这个研究会的副会长。在学术界与好多我们的同行熟识、探讨与交流，所以这也是李老师带我在科研道路上成长的过程。[①]

　　李孟讲了这样一个传承的故事：

　　李老师虽然贵为我国给水排水界的泰斗，但特别平易近人，无论遇到学生还是普通技术人员，李老师都没有任何架子，总是耐心地解答大家的疑问，他的每一句话都能增添我们这些初出茅庐年轻人的信心和勇气。尤其是我刚去哈尔滨求学时，第一次参加李老师课题组聚餐，听李老师像拉家常似地聊着他当年在英国做科研期间的各种趣事，在这种轻松的气氛中讲科研，让我

①　崔福义访谈，2015年5月5日，哈尔滨，资料存于采集工程数据库。

图 11-5　崔福义与李圭白在松花江游船休闲

感受到了家庭般的温暖，这一次经历也深深地影响了我。如今我自己也当了老师，也把这种利用课题组聚会讲科研的传统原封不动地保留了下来。李老师不仅是我的引路名师，现在还在积极扶持我的成长。2013年湖北设立了李圭白院士工作站，这是湖北省内第一家环保领域的院士工作站，我又可以继续得到李老师的亲身教诲了。①

　　俞文正读博期间在哈尔滨举办婚礼时，他远在外地的父母都没有来参加，而李圭白则作为导师并代表他的父母参加了婚礼，还作为证婚人鼓励他说："虽然你现在是"三无"（无房、无车、无钱）人员，但将来这些都不是问题。"李老师的话让他对未来更加有信心，相信只要自己不懈努力，终将有所收获，有所作为。

　　夏圣骥讲了一段导师爱成人之美的故事：

---

① 选自李孟2015年对导师的回忆文章，资料存于采集工程数据库。

　　读博期间，我未婚妻每年暑假都会来哈尔滨游玩。每次，李老师和师娘都会出面请我俩吃饭，且适时把我一通神夸，让我在未婚妻面前倍儿有面子，要知道那些话可是出自院士之口（也算是第三方评价吧），转而成为我在未婚妻面前炫耀的资本。记得有一年，李老师和师娘带上他爱好红学的妹妹招待我和未婚妻。他又把我一通夸耀，说我尽管是独生子但非常懂事，说我能吃苦肯干，我知道老头儿溢美我了，他妹妹也评价道："小夏这么优秀，看来是红书上的宝玉，该是惹了多少女孩的相思"。回头看，李老师是故意在我未婚妻面前赞美我的，否则平时在学业上怎么对我要求那么严格呢？真是感谢李先生对我的培育，感谢师娘对我生活上的关心。现在，我自己也是教师了，我愿以李先生为榜样，做一名好老师。[①]

　　李圭白对学生的关怀是全方位的。他对每个学生都真诚相待。有许多学生毕业后，他根据每个学生的特点，给他们写推荐信，或亲自联系接收单位，推荐他们到适合的工作岗位。

　　1994年，曲久辉拿着李圭白的亲笔推荐信，到中科院生态环境研究中心找汤鸿霄。中科院生态环境研究中心是一个高层次人才聚焦地，他们在全球范围内挑选人才，招收博士都是百里挑一。李圭白考虑到曲久辉理科出身，又经过工程训练，综合素质好，业务能力强，所以把他推荐到那里。曲久辉不辜负导师的期望，在那里干得非常出色，2009年被评为中国工程院院士。

　　刘锐平做化验需要的设备，因学校现在设备达不到要求。李圭白为了提高他的论文水平，就把他派到中科院生态环境研究中心去学习深造。刘锐平

---

① 选自2015年夏圣骥《李先生的三两事》，资料存于采集工程数据库。

在那里非常努力，春节也在那里做试验。他不但勤奋，还很谦虚，和中心同事关系都非常好。2005 年毕业后，李圭白就推荐他留在那里工作。

俞文正当年申请去英国伦敦大学学院进行联合培养时，李圭白就非常支持，使他能够获得该校联合培养博士生的奖学金，并发表了多篇较高水平的研究论文。毕业后，李圭白又推荐他到中科院生态环境研究中心工作。俞文正说："我一直很感谢李老师的支持和推荐，让我有更好更高的平台继续从事学术研究工作。"

李圭白是伯乐，他的学生都是千里马。他发现并培养了很多人才。他根据每个学生的特点，因材施教，唯才是举。在工作中提携优秀的年轻教师，这样的例子举不胜举。他的学生许国仁留校任教，他的成长过程和所具有的能力李圭白是了如指掌的。他力排众议，推荐许国仁为副教授评博导的候选人，最后全校评审通过。许国仁说："我很幸运，在我人生的各关键节点上李老师都给了我非常大的支持。李老师是伯乐，我不敢说自己是什么马，但是我一直在奔跑的路上，一直没有停歇，一直按照李老师的要求努力工作。"

何寿平[①]1972 年到同济大学听美国克里斯贝教授讲课期间，听到李圭白的研究生刘灿生讲他导师在学术上的造诣，使他景仰不已。之后他与李圭白有了一段"师生"情：

　　因我们南通港水厂有多种净水构筑物的池型，是学生实习的好基地。因路途遥远，学校决定聘请我担任兼职副教授专程前往哈尔滨为同学们讲

---

① 何寿平（1941年~2018年）：年生，在南通市自来水公司、南通给水技术博物馆、南通市国土规划局等单位任职，曾兼职《中国水网》顾问总编、国家城市给水排水工程技术研究中心客座专家，担任中国地理信息系统（GIS）协会理事、中国土木工程学会给水委员会一、二、四届委员、江苏省城镇供水协会副理事长。

课。李老师说："欢迎你来到学校讲课，你有丰富的实践经验，这正是我们长期在学校里的老师所缺少的，也是学生们必须要掌握的课本之外的实用知识。"

第二天我一进教室，就发现李老师也和其他一些教师坐在教室的最后一排。当时，我心头一热，这是李老师对我的信任和鼓励。而后一段时间，我有机会多次向李圭白请教。我参观了他们的"流动电位仪"，李老师对新事物的敏感，大胆探索和勇于创新的精神是我学习的楷模。[①]

师徒院士

截至 2016 年，在中国工程院给水排水专业出身的 11 位院士中，有 6 名是哈尔滨工业大学毕业的，其中，曲久辉是李圭白的嫡传弟子。他们师徒院士，一脉相承，对水怀着同样的情怀，活跃在我国的水领域。

曲久辉 1957 年生于吉林。1982 年毕业于吉林大学化学系，之后考取李圭白的硕士研究生，1988 年 7 月毕业后又继续师从李圭白读博士，1992 年 4 月获工学博士学位，1994 年 9 月博士后出站，1996 年在美国 Auburn 大学作访问学者。2009 年被评为中国工程院院士，那年他 52 岁，是我国土生土长的年轻科学家。

李圭白说："曲久辉的硕士、博士、博士后都是我带的。他是我学生里干得非常好的，

图 11-6　曲久辉院士

---

① 选自2015年何寿平对导师的回忆文章，资料存于采集工程数据库。

我的一个最有成果的学生。"

说起导师，曲久辉满是感激和钦佩之情，读书时的往事仍历历在目：

硕士期间，李老师就直接让我到沈阳沙山水厂去做现场试验。那时，我对自来水处理工艺和处理过程基本是一无所知的，但到了水厂后，我对水处理的整个工艺有了全面的了解。我知道了地下水的水质会发生怎样的变化、水处理会遇到什么问题、用什么方法去解决，在解决过程中会遇到哪些我不明白的机理过程或科学问题。水厂半年多，对我不仅是入门，更重要的是我对水处理这个行业的热爱，所以李老师给了我启蒙，同时也给了我信心。

另一件事是在选题时，李老师帮我选择强化混凝，并送给我一本当时非常有代表性的著作《水的混凝》。我把书读了，又听了他的课，知道了常规水处理的絮凝工艺。后来李老师让我做流动电流，目的是要我用流动电流的方法来控制水处理的投药过程，我有幸和同学们一起参与混凝投药控制的流动电流的仪器开发工作，当时感触非常深。

1987年6月的一天，李老师把我叫到他家。他拿给我一个信封，信封里装了300块钱，我读硕士的那个年代，300块钱对我来是非常多的。我当时就问为什么给我钱啊，李老师说他的基金项目我是主要完成者之一，有点提成，这份给我。我当时激动得热泪盈眶，重要的不是那些钱，而是李老师的心意，因为我也只是个半道入门的学生，他用他的提成分给我，我特别的激动，让我永远地记着，这是李老师对我的情谊。所以这件事我对很多人讲过，它不是一个故事，是李老师的人格，是李老师对学生的关爱。①

_____

① 曲久辉访谈，2015年6月2日，北京，资料存于采集工程数据库。

曲久辉还记得李圭白跟他说的一句话："一个导师可以带出一个硕士，但是他带不出一个博士"。他理解这句话是说硕士是入门，而博士就已经完成了入门的过程，是要自己经历入门之后的相对独立的进步和成长。他现在也经常重复跟学生讲这句话，对这句话深有体会：

李老师说他可以带出硕士，那我硕士阶段是李老师把我带出来了。当我读博士的时候，我要靠自己往前走，这是老师在鞭策我。事实上李老师虽这么说，但他并没有完全这样做，因为他是个非常有责任心的老师。所以在博士期间他也仍然指导我，如做絮凝过程、做投药控制、做流动电流设备的开发，李老师都是非常细致周到地在细节上辅导我。所以李老师说，他指导不出一个博士是鼓励学生自己独立创新，是一种鞭策，他对每一个博士都认真地进行科学指导。实际上他的这种思想对学生来说是非常非常受益的，因为如果没有独立完成工作的能力和创新能力，将会一事无成。如果你不去依赖导师，而是自己去形成研究思路和研究方案的时候，你必须读大量的文献，做深入的思考，在遇到问题时你必须首先通过自己的努力去解决，这也是李老师能够培养出那么多优秀学生非常重要的原因。

李老师快 60 岁时，自己还到实验室做试验，有时我们晚上 10 点多还能看见李老师从实验室出来。他自己也到现场去，他跟企业一直保持比较密切的关系，从企业获得很多的信息，他能够非常敏感地预测到很多企业现在和未来的需求。他做研究，确实有很长远的眼光，有一般人不具有的耐力。

我经常讲，我们现在的条件比李老师那时培养我们的条件不知好过多少倍，但我觉得我很难培养出像李老师培养的那么多的好学生。李老师的成功不仅体现在他自己身上，也体现在他培养的人才上。我认为在我国这个领域中，李老师是培养学生最杰出的伯乐。不仅在学术上，他最高尚的是他的人格。我跟我的学生、我的师兄师弟们经常讲，我们可以学习李老师的学术思想，可以跟着他的轨迹去做研究，但是李老师高尚的人格是我们一生永远也学不来的，包括我自己。①

曲久辉是一个善于思考的人。他认为，李圭白的一个最有特征的学术思想就是从实践中来，应用到实践中去，他的理论都是来自于实践，最后也都反馈和应用到实践中去，这也是他能够做出这么多创造性成果的最重要的学术指导思想。所以曲久辉也欣赏李圭白的这种学术思想，使之变成自己在科学研究中一个重要的学术轨迹。

我肯定不是李老师最好的学生，但李老师肯定是我最好的老师。我经常讲，对于我来说如果不读研究生，可能失去的不是一个学位，那是失去了一个最好的导师。我跟李老师总共8年的时间，是李老师教会了我怎样做学问，怎样做工程，还有怎样做人。在学术上李老师确实是把我领进了门，我本科是学化学的，后来跟着李老师学市政工程，学水处理，我的学术思想受李老师的影响是非常深远的。我感受最深的是李老师在做研究的时候，他始终是瞄准应用的目标，这也是后来我经常讲的我自己的一个学术思想，那就是我们要从工程当中提炼科学问题，要把工程科学研究的成果反馈到实践应用当中，这一点我正是从李老师这学来的。②

曲久辉毕业后留在哈尔滨工作，他的爱人邹志红也是很优秀的，那时她在北京读数学博士，她希望丈夫能去北京工作。曲久辉拿着李圭白的推荐信

① 曲久辉访谈，2015年6月2日，北京，资料存于采集工程数据库。
② 同上。

到北京，骑个自行车就来了中科院。他后来回忆："汤鸿霄院士曾是他的博士论文评审人，感冒在家休息，我就到他家里去看他。把李老师的推荐信给了他。他对我并没有太多的了解，但他了解的是李老师，他因为对李老师信任才认为我是不会错的。"

李圭白说起曲久辉很得意："曲久辉理科化学的底子好，又跟我从硕士到博士后学了8年，所以他工科、理工方面都很出色。他在中科院能出论文，又有科研成果转化，做科研，搞工程样样都行，再加上他自己很能干，取得了很突出的成就，他担任中科院生态环境研究中心主任期间，他领导的研究中心业绩排名一跃从原来的倒数上升到了第一。"

曲久辉到了北京以后，李圭白仍然非常支持他的工作，让曲久辉感动和不能忘记的事很多。他说："李老师总是在不同的场合夸奖我，让别人认可我，同时好多事情只要是我请李老师，他一定到。有一次我有一个项目验收会，李老师当时在西安开会，会没开完，他就从西安飞到北京帮我，然后又马上飞回西安去开会。李老师从来没有拒绝过我，而且从来都是给我鼓励，所以我的整个成长过程，应该说离不开李老师，离不开李老师的学术思想，他带着我入门，给我支持，给我关爱，更离不开李老师巨大的人格魅力对我的影响。"

曲久辉与他的导师李圭白一样，在水处理的世界里，执着地探索和实践着。

2008年秋，河南商丘段大沙河发生严重的水体砷污染，污染水体涉及河流、运河、池塘等，污染范围横跨河南、安徽两省以及商丘、周口和亳州三市，对沿岸居民的生产生活、特别是饮用水源的水质安全构成了严重威胁。在这个危急关头，曲久辉带领他的团队挑起这副重担，他提出了一套经济有效、安全可靠的工程方案，并亲自赴现场进行工程指导，治理结果非常成功。他们不仅消除了大沙河砷污染威胁，而且还成功治理了诸多被累及的池塘、沟渠、小河等砷污染水体。最重要的是，他们的技术方案和工程措施没有给河流生态和沿岸环境造成任何不良影响。有专家惊叹："如此大规模的砷污染成功治理，在国内外还是第一次"。

曲久辉作为中国著名水处理专家，主要从事水污染控制、特别是饮用水质安全保障的理论、技术和工程应用研究，在水中有毒有害物质的产生和转化过程机制、水质风险控制和污染治理等方面，取得多项原理和技术突破。他先后主持了国家自然科学基金重点项目、国家科技攻关项目、国家 863 计划项目、973 计划课题，中科院知识创新重要方向项目及国际合作项目等。2010 年分别获得全球和东亚地区 IWA（国际水协会）创新项目奖。他在国内外学术期刊发表研究论文约 400 篇，出版学术专著 3 本，获授权发明专利 30 余项，主持完成多项重要水污染控制与水质净化工程。获得国家科学技术进步二等奖两项、何梁何利科学技术进步奖 1 项、国际科技奖 2 项。

曲久辉取得了显著的成就，他认为科学研究来源于一个人的志向和热爱：

我跟李老师接触很多，对他了解也多。他在"文革"时被下放农村，但学术研究并没有中断，研究地下水除铁为当地造福。所以他那个时候瞄准的就是应用，解决的是实际问题，而且在这个过程中，他又不断形成了他自己的学术思想。这就使我感到科学研究主要在一个人的志向和热爱，你看他在那么艰苦的环境中仍然能做他的研究，客观条件都不是理由，这也是李老师告诉我的一个道理。所以我经常跟我的学生和我的助手们讲，如果他们想到科学院来工作，到我这个科学团队来工作，一定得有学术理想，否则就不要来这里，这也是从李老师身上学习和吸收过来的，所以李老师的学术思想不仅体现在他的学术上，还体现在他带学生的思路上。

李老师确实是了不起，他做研究的时候，不像别人说起来那么玄妙，但是他最后的结果让你很震惊，过程很朴实，结果很辉煌，李老师的整个学术轨迹都是这样。我们体会，当他给你题目的时候，你会觉得这个题目很一般，甚至是认为别人已经做了并且做了很多，但当你自己真正深入做下去的时候，就会感到这和别人做的确实不一样，如果坚持下去，就更不一样了，这也是李老师的独到之处。[①]

图11-7　1988年曲久辉（右二）论文答辩后与导师李圭白（左二）、同学郑庭林（左一）、赵明（右一）合影。

曲久辉一直把饮用水安全保障的理论发展、技术创新和工程应用作为他主要的研究方向，并为之倾心求索于苦乐之中。他说："做水研究符合我的性格和追求"，其实，李圭白又何尝不是呢。曲久辉还有一句话："我不保留我的研究成果，因为它们来自于国家的支持和纳税人的资助，成果应该服务于社会和人民。同时，环境保护是一项公益性事业，这也决定了我研究成果的公共服务属性。"他的这种思想同样与导师一脉相承，李圭白当年的地下水除铁除锰成果在全国普及80%的水厂，却没申请一项专利，只为推广应用。

2014年4月，李圭白、曲久辉一行专程到太平洋水处理公司进行调研和视察，为净水新技术把舵指航，师徒俩在这里相聚，真是格外兴奋。

其实，李圭白的学生成为院士岂止曲久辉一个？马军是李圭白招收的第一个博士研究生，2019年当选中国工程院院士。

---

① 曲久辉访谈，2015年6月2日，北京，资料存于采集工程数据库。

1955 年，李圭白留校任教，是新中国第一批给水排水专业教师，而中科院的汤鸿霄院士 1950 年是与李圭白同一年入学的同学。因他是中共党员，1955 年被抽调参加肃反一年，1956 年患肺结核又休学一年，1958 年才毕业。而李圭白 1955 年从研究生班提前抽调任教，给他的本科同班同学当老师，也同样给汤鸿霄上过课。可以说，这两位院士当年既是同学，又是师生，也是科研上的合作伙伴，"文革"中志同道合，他们是一生的知己。

哈尔滨工业大学现年 81 岁的张杰院士 1957 年入学，1962 年毕业，读给水排水专业本科时，就是李圭白给他上专业课；现北京工业大学的彭永臻院士，1973 年入学时，李圭白是他的本科教师，并带他生产实习；曾任哈尔滨工业大学副校长的任南琪院士，1977 年入学，1981 年毕业，也是李圭白给水排水专业课的学生。

弟子群英谱

2001 年 9 月 25 日，李圭白的学生们在哈尔滨华融饭店为导师举办了 70 寿辰庆贺会。对于一向低调的李圭白来说，这是他一生最隆重的生日宴会。哈尔滨工业大学校长杨士勤，党委书记李生和副书记孙和义，景瑞等 3 位副校长，黑龙江省教育厅副厅长辛宝忠，李圭白的大学同学、沈阳建工学院的董辅祥，李圭白的学生、中国工程院张杰院士，中科院生态环境研究中心时任副主任、学生曲久辉，《中国给水排水》执行主编丁堂堂，《给水排水》主编关兴旺、《中国水网》总编何寿平以及李圭白的好友、学生、家属等 120 多人参加，未能到会祝贺的单位、团体、国内外友人、学生纷纷发来贺电贺信。

崔福义主持庆贺会，学生代表刘灿生祝词。学生们回忆了先生作为我国著名教育大师和科学家为我国的教育事业培养了一批批优秀人才，为科学事业所作的贡献，同时出版了《贺李圭白院士70寿辰——水科学与技术学术报告会论文集》。

图 11-8　何寿平（左）赠贺礼

许多学生在十几年后，提起导师70岁生日庆贺会，都印象深刻，大家毕业多年，有机会回到导师身边，师生相聚。尤其这不只是生日庆贺会，而是学生们难得有机会聆听导师讲他的风雨人生。李圭白把自己的一生分为10个阶段，给学生讲了他的人生70年：

70岁，学生们给我祝寿让我讲话，我就讲讲我70年的人生。7年算一段，70年就分10段。从我出生1931年到1952年，这3个7年，我经历了4次战争。那是一个战争动乱的时期，第一是抗日战争，因为我生在沈阳，抗日战争一直延续到1945年；第二是红军长征，这是国内第一次革命战争；第三是抗日战争结束后的解放战争；第四是抗美援朝，一直到1952年，抗美援朝时我在哈尔滨工业大学读书。所以说，这前面的3个7年，是在社会动乱的情况下度过的。

从1952年到1980年的4个7年，我是在政治动乱中度过的。从解放初期的"镇压反革命"到"三反五反"，就是在干部队伍中进行清查反革命分子，那时是1955年。之后就是"大跃进""反右倾"，接着进入我国三年困难时期。困难时期结束后又开始了"四清"运动，1966年开始"文革"。这些年几乎年年都有运动。"文革"结束后，1976年当时的政治也是很不稳定的。最后邓小平上台，这才进入到一个比较稳定的发展阶段。

　　我七七四十九年的人生，将近50年的时间，一个是战争时期，一个是动乱时期都过去了。最后3个7年，我赶上了改革开放。我这一辈子，在最后3个7年，算是赶上了好时代，知识分子能够充分发挥作用，国家也对知识分子重视了。邓小平说，科学技术是第一生产力，知识分子是工人阶级的一部分。给知识分子摘掉了资产阶级知识分子的帽子，以后政治压力没有了，调动了我们这些过去"臭老九"的政治积极性……①

　　2010年9月29日，李圭白80寿辰时，他的学生崔福义、田家宇、梁恒主编，并由中国建筑工业出版社出版了《贺李圭白院士80寿辰——水科学与技术学术报告会论文集》，收录了李圭白发表的400多篇论文，并收录了李圭白学生的论文代表作。

　　崔福义在论文集的序言中回顾了师从李先生30年，先生"勤奋、刻苦、严谨、睿智"，80高龄还在带学生，一直活跃在水处理技术研究领域前沿的点点滴滴。

　　李圭白的弟子以组织"水科学与技术学术报告会"的形式庆祝李圭白80寿辰。

　　面对从祖国四面八方来祝寿的学生，李圭白很兴奋，讲起了自己的心路历程和人生的思考。那是一堂生动的教育课，很多学生后来提起那次导师的发言都说讲得非常好，因为平时李圭白学术性的发言很多，包括他在院士论坛上

图 11-9　李圭白80寿辰给学生讲自己的心路历程

---

① 李圭白访谈，2015年4月3日，哈尔滨，资料存于采集工程数据库。

的发言，很少讲自己的事，这一次他不讲学术，只讲自己，他的心路历程对学生是一种人生的启迪。

晚上，来自各地的宾客和李先生的弟子欢聚一堂祝福导师健康长寿。作为唯一自称为弟子的何寿平专程从北京赶到哈尔滨祝贺，送上一幅刺绣贺屏和他镌刻的一方印章，并受邀上台致辞：

我的3个"感谢"表达了我对李圭白老师的敬意"第一，感谢李老师长时间对我的教诲、指导和帮助。李院士那睿智的思想、发散型思维和严谨的学风是我永远学习的榜样；第二，感谢李教授在我评定高级职称时在专家推荐信中对我所给予的评价；第三，感谢在一次参加全国会议去重庆大足午餐，建委主任敬酒时，李老师歪打正着地代我饮了一杯酒！"这第三个"感谢"，引起全场的欢笑。

李圭白60年始终坚持在教学科研第一线，在教育界也是屈指可数的。他桃李满天下，培养出一大批优秀学生。有一位老科学家说："一个博导，他培养出一两个出类拔萃的学生，这是很正常的，而李老师培养出一批出类拔萃的学生，这可不是偶然的。"所以他建议应该给李圭白颁"伯乐奖"。

2014年12月，李圭白因培养研究生成就突出，被哈尔滨工业大学授予"研究生教育突出贡献奖"。

2015年，李圭白85岁高龄，仍在招收研究生。至今,他已培养硕士、博士、博士后、工程硕士100余人。作为共和国的教育功臣，他的学生已四代传承，早期的学生已经退休，一大批中青年学生已经成为国家水业领域的学术和技术上的领军人物。

学生们为导师写贺词，写对联，表达了他们对先生的敬意。

图 11-10　李圭白与他的部分弟子

第十二章

忙碌的晚年

晚年的李圭白，奢望坐下来读一读年轻时就喜欢探索天文奥秘的书籍，也有赏花侍鸟的闲情雅趣，但净水事业，已根深蒂固于他的生命之中。带研究生，搞科研，领导专业教育改革，奔波于各地水厂技术指导，参加学术论坛，实地考察，解决突发事件，呼吁绿色净水工艺的学术活动……这些构成了他晚年生活的主要部分。

上书人大，促新国标实施

图12-1　1996年院士大会李圭白（右二）与钱易院士（左一）、顾夏声院士（左二）、汤鸿霄院士（右一）合影。

我国饮用水安全保障是李圭白终其一生研究的课题。他指出，我国的城市饮用水的安全保障分两方面：一个是水质问题；另一个是水量问题。水质问题，一个是水的生物性安全，另一个是水的化学性安全问题，这两方面构成了保障饮用水质安全的主要方面。

世界卫生组织先后于1984、1993、1996、1998、2003、2004年公布了相关资料，可以看出，国际上对饮用水水质标准修订的频率越来越快,而我国在当时所采用的饮用水标准出台于 1985 年,20 年不变的国家标准已经严重滞后于国际饮用水水质标准。

我国新的饮用水国标的修订和出台是相当艰难的。根据《中华人民共和国标准化实施条例》的规定,标准实施后,制定标准的部门应当根据科学技术的发展和经济建设的需要适时进行复审,标准复审周期一般不超过 5 年。

1995 年和 1997 年,卫生部和建设部曾两次联合组织力量对饮用水水质标准进行修订并上报到当时的国家质量技术监督总局,但均因未能协调一致而搁置。

2000 年,卫生部再次组织对水质标准进行修订,也因为协调意见不统一,没能作为国家标准发布。于是,卫生部在 2001 年 7 月以部名义发布了《生活饮用水卫生规范》(以下简称《规范》)。

2004 年,清华大学教授与其他专家共同起草了一份关于尽早修订和颁发国家饮用水新标准的建议。李圭白之前就曾多次呼吁过饮用水安全保障问题,要尽快颁布国家新的饮用水标准,他与王占生[①]、钱易院士等卫生领域和给水领域(包括中国疾病预防控制中心环境所陈昌杰和凌波研究员)等共 19 位知名专家联名上书建议,呼吁"尽快修订",并通过担任全国人大环境资源委员会副主任委员的钱易递交到全国人大环境资源委员会。

建议书呼吁领导部门要正视我国生活饮用水水质现状,以大局为重,尽快进行协调,由相关部委联合发布新版《生活饮用水卫生标准》及其配套检验方法。

此外,建议书还呼吁加强与落实有关科研力量,进行水质与健康关系的基础研究,为今后修订水质标准做好技术准备。

2004 年"两会"前夕,这份建议书已递交到全国人大环境资源委员会。

2005 年,以松花江硝基苯引起水污染在中国水处理行业影响重大的关

[①] 　王占生(1933~):上海人,清华大学环境科学与工程系教授、博士生导师、中国土木工程学会给水排水分会给水委员会副主任、给水深度处理研究会理事长、卫生部健康相关产品审评专家顾问。

键案例，李圭白等人就向国家提出了"松花江水专项计划"新课题。因此，国家在重大专项里设了水专项，有很多水方面的科研项目随之立项，李圭白参与了国家重大专项的研究工作。

2005年6月1日，建设部编制行业标准《城市供水水质标准》（以下简称《行标》）正式施行。《行标》一共有101个检测项目，对水源水要求检测部分项目，对出厂水则要求检测所有项目。与卫生部2001年颁布的标准相比，对水质提出了更高的要求。与20年前（1985年）制定的国家标准相比，《行标》增加了很多有机污染物的项目，以及耗氧量这个判断饮用水中有机物总量多少的重要项目，微囊藻毒素这个项目也于2006年6月起进行检验。

在19名专家上书之后，我国新的饮用水标准的制定开始加速，2006年底由国家标准化管理委员会牵头，新的饮用水标准终于出台。建设部和卫生部等参与制定的新标准《生活饮用水卫生规范》GB 5749—2006完成论证和审核，并于2007年7月1日正式开始实施。

国家颁布的新国标，水质指标达到106项，与国外饮用水水质指标基本接轨。但新标准的出台只是开始，随着新标准的施行，供水企业将面临极大的压力，要完全达到新标准的要求，可谓困难重重。要达到新的标准，全国至少需要投入1万亿元，而这其中，国家拿出的至多3000亿元，剩下的都需要地方政府想办法解决。

李圭白说，一方面我们水环境水质比较差，另一方面饮用水指标大大提高了，形成了比较大的矛盾，也是挑战，正是这种矛盾、这种挑战对我们水处理技术的发展是一个强大的推动力。为了说明这个问题，李圭白在一次报告中以"我国饮用水安全保障问题"为题，结合我国现有的水处理技术讲了我国城市饮用水水处理工艺的发展过程。

他提出的以超滤为核心技术的组合工艺，保障了生活饮用水水质的安全性，他提出首先要设法提高城市水源水质，水源水质的提高，是保障饮水水质安全的一个基础。流域的污染防治，是水源水质获得安全保障的根本途径。恢复水源水质用生态恢复这样的方法，对于改善水源水质是有实效的。

早在 20 世纪 90 年代，在聂梅生[①]、李圭白等众多专家学者的建议和倡导下，《中国 21 世纪议程》提出中国社会经济可持续发展的要求，为给水排水赋了新义，使行业各界对水工业的重要性有了较为深入的认识。在建设部有关部门主持下，由李圭白等众多专家共同完成编写《中国 2000 年水工业可持续发展战略》，并由建设部科技司发布，"水工业"的概念在《中国 2000 年科技计划和 2010 年长远规划》《建设部关于加速科学技术进步的决定》《建设部 2000 年科技计划和 2010 年长远规划》等政府规划指导性文件中被正式提出，并在"九五"国家科技攻关中正式以"水工业"的名称立项。

2011 年《中国水工业市场研究综合报告》中这样写道：目前我国采用较多的"水工业基本概念"是由聂梅生、李圭白等人著文所讲的：水工业是以城市及工业为对象，以水质为中心，从水资源的可持续开发利用，以满足社会经济可持续发展所需求的水量作为生产目标的特殊工业。

提出除锰技术发展新方向

近年来，关于地下水除锰机理出现了一场争论。1990 年，有人在实验中发现除锰滤池中存在大量铁细菌，从而提出了生物除锰机理。生物除锰在国外早有报道，也是有研究者在除铁除锰滤池发现存在大量铁锰细菌，从而

---

① 聂梅生：四川人，1962年毕业于清华大学土木工程系给排水专业，历任建设部科技司司长、建设部住宅产业办主任、建设部科技委员会副主任、全国工商联住宅产业商会会长。

提出生物除铁除锰的机理。

生物除锰机理在国内提出后，曾引起生物除锰的研究潮。有些人按照生物除锰的思路在铁锰细菌生态、筛选高效除锰菌种，对除锰滤池进行接种，进行除锰菌的固定化等方面进行了研究，这些研究至今已持续了三十年，甚至有人认为铁锰细菌的存在是实现持续除锰的唯一因素，即除锰滤料表面锰质活性滤膜的最初生成、滤料的成熟过程和滤料的长期持续除锰，铁锰细菌的生物催化氧化是唯一的主要作用。

关于除锰机理的研究十分重要。如果锰质活性滤膜接触氧化除锰的机理不是生物作用或主要不是生物作用，而是化学作用，则除锰技术的研究和发展方向将完全不同。铁、锰细菌是广泛存在于自然界的微生物，当然也会存在于除铁除锰构筑物中，但铁锰细菌在除铁除锰过程中起什么作用，起多大作用，则是需要试验证实的。

2012年以来，李圭白团队杨海洋[1]、倪小溪[2]、张莉莉[3]、孙成超[4]、赵煊琦[5]、仲琳[6]等对石英砂滤料表面生成锰质活性滤膜中生物作用进行了系列试验，发现滤层除锰率与滤膜的锰量有良好的线性相关的关系，而与铁细菌数量相关性不大，表明决定除锰效果的主要是砂表面滤膜的锰量，而非铁细菌的数量。在对石英砂持续进行灭菌条件下，溶解氧在砂表面能氧化二价锰并生成有持续除锰能力的活性滤膜，表明石英砂表面锰质活性滤膜的生成，铁锰细菌的存在并非是必

---

[1] 杨海洋：2017年师从李圭白，现为哈尔滨工业大学在读博士研究生。

[2] 倪小溪：2015年~2017师从杨威和李圭白，于2017年获哈尔滨商业大学硕士学位，现为黑龙江省水利水电集团设计院设计师。

[3] 张莉莉：2015年~2017年师从杨威和李圭白，于2017年获哈尔滨商业大学硕士学位，现为同济大学建筑设计研究院设计师。

[4] 孙成超：2017年~2019年师从李圭白，2019年获硕士学位。现为中国市政工程华北设计研究总院有限公司设计师。

[5] 赵煊琦：2017年~2019年师从李圭白，2019年获硕士学位。现为中国建筑西南设计研究院设计师。

[6] 仲琳：2017年~2019年师从李圭白，2019年获硕士学位。现为中冶南方城市建设工程技术有限公司设计师。

要条件，即砂表面锰质活性滤膜的最初生成，溶解氧化学氧化和铁锰细菌的生物氧化都有贡献。天然锰砂和包有高价锰氧化物的陈砂，在开始过滤时其上并无铁细菌，但却具有自催化氧化除锰能力，表明高价锰氧化物能氧化水中二价锰，并生成具有持续除锰能力的锰质活性滤膜，这主要是化学作用，而非生物作用。

李圭白团队还对成熟滤料进行灭菌试验，发现其除锰效果没有降低，表明在成熟滤料在长期除锰过程中，起主要作用的是化学催化氧化作用，而生物作用已相当微弱。即新的石英砂表面最初生成锰质活性滤膜，既有溶解氧化学氧化的贡献，也有铁锰细菌生物氧化的贡献，并且随着锰质活性滤膜的积累，化学作用越来越强，生物作用越来越弱，当滤料已充分成熟，除锰主要是化学催化氧化作用。国内有人用臭氧和高锰酸钾氧化水中的二价锰就能生成锰质活性滤膜，由于臭氧和高锰酸钾都是杀菌剂，所以完全排除了生物作用，接触氧化除锰完全是化学作用机理。李圭白在2016年的院士论坛上发表《关于地下水除铁除锰技术发展的若干思考》，在国内首次对除锰机理提出新的思考。

2019年，李圭白等发表了《锰质活性滤膜化学催化氧化除锰机理研究》一文，文中综合近年来国内外的研究成果。并得出锰质活性滤膜接触氧化除锰主要是化学催化氧化作用的结论。李圭白团队的研究成果，基本上纠正了国内外长期习惯认为除锰主要是铁锰细菌的生物催化氧化作用的观点。

此外，李圭白团队陈天意[1]、王晓娜[2]、郭峰[3]、李倩[4]、杨振宇[5]等还系统研

[1] 陈天意：2012年~2014年师从李圭白，2014年获硕士学位。现为中元（厦门）工程设计研究院有限公司工程师。
[2] 王晓娜：2013年~2016年师从李星和李圭白，2016年获北京工业大学硕士学位，现为河北胜康工程设计有限公司给水排水设计师。
[3] 郭峰：2015年~2018年师从李星和李圭白，2018年获北京工业大学硕士学位，现为中国汽车工程设计院设计师。
[4] 李倩：2012年~2015年师从吕谋和李圭白，2015年获青岛理工大学硕士学位，现为青岛志海工程设计咨询有限公司工程师。
[5] 杨振宇：2013年~2016年师从吕谋和李圭白，2016年获青岛理工大学硕士学位，现为中圣环境科技发展有限公司工程师。

究了水中二价铁、钙镁离子、氨氮、pH 等因素对接触氧化除锰的影响，使接触氧化除锰工艺更趋于完善。

提出锰质活性滤膜接触氧化主要是化学催化氧化作用机理，就可以利用化学方法加速锰质活性滤膜的生成，使石英砂、无烟煤等廉价滤材用于地下水除锰成为可能，而不致因成熟期过长影响水质。此外，制作改性滤料和人造锰砂将之用于除锰也是一个新的发展方向。新中国成立初期，天然锰砂比较人造锰砂有优势，而现在天然锰砂价高，且产品质量下降，人造锰砂又比天然锰砂有优势，即到了以人造锰砂替代天然锰砂的时候。此外，膜技术用于除锰也将成为一个新的发展方向。锰质活性滤膜化学催化氧化除锰机理的提出，为除锰技术的发展开拓出一片广阔天地。

李圭白近年来在对地下水除铁除锰的研究过程中，也带出了一支创新团队。陈天意于 2014 年完成硕士论文《锰砂滤池处理高浓度铁锰及氨氮地下水 pH 影响研究》；李倩于 2015 年完成硕士论文《接触氧化 - 超滤组合工艺处理含高铁锰及氨氮地下水的研究》；杨振宇于 2016 年完成硕士论文《化学氧化 - 超滤组合工艺含铁含锰地下水的技术研究》；孙成超于 2019 年完成硕士论文《高锰酸钾快速启动接触氧化除锰滤池及处理效果》；赵煊琦于 2019 年完成硕士论文《改性硅铝矿石处理含锰地下水的试验研究》；仲琳于 2019 年完成硕士论文《去除地下水中铁锰的生物作用与化学作用研究》。

引领行业发展走向

《给水排水》建于 1964 年，是我国水行业的第一本期刊，从最初报道国外技术为主学习的交流阵地，逐步跨越发展以报道国内技术为主的宣传拓展平台，被称为"水行业的百科全书"，是中国建筑科学类中文核心期刊，由中华人民共和国住房和城乡建设部主管，中国土木工程学会等联合主办。

李圭白不仅是《给水排水》的长期和重要的作者，而且还是杂志最早的编委。他带领他的学生在期刊上发表了大量的文章，并通过杂志推广净水新技术，引领水业的技术发展走向。

《给水排水》杂志社编辑部主任顾芳非常感谢李圭白多年来对他们工作的支持：

40 多年来，李老师一直关心和支持我们的工作。他说《给水排水》是国内最好的给排水杂志之一，是很好的技术交流平台。开编委会时，他经常跟我们交流行业的发展方向、报道热点。我们的杂志需要专家支持，尤其在杂志的初创时期，我们到处找稿子，李老师起了很大的作用，他投了很多稿，主编说，李老师评上教授还来了一封感谢信，说他发 20 篇文章，18 篇在这儿发的。

80 年代以后他的研究生慢慢多起来，李老师不仅自己投稿，还鼓励学生给我们投稿。如早期的学生崔福义、马军等，后来又有梁恒等学生，他们的很多稿子都投到我们杂志社了，给我们的帮助是很大的。他们的文章都是前沿的新技术内容，很受读者欢迎。

2007 年我们开了一个《水业导航》栏目，这是非常重要的栏目，刊载的是一些水业的大家、顶层专家和管理人员写的文章，其中有好多院士写的文章，还有建设部、环保部的领导都在《水业导航》发表过文章，他们提出自己的思考和观点，影响力很大，使这个栏目能够引导行业的走向。李老师在这个栏目中总能够把握行业的脉络，写出一些文章让大家看了很有收获，在这个行业中起了领头羊的作用，包括参加我们组织的技术交流活动。所以很感谢李老师给我们的大力支持。①

《水业导航》开出的第四期，李圭白就发表了关于超滤膜组合工艺的水业导航文章，这在当时是很前沿的内容。李圭白在国内第一个提出了超滤膜净化水工艺，又主持了我国大型水厂的超滤示范工程，现在超滤膜在我国得到了越来越多水厂的应用。顾芳说："李老师有这种前瞻性战略眼光，总是走在前头，包括他后来又给我们写了一些城市饮水生物性风险控制发展的历史观、城市饮用水净化中采用绿色工艺的一些思考等文章，都是发表在我们《水业导航》中。每个时期，他都引领水行业的发展方向，带领这个行业往前走"。

《给水排水》杂志社一直努力开辟新领域，2010年杂志社策划"水业院士论坛"，这是代表着国内最高学术水平的年度盛宴，目的是将水界高层的新观点和新技术通过论坛这样一个平台与水业广大人士进行面对面的交流，而不是过去只是在杂志上说，没有互动。那么这样的高层论坛，能把院士们的声音更快速地传递给大家，也能够尽快地得到大家的一些反馈，这也是个相互促进的交流平台。

论坛怎么办？杂志社决定先跟李圭白商量。当年12月，顾芳给李圭白打电话简单告诉他想办个院士论坛，具体要跟他见面谈。于是顾芳与主编关兴旺、会议合作单位北京威派格科技发展有限公司的徐宏建副总经理3人一起拜访了李圭白。李圭白很支持他们的想法。顾芳说：

那时，国内其他行业没有办过这样的"院士论坛"，我们就想先听听李老师的意见，看看选什么方向。要办论坛，院士就不能太少。因为我们担心院士

---

① 顾芳访谈，2015年6月3日，北京，资料存于采集工程数据库。

难请，他们也很忙，到底能请来几位，心里也没谱。而李老师一个是他的成就在行业里是公认的，另外在水业他是比较早的院士，也是院士中年岁最大的，其他有好几位院士又是他的学生，所以当时就想如果李老师能参加，起个带头作用，其他几位院士就容易跟上了。李老师当时很耐心地听我们讲为什么要办，想怎么办，李老师特别感兴趣，帮我们出主意，他说论坛主要在选题上。

在他的带动下，2011年第一届论坛就有6位院士来参加作主题报告，当时在行业内这是首次多位院士集体登台给大家作报告，反响热烈。后来院士论坛在李老师和其他院士的支持下办的规模也越来越大，从第一届的300多人到后来超过1000多人，影响很大，这和李老师的领头羊作用是有关系的。

每年在春节后，我们都要在会前走访院士，请他们谈一些新的观点，准备在论坛上发布哪些内容。我们首先走访的就是李老师，他会给我们提一些建议和指点，如现在行业里的一些热点问题等。第二届论坛我们还做了个更具行业热点的"高峰论坛"，一些高层专家也参加，这样内容就更丰富了，这也是李老师给我们建议的。他曾对我说过："因为论坛每年开得早，我每年都会把新思想和新观点在你们这个论坛上首发，我只要有可能就一直会支持你们。"[1]

2015年1月，在筹备4月的第五届院士论坛时，顾芳像往年一样先给李圭白打电话约时间去见他，但这一次却让顾芳担忧起来：

我给李老师打电话，要去拜访他，结果李老师说他病了正住院，因腰椎间盘突出疼得走路不方便要做手术。我一下子就担心起来，除了担心李老师的身体以外，还感觉让李老师来作报告就无望了。但李老师当时很乐观地说："你

---

[1]　顾芳访谈，2015年6月3日，北京，资料存于采集工程数据库。

放心，只要我能行，我肯定要支持你们。"这等于给我吃了个定心丸。但他毕竟 84 岁了，因为会议是 4 月 11 号，他手术完就是春节，岁数大，又有糖尿病，手术恢复起来也比较困难，所以我们仍很担心，但没想到手术后，还在恢复期间，李老师就已经和他的学生梁恒老师在商讨院士论坛的报告内容。开会前，李老师说他不能长时间坐，也不能久站，但他还是要参加支持我们，这个事真的让我们非常感动。他还怕给我们添麻烦，总是说你们会务组很忙，不用管我。[①]

"中国水业院士论坛"每年举办一次，影响越来越大，被业内称为"水业达沃斯论坛"。李圭白每次必参加，并一定要有报告。从他报告的内容中可以看出，晚年的李圭白对我国的水危机、水安全的担忧与日俱增，并不断寻求对策，号召水业同仁承担起社会责任。他从 2011 年至 2019 年共参加 9 次论坛，报告内容也是与时俱进：

2011 年 2 月 19 日，李圭白出席"首届中国水业院士论坛"，作报告《水危机及对策——水的良性社会循环》。

2012 年 3 月 31 日，在"第二届中国水业院士论坛暨水质安全与保障高峰论坛"上作主题报告《TF 污水处理工艺与实际应用》

2013 年 4 月 27 日，在"第三届中国水业院士论坛暨水资源可持续利用高峰论坛"上作主题报告《城市饮水生物致病风险控制技术发展的历史观》。

2014 年 4 月 24 日,在"第四届中国水业院士论坛暨城市水安全高峰论坛"上就水质与供水安全等问题作主题报告《关于在城市饮水净化中采用绿色工艺的一些思考》。2014 年 10 月在《给水排水》创刊 50 周年纪念大会暨技术论坛上作《城市饮水净化超滤水厂设计若干新思路》的报告。

---

① 顾芳访谈，2015年6月3日，北京，资料存于采集工程数据库。

2015 年 4 月 11 日，在"第五届中国水业院士论坛暨水安全管理与合理利用高峰论坛"上作报告《创新与我国城市饮用水净化技术发展》。指出：超滤是城市饮水生物致病风险控制技术的重大突破，可取代药剂消毒和药剂混凝，不改变水的天然属性，是绿色工艺，膜滤将引领 21 世纪净水技术的发展。

2016 年 4 月 16 日，在"第六届中国水业院士论坛暨水安全科技创新高峰论坛"上，李圭白作主题报告《关于地下水除铁除锰技术发展的若干思考》。李圭白等 8 位工程院院士以"水安全科技创新"为主题，围绕供水安全、海绵城市、水污染治理等专题，高视角解读行业政策，多维度剖析行业趋势，千余人参加盛会。

2017 年 4 月 22 日，"第七届中国水业院士论坛暨保障水安全战略与技术高峰论坛"聚焦与民生密切相关的饮用水安全保障、水污染治理等热点问题，邀请李圭白等水业院士、行业领导、设计大师、知名专家，高屋建瓴解读行业政策，跨界探讨水治理战略，深度分析技术发展方向。李圭白报告的题目是《试谈深度处理与超滤历史观》。

2018 年 4 月 21 日，在"第八届中国水业院士论坛暨水生态文明建设高峰论坛"作主题报告《无药剂超滤绿色净水工艺》。

2019 年 4 月 28 日在"第九届中国水业院士专家论坛暨 2018 年度'中国水业人物'颁奖典礼"上作主题报告《锰质活性滤膜化学催化氧化除锰机理研究》。

李圭白始终强调社会需求决定了创新的方向，中国城市饮用水技术的发展"需要以绿色、低碳、节能、环保、可持续发展的重大社会需求为向导，探索自主创新之路，以寻求新的技术突破。"

《给水排水》杂志社主办"中国水业院士论坛"的同期还开展了"沃德

杯"《给水排水》优秀论文颁奖会和年度"中国水业人物"颁奖大会，由李圭白等院士颁奖。"沃德杯"优秀论文是围绕创新性、导向性与实用性，当前国内外同行关注的前沿、热点、重点或难点技术问题来评选的，具有创新性，并取得突破性成果，具有广泛的技术指导和引领作用，对行业发展有积极的推动作用，具有明显的社会、经济和环境效益。

北京威派格科技发展有限公司总经理柳兵说，他们作为这个活动的战略伙伴，有机会与李圭白院士有更多的交流：

李院士给我的第一印象非常和蔼亲切、思维敏捷。这个活动的成功举办与李院士的大力支持是密不可分的。当时我们和《给水排水》杂志社联合举办"沃德杯"优秀论文评选活动，就是希望借此活动让全行业关注学术技术的进步，奖励那些锐意进取的行业精英，推动行业的大发展。在颁奖大会上如果由代表最高学术造诣的院士来颁奖和做主题报告，既是对他们最好的嘉奖，是一份莫大的荣誉和鼓舞，也是一种号召和带动。

随着这个活动的影响力的逐年扩大和对行业的推动，让越来越多的水务管理部门和工程技术人员深受启发，关注水务领域的技术发展方向和丰富了管理视野，李院士看到这种效果也很高兴，他说："再高端的学术研究成果也只有被广泛的认知并应用于工程实践中才有价值，在我的有生之年，如果院士论坛一直做下去，我一定都会来参加！"当时我听了激动不已，也感动不已！李老师这种很纯粹的希望为行业快速发展贡献自己的力量的精神，让我们这些晚辈深受感染和鼓舞！①

---

① 柳兵访谈，2015年7月1日，北京，资料存于采集工程数据库。

透支生命，为水奔波

晚年的李圭白，用透支生命为代价，呼吁我国饮用水安全和绿色净水工艺，呼吁中国供水最后一公里的安全。有这样一组不完全跟踪记录，他80岁以后用生命"奔跑"的速度让人着实惊讶。

（1）80~81岁

2010年1月22日，山东东营召开"全国城镇饮用水安全保障及超滤组合工艺技术应用研讨会"，李圭白任大会主席并致开幕词，他指出：以浸没式超滤膜为核心技术的水厂改造，将为我国旧水厂的改造、新水质标准的实现提供新的思路，超滤工艺已走上快车道，并呼吁我国要加快绿色净水工艺的推广应用；就3·15晚会揭露"碱性水"谎言接受《北京晨报》记者采访；在"全国水处理技术高级培训研讨班"上，为城镇给（污）水处理和饮用水保障技术、工业废水处理两个高级培训研讨班授课；国内水务企业首家院士工作室——"李圭白院士工作室"在佛山水业集团挂牌，他为促进企业技术发展和水务人才培养以及保障佛山市用水安全，带学生去开展科研合作；济南市首家"院士专家工作站"在市供排水监测中心正式建成，他受聘"院士专家工作站"特聘专家，带领研究团队进行业务指导和联合攻关。

在"2010膜法市政水处理技术研讨会"上，他作了《第三代城市饮用水净化工艺及超滤的零污染通量》报告；就"水净化的第三次浪潮"话题接受中国化工报记者采访；在"第十届全国水处理化学大会暨海峡两岸水处理化学研讨会"上作主题报告；在第一届城市水资源与水环境高层论坛上作总结发言；在"全国给水深度处理研究会2010年年会"上指出：全国给水深度处理项目正在陆续上马，并出现该技术由大水厂向中小水厂发展的趋势；在80

寿辰水科学技术学术报告会上为弟子们讲述心路历程；出席"首届中国原水论坛"，并就水资源开发利用和管理、水资源保护和生态修复、水工程与调度、水经济与水文化等进行交流与探讨；在我国广州举行第十六届亚运会比赛前，受托带领科研团队赴广州执行紧急任务，为广东饮用水解决了铊污染问题。

2011年，李圭白出席"首届中国水业院士论坛"，作报告《水危机及对策——水的良性社会循环》；在全国高校给排水科学与工程专业指导委员会五届二次会议上，首届10位市政工程学科优秀工学博士论文奖获得者获"李圭白奖励基金"；9月参加全国给水深度处理年会开幕式；作为大会主席在哈尔滨工业大学承办的"2011膜法水处理技术研究与应用国际会议"上作报告《超滤膜的"零污染通量"及其工程应用》；在中国工程院和国家外国专家局联合主办的城市水环境高层论坛"国际工程科技发展战略高端研讨会"上作特邀报告，来自美国、加拿大和清华大学等国内外顶级专家出席会议；在武汉大学学术访问，作题为《饮用水安全问题及净水技术发展》的学术报告。

（2）82~83岁

在"2012世界水日—中国饮用水高层论坛"上，李圭白就如何确保饮用水安全问题接受中国水网专访，呼吁："水源决定水质，确保饮用水安全"；出席"第二届中国水业院士论坛暨水质安全与保障高峰论坛"，在《连续微膜过滤——物化与生化耦合污水处理新工艺》的主题报告中指出：我国的水源监

图12-2　李圭白院士莅临西洲水厂进行技术指导

管是薄弱环节，以水源作为核心标准，呼吁要对不同水源的饮用水进行有的放矢的分类管理；在《南方周末》刊登的采访文章《百年工艺捉襟见肘，水厂改造迫在眉睫》中强调"不同处理工艺的作用和功能是互补的，水厂改造不能一刀切"；就"净水器滤芯"问题接受消费质量报记者采访；受聘武汉大学兼职教授，并为市政工程系师生介绍给水排水专业的研究方向和发展前景。

在山东省第七届海洽会"饮用水安全院士专家论坛"上作主题演讲，讲授了饮用水安全保障行业的最新研究成果及理念；李圭白一行4人访问哈尔滨商业大学，双方就共同搭建"国家水资源工程中心"膜性能生物检测中心事宜进行了协商；应广西师范大学校庆学术活动之邀作报告，对城市饮用水净化工艺的发展和三代城市饮水净化工艺的历史轨迹、其重大的社会需求、核心技术以及效能进行了详尽的解说，特别是对第三代工艺超滤技术的应用前景和所需要解决的问题提供了方向性的指导；参观了宁波东钱湖水厂的整个制水过程并与相关专家对水厂处理技术进行了深入探讨；参加了中国工程院"第155场中国工程科技论坛——城市可持续发展研讨会"。

李圭白与张杰院士主编的普通高等教育土建学科专业"十五"规划教材、高等学校给水排水工程专业指导委员会规划推荐教材《水质工程学》（第二版）由中国建筑工业出版社出版；指导我国首个应对铁锰超标型水源水的超滤膜组合工艺示范工程在海南投产；在"第八届海峡两岸水质安全控制技术与管理研讨会暨2013供水高峰论坛"上提出：超滤能将水中微生物几乎全部去除，使饮用水的生物安全性由相对安全向绝对安全做了一次飞跃，必然引起饮水净化工艺的重大变革，水厂超滤膜时代已经到来；广东水处理产业技术创新联盟正式成立，出席签约仪式后，为"哈工大—佛山水业"三期水业人才培训班学员授课，讲述《饮用水安全与城市饮水净化工艺的发展》，重点介绍了水处理的历史演变、新时代各种技术和对膜核心技术的研究。

在"第三届中国水业院士论坛暨水资源可持续利用高峰论坛"上作主题报告《城市饮水生物致病风险控制技术发展的历史观》；在以"科研人生，成就创新栋梁"为主题的研究生人文素质讲座上，结合自身科研经历，探讨科研创新的必要性、创新能力的教育与培养等；接受《中国科学报》记者关于水专项"城市水污染控制"和"饮用水安全保障"两个主题采访，指出：我国饮用水净化工艺目前已经走向第三代。绿色净水工艺要求使用安全的原材料，无论是药剂、制造原料以及膜本身，都要无毒无害，并且在制造过程中以及使用后不会产生有毒有害污染物或副产物。

参加"城市水科学论坛"，并与中国、美国、比利时、荷兰等国家科学院和皇家学院的 200 多名科学家共同探讨城市水资源治理问题；在全国给水深度处理研究会 2013 年年会上作主题发言，介绍现阶段饮用水微生物污染控制的研究成果以及未来发展方向；在济南举办的"饮用水安全保障院士论坛暨全国城市供水水质监测预警技术高级研修班"上，与中国工程院、国际亚欧科学院的院士以及 200 多名同行业专家交流，交流了饮用水安全保障行业最新研究成果及理念。

在"饮用水安全控制技术会议暨中国土木工程学会水工业分会给水委员会第十届年会"上作主题报告，同时被授予终身成就奖；广州花都将建设国内最大超滤膜水厂，特邀参加评审会，对净水工艺进行科学论证；在东莞"供水行业制水工艺及技术"交流讲座中讲述"水净化工艺的发展历程"，提出了现有饮水生物致病风险控制技术的局限性与超滤在城市饮水净化工艺中的作用，并回答有关问题；出席第"十一届国际水协（IWA）小型给水与污水处理及污泥处置会议"，与美国、加拿大、意大利、奥地利等国专家探讨所在领域的现状及未来。

从上面的记录看，李圭白到了耄耋之年不但停不下脚步，且一年年越战越勇。他晚年患有糖尿病和高血压，严重的腰椎间盘突出因疼痛已经影响他

图 12-3　2010 年重点实验室现场评估会

正常行走。2015 年 1 月，85 岁的他做了手术。而就在手术前一年，他是怎样忍着腰椎间盘突出的病痛在马不停蹄地奔波的？

这是 2014 年他 84 岁这一年奔波在外的不完全记录：

3 月 5 日，"李圭白院士工作站"落户江苏睿济鼎诚科技工程有限公司，研究开发第三代水处理核心工艺，以高效澄清技术与超滤技术相结合优化工艺流程，研究开发第三代水处理核心工艺。

3 月 6 日，受邀访问复旦大学，并作题为《城市饮水生物致病风险控制技术发展的历史观》的学术报告，系统介绍饮用水消毒技术发展的历史进程，指出超滤技术是今后饮用水处理技术发展和应用的主要方向。

4 月 24 日，在"第四届中国水业院士论坛暨城市水安全高峰论坛"上就水质与供水安全等作主题报告《关于在城市饮水净化中采用绿色工艺的一些思考》，700 多位业界代表出席会议。

5 月 19 日，到杭州宏畔水厂超滤膜中试现场，亲自登上平流沉淀池实地查看制水工艺运行情况，进行技术指导。

7 月 7 日~8 日，在高等学校"水质工程学"教学与改革研讨会上，从给水排水专业改革的背景、意义和内容,《水质工程学》教材编写的指导原则和方向两个方面作了报告。全国70余所高校近140名水质工程学教师和相关人员参加研讨会。

图 12-4 李圭白在广东
开平市接受记者采访

7月17日,参加中国科学院183场中国工程科技论坛——城市水科学论坛,与中外水专家围绕城市水领域的关键科学与技术问题开展研讨,为中国水环境发展献计献策。

9月1日~5日,佛山水业在哈工大举行"哈佛"四期水业人才培训班,这是佛山李圭白院士工作室的一项内容。为来自珠三角地区9家水司的33名水业技术人员讲授了给水处理理论与工艺、城市污水处理厂升级改造工艺等。

10月30日,作为专家组组长主持"天津南港工业区淡化海水调制方案专家论证会"。

11月25日,被聘为佛山水业集团第一届技术委员会外部专家委员。

李圭白院士工作站入驻湖北省中碧环保有限公司,帮助其完善发展规划、创新技术和转化成果。

12月5日~6日,在"全国给水排水技术信息网42届技术交流会"上,就"如何打开水龙头就能直接畅饮"话题接受《海南日报》记者采访,并建议:居民可以在家安装超滤膜装置,就能实现直饮。

12月,被授予哈尔滨工业大学"研究生教育突出贡献奖"。培养研究生(包括硕士、博士、博士后、工程硕士等)100余人。近年所领导的课题组在超滤

图 12-5 哈工大颁发研究生
教育突出贡献荣誉奖牌

用于饮用水方面已成为国内高校中规模最大、最重要的科研力量。研究方向对超滤在饮用水处理领域的发展起到了引领作用。

2015 年 1 月，85 岁的李圭白在北京做腰椎间盘突出手术。刚刚出院，又在筹划 4 月的院士论坛的报告……他在透支生命，挑战生命的极限。

2016 年，86 岁的李圭白早已功成名就，他完全可以不做什么了，但他仍然还在第一线，直接带学生，指导学生做论文，

图 12-6　李圭白与夫人杜魁元

包括膜技术，都是他的系列思想，然后通过学生的具体操作去实现。崔福义说："他腰间盘刚做完手术，我就劝他别太累，他却感觉还是停不下来，还要带学生，所以他的这种培养学生强烈的责任感和社会责任感也很让人感动。"

给水排水世家

2015 年李圭白在礼堂为新生作入学专业教育报告，学生们很兴奋，因为是著名工程院院士李圭白给他们上专业教育的第一课。报告快结束时，李圭白与新生互动交流，谈到"热爱专业"的话题，有一学生问："李院士，您讲得这么好，您能和我们说句实话，您真的热爱给水排水专业吗？我们 90后可是不能骗的啊！"

李圭白回答："我说真热爱你可能不信，说假的你也不一定信，我这样说吧，我和夫人都是学给水排水的，我的两个儿子和两个儿媳妇，都学给水

排水，同时又从事给水排水行业。我唯一的外甥也学的是给水排水专业，也一直从事这个行业。我唯一的孙子也将开始学习给水排水专业，如果他将来再找个搞给水排水专业的媳妇，那我们全家就可以申请吉尼斯世界纪录了！你们说，这算不算热爱？"他真诚而诙谐的回答，引起新生们一阵唏嘘惊讶。

后来，北京威派格科技发展有限公司总经理柳兵与李圭白谈起过这个话题，他感慨地说："当时我感触颇深，当你真心热爱一份事业时，它是具有传承性和感染力的！我也是从毕业第一份工作开始，十几年一直都在这个行业，所以我们很有共鸣，对此我与他展开过交流。李院士说，怎么确定是否真的热爱呢？你给自己的心血、精力和行动找个交集点，那这个交集点就应该是你所热爱的了！人这一辈子有一份真心热爱的事业是件非常幸运幸福的事！"

李圭白的两个儿子相差 3 岁，他教学、科研任务繁重，又经常出差，两个儿子的生活是妻子杜魁元承担得多一些。李星还记得：

父亲一出差就是十天半个月，忙得很，这事业和生活就是很难兼顾得完美，但他对家庭的关爱还是做得很好。小时候，他出差回来经常给我们买一些好吃的，或一些用品。还是在"文革"期间，哈尔滨凭票只能买到一点儿肉，当时北京的条件好得多，父亲到北京出差的时候，那里买鱼买肉排一次队只能购买一份，我们正长身体时期，他为了给两个儿子多买点，就多次排队，没时间甚至还找亲戚帮忙排队，给我们买一些肉和鱼带回来。我上大学的时候是1981年，我们在食堂就餐还发饭票呢，大概是33斤的定量，有8斤细粮，2斤大米，油水不多。那时我经常回家蹭点好饭吃，到后期毕业设计的时候就住在家里，一边画图一边问我父亲一些问题。所以无论是从学业上，生活上，还是在事业上，我感觉我是最受益的，因为我基本上没离开父母，就是10年前到北京来了。而我哥是念大学的时候就离开了，基本上在外面打拼，所以我跟我父母接触得最多。这么多年来，父亲不出差时，他也尽量照顾家。晚年，因母亲身体不好，日常起居、做饭，包括就医、用药，也比较关心母亲，他们在一起生活那么多年了，在一些生活细节上都是比较默契的。[①]

2012年，杜魁元因类风湿等疾病，已经坐轮椅，生活上需要全程护理，而李圭白无暇照顾，将她送到北京两个儿子家，但她不愿意给忙碌的儿子添麻烦，2013年，杜魁元去了北京一家医养结合、治疗和服务都很好的老年公寓。那里老年人多，杜魁元不感到孤独。

长子李虹，1978年考入浙江大学，他中学时就非常喜欢琢磨拆装无线电，考大学报的就是无线电专业，但只因填写了"服从专业分配"，就被分到石油化学专业，因为当时这个专业少有人报。而李虹自己却对无线电、有机高分子等一直很感兴趣。1982年毕业，分配到大庆石油学院当教师5年，1988年到中国环境管理干部学院（现为河北环境工程学院）任教，有时间就来哈尔滨工业大学听听研究生课。尽管李虹之前学的石油化工专业，但后来一直从事给水排水工作。1991年崔福义的流动电流科研组在开发流动电流设备，因李虹本科学的化工专业与给水排水相近，对给水排水专业知识并不陌生，又在无线电、电子、自控等方面有特长，便对这项研制开发工作很感兴趣，有了用武之地，积极参与流动电流的开发和应用推广工作。

1992年，李虹在北京开办了北京精密单因子科技有限公司，开发水处理的配套设备，并应用于发电厂、化工厂、炼油厂、城市自来水公司等。从此，李虹进入了给水排水行业，再没离开过。

李虹的夫人，毕业于北京建筑大学给水排水专业，现与李虹一起搞工程技术开发。

---

① 李星访谈，2015年6月3日，北京，资料存于采集工程数据库。

次子李星，1981年考入哈尔滨建筑工程学院给水排水专业。他的高考成绩是当年哈尔滨建筑工程学院录取的最高分，达到了清华大学水力学专业的录取线。1985年毕业后考取了王宝贞教授的硕士研究生，研究方向为制药废水。1988年硕士毕业又继续读博，1990年作为中外联合培养的博士生到英国伦敦大学学院土木系学习了3年。1995年进行博士论文答辩。博士毕业后留校任教。李星说：

当年高考的时候，父亲说希望我能读给水排水专业，当时他的这个要求就像接班一样带有强制性的。因为我哥喜欢计算机，虽然研究生转为给水排水，但本科读的是石油化工专业，父亲就感觉家里没人接班了，所以希望我能报给水排水专业，当时我基本上没有任何选择地报了给水排水专业，算是接班了吧。所以我是属于干一行爱一行，然后慢慢体验到这个专业的特点，我跟其他同学不太一样，我是有先天优势。他做的每一件事包括工作、生活上，实际对我们哥俩来说都是一个潜在的影响。我现在很多的习惯，包括为人处世、工作的敬业精神等很多方式都跟他很相似。父亲对我们的影响很大，主要是事业上的领引，引领我们的入门，引领我们发展，我们能在这个领域里发展，很大部分的功劳都得益于他。①

李星在读硕士期间，与李圭白的学生杨艳玲相识并相爱。杨艳玲是沈阳人，1983年考入哈尔滨建筑工程学院，1987年毕业，因成绩突出留校任教，后考取李圭白的博士研究生。李星与杨艳玲结婚后的1994年，他们的儿子李陶然出生，这是李圭白唯一的孙子。

因李陶然从小体弱，经常感冒住院，8岁时休学，不适应东北的寒冷气

① 李星访谈，2015年6月3日，北京，资料存于采集工程数据库。

候。于是为了孩子，李星夫妇 2002 年调到北京工业大学给水排水专业任教，现在夫妇两人都是博士生导师。

李圭白很喜欢孙子李陶然，李星说："他对孙子是非常非常关心的，只要有机会来我家，首要的目标就是直奔孙子来的。他对孙子表面上没什么要求，但内心对他是有希望的。"

2015 年，李陶然也面临高考。为了让给水排水专业在这个家族传承下去，爷爷和爸爸都希望李陶然能够学习给水排水专业，李星说：

我内心是非常希望儿子也学这个专业。为了使他逐渐对这个专业感兴趣，我们有时间就让他在这方面多接触一点，经常领他到我们学校去看一看研究生做实验，了解一些相关的知识，当然这都是科普入门，先让他有个感性认识。以前我父亲到我家里，坐在一起聊天的时候，他也给他孙子介绍很多有关水方面的知识，培养他的兴趣。因为我们擅长的就是这方面，如果是跨的很远的学科，我们也不可能提供一些很到位的支持，即使很普通的一些知识我们也不一定了解得很多，而水这方面我们就了解得非常多，所以孩子对这个行业感兴趣，那我们可以给他更多的指导。我父亲他希望孙子能从事这方面的行业。从内心来讲，他是非常希望的，而且以前在一些公开场合他也提过。因为他是从骨子里热爱给水排水。[1]

2015 年，李陶然考入世界顶尖的研究学府之一澳大利亚新南威尔士大学（The University of New South Wales）读环境工程专业，后转为化学专业，他是这个家族第三代给水排水传人。祖孙三代与水结缘的历史在这个给水排水世家继续延续着……

---

[1] 李星访谈，2015年6月3日，北京，资料存于采集工程数据库。

图 12-7 李圭白生日家宴，与家庭成员及亲属

兴趣爱好及其他

李圭白的许多兴趣爱好，从儿时一直保留到晚年。他知识丰富、兴趣广泛与他强烈的求知欲与好奇心有很大关系。

儿时我就在院子里养过小鸡小鸭，在自家菜园种菜种瓜，还养过蚕。初中时好玩耍，不太用功，还养过荷兰鼠等。到高中才开始用功。因对动植物和天文感兴趣，业余时间经常看一些动植物和天文学方面的科普书。我还喜欢看《水浒》《三国演义》《西游记》等有武打攻防等男孩感兴趣的文学作品。

这些兴趣与爱好一直保留到晚年，现在看电视仍喜欢看动物世界、植物趣闻、现代农业种植等节目。特别爱看的是如天文方面有许多关于地外行星、太阳系、宇宙、星系的演化，达尔文的进化论等。

1950 年我到哈尔滨工业大学后，那时学习苏联一边倒，推崇苏联关于米森科[1]的进化论，批判摩尔根的基因学说，所以我常看这方面争论的文章，后来中苏破裂，介绍西派学派，才知道摩尔根[2]是内因论，而米森科是外因论。宇宙的起源、地球的起源、生命的起源、人类的起源都是我很感兴趣的未解之谜。[3]

李圭白大学期间，虽然课程紧张，但他还是像着魔似地读一些课外书，探索未知领域，尤其迷上了进化论，他说，关于人类的起源及人类的进化历程，帮助他思考了很多问题：

——将人类进化历程与饮用水关联起来。人类几百万年都是伴水而居，直接饮用江、河、湖等地面水。几百万年进化形成的人类基因，对天然地面水是最适应的，即天然地面水对人类是最健康的，现今市面上流行的各种所谓的健康水—冰川水、深层矿泉水、弱碱性水、离子水等五花八门，在历史长河中人类都没有饮用过，人类基因对此并不适合，它们对人类最多是无害的，而非健康的。

——水处理绿色工艺，应是对天然地面水的天然化学属性影响最小的水处理工艺。那些在水处理过程能改变水的天然化学属性的方法，例如，药剂混凝、药剂消毒、药剂处理，都会显著改变水的天然化学属性，因而都不是绿色的。物理的方法（沉淀、过滤、膜滤等），物理化学方法（吸附等）生物的方法，对水的天然化学属性影响最小，是绿色工艺，净化后的水对人体也最健康，应该提倡。

---

[1] 米森科：苏联生物学家。

[2] 摩尔根（1866年~1945年）：英国著名遗传学家、现代遗传学奠基人之一。提出了遗传学三条基本定律中的基因连锁互换定律，确立了基因作为遗传单位的基本概念，并因此而获得1933年诺贝尔生理学和医学奖。

[3] 李圭白访谈，2016年3月14日，哈尔滨，资料存于采集工程数据库。

　　——人类进化与人类健康。人类进化几百万年都处在食不饱腹的情况下，所以饥饿应是人类生存常态，这在一万年前发明原始农业以后，并未显著改善，只是近几百年进入工业化时代，人类才基本能吃饱，使吃饱成为现代人的常态，结果导致百病丛生。现提倡吃七分饱有利于健康是有道理的。原始人常饿肚子，现代人若能定期绝食一下，也会有利于健康。

　　——人类发源于热带雨林，那时是吃素的，所以人类的肠道比食肉动物的长得多。自从人类开始狩猎吃肉，肠道有所缩短，但至今仍比食肉动物长。所以，多吃蔬菜水果，适当吃肉，应比较有利于健康。

　　——人类源于热带，热带气温高，动物活动特点是早、晚活动取食，中午天热睡觉。这种习惯在农业社会也一直保持，即日出而作，日落而息，中午睡一觉。只是到了工业化社会才打破了这个规律，即早8点上班，下午5点下班，中午吃个午饭，根本没时间午睡。这种不睡午觉的生活对健康是不利的，在有条件时，应尽量恢复睡午觉才有利于健康。

　　——生物进化形成的物种，每个物种都是许多生物的共生体，其中有大量微生物，如寄生虫、原生动物、细菌、病毒等等，这些共生的微生物一般对共生的生物是无害的，甚至是有益的，但一旦传播到别的物种就可能致病。寄生虫、原生动物、细菌等等跨物种传播的可能性都很小，唯独病毒跨物种传播可能性比较大，因为病毒可能变异。如艾滋病、爱博拉病毒、禽流感、猪流感、沙斯病毒等，都是病毒变异后传播给人类的。现超滤膜的孔径已可做到比水中最小病毒还小，可将水中包括病毒在内的一切微生物都去除，从而将水的生物安全性从相对安全性向绝对安全性大大提高了一步。所以，将超滤膜用于饮用水处理，应采用孔径小于 $0.02\mu m$ 的能截留病毒的超滤膜，这是我的一个观点，目前工程界尚有异议，有待求得共识。[1]

---

[1] 李圭白提供，2016年3月14日，哈尔滨，资料存于采集工程数据库。

李圭白就读的空军幼年学校，使他的德智体全面发展，打乒乓球、打篮球、踢足球，尤其游泳非常好，年轻时横渡过松花江。这些体育爱好也一直保留到晚年。在 60 多年的教学和科研生涯中，高强度的工作量没有压倒他，这要得益于他强健的身体素质。刘灿生对 40 多年前的一件事记忆犹新：

　　这是 1974 年的冬天，李老师在佳木斯水厂和我们一起做试验，做完试验之后他着急赶火车，因为学校还有课。当时我们在佳木斯的一个很小的饭店吃饭，那个屋子一点热气没有，窗子结了冰，特别的冷，冷到根本坐不下去的程度。我们都站着吃，啤酒里面结了冰碴儿。当时条件很艰苦，能喝上带冰碴的啤酒就已经不容易了。我们吃完就赶火车，那时候没有车送，我们就开始跑，李老师比我大十五六岁，他当时四十几岁，我二十几岁，可是我跑不过他，他身体很好，跑步非常快，他一直跑在前面，我们跑上了火车。[1]

图 12-8　李圭白家的仙人掌盆景

　　李圭白喜欢田径项目。刚入大学时，学校开运动会，他就拿到百米冠军。70 多岁时，他参加学校的体育比赛，在一个教授篮球队里打后卫。结果他一上场，连投 3 次连中 3 个球，6 比 0 领先。所以他就被对方盯住看死。

　　李星说："他的胃口好，还是个美食家，在外面吃饭很会点餐。只要他在家，一般来客人，都是他下厨，口味很好。我们去他那儿，他总是和我们一起做

————————

[1]　刘灿生访谈，2015年5月5日，哈尔滨，资料存于采集工程数据库。

饭，跑前跑后的他是主厨。大家都吃得香，他高兴。我感觉对他来说做菜做饭是一种享受吧。另外，他生活习惯好，心态也是特别好，所以他这么大岁数，身体还这么棒，他自己也是全方位地注意保健，每顿饭后吃水果等。一些好的生活习惯都对他的身体有很大益处。他身体好，真是我们作子女的福分，我们离家远，照顾不了。让他来北京，可以多照顾照顾，但是他哈尔滨那边工作很多，一直脱不开身。"

马军经常与李圭白接触，几乎了解他的行踪。他说："李老师 80 多岁了，身体还很硬朗，经常出差，经常参加各种学术会议，到生产第一线，我出差有时候碰到我的同学和我的学生，他们也跟我说李老师 80 多岁了，还非常认真地到第一线去工作。在广东，有一个地方突发水源污染，当时李老师也是 80 岁高龄了，他作为第一线指挥，半夜特别认真地和我们讨论实施方案。"

李圭白的聪明，还处处表现在生活中。彭永臻还记得，20 世纪 70 年代，李圭白等几位老师带他们三四个学生去吉林做试验，当时是"文革"后期，供应的油特别少，生活比较艰苦。李圭白就跟另外两个老师讲做带鱼省油的方法。彭永臻至今还记得：做带鱼不用油，直接在锅里煎，自己就冒油。彭永臻感慨，聪明人做什么都聪明。

他的学生夏圣骥和同学背后亲昵地称导师为"老头儿"。他说：

李先生是位智叟。我读博期间，有一次，他约我一起去工厂察看中试设备加工进展。返程时，郊野地区一时打不上车，需要步行 1500 米左右才能走到学府路上打车。我俩一老一少行走在乡间路上，但时不时或迎面或背面一辆辆大卡车轰鸣而过。我极度担心老头儿的安全，尤其很是害怕背面来个大集卡刮倒我们。因此，一听到卡车声音，我就往后看，帮忙观望着。这时，老头儿出了个迄今我认为最聪明的大招："小夏，我们到马路对面走。"老头儿建议我俩靠左侧步行（逆向步行，不违规）。于是，我们择机横穿了马路靠左步行了，真有效！我们避开了背后来的车；对于迎面来的机动车，我们能主动避让，鉴于此，我们很轻松地走过了剩下的 1000 米。老头儿的这份绝顶的聪明劲儿，我真是很佩服。[①]

李圭白的生活方式俭朴，年节都很简单，他从不愿意因为过年过节浪费时间。大年初一，有的学生到导师家去拜年，看到导师还在看书、写文章，家里没有一点过年的气氛。这时学生才领悟到，难怪李老师能有这么多的成就。

1975 年的大年三十，刘灿生从佳木斯来哈去李圭白家看他，当时李圭白的两个儿子十几岁。可让刘灿生惊讶的是他家大年三十的年饭就是一碗面条。刘灿生当时就说：“你们家过年也太简单了，也不给孩子整两个菜，这哪像个过年样啊？”第二天，李圭白请刘灿生去他家吃饭，他亲自下厨做了七八个小菜。饭后，刘灿生又领着两个孩子去看了一场电影，算是过了年。

在生活上，李圭白不喜欢给别人添麻烦。刘灿生跟他的关系非常密切，而且又是同一栋楼的邻居，但李圭白的儿子李星结婚，却没告诉他。刘灿生说：“一个星期日，我在楼门前遇到李老师穿身西装，他儿子领了五六个人，我以为往外送客人，打个招呼就进去了，时隔一周后李老师说李星结婚了。哦，我突然想起那天我碰上了却不知道。而结婚那天，他就和他亲家到外面去吃一顿饭这就算结婚了，我说这么大事你得告诉我啊，他说这事不能麻烦别人。李老师把自家的事都看得很淡，恐怕自己的事儿给别人造成麻烦。”

---

① 选自2015年夏圣骥的《李先生的三两事》回忆文稿，资料存于采集工程数据库。

李圭白虽然生活简单，但他喜欢请学生吃饭，他也很幽默。曲久辉说：我到李老师家去，师母杜老师对我也特别好。我主动来做菜，炒菜时我放了花椒面，杜老师说别放，他不吃花椒面，当时我已经把花椒面扔到锅里了，李老师说"没关系，不同的学派嘛。"李老师很幽默，经常给我们讲一些笑话，都是很有意思的事情。

李圭白总结自己的养生有 5 条，一是平和心态；二是体力、脑力同步锻炼。脑是人体中最活跃的器官，有的人是退休后只注重体力锻炼，而忽略脑力锻炼，这不利于长寿；三是刷牙实行三三制；四是多吃蔬菜水果；五是多喝水。他很善于总结，包括日常吃饭，总是用科学的方法来总结日常比较琐碎的一些生活细节。提起李圭白的生活习惯，他所有的学生都会提起导师的"三三制"刷牙方法。傅涛说："李先生一直用一个牌子的牙膏，就是两面针，他跟我讲完以后，我也一直用两面针牙膏。"

他崇尚真理，不信鬼神，每当有人宣扬迷信时，李圭白总会摆事实讲道理，说明世上没有鬼神。他生活上也很讲科学，有科学依据的生活习惯他都能照办，不科学的坚决抵制，他不烟少酒。

李圭白不仅爱好体育，还喜欢唱歌，尤其喜欢苏联歌曲。2000 年，夏圣骥师从李圭白读博 5 年，还记着李先生的三两件趣事：

李先生是性情中人。我和同门阿刘都把李先生当作我们的爷爷，我们背地里昵称他"老头儿"。阿刘和我毕业要离校。2005 年 7 月初，老头儿说要为我俩饯行。他让我们找个好一点的饭店。那年头，似乎好一点的饭店，包间里都有卡拉 OK。那晚，老头儿带着师娘，阿刘和我邀着同门梁恒师弟共 5 人，开心地分享 5 年读博的精彩生活。酒过三巡，老头儿兴致高涨，他要和我们唱歌。天啊，75 岁高龄的院士要和年轻人卡拉 OK！我们满以为老头儿要唱

《红星照我去战斗》等革命歌曲，可一上来，老头儿就要点"红尘啊滚滚痴痴啊情深"，他忘了歌名，他要唱的是《潇洒走一回》流行歌曲，那晚我们唱了很多歌，《水手》《小城故事》，一曲又一曲。现在想来，老院士保持了一颗年轻的心，75岁又何妨？那么严肃的工程科学家，在我们学生面前一贯这么平易近人，我们是多么的幸福呀！ ①

　　李圭白家里有一盆高大的仙人掌盆景，那是他家的"镇宅之宝"。这盆仙人掌至今已近20年，它高近3米，长满了硬刺的椭圆形掌状茎片竞相挺立着。它算不上美丽，但却高贵而纯洁。李圭白经常出差，不能及时浇水，但它的生命力仍然那样顽强。一片片绿色的"粗糙老手掌"守护着根部冒出的"鲜嫩小手掌"，为它们遮风挡雨，像母亲一样坚强地挺拔向上……

---

① 选自2015年夏圣骥的《李先生的三两事》回忆文稿，资料存于采集工程数据库。

结语

把研究成果写在祖国大地
——李圭白的学术成长节点与特点

完成《净水人生》李圭白传记的撰写,回想从接受任务到采访、搜集资料、整理素材,从中挖掘细节和精神,通过对大量访谈资料的研读和梳理,这个过程让笔者感悟到,李圭白院士的一生虽然没有惊涛骇浪的传奇色彩,但他的学术生涯研究成果却像水一样,散漫在祖国大地,滋润着人们的心田。

　　他的一生贯穿着两条主线——培养学生、科学研究。

　　他的学术生涯围绕重大社会与行业需求,与时俱进地凝练了"地下水除铁除锰""高浊度水处理""过滤技术""混凝投药自控技术""锰化合物净水""超滤膜净水技术"等学术方向,上述学术方向与人才培养和教学改革都是李圭白人生主线时空里熠熠生辉的足印,它们都离不开一个"水"字。当水取之不尽,用之不竭时,人类没有意识到它的珍贵,可在一个水科学家的眼睛里,水却是"双刃剑",一个永远研究不完的课题。作为水科学家的李圭白,他的学术成长有几个关键的节点。

少年空军情结,奠定报国使命感

　　一个科学家的成就,来自于他对祖国的使命感与责任感。李圭白的责任感和使命感源于他的青少年时代饱受战乱的经历和来自于对新中国的向往与憧憬。

　　李圭白生于"九一八"事变一周后的沈阳,注定了他的命运开始与战乱关联，童年是在逃难的动乱中度过的。他亲眼见证了国人被日军炸得血肉横飞的惨状，自己的家也被日军飞机炸毁。从那时起他就对日本侵略者充满了无比仇恨。为什么日本飞机可以随便来轰炸中国？为什么？12岁，小学毕业的他就毅然决然地报考了空军幼年学校。学校培养了这些未来的飞行员立志报国，为国捐躯，与祖国同在，视死如归的爱国精神。

他的青少年时期都是在空军幼年学校度过的。空军幼年学校是在中国抗战时期，空军惨败，损失殆尽的危急关头建立的。李圭白12岁，只身入川，他们一入校，就接受了志在蓝天，与日军血战到底的爱国教育，接受的是中国当时最全面的教育。从德智体到劳动，到军事训练，为他的人生打下了重要的基础。从他成长的经历来看，这个时期培养了他报效祖国的使命感，这种使命感，伴随了他的一生，体现在他各个人生阶段的教学和科研工作中。

这个时期是他成长、奠定报效祖国使命感的关键时间节点，是他学术成长的基础。这段经历不仅奠定了他良好的人格，也因接受军事训练，锻炼了坚韧的毅力和勇于探索，持之以恒的耐力与精神。当他高中毕业后，空军幼年学校迁往台湾，他坚定地选择留在了大陆。他朴素的当空军报效祖国的思想随着空军学校迁往台湾，转为科技救国的思想，用知识报效祖国的信念与日俱增。尽管高中毕业为生活所迫，不得不暂时放弃考学，但在苦闷彷徨中，他骨子里走科学救国之路的欲望之火一直没有泯灭。

青壮年报国激情，积淀了创新的学术资本

1949年，中华人民共和国成立后，李圭白从苦闷中一下子解脱出来，迎来了他人生的第一次解放，他激动不已，充满了建设新中国的澎湃激情。

这是他学术成长的一个关键的转折点。在这个关键节点上，他的这种使命感、责任感得到了进一步的升华。

当四川刚解放时，他兴奋地买了一堆书，用知识报效祖国的愿望如此强烈！那段时间，对他这个血气方刚的青年来说，时时刻刻都在想着为新中国做点什么。

1950 年，中华人民共和国成立初，当他亲眼看到祖国热火朝天的建设热潮，他热血沸腾！他对新中国充满了希望，憧憬着祖国美好的未来。他年轻，有朝气，感到浑身有使不完的劲儿，一口气考上了唐山交通大学、华北工学院，哈尔滨工业大学 3 所名牌大学。虽然说中华人民共和国的成立让他这个血气方刚的青年的热情在燃烧，但还没有明确的目标投身祖国建设。当他进入大学成为中华人民共和国第一批给水排水专业的学生时，他就确立了为祖国水业贡献一生的目标。

进入大学，李圭白接受了系统的专业知识学习。他的本科成绩优异，被提前抽调跟苏联专家读研究生。苏联的教学计划很庞大，基础课学时数多且扎实，相关的技术基础课开设面较广，生产实习、毕业前实习、课程设计也较多，这个时期，他接受了严格的专业训练。当祖国需要他跟苏联专家读研，他被提前从本科生中选派；当国家建设亟需教师时，他又被提前抽调任教。那时他听党的话，听从祖国召唤，一切为了祖国建设，需要他做什么，他就做什么。他上专业课，编教材，当翻译，承担了大量繁重的教学工作。

1954 年 10 月，哈尔滨工业大学与清华大学等 6 所高校被定为全国重点大学，在这种大发展的形势下，哈尔滨工业大学造就了一支过硬的教学和科研队伍，年轻教师在教学上必须做到"规格严格，功夫到家"。这 8 个字成为哈尔滨工业大学的校训和优良传统，也成为李圭白的座右铭，他用实际行动诠释了这 8 个字："身为教师，教书育人，责任重于泰山，我一直牢记这 8 个字，丝毫不敢懈怠。"

李圭白在这个时期的大工作量训练，使他很快成长起来。到 1957 年，学校的教师队伍达 800 余人，他们平均年龄仅 27.5 岁，却承担了全校的教学和科研任务，被誉为第一代"八百壮士"，他们开创了哈尔滨工业大学历史上的第一个"黄金时期"。李圭白正是这"八百壮士"之一，心中装着祖国，听从祖国召唤，他朴素的用专业知识报效祖国的使命感在中华人民共和国的发展建设中不断升华。

六十年跨度研究，形成了完整的学术方向与体系

中华人民共和国成立，百废待兴。1956 年，党中央发出向科学进军的号召。在第一个五年计划期间，苏联援建的 156 项重点工程大部分在我国东北，因此东北地区的工业和城市建设发展很快。大型项目开始建设后，城市用水量也大增。同时，也面临着地下水含铁含锰超标的难题，亟需解决。李圭白在教学任务繁重的情况下，主动承担了地下水除铁的生产难题。从此，"地下水除铁"，开启了他的科研成功之路，这是李圭白学术生涯的重要起点，从这个节点开始的研究跨度，贯穿了他人生 60 年的学术生涯。

20 世纪五六十年代，他先后开展了地下水除铁除锰技术研究、黄河高浊度水处理技术、开创了我国这些研究领域的先河，不仅取得了系列成果，满足了国家经济建设在相关技术方面的重要需求，开发出的高效接触催化除铁除锰新工艺，已推广到全国 80% 以上的水厂，成为我国有代表性的工艺，并使我国地下水除铁除锰技术步入世界先进行列。他的研究形成了一个个

完整的学术方向和学术体系，为饮用水处理技术的发展作出了开拓性的贡献。他的每一个研究方向都坚持 10 年、20 年、30 年甚至更长，取得了系列研究成果。

在 20 世纪的八九十年代，我国的水污染逐渐加剧，在许多研究者学习国外的经验，研究臭氧活性炭等技术时，李圭白独辟蹊径从当时的国情出发开始了高锰酸盐除污染技术的系列研究，并及时将研究成果转化为生产力，为我国饮用水除微污染开辟了一条新的途径。20 世纪 80 年代末期，水处理工艺过程控制研究刚刚起步，李圭白敏锐地抓住了混凝投药自控技术研究方向，课题组坚持 10 年，创造了诸多第一，发明了具有世界领先水平的透光脉动混凝投药自控技术，并且在流动电流投药自控技术上成为国际上研究与应用最活跃的国家之一，形成了饮用水处理技术中一个重要的研究方向。近年，李圭白又提出了以膜技术为核心的第三代城市饮用水净化工艺的新思维，并大力倡导与实践，他领导的课题组已经成功地应用第三代水处理技术完成了净水厂改造示范工程。晚年，他仍在为绿色净水奔波。

纵观李圭白 60 年的科学研究经历，他所开辟的学术方向，无不紧扣时代脉搏、围绕国家需求、创造与引领学术潮流、形成系列的学术成就。

六十年教育坚守，把培养方法当作课题研究

李圭白作为科学家、教育家，在教育战线上鞠躬尽瘁地拼了 60 年。他把培养学生当作科研课题来研究，研究怎样让学生具有科学思维，怎样培养解决实际问题的能力，怎样激发学生的创造力，怎样给学生提供创新空间等，这都是李圭白培养学生创新能力的一个秘籍。他非常注重培养方法的研究和

总结，坚守这份责任，形成了自己独特、有效的培养方法，并且他的一代一代学生也在传承他的教育思想。

李圭白培养学生的创新能力，不是把学生关在实验室写几篇论文，而是为学生创造成长条件，让每个学生都必须到生产一线发现问题，解决实际问题，激发创新热情，同时培养他们与团队的融合能力。他的一整套独特的培养方法，是他坚守教学一线60年的研究经验。他勤奋、刻苦、严谨、睿智，他的勤奋与刻苦影响着他的几代学生。作为教育大师，他把自己教学和科研工作的鲜明特点灌输给一代又一代学生。他开辟的学术方向，无不紧扣时代脉搏，围绕国家需求，按照这样的技术路线，他让学生懂得研究和开发的成果，只有社会的需求，才是最有生命力的，既有先进性，又具有中国特色，才受社会的欢迎。他在每一个科研方向上，都培养了一批团队，师从他的学生继承了这个教学和科研的传统，并一代代传承下去，发扬光大着。

院士是荣誉，教师是身份，培养人才是责任。李圭白的人格魅力、豁达的人生态度对学生的人格塑造有着潜移默化的重要影响。作为老资格的中国工程院院士，堪称学术大师。他的大师风范不仅表现在他的敏锐与创新，对学术问题看得准、抓得住、坚持不懈、持之以恒，还表现在他的人格魅力上。

60年来，李圭白一直作为学者活跃在水处理技术研究领域的前沿，他自己笑称做过最大的"官"就是教研室主任。他能以60年的跨度始终坚守在教学科研的第一线，并不多见。他60年如一日，在饮用水处理技术领域辛勤耕耘，成果等身，桃李满天下，成为令人尊敬的学术大师。他迄今已获得国家级技术奖励6项，出版了著作6部、参编教材3部，发表学术论文400余篇，培养了硕士、博士、博士后百余名……

现在，李圭白以近九十岁的高龄仍工作在科研和人才培养的一线，仍亲自指导博士生、硕士生，亲自主持科研课题，亲自下实验现场，不知疲倦。他一年中有一半以上的时间奔波在全国各地的学术活动中。他治学严谨，对学生的论文总是逐字逐句地修改，他说过学生的论文他一般要改 3 遍。作为教育大师，李圭白的贡献还表现在重视本科生培养上。现在他仍为本科生开讲座，答疑解惑，培养年轻一代树立远大理想。

在 1995 年起的 10 年内，他担任全国高等学校给水排水工程专业教学指导委员会的主任，积极倡导与领导了我国给水排水专业历史上最大规模、卓有成效的改革，将我国 20 世纪 50 年代成立的"给水排水工程"专业的定位由"城市基础设施"重新定位为"水的社会循环"，从专业名称到培养方向、教学内容等方面进行了一系列的颠覆性的改革，形成了面貌全新的适合时代需求的给水排水工程专业，他还亲自主持编写了专业的核心教材《水质工程学》《城市水工程概论》等，在专业发展史上书写了重要的一页。

"上善若水，水善利万物而不争"。李圭白的人生像水一样，朴实无华。他的每一个研究方向，都是他每一段人生的完美节点。他研究的是水，他培养的学生研究的也是水。他们的研究成果遍及江河湖海，流淌在祖国大地，护卫着千家万户的饮水安全。

1931年　1岁

9月25日（农历八月十四），生于沈阳"九一八"事变后一周。

父亲李兰谷，河南偃师人，1927年在同济大学土木工程专业读书期间加入中国共产党。毕业后在沈阳建筑公司以土木工程师的身份做中共地下党工作。

母亲陈淑敏，浙江宁波人，毕业于上海大厦大学文学专业，婚后全职家务。

哥哥李璋白，1930年生。

1932年　2岁

下半年，东北全面沦陷，全家从沈阳逃难到南京。

1936年　6岁

在南京中山路小学读一年级。

1937年　7岁

"七七事变"，抗日战争全面爆发。

12月，南京沦陷，全家由南京逃难至河南偃师县大口镇五小村。

1938年　8岁

秋，在河南偃师农村读小学二年级。

秋，父亲出任偃师县辖下区的区长，全家由农村搬到县城。

小妹李露茜出生，家中已有兄妹 5 人。

1939 年 9 岁

1938 年 6 月，为阻挡日军，蒋介石命炸开花园口大堤，引黄河水淹日军，河南成"黄泛区"，全家继续逃难至陕西省汉中市。

秋，在汉中莲花湖中心小学读三年级。

家在汉中期间，日军经常空袭，亲眼看见国人被炸死炸伤、血肉横飞惨状。

1942 年 12 岁

夏，在一次日军空袭中，自家房屋被炸塌。

1943 年 13 岁

父母离异，5 子女随母生活。

小学毕业，考入四川灌县（现都江堰市）蒲阳镇的国民党空军幼年学校（初、高中 6 年）。学校为抗战培养空军预备人才。

8 月，只身入川，为空军幼年学校第四期学员。蒋介石任该校名誉校长。

1944 年 14 岁

空军幼年学校除开设普通中学课程外，还有出操、军事训练等。

因家庭困难无路费，寒暑假留在学校。暑期，与留校同学打鱼摸虾，在大自然中玩耍。

1945 年 15 岁

元旦，空军幼年学校第五中队官生 101 人在校园合影。

抗日战争结束，在空军幼年学校读初三。

期间，对天文和生物感兴趣，喜欢看古代武侠小说。

1946 年　16 岁

在空军幼年学校初中毕业，继续读高中。

学校开设滑翔课，训练飞行技术，一生中最高的飞翔记录是 3 米。

高中，喜欢打篮球、乒乓球，喜欢器械操和单双杠等运动。

1948 年　18 岁

家搬至四川广元。

暑期，入空军幼年学校 5 年后第一次回家，探望母亲和兄妹。

1949 年　19 岁

春，空军幼年学校更名为"空军预备学校"并迁至成都太平寺。

6 月，高中毕业。

夏，国民党战败，空军预备学校迁往台湾。自愿留大陆，回四川广元家中。

迫于生计，在堂兄开的西药铺里当店员。

因家庭经济困难，母亲当中学教员带妹妹住校，兼管理员。

冬，复习高中课程，准备考大学。

12 月 14 日，四川广元解放，复习课程，准备考学。

1950 年　20 岁

3 月，带着弟弟和妹妹 4 人从广元出发，到郑州投奔父亲。

6 月，哈尔滨工业大学由新中国政府接管，进入全面改造和扩建新阶段。

7 月，去北京参加华北地区高校联合招生考试，同时被 3 所高校录取。选择哈尔滨工业大学，获国家三等助学金。

8 月，到哈尔滨工业大学读预科，学习俄语，由白俄教师授课。

在校期间，擅长跑跳，在学校运动会上获男子百米冠军。

冬，报名参加抗美援朝志愿军未批准。支援前线，积极为志愿军炒面。

12 月 25 日，被批准共青团预备团员。

1951 年　21 岁

哈尔滨工业大学被确定为我国高等教育学苏样板之一，成为培养高校优秀人才基地，以"工程师摇篮"著称。

4 月 12 日，由共青团预备团员转为正式团员。

秋季学期，被评为优秀共青团员。

9 月，结束预科学习，升入本科土木水暖专业，课程由苏联教师主讲。

年底，俄语基本过关，达到听、说、读、写"四会"。

成为校篮球队队员，喜欢器械操、滑冰和气垫运动。

1952 年　22 岁

秋季学期，大批苏联专家陆续来到哈尔滨工业大学。

哈尔滨工业大学创办全国最早的给水排水工程专业之一。

被分配在给水排水工程专业学习。

1953 年　23 岁

向党组织提出申请，要求加入中国共产党。

哈尔滨工业大学开办研究生班，被苏联专家抽调到研究生班学习，导师为 A・M・莫尔加索夫。

秋季学期，第一次带本科生到长春第一汽车厂实习。一汽是苏联援建项目，正在建厂。

1954 年　24 岁

读研期间，提前担任本科教学工作。

开始陆续讲授"给水处理""工业给水""工业给水处理""水化学""水力学""给水排水"6 门课程。

10 月，高教部第一批确定 6 所高校为全国重点大学，哈尔滨工业大学成为京外唯一一所重点大学。

1955 年　25 岁

6 月 27 日，以"优等"成绩从研究生班毕业，毕业论文题为《一个工业企业的供水设计》，受到导师 A・M・莫尔加索夫的好评。

留校任教，成为哈尔滨工业大学第一代"八百壮士"之一（20 世纪 50 年代，学校教师发展到 800 余人，平均年龄 27.5 岁，却承担了全校的教学和科研任务，被誉为第一代"八百壮士"）。

带学生到天津自来水公司实习。

暑期，在哈尔滨工业大学读书 5 年后第一次回郑州探亲，母亲在郑州第三中学任教。

1956 年　26 岁

参与编写的教材《工业给水》由哈尔滨工业大学出版社出版，在全国影响很大。

赴河北唐山铁道学院半年，为苏联专家授课作翻译，并陪同参观访问。

开始进行地下水除铁除锰课题研究。地下水除铁除锰是给水处理技术的难题。

1957 年　27 岁

与大学同班同学杜魁元结婚。

兄病逝。

父亲在郑州城市建设学校任教，被错划为"右派"。

受父亲影响，多次要求入党未果。弟、妹前途均受父亲影响。

1958 年 28 岁

3 月，赴同济大学作副博士学位论文。苏联导师为阿甫切卡列夫教授，中国导师为同济大学杨钦教授。

副博士学位论文选题为《黄河高浊度水处理》，开始进行课题研究。

6 月，赴河南郑州市黄河水利委员会泥沙研究所进行高浊度水沉淀试验研究工作。

《高浑浊河水自然沉淀池的新计算方法》发表于《哈尔滨工业大学学报》。

在高浊度水沉淀浓缩理论研究上，提出"均浓浑水层稳定泥沙浓度"概念，被引用到教科书及同行业的研究报告中。

哈尔滨伟建机械厂根据其提出的处理工艺，建成一座我国最早具有除锰效果的水厂。

1959 年 29 岁

秋冬之交，因教育革命需要，提前结束副博士学位论文工作，返回哈尔滨工业大学。

带领科研小组在齐齐哈尔铁路局给水段开展天然锰砂除铁的试验研究工作，这是我国首次开展的地下水除铁技术生产性试验。

参编我国第一部高校通用教材《给水工程》（上、下册），由中国建筑工业出版社出版。

12 月，哈尔滨工业大学土木系分出，成立哈尔滨建筑工程学院，任哈尔滨建筑工程学院教师。

1960年 30岁

2月，长子李虹出生。

试验成功天然锰砂接触氧化除铁工艺，这是地下水除铁技术的重大突破，使我国在该技术领域步入世界先进行列。

提出的天然锰砂除铁开创性理论所形成的对地下水除铁规律的认识、工艺流程和工艺设计参数一直沿用至今。

根据其提出的曝气—天然锰砂过滤除铁的原理和方法，解放军5704工厂采用天然锰砂压力式过滤除铁，将原水含铁浓度由9~11mg/L降0.1~0.3mg/L。这是我国第一套按接触氧化法除铁原理设计投产的压力式除铁系统。

研发出新的"高负荷蓬蓬头曝气装置"，并提出该曝气装置的计算方法。

三年困难时期，为国分忧，主动将口粮从30斤减为26斤。

1961年 31岁

在齐齐哈尔铁路局给水段建成第一台装置，进行"天然锰砂除铁新工艺"的第一个生产试验，发现二氧化锰作为催化剂的经典理论是错误的。

在我国首次提出"铁质活性滤膜接触氧化除铁的新工艺和机理"，之后此工艺迅速在我国地下水除铁除锰水厂中推广应用。

《蓬蓬头曝气设备的计算方法》发表于《哈尔滨建筑工程学院学报》，这是我国将"表面曝气工艺"引入地下水除铁除锰的第一篇论文。

与母亲、弟、妹历经11年后，终于在哈尔滨全家团聚。

1962年 32岁

晋升为讲师。

1963 年　33 岁

2 月 17 日，次子李星出生。

6~9 月，受托带领一支 20 多人的团队，赴兰州对苏联援建的我国首座处理黄河高浊度水大型工程的辐流式沉淀池工况进行生产测试工作，取得成果。

提出"沙峰型高浊度水沉淀池的计算方法"和"次高浊度水沉淀池的计算方法"。

在哈尔滨建筑工程学院学报发表我国第一篇《天然锰砂除铁法试验研究》学术论文。

与汤鸿霄合作发现我国一直沿用的苏联著名过滤专家明茨的石英砂滤料的理论计算公式有错误，提出了更精确的计算公式。《煤、砂滤层反冲洗计算》于 1981 年发表在《环境科学学报》第四期。

1964 年　34 岁

佳木斯第一水源水厂根据其研究成果，将石英砂滤料改为天然锰砂滤料，成为我国第一套正式的重力式天然锰砂除铁系统。

7 月，大庆油田按其提出的原理，投产规模为 $60000m^3/d$ 的压力式天然锰砂除铁系统，是当时我国最大规模的地下水除铁系统。

《高浑浊水的动水浓缩规律和自然沉淀池的计算方法》发表于《土木工程学报》第一期，在我国行业权威刊物上对所提出的高浊度水计算方法进行了系统总结。

1965 年　35 岁

与虞维元合作的《用天然锰砂去除水中铁质的试验研究》发表于国家级刊物《高等学校自然科学学报》，进一步验证和深化了接触催化法除铁理论。

在大庆试验成功并提出一套"天然锰砂滤池操作规程",使地下水接触氧化除铁工艺进一步规范化。

1966 年　36 岁
带学生赴大庆水厂毕业实习,开始研制"人造锈砂"。

"文革"开始,因为右派子弟及历史问题"靠边站"写交代材料。

1968 年　38 岁
"文革""靠边站"期间,继续做"地下水除铁除锰"和"高浊度水处理"两个课题的科研实验。

1969 年　39 岁
去大庆劳动,接受工人阶级再教育。

合译别良夫斯基著的《苏联给水处理最新技术报告集》,由人民教育出版社出版。

1970 年　40 岁
5 月,全家去黑龙江省呼兰县孟家公社富裕大队榆树屯插队落户。

秋,参加割高粱、割大豆劳动。

冬,在农村过第一个春节。

1971 年　41 岁
春,破除迷信,在农村普及阻断瘟鸡传染途径的科学方法,在当地轰动一时。

夏,提出在农村家中用简易装置除地下水中的铁,此方法在农村推广,受村民欢迎。

与金锥、佳木斯自来水公司刘灿生、徐英光合作，对水—气射流泵的性能进行试验研究，为水—气射流泵在地下水除铁中的应用奠定了理论基础。

1972 年　42 岁

1972 年，与刘灿生（后为其研究生）编制的《地下水除铁中水—气射流泵的通用图集》由黑龙江省建筑设计标准站出版。

秋，结束插队落户，返城返校。

冬，开始做地下水除铁试验总结，着手撰写《地下水除铁》一书。

1973 年　43 岁

恢复教学工作，为工农兵学员上课。

提出的"天然锰砂除铁设计原则"为在全国范围内推广天然锰砂除铁工艺设计提供了依据，这些设计参数沿用至今。

1974 年　44 岁

因"文革"原因，在我国首次提出"铁质活性滤膜"除铁概念的 13 年后，发表《天然锰砂除铁的机理》论文。

1975 年　45 岁

在大庆用高浓度含铁水过滤石英砂使之迅速形成人造"锈砂"，试验成功"人造锈砂除铁"工艺并生产应用，填补了我国空白。

7 月，在"东北地区地下水除铁技术座谈会"上，主讲地下水接触氧化除铁工艺机理，为此工艺在全国加速推广起到了促进作用。这是我国第一次地下水除铁技术研讨会。

1976 年　46 岁

带领学生赴辽宁丹东设计我国第一座 10 万吨大型无阀滤池新水厂,任设计总工程师。

10 月,"四人帮"倒台,"文革"结束,个人得到第二次解放。

1977 年　47 岁

执笔完成《地下水除铁》30 万字一书,并由中国建筑工业出版社出版。这是我国地下水除铁的第一部学术专著。

"人造锈砂除铁"成果在北京"工业学大庆展览会"上作为重要成果展出。

1978 年　48 岁

3 月,"地下水接触催化除铁新工艺"成为我国有代表性的地下水除铁工艺,使我国地下水除铁工艺步入世界先进行列,其成果获全国科学大会奖。

任研究生导师,招收第一批硕士研究生王志石,阎立华。其学位论文分别是《地下水除铁工艺中若干水化学问题》《高浊度水沉淀池计算理论及混凝沉淀》。

1978 年 ~1981 年期间,主持承担"高浊水处理理论""地下水除铁理论""地下水除锰""地层除铁"4 项国家重点科研项目。

参与研发"船上一体化水厂"国家重点科研项目。

合译日本井出哲夫著的《水处理工程理论与应用》,由中国建筑工业出版社出版。

9 月,长子李虹考入浙江大学。

12 月,晋升为副教授。

1978 年 ~1982 年春,负责主持工程建设全国通用设计标准规范管理委员会重点科研项目"地下水除锰技术"。

1979 年　49 岁

《关于用自然形成的锰砂除锰的研究》发表在哈尔滨建筑工程学院学报。这是我国第一篇用锰砂除锰的科研成果论文。

在"中南地区地下水除铁经验交流会"上，介绍除铁新工艺，加速了接触氧化除铁技术在全国范围的推广应用。

1980 年　50 岁

研制成功"锰质活性滤膜接触氧化除锰工艺"，首次将催化技术引入地下水除锰，在技术上取得突破。

《空气接触氧化除锰原理》发表于《给水排水》第一期。该成果是我国具有特色的天然锰砂接触氧化除锰新工艺。

"天然锰砂除铁"科研成果被纳入国家《室外给水设计规范》和《给水排水设计手册》。

参编的高校试用教材《给水工程》（第一版），由中国建筑工业出版社出版。"天然锰砂除铁"科研成果被收入教材中。

提出表面叶轮曝气装置计算方法，进一步丰富了地下水除铁除锰技术。

1981 年　51 岁

8 月，次子李星考入哈尔滨建筑工程学院。

9 月，"曝气接触氧化除铁若干问题研究""曝气自然氧化除铁若干问题研究""高滤速煤、砂双层滤料接触氧化除铁滤池""水上水厂"等 4 项成果达国内先进水平。

9 月，主持参加的"单阀滤池水力自控""地下水三通曝气装置"成果通过鉴定并推广使用。

10 月，"表面曝气装置计算方法"用于新民 906 库水站设计中。

10 月，"高浊度水（沉淀）处理理论"通过专家鉴定，达国际领先水平。

患严重胃出血，坚持工作，完成超过工作量定额一倍以上的教学和科研工作。

1982 年 52 岁

重新递交入党申请。

结合科研课题，修建、改造、更新实验室。

建立高浊度水沉淀处理和除铁除锰两个实验室，给学生开出混凝、过滤两个教学实验。

"高滤速双层滤料接触氧化除铁滤池"获黑龙江省优秀成果三等奖。

晋升为教授。

1977 年 ~1982 年承担的教学工作量为"给水处理"课程全部学时数的 77%。

1983 年 53 岁

被评为黑龙江省劳动模范。

开发出的高效接触催化除铁除锰新工艺，无需投加药剂，适合我国国情，已推广到全国 80% 以上的水厂，成为我国有代表性的工艺，并使我国地下水除铁除锰技术步入世界先进行列。

1984 年 54 岁

12 月，被批准为中共预备党员。

参与研发的"船上一体化水厂"科研成果获国家科技发明二等奖。

1985 年 55 岁

在美国召开的"絮凝·沉淀·压密"学术会议上发表论文《高浊度水沉淀（浓缩）池的新计算理论》，被收入论文集。

5 月，"双井互灌地层除铁技术"为国内首创，此项技术在黑龙江省三江平原等地区已推广应用，为我国地层除铁技术的发展和规范制订打下基础。

"地下水曝气接触氧化除锰新工艺"获国家科技进步二等奖。该工艺在我国得到普遍推广和应用，使我国在地下水除锰工艺技术领域步入世界先进行列。

在"高浊度水技术评议会"上，高浊度水 20 多年的研究成果被写入汇编，作为中国市政工程西北设计研究院重要的设计参考文献。

20 多年高浊度水研究的大部分成果被纳入由中国市政工程西北设计研究院编写的《高浊度水处理技术》。

高浊度水研究成果被纳入我国《高浊度水给水设计规范》。

12 月，转为中共正式党员。

受聘担任《中国给水排水》编委会委员。

1986 年　56 岁

市政工程学科获批博士学位授予权，被批准为博士研究生导师。

评为国家级有突出贡献的中青年专家。

评为黑龙江省劳动模范。

赴美国高校访问 3 周。与美国爱荷华大学签订了合作联谊事宜，并参观哈佛大学、麻省理工学院。

受聘担任《给水排水》编委会委员。

参编《给水工程》（下册）（第二版），由中国建筑工业出版社出版。

1986 年国家标准《室外给水设计规范》增补了"地下水除锰"条文，为在我国大量兴建地下水除锰水厂奠定了基础。

参与指导的沈阳石佛寺水厂（规模为 $200000 m^3/d$）建成投产，处理后的水质达到国家饮用水水质标准。这是国内目前最大的地下水除铁除锰水厂。

11 月，担任全国地下水除铁除锰学术研究会理事长。

1987 年　57 岁

招收第一个博士研究生马军。其博士学位论文是《高锰酸钾去除与控制饮用水中有机污染物的效能与机理》。

10 月，全国地下水除铁除锰学术研究会第二次年会对在我国地下水除铁除锰科技发展中作出卓越贡献的哈尔滨建筑工程学院等 10 个单位进行了表彰。

1988 年　58 岁

春，赴美参加国际学术会议，第一次在国际会议上宣读论文《高浊度水沉淀浓缩模型律及沉淀池的计算方法》

期间，访问美国达拉斯供水公司水厂。

1989 年　59 岁

春，赴西安外国语学院参加英语强化培训 4 个月。

8 月 8 日，赴英国伦敦大学学院高访半年。

在英国伦敦大学学院做近半年的试验，解决了高浊度水的投药在线控制难题。

英国高访期间，发表 3 篇论文。其中与英国 John Gregory 教授合作的《Flocculation and sedimentation of high-turbidity waters》论文被该领域国际权威杂志《水研究》列为样板文章。

赴法国巴黎访问 2 周，开始关注膜滤用于生活饮用水处理问题。

研究生崔福义在国内发表了第一篇流动电流用于水处理混凝控制研究论文，介绍他在国外进行的中试研究情况。之后师生二人组建研究生团队，开始我国流动电流混凝投药控制技术的研究开发。

继 1977 年出版《地下水除铁》后，与刘超合著《地下水除铁除锰》，由中国建筑工业出版社出版。这是我国第一部地下水除铁除锰学术专著，在水领域反响很大。

5 月，建设部成立了第一届"全国高等学校给水排水工程学科专业指导委员会"，任委员。

1990 年　60 岁

2 月，结束英国高访回国，开始搜集和了解膜滤技术资料。

被教育部和科技部联合授予高等学校先进科技工作者称号。

5 月，流动电流混凝控制技术在我国首次应用成功，我国成为应用该技术的第六个国家。

8 月 12 日，参加经国务院台办批准的空军幼年学校校友分别 40 多年后在四川灌县蒲阳镇举行的第一次校友会。大陆、台湾和旅居海外校友及其家属聚会规模达七八百人。

母亲逝世，享年 84 岁。

1991 年　61 岁

5 月 3 日，召开水界最高规格的流动电流混凝投药自动控制技术成果鉴定会。鉴定委员会主任许保玖、副主任委员钟淳昌和宋仁元以及委员汤鸿霄汤鸿霄等均为全国给水排水领域的领军人物和权威专家，鉴定成果达国际先进水平。

流动电流混凝控制技术成果论文《流动电流单因子混凝投药自动控制生产性试验》发表在《给水排水》第五期。

参加空军幼年学校校友第二次聚会。

1992 年　62 岁

5 月，与刘灿生等合编的《地下水除铁除锰学术论文集》出版。

赴乌克兰基辅参加学术会议，并顺访俄彼得堡土建学院和莫斯科大学。

研发出我国独有的、具有国际先进水平的"高浊度水透光脉动絮凝投药自动控制技术"，论文刊于《给水排水》。

带领团队研制成功国产第一台"流动电流检测器"，在牡丹江四水厂试用成功，使我国成为继美国、英国之后制造该仪器的第三个国家。

11月，参加全国地下水除铁除锰学术研究会常务理事会会议。

在国家人事部和建设部委托举办的首届全国高校给水排水工程专业青年骨干教师研讨班上，第一次在国内提出了膜技术在水处理中将会有重大发展前景的观点，引起与会者较大反响。

1994年　64岁

《国产流动电流投药控制系统的基本性能与应用评价》发表在《给水排水》第八期。适合我国水质和水厂条件的国产设备和系统在全国迅速推广，使我国成为应用流动电流混凝投药自动控制技术最多的国家之一，其水平在该领域步入世界先进行列。

哈尔滨建筑工程学院更名为哈尔滨建筑大学。

1995年　65岁

当选中国工程院院士。

6月23日，"高锰酸钾除微污染"通过建设部鉴定。该成果是在国内外首次提出的国际领先的水处理新技术，适合中国国情，为饮用水除污染技术开辟了一条新途径。

"高锰酸钾助凝及减少氯化消毒副产物"科研成果获国家科技进步三等奖。

与崔福义合著的《流动电流及其在混凝控制中的应用》一书由黑龙江省科学技术出版社出版。这是我国流动电流研究领域的第一部学术专著。

受聘担任第二届全国高校给水排水工程学科专业指导委员会（简称专指委）

主任。

主事 10 年，领导"专指委"将我国 20 世纪 50 年代设立的"给水排水工程"专业的服务由面向"城市基础设施"重新定位为"水的社会循环"，首次从专业名称到培养方向、教学内容等方面进行了一系列的颠覆性的改革。

1996 年　66 岁

"高浊度水透光脉动絮凝投药控制"成果获国家技术发明三等奖。

"饮用水高效除浊与安全氯化消毒技术"获建设部科技进步一等奖。

"最优投药设备与控制系统开发"获建设部科技进步一等奖。

1997 年　67 岁

任建设部科学技术委员会委员。

任黑龙江省专家顾问委员会委员。

与于水利合著《高浊度水絮凝投药控制》一书由大连理工大学出版社出版。这是我国第一部关于高浊度水絮凝投药控制方面的学术专著。

"高锰酸钾除微污染技术"获建设部科技进步（科技成果推广应用）一等奖。

1998 年　68 岁

再次访问英国伦敦大学学院，并赴阿姆斯特丹访问。

受聘担任中国土木工程学会给水排水学会副理事长。

1999 年　69 岁

与空军幼年学校"浦阳四期"校友在庐山聚会。见到好友、台湾黑猫中队 U—2 侦察机飞行员张立义。

指导的第一位博士马军入选教育部"长江学者奖励计划"特聘教授。

2000 年　70 岁

开始研究城市自来水超滤净化技术，并将超滤处理饮用水作为博士生夏圣骥的论文课题。

哈尔滨建筑大学与哈尔滨工业大学分开 41 年后又合并成为新的"哈尔滨工业大学"，继续任教师。

2001 年　71 岁

3 月 21 日，中国民族卫生协会健康饮水专业委员会成立大会召开。大会表彰了健康饮水顾问委员会中对全国饮用水事业具有突出贡献的李圭白等 5 位专家。

受聘担任建设部科学技术委员会顾问。

70 岁生日，学生为导师祝寿并出版论文集《贺李圭白院士七十寿辰水科学与技术学术报告会论文集》。

2002 年　72 岁

"高锰酸盐复合剂"科研成果获国家技术发明二等奖。

受聘担任中国土木工程学会水工业学会副理事长。

中共十六大召开之前，北京密云水库首次暴发大面积蓝藻污染，带领科研团队快速解决以密云水库为水源水厂的饮用水臭味问题。

与蒋磊鹏、范瑾初、龙腾锐合著的普通高等教育土建学科专业"十五"规划教材、高等学校给水排水工程专业指导委员会规划推荐教材——《城市水工程概论》，由中国建筑工业出版社出版。

2003 年　73 岁

4 月，为环保青年志愿者协会讲座。

11 月 6 日，为所在院系教师及研究生作题为"水危机和给水排水专业"的报告。

2004 年　74 岁

与王占生、钱易等 19 名专家向全国人大环境资源委员会递交饮用水标准的建议书，加速了我国新的饮用水标准的制定。

由国家标准化管理委员会牵头，建设部和卫生部等参与制定的饮用水新标准《生活饮用水卫生标准》GB 5749-2006 完成论证和审核。

6 月，北京建筑工程学院向李圭白、周干峙、李德仁 3 位院士颁发聘任证书，旨在完善该院的学科规划，引导学科方向，培养学术带头人，开展学术交流等洽动。

2005 年　75 岁

2005 年，其研究生夏圣骥完成博士学位论文《超滤膜净化地表水研究》，这是我国培养的第一位研究用超滤净化饮用水的博士。

7 月，与张杰院士共同主编的普通高等教育土建学科专业"十五"规划教材、高等学校给水排水工程专业指导委员会规划推荐教材——《水质工程学》由中国建筑工业出版社出版（第一版）。

9 月，主持的"给水排水专业课程体系改革、建设的研究与实践"项目获国家级教学成果二等奖。

9 月 28 日~10 月 2 日，邀请英国皇家学会化学部委员、英国伦敦大学学院教授 John Gregory 来访、讲学和座谈，并开展合作。

10 月 9 日~11 日，在"中国给水委员会第十次年会暨中日水处理技术交流会"上，就饮用水除污染技术、给水深度处理、日本净水技术开发新成果、日本膜过滤技术等议题与专家进行交流。

10 月 30 日，在"首届中国城镇水务发展战略国际研讨会"上作题为《高锰酸盐及其复合药剂净化微污染水源水技术》主题报告。

11 月 23 日，中石油吉林石化公司双苯厂爆炸，造成哈尔滨松花江水严重污染，哈尔滨市政府宣布停水 4 天，事件引起全国关注。

11月22日~23日，作为松花江水污染处理专家组成员，带领哈尔滨工业大学多位专家、几十位研究生进驻哈尔滨供水排水公司水质监测中心，昼夜攻关。

11月24日~26日，哈尔滨首次大规模更换过滤池滤料。通过新闻媒体向市民保证采用双重保险的处理措施，处理后的水完全符合国家饮用水标准。

与李星、杨艳玲、李虹合著《透光率脉动检测混凝投药控制技术》专著，由化学工业出版社出版。

2006年　76岁

4月，《超滤膜净化水库水试验研究》发表在《膜科学与技术》第二期。指出超滤工艺取代常规自来水生产工艺能满足人们对饮用水水质越来越高的要求。

9月10日，参加第五届世界水大会，首次在国际会议上提出"第三代城市饮用水净水工艺——以超滤为核心技术的组合工艺"概念，引起很大反响。

与杨艳玲、李星、李虹合著《锰化合物净水技术》专著，由中国建筑工业出版社出版。

主审的《饮用水安全保障技术》由中国建筑工业出版社出版。

2007年　77岁

2月，合著（副主编）《东北地区水污染防治对策研究（水污染防治卷）》由科学出版社出版。

4月，在《供水技术》第一期发表《超滤——第三代城市饮用水净化工艺的核心技术》，指出超滤是绿色物理分离技术，将成为城市饮用水净化工艺的新发展方向。

将山东东营南郊水厂作为"十一五"国家水体污染控制与治理科技重大专项"引黄水库水超滤膜处理集成技术研究示范"课题的示范工程申报，并派团队进厂攻关。

7月，《第三代城市饮用水净化工艺——超滤为核心技术的组合工艺》发表在《给水排水》第一期。

9月13日，参加"中日水处理技术国际交流会"。

10月25日~26日，出席"全国给水深度处理研究会2007年年会"，指出第三代城市饮用水净化工艺是一种以超滤为核心技术的组合工艺，将使城市饮用水净化工艺产生重大变革。

与杨艳玲、李星合著《水中颗粒物的检测及其应用》专著，由化学工业出版社出版。

2008年　78岁

6月19日~20日，在"2008水业高级技术论坛"上，呼吁人们科学饮用健康水。

6月，在由哈尔滨工业大学市政学院城市水资源与环境国家重点实验室主办的"第十一届海峡两岸环境保护学术研讨会"上作主题报告。

10月13日~15日，出席依托哈尔滨工业大学（威海）建立的"中欧（威海）膜技术合作研发中心"揭牌仪式，与英、德、意、比利时、西班牙和丹麦等欧盟国家的膜技术专家和100多家膜技术科研单位代表交流洽谈。

11月22日~23日，出席"全国给水深度处理研究会"，参观深圳笔架山水厂深度处理工程时指出：饮用水的生物安全性是饮用水最重要的和首先必须保证的。

2009年　79岁

3月，获城市水资源与水环境国家重点实验室突出贡献奖。

4月28日，主持的山东东营示范工程开工建设，并与同年12月5日通水试运行。

8月8日~10日，由国际水协和哈尔滨工业大学联合主办的"第十二届国际水协城市污泥可持续管理与技术国际会议"召开，任大会主席，并致开幕词。会议是水领域最重要、最具权威性的国际会议。

8月，由上海市自然与健康基金会出资设立的"李圭白奖励基金"签约仪式在"高校给水排水工程专业指导委员会第四届五次会议"上隆重举行。

10 月，师从他的硕士和博士研究生曲久辉当选为中国工程院院士。

11 月 26 日，为佛山水业集团员工作关于《浸没式膜生物反应器组合工艺净化受污染水源水》的研究报告，介绍了最新的水处理工艺。

12 月 5 日，主持的国家"十一五"重大专项"大型超滤膜水厂示范工程"——山东东营应用超滤膜技术的南郊水厂建成投产，在全国引起很大反响。这是我国第一座 10 万吨／日的膜滤大型水厂，出厂水水质稳定，达到国家《生活饮用水卫生标准》。

2010 年　80 岁

1 月 22 日，在山东东营召开"全国城镇饮用水安全保障及超滤组合工艺技术应用研讨会"，任大会主席致开幕词，指出：以浸没式超滤膜为核心技术的水厂改造，将为我国旧水厂的改造、新水质标准的实现提供新的思路。超滤工艺已走上快车道。

3 月 1 日，主编的《给排水科学与工程概论》（第二版）由中国建筑工业出版社出版。

4 月 27 日，在"全国水处理技术高级培训研讨班"上，为城镇给（污）水处理和饮用水保障技术、工业废水处理两个高级培训研讨班授课。

4 月 30 日，国内水务企业首家院士工作室——"李圭白院士工作室"在佛山水业集团挂牌，旨在促进企业技术发展和水务人才培养以及保障佛山市用水安全。

5 月 21 日~23 日，在"2010 膜法市政水处理技术研讨会"上作《第三代城市饮用水净化工艺及超滤的零污染通量》报告。

7 月 8 日，济南市首家"院士专家工作站"在市供排水监测中心正式建成，受聘"院士专家工作站"特聘专家，带领研究团队进行业务指导和联合攻关。

8 月 8 日~10 日，在"第十届全国水处理化学大会暨海峡两岸水处理化学研讨会"上作主题报告。

9月4日，在"全国给水深度处理研究会2010年年会"上指出：全国给水深度处理项目正在陆续上马，有近10个水厂要上深度水处理技术，并出现该技术由大水厂向中小水厂发展的趋势。

10月15日，出席"首届中国原水论坛"，并就水资源开发利用和管理、水资源保护和生态修复、水工程与调度、水经济与水文化等进行交流与探讨。

10月18日，在我国广州举行的第十六届亚运会比赛前，受托带领科研团队赴广州执行紧急任务，为广东饮用水解决了铊污染问题。

2011年　81岁

1月8日，广东省佛山市常务副市长冼瑞伦率市政府、水业集团及相关部门负责人代表团访问哈尔滨工业大学，向李圭白及其科研团队对佛山市环境保护以及治理水体污染给予的技术支持表示感谢。

2月19日，出席"首届中国水业院士论坛"，作报告《水危机及对策——水的良性社会循环》，对当前的水危机提出了四大对策——节水、治污、污水再生回用、缺水地区多渠道开源。

8月7日，在全国高校给排水科学与工程专业指导委员会五届二次会议上，"李圭白奖励基金"向首届10位市政工程学科优秀工学博士论文奖获得者颁发奖状和奖金。

9月4日~7日，参加全国给水深度处理年会开幕式。

9月16日~17日，作为大会主席在哈尔滨工业大学承办的"2011膜法水处理技术研究与应用国际会议"上作报告《超滤膜的"零污染通量"及其工程应用》。

9月20日，在中国工程院和国家外国专家局联合主办的城市水环境高层论坛"国际工程科技发展战略高端研讨会"上作特邀报告。来自美国、加拿大和清华大学等国内外顶级专家出席会议。

11 月，指导的博士研究生田家宇的论文《浸没式膜生物反应器组合工艺净化受污染水源水的研究》获 2011 年全国优秀博士学位论文提名。

2011 年《中国水工业市场研究综合报告》：目前我国采用较多的"水工业基本概念"是由聂梅生、李圭白等人著文所讲的。

2012 年　82 岁

在"2012 世界水日—中国饮用水高层论坛"上，就如何确保饮用水安全问题接受中国水网专访，呼吁："水源决定水质，确保饮用水安全"。

3 月 31 日，在"第二届中国水业院士论坛暨水质安全与保障高峰论坛"上作主题报告指出：我国水源监管是薄弱环节，要对不同水源的饮用水进行有的放矢的分类管理。

8 月，在《南方周末》刊登的采访文章《百年工艺捉襟见肘，水厂改造迫在眉睫》中指出"不同处理工艺的作用和功能是互补的，水厂改造不能一刀切"。

11 月 5 日，在山东省第七届海洽会"饮用水安全院士专家论坛"上作主题演讲，讲授了饮用水安全保障行业的最新研究成果及理念。

12 月 11 日，参加中国工程院"第 155 场中国工程科技论坛——城市可持续发展研讨会"。

12 月 25 日，赴肇庆参观广东省首家万吨级超滤膜水厂的"饮用水深度处理技术应用与示范项目"工程，并给予指导和高度评价。

2013 年　83 岁

3 月，与张杰院士主编的普通高等教育土建学科专业"十五"规划教材、高等学校给水排水工程专业指导委员会规划推荐教材——《水质工程学》（第二版）由中国建筑工业出版社出版。

4 月，在"第八届海峡两岸水质安全控制技术与管理研讨会暨 2013 供水高峰论坛"上提出：超滤使饮用水的生物安全性由相对安全向绝对安全做了一次飞跃，必然引起饮水净化工艺的重大变革，水厂超滤膜时代已经到来。

4月27日，在"第三届中国水业院士论坛暨水资源可持续利用高峰论坛"上作主题报告《城市饮水生物致病风险控制技术发展的历史观》。

6月11日，接受《中国科学报》记者关于水专项"城市水污染控制"和"饮用水安全保障"两个主题采访，指出：我国饮用水净化工艺目前已经走向第三代。

7月15日，参加"城市水科学论坛"，与中国、美国、比利时、荷兰等国家科学院和皇家学院的200多名科学家共同探讨城市水资源治理问题。

7月31日，在"全国给水深度处理研究会2013年年会"上作主题发言，介绍现阶段饮用水微生物污染控制的研究成果以及未来发展方向。

9月3日，在济南举办的"饮用水安全保障院士论坛暨全国城市供水水质监测预警技术高级研修班"上，与中国工程院、国际亚欧科学院的院士以及200多名同行业专家就饮用水安全保障行业最新研究成果及理念进行交流。

9月23日~25日，在"饮用水安全控制技术会议暨中国土木工程学会水工业分会给水委员会第十届年会"上作主题报告，同时被授予终身成就奖。

10月16日，在东莞"供水行业制水工艺及技术交流"讲座中讲述"水净化工艺的发展历程"，提出现有饮水生物致病风险控制技术的局限性与超滤在城市饮水净化工艺中的作用，并回答有关问题。

10月27~30日，出席第"十一届国际水协（IWA）小型给水与污水处理及污泥处置会议"，与美国、加拿大、意大利、奥地利等国专家探讨所在领域的现状及未来。

2014年 84岁

3月5日，"李圭白院士工作站"落户江苏睿济鼎诚科技工程有限公司，以研究开发第三代水处理核心工艺。

4月24日，在"第四届中国水业院士论坛暨城市水安全高峰论坛"上就水质与供水安全等作主题报告《关于在城市饮水净化中采用绿色工艺的一些思考》，700多位业界代表出席会议。

7月7日~8日，在高等学校"水质工程学"教学与改革研讨会上，就给排水专业改革的背景、意义和内容、《水质工程学》教材编写的指导原则和方向作报告。全国70余所高校近140名水质工程学教师和相关人员参加研讨会。

7月17日，参加中国科学院183场中国工程科技论坛——城市水科学论坛，与中外水专家围绕城市水领域的关键科学与技术问题开展研讨，为中国水环境发展献计献策。

9月1日~5日，佛山水业在哈工大举行"哈佛"四期水业人才培训班，作为"李圭白院士工作室"的一项内容，为来自珠三角地区9家水司的33名水业技术人员讲授给水处理理论与工艺、城市污水处理厂升级改造工艺等。

12月5日~6日，在"全国给水排水技术信息网42届技术交流会"上，就"如何打开水龙头就能直接畅饮"话题接受《海南日报》记者采访，并建议：居民可以在家安装超滤膜装置，就能实现直饮。

12月，被授予哈尔滨工业大学"研究生教育突出贡献奖"。培养研究生（硕士、博士、博士后、工程硕士）100余人。近年所领导的课题组在超滤用于饮用水方面已成为国内高校中规模最大、最重要的科研力量。研究方向对我国超滤在饮用水处理领域的发展起到了引领作用。

2015年　85岁

1月，在北京做腰椎间盘突出手术治疗。

4月11日~12日，在"第五届中国水业院士论坛暨水安全管理与合理利用高峰论坛"上作报告《创新与我国城市饮用水净化技术发展》。指出：超滤是城市饮水生物致病风险控制技术的重大突破，可取代药剂消毒和药剂混凝，不改变水的天然属性，是绿色工艺，膜滤将引领 21 世纪净水技术的发展。

4 月 21 日，黑龙江省院士工作办公室一行 3 人来校拜望，详细询问其腰部手术后的恢复情况，并就黑龙江省千户科技型企业 3 年行动计划和技术成果转化等内容进行深入交流。

7 月 24 日，哈尔滨工业大学主办的"2015 年国际水协第十届水回用国际会议"举行。与 25 个国家和地区的专家探讨水回用管理、水回用应用及创新技术 3 大领域。

10 月 19 日在《给水排水》杂志创刊 50 周年纪念大会暨技术论坛上作《城市饮用净化超滤水厂设计若干新思路》的报告，指出简化工艺流程等途径。

附录二

李圭白主要论著目录

1. 国内部分论文

[1] 李圭白. 高浑浊河水自然沉淀池的新计算方法. 哈尔滨工业大学土木建筑学报, 1958,（2）:
     76-86.

[2] 李圭白, 董辅祥, 刘馨远. 卧式沉淀池水力状况的模型试验研究. 哈尔滨工业大学土木工程学
     报, 1958,（02）: 36-57.

[3] 李圭白. 综合水平式应－沉淀池半生产性试验研究. 哈尔滨建筑工程学院学报, 1959,（4, 5）:
     85-102.

[4] 李圭白, 于维元, 孙国臣. 莲蓬头曝气设备的计算方法. 哈尔滨建筑工程学院学报, 1962,（2）:
     39-52.

[5] 李圭白. 高浑浊水的拥挤沉降实验研究. 哈尔滨建筑工程学院学报, 1963,（2）.

[6] 李圭白, 于维元. 天然锰砂除铁法试验研究. 哈尔滨建筑工程学院学报, 1963,（4）: 27-40.

[7] 李圭白. 高浑浊水的动水浓缩规律和自然沉淀池的计算方法. 土木工程学报, 1964,（01）: 76-86.

[8] 李圭白. 次高浑浊水的动水浓缩规律. 哈尔滨建筑工程学院学报, 1965,（1）: 97-106.

[9] 李圭白, 于维元. 用天然锰砂去除水中铁质的实验研究. 高等学校自然科学学报, 1965,（1）:4.

[10] 李圭白. 天然锰砂过滤除铁的基本规律. 建筑结构, 1973,（03）: 34-43.

[11] 李圭白. 天然锰砂除铁滤层的设计和计算. 建筑结构, 1973,（06）: 36-42.

[12] 李圭白. 天然锰砂除铁的机理. 哈尔滨建筑工程学院学报, 1974,（01）: 7-15.

[13] 李圭白. 关于无阀滤池反冲洗的计算问题. 哈尔滨建筑工程学院学报, 1975,（01）: 49-60.

[14] 李圭白. 天然锰砂除铁设备的设计原则. 建筑技术通讯（给水排水）, 1975,（01）: 1-8.

[15] 李圭白. 接触催化除铁的人造"锈砂"滤料. 建筑技术通讯（给水排水）, 1976,（02）: 47.

[16] 李圭白. 农村家用简易除铁法. 建筑技术通讯（给水排水）, 1976,（02）: 19.

[17]　李圭白.人造"锈砂"除铁.哈尔滨建筑工程学院学报,1978,(01):75-80.

[18]　李圭白,王淑华.三通抽(加)气装置及其应用.建筑技术通讯(给水排水),1978,(04):1-7.

[19]　李圭白.关于用自然形成的锰砂除运的研究.哈尔滨建筑工程学院学报,1979,(01):60-65.

[20]　李圭白,杜茂安.进水虹吸水力自动控制装置的设计和计算.建筑技术通讯(给水排水),1979,(05):5-9.

[21]　李圭白.空气接触氧化法除锰.建筑技术通讯(给水排水),1980,(01):26-29.

[22]　李圭白.试谈科研对教学的促进作用.哈尔滨建筑工程学院学报,1980,(2):102-106.

[23]　李圭白.对高浓度浑水静水沉淀浓缩若干理论问题的探讨.哈尔滨建筑工程学院学报,1981,(02):1-9.

[24]　李圭白.对"曝气-石英砂过滤法除铁的调研和试验"一文的几点看法.建筑技术通讯(给水排水),1981,(03):43-47.

[25]　李圭白,陈補君.沙峰型高浊度水沉淀池计算.土木工程学报,1981,(04):71-80.

[26]　李圭白,汤鸿霄.煤、砂滤层反冲洗计算公式.环境科学学报,1981,1(04):275-284.

[27]　李圭白,朱启光.单井充氧回灌地层除铁试验研究.建筑技术通讯(给水排水),1982,(2):16-21.

[28]　李圭白,曲祥瑞.多层滤料滤层的层间混杂规律和滤料粒径的选择方法初探.建筑技术通讯(给水排水),1981,(05):9-16.

[29]　李圭白.试论高浓度、中浓度和低浓度浑水沉淀池的统一计算方法.哈尔滨建筑工程学院学报,1982,(01):67-76.

[30]　李圭白.高浓度泥水沉淀(浓缩)池的模型律.环境科学学报,1982,2(01):44-58.

[31]　李圭白.次高浊度水沉淀池的计算方法.哈尔滨建筑工程学院学报,1983,(01):48-64.

[32]　李圭白.地下水表面叶轮曝气装置的计算方法.哈尔滨建筑工程学院学报,1983,(2):60-70.

[33]　李圭白.地下水除铁技术的若干新发展.建筑技术通讯(给水排水),1983,(03):19-21.

[34]　李皓白,李圭白.地下水三通引流曝气装置的最优工况.哈尔滨建筑工程学院学报,1983,(03):75-82.

[35]　李圭白.滤池配水系统的动态设计原理探讨.建筑技术通讯(给水排水),1984,(01):13-16.

[36] 李圭白, 朱启光, 柏蔚华. 充氧回灌地层除铁机理探讨. 哈尔滨建筑工程学院学报, 1984,（01）: 59–62.

[37] 李圭白, 陈辅君. 大型无阀滤池若干设计问题的探讨. 建筑技术通讯（给水排水）, 1984,（02）: 19–22.

[38] 李圭白, 孟庆海. 高浓度泥水的沉淀特性. 哈尔滨建筑工程学院学报, 1984,（02）: 69–82.

[39] 李圭白, 阎立华. 高浊度水沉淀池计算理论的实验验证. 哈尔滨建筑工程学院学报, 1985,（01）: 53–63.

[40] 李圭白. 深层滤床的高效反冲洗问题. 中国给水排水, 1985,（02）: 3–8.

[41] 李圭白. 变速过滤的自然调节. 建筑技术通讯（给水排水）, 1986,（02）: 7–10.

[42] 李圭白, 崔福义, 阎立华. 高浊度水絮凝的最优混合反应条件和管道絮凝实验研究. 给水排水, 1986,（6）: 10–15.

[43] 李圭白, 杜魁元. 滤池吸管虹吸形成条件试验研究. 哈尔滨建筑工程学院学报, 1987,（02）: 39–47.

[44] 李圭白, 朱启光, 刘尚军, 杜魁元. 双井互灌地层除铁试验研究. 哈尔滨建筑工程学院学报, 1987,（03）: 38–45.

[45] 李圭白, 崔福义. 聚丙烯酰胺的最佳水解度及水解条件选择. 中国给水排水,1987,3（04）.8–12+1.

[46] 李圭白, 马军. 天然大分子有机物质对活性炭吸附水中微量有机污染物的影响. 哈尔滨建筑工程学院学报, 1988, 21（04）: 52–62.

[47] 李圭白, 马军. 高锰酸钾氧化法去除饮用水中微量的丙烯酰胺. 建筑技术通讯（给水排水）, 1989,（02）: 8–12+21.

[48] 李圭白, 张景成. 硫化钠助剂混凝法去除饮用水中微量汞的实验研究. 建筑技术通讯（给水排水）, 1989,（04）: 2–3+42.

[49] 李圭白, 曲久辉. 高锰酸钾氧化法去除饮用水中微量苯酚. 中国给水排水, 1989,（04）: 50–52.

[50] 李圭白, 刘俊新. 长柄滤头的流体力学特性研究. 中国给水排水, 1989,（05）: 4–8+2.

[51] 李圭白, 林生, 曲久辉. 用高锰酸钾去除饮水中微量有机污染物. 建筑技术通讯（给水排水）, 1989,（06）: 7–11+6.

[52] 李圭白,郑庭林.射流泵抽气进行滤池气水反冲洗试验研究.中国给水排水,1990,(01):8-11+2.

[53] 崔福义,洪觉民,李圭白,陈宝华.流动电流单因子凝聚投药自动控制生产性试验研究.建筑技术通讯(给水排水),1991,(05):2-6+46.

[54] 赵明,李圭白.浊质对活性炭吸附性能的影响.哈尔滨建筑工程学院学报,1991,(01):74-78.

[55] 李圭白,马军.用高锰酸钾去除和控制受污染水源水中的致突变物质.建筑技术通讯(给水排水),1992,(02):15-18+2-3.

[56] 李圭白,李名锐.近菱形斜管沉淀装置试验研究.中国给水排水,1992,(02):4-6+2.

[57] 李圭白,刘俊新,郑庭林.滤池气水反冲洗机理探讨.哈尔滨建筑工程学院学报,1992,(02):56-61.

[58] 崔福义,李圭白,柏蔚华,范翠玲.流动电流混凝投药控制技术的应用.中国给水排水,1992,(05):16-19+3.

[59] 李圭白.高浊度水透光率脉动单因子絮凝投药控制方法研究.建筑技术通讯(给水排水),1992.12,(06):4-8+2.

[60] 曲久辉,李圭白,崔福义,李虹.流动电流检测器的检测机理及其数学模式——SCD混凝投药控制系统相关因素研究(Ⅰ).哈尔滨建筑工程学院学报,1993,(05):61-67.

[61] 李虹,李星,李圭白.浑浊度及其测定和度量.给水排水,1993,(11):8-10+2.

[62] 马军,李圭白,柏蔚华,许国仁,陈忠林.高锰酸盐复合药剂预处理控制氯化消毒副产物及致突变活性.给水排水,1994,(03):5-7+3.

[63] 于水利,李圭白.高浊度水絮凝投药自动控制系统模型试验研究.给水排水,1994,(07):11-15+3.

[64] 曲久辉,李圭白,崔福义,李虹.流动电流与ξ电位相关规律的实验分析.哈尔滨建筑工程学院学报,1994,(05):37-41.

[65] 李名锐,李圭白.用激光多普勒测速法对近菱形斜管中水流极低流速的测量.中国给水排水,1995,(02):9-11+53-2.

[66] 许国仁,马军,陈忠林,李圭白.高锰酸钾复合药剂助凝生产性试验.给水排水,1995,(09):8-13+3.

[67] 于水利, 李圭白, 孙景浩. 高浊度水絮凝投药自控系统生产试验. 中国给水排水, 1996, (01): 14-16+3.

[68] 李圭白, 李星. 污染源治理与饮用水除污染并重——关于我国城市水环境污染对策的探讨. 人民长江, 1996 (09): 25-26+47.

[69] 李星, 李虹, 李圭白. 悬浮液透光率脉动检测原理. 哈尔滨建筑大学学报, 1996, (05): 39-43.

[70] 杨振海, 李圭白. 流动电流混凝投药系统被控对象模型辨识. 哈尔滨建筑大学学报, 1996, (05): 49-53.

[71] 张景成, 沈志恒, 李圭白. 混凝法去除水中重金属的机理探讨. 哈尔滨建筑大学学报, 1996, (05): 54-58.

[72] 杨万东, 李虹, 姚启义, 李圭白. 流动电流串级调节投药控制技术的生产性试验. 中国给水排水, 1996, (05): 14-16+3.

[73] 刘俊新, 李圭白, 柏蔚华, 樊萃玲, 赵树君, 许国仁, 方海军. 大型除铁滤罐的气水反冲洗. 中国给水排水, 1996, (06): 32-34.

[74] 王东田, 陈忠林, 马军, 李圭白. 活化硅酸最佳活化状态的光学控制方法初探. 哈尔滨建筑大学学报, 1997, (02): 80-82.

[75] 李星, 李虹, 李圭白. 一种研究絮凝过程的新方法——透光脉动检测技术. 环境科学学报, 1997, (04): 44-48.

[76] 马军, 李圭白, 陈忠林, 柏蔚华, 贾永新. 高锰酸钾除污染生产性试验研究. 中国给水排水, 1997, (06): 13-15+3.

[77] 李圭白. 水工业学科的研究对象及其与相关学科的关系. 给水排水, 1998, (01): 60-62+4.

[78] 李圭白, 杨艳玲, 马军, 曲久辉. 高锰酸钾去除天然水中微量有机污染物析理探讨. 大连铁道学院学报, 1998, (02): 4-7.

[79] 李圭白. 水的社会循环和水资源可持续利用. 给水排水, 1998, (9): 1.

[80] 陈忠林, 杨艳玲, 余敏, 吕德全, 李圭白. 高锰酸盐复合药剂处理臭味污染水源水的试验研究. 哈尔滨建筑大学学报, 1999, (06): 78-81.

[81] 李圭白, 杨艳玲. 水资源可持续利用与水工业. 哈尔滨建筑大学学报, 1999, (1): 48-50.

[82] 李孟，李圭白.透光率脉动检测技术对絮凝过程的连续监测和分析.环境科学，1999，（06）：84-86.

[83] 范洁，李圭白，陈忠林.高锰酸钾复合药剂与粒状活性炭联用去除水中有机污染物的研究.中国给水排水，1999，（01）：7-10+2.

[84] 南军，李圭白.透光率脉动混凝投药自控系统设定值影响因素研究.哈尔滨建筑大学学报，1999，（06）：19-23.

[85] 陈忠林，王东田，李圭白，吕启忠，罗建强，杨长青.高锰酸钾复合药剂除藻臭试验.中国给水排水，2000，（11）：58-60.

[86] 姜成春，马军，李圭白.高锰酸钾与粉末活性炭联用去除水中微量有机污染物.哈尔滨建筑大学学报，2000，（06）：45-49.

[87] 李圭白，李星.水的良性社会循环与城市水资源.中国工程科学，2001，3（06）：37-40.

[88] 石颖，杨万东，王玉梅，李圭白.湖泊、水库水的流动电流响应特性研究.哈尔滨建筑大学学报，2001，（02）：52-56.

[89] 孙连鹏，黄国忠，常忠海，李圭白.新型淹没式透光率脉动传感器的生产应用.给水排水，2001，（04）：28-31+1.

[90] 陈卫，李圭白，邹浩春.高锰酸钾复合药剂去除太湖水中蓝藻的室内试验研究.哈尔滨建筑大学学报，2001，（03）：72-74.

[91] 尚庆海，于水利，李星，李圭白，黄红旗.悬浊颗粒光学检测装置在水处理中的应用.哈尔滨建筑大学学报，2001，（04）：53-57.

[92] 孙连鹏，常忠海，李圭白.透光率脉动检测技术在矿井水处理中的应用.工业用水与废水，2001，（04）：13-15.

[93] 白桦，李圭白.混凝投药的神经网络控制方法.给水排水，2001，（11）：83-86+0.

[94] 陈卫，李圭白，邹浩春，吴平.高锰酸钾复合药剂去除太湖水中色度的试验研究.哈尔滨建筑大学学报，2001，（06）：67-69.

[95] 张锦，李圭白，陈忠林.高锰酸钾复合药剂去除放线菌嗅味研究.中国给水排水，2002，（03）：10-13.

[96] 黄国忠，孙连鹏，李圭白．流动电流混凝投药自动控制系统抗干扰能力研究．哈尔滨建筑大学学报，2002，（04）：60-64+77.

[97] 许国仁，李圭白．高锰酸钾复合药剂强化过滤微污染水质的效能研究．环境科学学报，2002，（05）：664-670.

[98] 张锦，李圭白，余敏，欧阳红，杨海燕，马军，陈忠林．新生态水合二氧化锰对水中酚类化合物的吸附和氧化．水处理技术，2002，（05）：263-265.

[99] 李圭白．水危机下的朝阳产业．高校招生，2003，（04）：1.

[100] 南军，杨基春，王勇，李圭白．攀枝花密地水厂混凝投药自动化改造．中国给水排水，2003，（01）：59-61.

[101] 武道吉，李圭白，谭凤训，张华．高浊度水混凝动力学机理与工艺设计．水处理技术，2003，（01）：25-27.

[102] 李圭白．缺水地区社会可持续发展的一个条件——用水零增长和污废水零排放．给水排水，2003，（07）：1.

[103] 白桦，李圭白．透光率脉动混凝投药模糊控制系统的试验研究．哈尔滨工业大学学报，2003，（07）：792-794.

[104] 杨艳玲，李星，王晓玲，李圭白，张辉．高锰酸钾强化预氯化处理微污染原水．中国给水排水，2003，（07）：50-52.

[105] 姚宏，张景成，马放，李圭白，田盛，刘雪雁，马有迁．石化废水回用于循环冷却水的中试试验研究．给水排水，2003，（07）：43-46+100.

[106] 刘前军，白桦，李圭白．透光率脉动混凝投药系统的智能控制．中国给水排水，2003，（08）：52-53.

[107] 武道吉，张永吉，李圭白，谭凤训．湍流混合动力学机理研究．水科学进展，2003，（06）：706-709.

[108] 杨艳玲，孙丽欣，李星，吕春梅，欧阳红，李圭白．高锰酸钾与氯胺联用强化消毒技术试验研究．哈尔滨工业大学学报，2004，（01）：24-27.

[109] 范洁，马军，陈忠林，李圭白．控制饮用水加氯消毒副产物的研究．净水技术，2004，（01）：4-6+33.

[110] 杨海燕,陈忠林,李圭白,关心丽,曾远志.聚硅酸金属盐混凝剂处理低浊水对残余铝的影响.哈尔滨工业大学学报,2004,(03):313-316.

[111] 蔡冬鸣,李圭白.高锰酸钾去除水中染料色度的研究.哈尔滨理工大学学报,2004,(04):130-133.

[112] 丛丽,杨艳铃,谷文明,李圭白.浑水异重流与沉淀设备选型.哈尔滨工业大学学报,2004,(11):1558-1560.

[113] 刘锐平,李星,夏圣骥,武荣成,李圭白.高锰酸钾强化三氯化铁共沉降法去除亚砷酸盐的效能与机理.环境科学,2005,(01):72-75.

[114] 张卿,杨艳玲,李星,崔崇威,纪峰,李圭白.饮用水配水系统生物稳定性的控制指标的应用.哈尔滨商业大学学报(自然科学版),2005,(01):30-34.

[115] 梁恒,李圭白,李星,何文杰,韩宏大.高锰酸盐复合药剂(PPC)安全强化低温低浊水处理.环境化学,2005,(02):143-145.

[116] 刘锐平,杨艳玲,李圭白,何文杰,韩宏大.腐殖酸在水合二氧化锰表面的吸附行为.环境科学学报,2005,(03):351-355.

[117] 陈杰,李星,杨艳玲,何文杰,韩宏大,李爱斌,陈伟仲,李圭白.预氯胺化控制消毒副产物技术研究.中国给水排水,2005,(07):5-8.

[118] 夏圣骥,金家明,彭剑峰,李圭白.超滤膜处理水库水研究.工业水处理,2005,(07):48-49+68.

[119] 焦中志,陈忠林,陈杰,刘丽君,卢伟强,李圭白.氯胺消毒对消毒副产物的控制研究.哈尔滨工业大学学报,2005,(11):1486-1488+1495.

[120] 齐鲁,吕谋,李圭白,梁恒.高锰酸盐复合药剂(PPC)与氯联合的预处理技术研究.城镇供水,2006,(01):20-22.

[121] 李磊,吴晓华,李圭白.熵权理论在我国六省水污染损害评估中的应用.中国给水排水,2006,(08):101-104.

[122] 霍天瑞,纪峰,崔崇威,李圭白.松花江饮用水水源中优先检测有机污染物研究.内蒙古工业大学学报(自然科学版),2006,(02):129-132.

[123] 杨威，李星，杨艳玲，李圭白．水合二氧化锰的制备及其混凝特性．中国给水排水，2006，（15）：37-39+43.

[124] 张永吉，南军，周玲玲，李圭白．高锰酸钾对水中天然有机物氯化活性的影响．环境科学，2006，（09）：1798-1801.

[125] 孙丽华，吕谋，李圭白．混凝/砂滤/超滤组合工艺对水中颗粒物质的去除．青岛理工大学学报，2006，（05）：74-77.

[126] 陈杰，李圭白，杨威，陶辉．氯胺的氧化助凝助滤效能．水处理技术，2006，（12）：24-26+30.

[127] 李圭白，杨艳玲．第三代城市饮用水净化工艺–超滤为核心技术的组合工艺．给水排水，2007，（04）：1.

[128] 王威，陈忠林，田家宇，于莉君，陈伟雄，李圭白．高锰酸盐复合药剂预氧化处理微污染水．工业水处理，2007，（05）：48-50.

[129] 夏圣骥，徐斌，姚娟娟，李圭白．粉末活性炭–超滤膜工艺净化松花江水．华南理工大学学报（自然科学版），2007，（06）：133-136.

[130] 刘桂芳，马军，秦庆东，李旭春，李圭白．水中典型内分泌干扰物质的臭氧氧化研究．环境科学，2007，（07）：1466-1471.

[131] 田家宇，陈伟雄，王威，陈忠林，李圭白．高锰酸盐复合剂强化饮用水除污染生产性研究．环境工程学报，2007，（07）：42-46.

[132] 王俊岭，吴俊奇，龙莹洁，李圭白．活性氧化铝和其他滤料除微量磷效果比较．环境工程学报，2007，（10）：18-21.

[133] 焦中志，陈忠林，李作良，薛铸，李圭白．南方某水源水中天然有机物的特点及氯胺对氯化消毒副产物的控制．环境工程学报，2007，（12）：79-82.

[134] 孙丽华，李圭白，李星，夏圣骥，吕谋．用混凝–超滤法处理低温低浊水．膜科学与技术，2007，（06）：59-62+67.

[135] 何立娟，李圭白，吕谋，于莉君．高锰酸盐复合药剂处理中堂水厂水源水的研究．青岛理工大学学报，2008，（01）：63-67.

[136] 张彦平，许国仁，李圭白．K^+ 对 Fe（Ⅵ）生成的稳定促进作用和机理研究．环境科学，2008，（03）：677-682.

[137] 邹金龙，许国仁，李圭白.陶粒中重金属固化及其在 BAF 中应用研究.城镇供水，2008，（05）：21–24.

[138] 刘灿波，吕谋，杨威，李圭白.新生态二氧化锰混凝特性及机制研究.青岛理工大学学报，2008，（05）：99–103.

[139] 周玲玲，张永吉，李星，李圭白.氯胺消毒对铜和不锈钢管壁生物膜的控制作用.环境科学，2008，（12）：3372–3375.

[140] 陶辉，王玲，李星，王花平，李圭白.饮用水氯胺法消毒过程中－氯胺的水杨酸分光光度法测定.环境化学，2009，28（01）：126–131.

[141] 张艳，李圭白，陈杰.采用浸没式超滤膜技术处理东江水的中试研究.中国环境科学，2009，29（01）：6–10.

[142] 于莉君，李圭白，赵虎，赵振宇.PPC 强化混凝与超滤联用处理含藻水的研究.水处理技术，2009，35（03）：53–56.

[143] 张永吉，周玲玲，李伟英，李星，李德强，李圭白.高锰酸盐复合剂强化混凝对水中天然有机物的去除机制研究.环境科学，2009，30（03）：761–764.

[144] 俞文正，杨艳玲，卢伟，李圭白.低温条件下絮体破碎再絮凝去除水中颗粒的研究.环境科学学报，2009，29（04）：791–796.

[145] 俞文正，杨艳玲，孙敏，陈伟雄，刘婷，何志军，李圭白.水质应急全自动微型实验台及在高有机物锰污染事故中的应用.给水排水，2009，45（10）：18–21.

[146] 张艳，于丽君，李立秋，李圭白.浸没式超滤膜用于砂滤池的研究.膜科学与技术，2009，29（05）：70–73.

[147] 孙文鹏，李星，杨艳玲，孙丽华，李圭白，陈杰.超滤浓差极化阻力与复合滤饼阻力增长模型的研究.中国给水排水，2010，26（03）：80–83+86.

[148] 李圭白.城市饮用水处理工艺的发展过程.中国建设报，2010-3-5.

[149] 纪峰，朱灵敏，贾丽莉，姜旭，罗文斌，曲莉，慕先峰，周明，陈晓霞，李圭白.粉末活性炭对硝基氯苯类污染物的吸附特性研究.中国给水排水，2010，26（07）：105–108.

[150] 史慧婷，杨艳玲，李星，王毅，李圭白.混凝－超滤处理低温低浊受污染水试验研究.哈尔滨

商业大学学报（自然科学版），2010，26（02）：144-148.

[151] 李圭白.水危机及其对策 - 水的良性社会循环.城镇供水，2010，（03）：3-7.

[152] 李圭白.饮用水处理工艺的发展历程.中国建设信息（水工业市场），2010，（06）：8-9.

[153] 邓林煜，许国仁，李圭白.污水处理厂污泥制作吸附剂的方法及应用.中国给水排水，2010，26（13）：125-128.

[154] 瞿芳术，梁恒，雒安国，田家宇，陈忠林，李圭白.高锰酸盐复合药剂预氧化缓解超滤膜藻类污染的中试研究.环境科学学报，2010，30（07）：1366-1371.

[155] 李圭白，田家宇，齐鲁.第三代城市饮用水净化工艺及超滤的零污染通量.给水排水，2010，46（08）：11-15.

[156] 瞿芳术，崔宝军，梁恒，纪洪杰，田家宇，李圭白.PPC 预氧化和超滤协同处理引黄水库高藻水.给水排水，2010，46（08）：15-19.

[157] 陶辉，徐勇鹏，王玲，李圭白.典型有机氮化物对卤乙酸生成量和耗氯量的影响.中国给水排水，2010，26（23）：36-39.

[158] 杨威，刘丹，姜黎明，李圭白，任南琪.水合二氧化锰混凝去除江水中微量金属铅.哈尔滨商业大学学报（自然科学版），2010，26（06）：667-670.

[159] 崔俊华，王培宁，李凯，张建辉，李圭白.基于在线混凝 - 超滤组合工艺的微污染地表水处理.河北工程大学学报（自然科学版），2011，28（01）：52-56+63.

[160] 孙雯，张永吉，周玲玲，李圭白，吕谋.紫外线强度及剂量对大肠杆菌光复活的影响.中国给水排水，2011，27（05）：57-59.

[161] 罗旺兴，李凯，梁恒，王培宁，叶挺进，黄禹坤，李圭白.二次在线混凝对浸没式超滤膜性能的影响.中国给水排水，2011，27（09）：1-4.

[162] 周玲玲，张永吉，宋正国，曾果，叶河秀，高乃云，李圭白.pH 和温度对氯胺消毒给水管网硝化作用的影响.环境科学，2011，32（06）：1627-1631.

[163] 潘志辉，田家宇，梁恒，李君敬，李圭白.两种污泥基吸附剂应用于污水处理的比较研究.中国给水排水，2011，27（13）：89-91.

[164] 高伟，梁恒，韩梅，常海庆，余华荣，陈杰，李圭白.膜生物反应器净化微污染引黄水库水效能.哈

尔滨工业大学学报，2011，43（08）：31-34+93.

[165] 沈玉东，田家宇，吕谋，陈杰，林建禄，李圭白.浸没式超滤取代砂滤处理东江水的中试研究.哈尔滨商业大学学报（自然科学版），2011，27（04）：554-560.

[166] 刘前军，南军，李圭白.钢铁总排废水混凝过程的动态监测.中国给水排水，2011，27（21）：93-96.

[167] 齐鲁，王洪臣，郑祥，程荣，陈清，陈杰，梁恒，李圭白.超滤膜在饮用水处理中临界通量的影响因素研究.工业用水与废水，2011，42（06）：10-14.

[168] 韩正双，田家宇，陈杰，李凯，朱春伟，李圭白.膜-吸附生物反应器处理东江水的中试研究.哈尔滨工业大学学报，2012，44（02）：33-37.

[169] 李凯，田家宇，叶挺进，王培宁，韩正双，陈杰，李圭白.混凝沉淀-浸没式超滤膜处理北江水中试研究.哈尔滨工业大学学报，2012，44（02）：38-42+51.

[170] 田家宇，徐勇鹏，张艳，潘志辉，韩正双，李圭白.浸没式 MBR 工艺应对饮用水源氨氮冲击负荷的效能.北京工业大学学报，2012，38（04）：636-640.

[171] 谢观体，邵森林，梁恒，陈杰，李圭白.浸没式超滤膜处理水厂沉后水中试研究.水处理技术，2012，38（04）：114-117.

[172] 李圭白，梁恒.超滤膜的零污染通量及其在城市水处理工艺中的应用.中国给水排水，2012，28（10）：5-7.

[173] 邵森林，梁恒，张建辉，陈杰，李圭白.曝气对一体式 PAC/UF 工艺的影响.哈尔滨工业大学学报，2012，44（06）：16-19+57.

[174] 唐金花，许国仁，萧静，Ludovico Spinosa，李圭白. $Fe_2(SO_4)_3$ 对活性污泥微生物活性的影响.哈尔滨工业大学学报，2012，44（06）：1-5.

[175] 李圭白.饮用水安全问题及净水技术发展.中国工程科学，2012.07，14（07）：20-23.

[176] 周莎莎，李圭白，吕谋.粉末活性炭和超滤组合工艺处理低温低浊水试验研究.青岛理工大学学报，2012，33（04）：63-67.

[177] 刘明伟，许国仁，李圭白. Fe_2O_3 对污泥与底泥制备轻质陶粒性能的影响.哈尔滨工业大学学报，2012，44（10）：18-21.

[178] 王毅, 徐勇鹏, 李星, 李圭白. 超滤膜冲洗废水回用强化处理低温低浊水的研究. 中国给水排水, 2012, 28（21）：51-53+57.

[179] 王兆之, 梁恒, 李圭白. 膜材料对阈通量的影响. 给水排水, 2012, 48（11）：127-131.

[180] 常海庆, 梁恒, 高伟, 李圭白. 膜生物反应器与预处理联用净化微污染引黄水库水. 哈尔滨工业大学学报, 2012, 44（12）：25-31.

[181] 梁恒, 李星, 陈卫, 纪洪杰, 李圭白, 杨艳玲, 张永吉, 贾瑞宝, 沈裘昌, 陈杰. 引黄水库水超滤膜处理集成技术研究与综合示范. 给水排水, 2012, 48（12）：15-18.

[182] 邵森林, 梁恒, 谢观体, 陈杰, 李圭白. 一体式PAC-UF工艺处理水厂待滤水的中试研究. 北京工业大学学报, 2013, 39（01）：131-136.

[183] 李凯, 梁恒, 叶挺进, 罗旺兴, 赖日明, 林显增, 李圭白. 在线混凝对浸没式超滤膜出水水质和膜污染的影响. 北京工业大学学报, 2013, 39（02）：287-291.

[184] 丁安, 梁恒, 郭五珍, 叶挺进, 陈杰, 饶欠平, 李圭白. 回流对间歇式A/O-MBR脱氮除磷影响的中试研究. 哈尔滨工业大学学报, 2013, 45（04）：33-37.

[185] 杜星, 梁恒, 吴晓波, 叶挺进, 陈杰, 林显增, 黄禹坤, 李圭白. 混凝/超滤工艺处理北江原水的低通量运行. 中国给水排水, 2013, 29（09）：38-41.

[186] 高伟, 梁恒, 李圭白. 微生物本身对超滤膜污染的影响因素研究. 给水排水, 2013, 49（05）：115-119.

[187] 韩正双, 田家宇, 梁恒, 沈玉东, 陈杰, 李圭白. 投炭点对混凝/沉淀/膜滤去除水中有机物的影响. 中国给水排水, 2013, 29（09）：56-59.

[188] 王兆之, 梁恒, 李圭白. 预处理对阈通量的影响. 哈尔滨工业大学学报, 2013, 45（06）：38-42.

[189] 孟聪, 李圭白, 吕谋. 预处理对超滤膜产生不可逆吸附污染的影响. 青岛理工大学学报, 2013, 34（04）：82-86+98.

[190] 李圭白, 梁恒, 瞿芳术. 城市饮水生物致病风险控制技术发展的历史观. 给水排水, 2013, 49（11）：1-5.

[191] 刘明伟, 许国仁, 李圭白. Al$_2$O$_3$对污泥和河道底泥制取陶粒的性能影响. 中国给水排水, 2013, 29（21）：132-134.

[192] 熊斌，李星，杨艳玲，梁恒，杜星，李圭白，陈杰．接触氧化／超滤除铁除锰组合工艺的净化效能．中国给水排水，2014，30（01）：30-33.

[193] 潘志辉，张朝升，田家宇，赵晴，李圭白．CEPT-MBR 处理污水效能与膜污染控制效果．中国给水排水，2014，30（03）：19-21.

[194] 王红雨，齐鲁，陈杰，陈清，李圭白．颗粒物粒径和有机物分子量对超滤膜污染的影响．环境工程学报，2014，8（05）：1993-1998.

[195] 何青，李圭白，吕谋，孟聪，陈超．操作条件及运行通量对超滤膜污染的影响．青岛理工大学学报，2014，35（03）：94-99.

[196] 李圭白，瞿芳术，梁恒．关于在城市饮水净化中采用绿色工艺的一些思考．给水排水，2014，50（08）：1-3.

[197] 常海庆，梁恒，贾瑞宝，瞿芳术，高伟，余华荣，纪洪杰，李圭白．水动力条件对 MBR 中超滤膜不可逆污染的影响．哈尔滨工业大学学报，2014，46（12）：20-25.

[198] 李圭白，瞿芳术．城市饮水净化超滤水厂设计若干新思路．给水排水，2015，51（01）：1-3.

[199] 王晓丹，王志军，尚庆海，李圭白．高硬度含铁含锰地下水的处理．给水排水，2015，51（04）：17-19.

[200] 黄彬，潘志辉，张朝升，田家宇，李圭白．不同 MBR 工艺处理生活污水效能的对比．中国给水排水，2015，31（17）：16-20.

[201] 王彩虹，闫新秀，王瑾丰，牛晓君，梁恒，李圭白．不同粒径高浓度粉末活性炭组合 UF 膜工艺特征和过滤效果．环境工程学报，2015，9（10）：4797-4802.

[202] 李圭白，梁恒．创新与我国城市饮用水净化技术发展．给水排水，2015，51（11）：1-7.

[203] 陈天意，陈志和，金树峰，李洪生，李圭白，梁恒．pH 值对滤池处理高浓度铁、锰及氨氮地下水的影响．中国给水排水，2015，31（23）：5-9.

[204] 王明泉，李圭白，贾瑞宝，梁恒，孙韶华，瞿芳术．南水北调山东受水区水源水环境激素污染特性．中国给水排水，2015，31（23）：69-71.

[205] 鄢忠森，瞿芳术，梁恒，余华荣，李凯，阳康，李圭白．利用葡聚糖和蛋白质进行超滤膜切割分子量测试对比研究．膜科学与技术，2015，35（03）：44-50.

[206] 雒江菡，贾瑞宝，于瑞洪，阎力君，李圭白，梁恒.输水管道生物膜的生长过程及其对水质的影响.中国给水排水，2016，32（09）：39-44.

[207] 雒江菡，贾瑞宝，于瑞洪，阎力君，李圭白，梁恒.溶解氧对输水管道生物膜微生物群落结构及出水水质影响.哈尔滨工业大学学报，2016，48（08）：24-30.

[208] 李圭白，杜星，余华荣，瞿芳术，梁恒.关于创新与地下水除铁除锰技术发展的若干思考.给水排水，2016，52（08）：9-16.

[209] 吕谋，李倩，陈志和，李洪生，李圭白，梁恒，金树峰.接触氧化-超滤组合处理含铁锰和氨氮地下水.哈尔滨工业大学学报，2016，48（08）：31-36.

[210] 孙国胜，武睿，何利，鄂忠森，瞿芳术，梁恒，李圭白.短流程超滤工艺处理东江水中试研究.中国给水排水，2016，32（15）：14-19.

[211] 王晓娜，杨艳玲，陈志和，李洪生，李星，李圭白.地下水除铁除锰-超滤组合工艺的膜污染特性.水处理技术，2016，42（08）：115-119.

[212] 唐小斌，梁恒，瞿芳术，丁安，李星，陈杰，李圭白.低压无清洗浸没式直接超滤工艺中试研究.中国给水排水，2016，32（17）：29-33+38.

[213] 王灿，王美莲，杨海燕，瞿芳术，吕谋，徐叶琴，李圭白.活性炭表面性质对其控制超滤膜不可逆污染的影响.中国给水排水，2016，32（17）：23-28.

[214] 杨海燕，王灿，鄂忠森，李冬平，赵焱，瞿芳术，梁恒，徐叶琴，李圭白.超滤处理东江水不可逆膜污染物的识别和活性炭对其吸附去除.环境科学，2017，38（04）：1460-1466.

[215] 杨海洋，杜星，甘振东，李圭白，梁恒.混凝-助凝-超滤工艺处理地表水膜污染.哈尔滨工业大学学报，2017，49（02）：13-19.

[216] 白朗明，梁恒，贾瑞宝，瞿芳术，丁安，李圭白.纳米纤维素晶体对超滤膜亲水性能的提升研究.给水排水，2016，52（12）：30-35.

[217] 成小翔，朱学武，梁恒，瞿芳术，丁安，李圭白.臭氧/陶瓷超滤膜短流程净水工艺试验研究.中国给水排水，2017，33（01）：22-26+32.

[218] 党敏，朱学武，杜星，瞿芳术，梁恒，李圭白.超滤—纳滤双膜工艺处理微污染水源水中试研究.给水排水，2017，53（01）：44-48.

[219] 邢加建，武睿，杨海燕，瞿芳术，梁恒，李圭白.直接超滤／吸附－超滤工艺处理东江水中试对比研究.供水技术，2017，11（01）：8-13.

[220] 李圭白，李星，瞿芳术，梁恒.试谈深度处理与超滤历史观.给水排水，2017，53（07）：1+48.

[221] 王辉，丁安，成小翔，朱学武，王金龙，李圭白，梁恒.钙离子浓度对超滤天然有机物膜污染的影响.中国给水排水，2017，33（15）：31-35.

[222] 王美莲，朱学武，丁怀宇，王力彪，邱晖，瞿芳术，梁恒，李圭白.操作条件对超滤—纳滤组合工艺去除抗生素磺胺二甲基嘧啶影响研究.给水排水，2017，53（S1）：23-27.

[223] 王小波，瞿芳术，王昊，余华荣，梁恒，李圭白.超滤膜处理高藻水过程中天然颗粒物对膜污染的影响.膜科学与技术，2017，37（06）：39-45.

[224] 鄢忠森，瞿芳术，梁恒，李冬平，孙国胜，李圭白.肇庆高新区超滤膜水厂示范工程运行分析.中国给水排水，2017，33（07）：46-49.

[225] 杨海燕，邢加建，王灿，孙国胜，赵焱，梁恒，徐叶琴，李圭白.预处理对短流程超滤工艺不可逆膜污染影响的中试试验.环境科学，2017，38（03）：1046-1053.

[226] 朱学武，党敏，甘振东，杜星，瞿芳术，梁恒，李圭白.超滤－纳滤双膜工艺深度处理南四湖水中试研究.给水排水，2018，54（03）：28-32.

[227] 郭峰，李星，杨艳玲，李圭白.滤料特性对锰砂滤池启动期除铁除锰效能的影响.中国给水排水，2018，34（07）：16-20+25.

[228] 郭绍东，梁恒，瞿芳术，朱雷，汪恂，李圭白.酸碱与农业生物质骨料对污泥脱水效能的影响.哈尔滨工业大学学报，2019，51（02）：16-21.

[229] 柳斌，瞿芳术，施周，唐小斌，纪洪杰，梁恒，李圭白.低压重力驱动式超滤工艺处理引黄水库水中试研究.给水排水，2018，54（06）：40-44.

[230] 曹伟奎，瞿芳术，吕谋，李圭白，秦世亮，梁恒.内压式超滤工艺处理山区水库水的试验.净水技术，2018，37（07）：31-36.

[231] 黄乔津，郭远庆，梁恒，李圭白.连续过滤－超滤工艺处理松花江水中试研究.哈尔滨工业大学学报，2019，51（02）：8-15.

[232] 杜星，张开明，关妙婷，王志红，李圭白，梁恒. 压力驱动膜系统中流体剪切力及其对膜污染的影响. 膜科学与技术，2018，38（06）：138–148.

[233] 李圭白，梁恒，余华荣，杜星，杨海洋. 锰质活性滤膜化学催化氧化除锰机理研究. 给水排水，2019，55（05）：6–10+75.

[234] 徐凯，杨艳玲，于海宽，李星，梁恒，李圭白，纪洪杰. 新型超滤系统的除污染效能及膜污染控制中试研究. 给水排水，2019，55（06）：44–49.

2. 国外部分论文

[1] Guibai Li, Gregory John. Flocculation and sedimentation of high-turbidity waters. Water Research, 1991, 25（9）：1137–1143.

[2] Guibai Li, Jun Ma, Du K Y. Multi-stage slow sand filtration for the treatment of high turbid water[J]. Advances in Slow Sand and Biological Filtration. New York : John Wiley & Sons Ltd, 1996, 371–378

[3] Guibai Li, Xing Li, Gregory John. A new research method for flocculation of concentrated suspensions. Proceedings of Fourth Symposium on Mining Chemistry, 1992.

[4] Jun Ma, Guibai Li, NJD Graham. Efficiency and mechanism of acrylamide removal by permanganate oxidation. Aqua, 1994, 43 : 287–295.

[5] Fuyi Cui, Jiuhui Qu, Wandong Yang, Guibai Li. Effective detection range of SCD and its applicability for coagulant dosage control, Proceedings of ISSE, 1992, 256–262.

[6] Jun Ma, Guibai Li, ZhongLin Chen, Guoren Xu, GQ Cai. Enhanced coagulation of surface waters with high organic content by permangante peroxidation. Water Science and Technology : Water Supply. 2001, 1（1）：51–61.

[7] Hua Bai, Lixin Gao, Guibai Li. Neural networks based optimum coagulation dosing rate control applied to water purification system. World Congress on Intelligent Control & Automation. IEEE, 2002.

[8] Jin Zhang, Guibai Li, Jun Ma. Effects of chlorine content and position of chlorinated phenols on their oxidation kinetics by potassium permanganate. Journal of Environmental Sciences. 2003, 15（3），342–345.

[9]   Daoji Wu, Guibai Li, Long Wang, Hua Zhang. Kinetics and control index of flocculation in turbulence. International Conference on Energy and the Environment. 2003, 1611-1615.

[10]   Jiao Zhongzhi, Chen Zhonglin, Yangmin. Adsorption of Fluoride Ion by Inorganic Cerium Based Adsorbent. High Technology Letter. 2004, 10（4）: 83~86.

[11]   Shengji Xia, Jun Nan, Ruiping Liu, Guibai Li. Study of drinking water treatment by ultrafiltration of surface water and its application to China. Desalination, 2004, 170（1）: 41-47.

[12]   Yongji Zhang, Jun Nan, Lingling Zhou, GuibaiLi. Effects of potassium permanganate on natural organic matter chlorination activity. Huanjing Kexue. 2006, 27（9）, 1798-801.

[13]   Guibai Li, John Gregory. Effects of dosing and mixing conditions on polymer flocculation of concentrated suspensions. Chemical Engineering Communications, 2007, 108（1）: 3-21.

[14]   Guoren Xu, Jinlong Zou, Guibai Li. Ceramsite made with water and wastewater sludge and its characteristics affected by SiO_2 and Al_2O_3. Environmental Science & Technology, 2008, 42（19）: 7417-7423.

[15]   Heng Liang, Jie Chen. Guibai Li. Cleaning of fouled ultrafiltration（UF）membrane by algae during reservoir water treatment. Desalination. 2008, 220: 267-272.

[16]   Heng Liang, Weijia Gong, Guibai Li. Performance evaluation of water treatment ultrafiltration pilot plants treating algae-rich reservoir water. Desalination. 2008, 221: 345-350.

[17]   Hui Tao, ZhongLin Chen, Xing Li, YanLing Yang, Gui-Bai Li. Salicylate-spectrophotometric determination of inorganic monochloramine. ANALYTICA CHIMICA ACTA. 2008, 615（2）, 184-190.

[18]   Jiayu Tian, Heng Liang, Xing Li, Shijie You, Sen Tian, Guibai Li. Membrane coagulation bioreactor（MCBR）for drinking water treatment. Water Research, 2008, 42（14）: 3910-3920.

[19]   Jun Nan, Weipeng He, Xinin Song, Guibai Li. Impact of dynamic distribution of floc particles on flocculation effect. Journal of Environmental Sciences. 2009, 21（8）, 1059-1065.

[20]   Ruiping Liu, Lihua Sun, Jiuhui Qu, Guibai Li. Arsenic removal through adsorption, sand filtration and ultrafiltration: In situ precipitated ferric and manganese binary oxides as adsorbents. Desalination,

443

2009, 249（3）：1233-1237.

[21] Ruiping Liu, Huijuan Liu, Zhimin Qiang, Jiuhui Qu, Guibai Li, Dongsheng Wang. Effects of calcium ions on surface characteristics and adsorptive properties of hydrous manganese dioxide. Journal of Colloid and Interface Science, 2009, 331（2）：275-280.

[22] Jinlong Zou, Yingjie Dai, Tieheng Sun, Yinghua Li, Guibai Li, Q. Y. Li. Effect of amended soil and hydraulic load on enhanced biological nitrogen removal in lab-scale SWIS. Journal of Hazardous Materials, 2009, 163（2-3）：816-822.

[23] Jinlong Zou, Guoren Xu, Guibai Li. Ceramsite obtained from water and wastewater sludge and its characteristics affected by Fe_2O_3, CaO, and MgO. Journal of Hazardous Materials, 2009, 165（1-3）：995-1001.

[24] Lihua Sun, Ruiping Liu, Shengji Xia, Yanling Yang, Guibai Li. Enhanced As（III）removal with permanganate oxidation, ferric chloride precipitation and sand filtration as pretreatment of ultrafiltration. Desalination. 2009, 243（1-3），122-131.

[25] Lihua Sun, Xing Li, Guoyu Zhang, Jie Chen, Zhe Xu, Guibai Li. The substitution of sand filtration by immersed-UF for surface water treatment：pilot-scale studies. Water Science and Technology. 2009, 60（9），2337-2343.

[26] Heng Liang, Jun Nan, Wenjie He, Guibai Li. Algae removal by ultrasonic irradiation-coagulation. Desalination. 2009, 239：191-197.

[27] Lu Qi, Heng Liang, Yi Wang, Guibai Li. Integration of immersed membrane ultrafiltration with the reuse of PAC and alum sludge（RPAS）process for drinking water treatment. Desalination. 2009, 249：440-444.

[28] Lijun Yu, Yi Wang, Guibai LI. Effects of pressure and pretreatment by permanganate/PAC/coagulant on algae-rich water treatment with UF（ultrafiltration）membrane process. Environmental Pollution and Public Health（EPPH 2009）, special track within iCBBE, Bejing, China：2009, 1-4

[29] Lingling Zhou, Yongji Zhang, Guibai Li. Effect of pipe material and low level disinfectants on biofilm development in a simulated drinking water distribution system. Journal of Zhejiang University-Science A, 2009, 10（5）：725-731.

[30] Yongji Zhang, Lingling Zhou, Guo Zeng, Zhengguo Song, Guibai Li. Factors affecting the formation of trihalomethanes in the presence of bromide during chloramination. Journal of Zhejiang University—Science A. 2010, 11（8）, 606–612.

[31] Jiayu Tian, Yongpeng Xu, Zhonglin Chen, Jun Nan, Guibai Li. Air bubbling for alleviating membrane fouling of immersed hollow—fiber membrane for ultrafiltration of river water. Desalination, 2010, 260（1–3）: 225–230.

[32] WenZheng Yu, John Gregory, YanLing Yang, Min Sun, Ting Liu, and GuiBai Li. Effect of coagulation and applied breakage shear on the regrowth of kaolin flocs. Environmental Engineering Science, 2010, 27（6）: 483–492.

[33] Wenzheng Yu, John Gregory, Luiza Campos, Guibai Li. The role of mixing conditions on floc growth, breakage and re—growth. Chemical Engineering Journal, 2011, 171（2）: 425–430.

[34] Wei Gao, Heng Liang, Jun Ma, Mei Han, Zhonglin Chen, Zhengshuang Han, Gui—bai Li. Membrane fouling control in ultrafiltration technology for drinking water production: A review. DESALINATION. 2011, 272（1–3）, 1–8.

[35] Yan Zhang, Chuyang Y. Tang, Guibai Li. The role of hydrodynamic conditions and pH on algal—rich water fouling of ultrafiltration. Water Research. 2012, 46（15）, 4783–4789.

[36] Fangshu Qu, Heng Liang★, Zhaozhi Wang, Hui Wang, Huarong Yu, Guibai Li. Ultrafiltration membrane fouling by extracellular organic matters（EOM）of Microcystisaeruginosa in stationary phase: Influences of interfacial characteristics of foulants and fouling mechanisms. Water Research. 2012, 46: 1490–1500.

[37] Fangshu Qu, Heng Liang★, Junguo He, Jun Ma, Zhaozhi Wang, Huarong Yu, Guibai Li. Characterization of dissolved extracellular organic matter（dEOM）and bound extracellular organic matter（bEOM）of Microcystisaeruginosa and their impacts on UF membrane fouling. Water Research. 2012, 46: 2881–2890.

[38] Guoren Xu, Mingwei Liu, Guibai Li. Stabilization of heavy metals in lightweight aggregate made from sewage sludge and river sediment. Journal of Hazardous Materials, 2013, 260: 74–81.

445

[39] Yan Zhang, Fang Ma, Gui-bai Li. Fouling of ultrafiltration membrane by algal-rich water : Effect of kalium, calcium, and aluminum. Journal of Colloid and Interface Science. 2013, 405, 22-27.

[40] Zhaozhi Wang, Heng Liang★, Fangshu Qu, Jun Ma, Jie Chen, Guibai Li. Start up of a gravity flow CANON-like MBR treating surface water under low temperature. Chemical Engineering Journal. 2013, 217 : 466-474.

[41] Jianghan Luo, Heng Liang★, Lijun Yan, Jun Ma, Yanling Yang, Guibai Li. Microbial community structures in a closed raw water distribution system biofilm as revealed by 454-pyrosequencing analysis and the effect of microbial biofilm communities on raw water quality. Bioresource Technology. 2013, 148 : 189-195.

[42] Zhaozhi Wang, Robert W. Field, Fangshu Qu, Ying Han, Heng Liang★, Guibai Li. Use of threshold flux concept to aid selection of sustainable operating flux : A multi-scale study from laboratory to full scale. Separation and Purification Technology. 2014, 123 : 69-78.

[43] Kai Li, Heng Liang★, Fangshu Qu, Senlin Shao, Huarong Yu, Zheng-shuang Han, Xing Du, Guibai Li. Control of natural organic matter fouling of ultrafiltration membrane by adsorption pretreatment : Comparison of mesoporous adsorbent resin and powdered activated carbon. Journal of Membrane Science. 2014, 471 : 94-102.

[44] Kai Li, Fangshu Qu, Heng Liang★, Senlin Shao, Zhengshuang Han, Haiqing Chang, Xing Du, Guibai Li. Performance of mesoporous adsorbent resin and powdered activated carbon in mitigating ultrafiltration membrane fouling caused by algal extracellular organic matter. Desalination. 2014, 336 : 129-137.

[45] Lu Qi, Xiang Zheng, Guibai Li. Factors influencing critical flux of UF membrane in drinking water treatment. Desalination and Water Treatment. 2015, 56（12）, 3305-3312.

[46] Langming Bai, Heng Liang, John Crittenden, Fangshu Qu★, An Ding, Jun Ma, Xing Du, Shaodong Guo, Guibai Li. Surface modification of UF membranes with functionalized MWCNTs to control membrane fouling by NOM fractions. Journal of Membrane Science. 2015 , 492 : 400-411

[47] Shaodong Guo, Fangshu Qu, An Ding, Langming Bai, Guibai Li, HuuHao Ngo, WenshanGuo,

Heng Liang★. Effects of poly aluminum chloride dosing positions on the performance of a pilot scale anoxic/oxic-membrane bioreactor（A/O-MBR）. Water Science & Technology. 2015，72（5）：689-695.

[48]　Shaodong Guo, Fangshu Qu, An Ding, Junguo He, Huarong Yu, Langming Bai, Guibai Li, Heng Liang★. Effects of agricultural waste-based conditioner on ultrasonic-aided activated sludge dewatering. RSC Adv., 2015, 5：43065-43073.

[49]　Huarong Yu, Guoren Xu★, Fangshu Qu, Guibai Li, Heng Liang★. Effect of solid retention time on membrane fouling in membrane bioreactor：from the perspective of quorum sensing and quorum quenching. Applied microbiology and biotechnology. 2016，100（18），7887-7897.

[50]　Senlin Shao, Heng Liang★, Fangshu Qu, Kai Li, Haiqing Chang, HuarongYu, Guibai Li. Combined influence by humic acid（HA）and powdered activated carbon（PAC）particles on ultrafiltration membrane fouling. Journal of Membrane Science. 2016，500，99-105.

[51]　An Ding, Heng Liang★, Guibai Li, Nicolas Derlon, IlonaSzivak, Eberhard Morgenroth, WouterPronk★. Impact of aeration shear stress on permeate flux and fouling layer properties in a low pressure membrane bioreactor for the treatment of grey water. Journal of Membrane Science. 2016, 510，382-390.

[52]　Langming Bai, Nathan Bossa, Fangshu Qu, Judy Winglee, Guibai Li, Kai Sun, Heng Liang★, Mark R. Wiesner★. Comparison of Hydrophilicity and Mechanical Properties of Nanocomposite Membranes with Cellulose Nanocrystals and Carbon Nanotubes. Environmental science & technology. 2016，51（1），253-262.

[53]　Mingquan Wang, Fangshu Qu, Ruibao Jia, Shaohua Sun, Guibai Li, Heng Liang. Preliminary Study on the Removal of Steroidal Estrogens Using TiO_2-Doped PVDF Ultrafiltration Membranes，Water, 2016，8（4），134.

[54]　Xiaobin Tang, An Ding, Fangshu Qu, Ruibao Jia, Haiqing Chang, Xiaoxiang Cheng, Bin Liu, Guibai Li, Heng Liang★. Effect of operation parameters on the flux stabilization of gravity-driven membrane（GDM）filtration system for decentralized water supply. Environmental Science and

Pollution Research. 2016, 23（16）, 16771−16780.

[55] Senlin Shao, LuyangCai, Kai Li, Jiangyun Li★, Xing Du, Guibai Li, Heng Liang★. Deposition of powdered activated carbon（PAC）on ultrafiltration（UF）membrane surface : influencing factors and mechanisms. Journal of Membrane Science. 2017, 530, 104−111.

[56] Senlin Shao, Yijing Feng, Huarong Yu, Jiangyun Li★, Guibai Li, Heng Liang★. Presence of an adsorbent cake layer improves the performance of gravitydriven membrane（GDM）filtration system. Water Research. 2017, 108 : 240−249.

[57] An Ding, Jinlong Wang, Dachao Lin, Xiaobin Tang, Xiaoxiang Cheng, Guibai Li, Nanqi Ren, Heng Liang★. In situ coagulation versus pre−coagulation for gravity−driven membrane bioreactor during decentralized sewage treatment : Permeability stabilization, fouling layer formation and biological activity. Water Research. 2017, 126, 197−207.

[58] Xing Du, Guangyang Liu, Fangshu Qu, Kai Li, Senlin Shao, Guibai Li, Heng Liang★. Removal of iron, manganese and ammonia from groundwater using a PACMBR system : the anti−pollution ability, microbial population and membrane fouling. Desalination. 2017, 403, 97−106.

[59] Zhongsen Yan, Haiyang Yang, Fangshu Qu★, Huarong Yu, Heng Liang, Guibai Li, Jun Ma. Reverse osmosis brine treatment using direct contact membrane distillation : Effects of feed temperature and velocity. Desalination. 2017, 423, 149−156.

[60] Huarong Yu, Fangshu Qu★, Xiaolei Zhang, Peng Wang, Guibai Li, Heng Liang★. Effect of quorum quenching on biofouling and ammonia removal in membrane bioreactor under stressful conditions. Chemosphere, 2018, 199, 114−121.

[61] An Ding, Jinlong Wang, Dachao Lin, Xiaoxiang Cheng, Hui Wang, Langming Bai, Nanqi Ren, Guibai Li, Heng Liang★. Effect of PAC particle layer on the performance of gravity−driven membrane filtration（GDM）system during rainwater treatment. Environmental Science : Water Research & Technology. 2018, 4（1）, 48−57.

[62] Xiaobin Tang, Xiaoxiang Cheng, Xuewu Zhu, Binghan Xie, Yuanqing Guo, Jinlong Wang, An Ding, Guibai Li, Heng Liang★. Ultra−low pressure membrane−based bio−purification process for

decentralized drinking water supply：Improved permeability and removal performance. Chemosphere. 2018，211，784-793.

[63] Haiqing Chang, Baicang Liu, Ping Yang, Qingyuan Wang, Kai Li, Guibai Li, Heng Liang★. Salt backwashing of organic-fouled ultrafiltration membranes：Effects of feed water properties and hydrodynamic conditions. Journal of Water Process Engineering. 2019，30，100429.

[64] Zhongsen Yan, Ke Liu, Huarong Yu, Heng Liang, Binghan Xie, Guibai Li, Fangshu Qu★, Bart van der Bruggen. Treatment of anaerobic digestion effluent using membrane distillation：Effects of feed acidification on pollutant removal, nutrient concentration and membrane fouling. Desalination，2019，449，6-15.

二、著书

[1] 李圭白.地下水除铁.哈尔滨建筑工程学院给水排水教研室.中国建筑工业出版社，1977.

[2] 李圭白，刘超.地下水除铁除锰.中国建筑工业出版社，1989.

[3] 崔福义，李圭白.流动电流及其在混凝控制中的应用.黑龙江省科学技术出版社，1995.

[4] 于水利，李圭白.高浊度水絮凝投药控制.大连理工大学出版社，1997.

[5] 李圭白，蒋展鹏，范瑾初，龙腾锐.城市水工程概论.中国建筑工业出版社，2002.

[6] 李圭白，张杰.水质工程学（上、下册）.中国建筑工业出版社，2005.

[7] 李圭白.院士谈给水排水工程专业.中国建筑工业出版社，2005.

[8] 李星，杨艳玲，李虹，李圭白.透光率脉动检测混凝投药控制技术.化学工业出版社，2005.

[9] 李圭白、杨艳玲、李星、李虹.锰化合物净水技术.中国建筑工业出版社，2006.

[10] 杨艳玲，李星，李圭白.水中颗粒物的检测及其应用.化学工业出版社，2007.

[11] 李圭白，蒋展鹏，范瑾初，龙腾锐.给排水科学与工程概论（第二版）.中国建筑工业出版社，2010.

三、译著

[1] 井出哲夫等编著，张自杰、刘馨远、李圭白等译.水处理工程理论与应用.中国建筑工业出版社，1978.

附录三

李圭白培养的研究生一览表

姓名	硕士研究生		博士研究生		博士后	
	入学时间	毕业时间	入学时间	毕业时间	入学时间	毕业时间
王志石	1978	1982				
阎立华	1978	1981				
刘灿生	1979	1981				
肖相尧	1980	1982				
崔福义	1982	1984	1990	1994	1995	2001
马军	1982	1985	1987	1990		
张景成	1983	1986				
刘俊新	1984	1987				
曲久辉	1985	1988	1988	1992		
郑庭林	1985	1988				
赵明	1985	1988				
张亚峰	1985	1988				
李名锐	1986	1988				
崔俊华	1986	1988				
魏玉瑞	1986	1989				
李大鹏	1987	1990				
李瑞文	1987	1990				
李亚强	1988	1991				
李星			1990	1995	1996	1999
方秀珍	1990	1993				
张金梅	1990	1993				
于水利			1991	1994		
葛旭	1991	1994				
杨万东			1992	1995		
杨振海			1992	1996		
陈卫	1992	1994	1997	2001		
高斌	1992	1995				
陈忠林			1993	1997		
李魁声	1993	1995				
王东升					1997	1999

续表

姓名	硕士研究生		博士研究生		博士后	
	入学时间	毕业时间	入学时间	毕业时间	入学时间	毕业时间
王艳红	1993	1995				
南军	1993			1999		
许国仁	1993			1999		
范洁	1993			1999		
王晓颖	1993	1996				
王东田			1994	1998		
盛力	1994	1997				
方闻	1995	1998				
从波	1995	1999				
常忠海	1996	1999				
李孟			1996	1999		
姜成春			1996	2000		
孙连鹏	1996			2001		
石颖			1996	1999		
付涛			1996	1999		
张雅玲	1997	2000				
黄晖	1997	1999				
姜树宽	1998	2000				
纪峰	1998	2000	2007	2010		
黄国忠			1998	2001		
张锦			1998	2001		
郑兴灿			1998	2001		
从丽			1998	2002		
陶毅	1999	2001				
白桦			1999	2002		
刘前军	1999			2004		
杨海燕	1999	2002				
杨艳玲			2000	2003		
刘玉清	2000	2002				

续表

姓名	硕士研究生		博士研究生		博士后	
	入学时间	毕业时间	入学时间	毕业时间	入学时间	毕业时间
夏圣骥	2000			2005		
刘锐平	2000			2005		
姚宏			2000	2003		
李岚	2000	2005				
贺强	2000	2005				
蔡冬鸣			2001	2004		
武道吉			2001	2003		
张永吉			2001	2004		
刘志生	2001	2004				
陈杰	2001			2006		
焦中志			2002	2005		
张卿	2002	2005				
梁恒	2002			2007		
孙丽华	2002	2005	2005	2008		
陶辉	2003			2008		
齐鲁	2003	2006	2006	2010		
杨威			2004	2007		
于莉君	2004			2009		
何丽娟	2004	2007				
张彦平			2004	2008		
邓林熠	2004			2010		
田家宇	2004			2009		
王俊岭			2005	2009		
李磊					2005	2007
刘灿波	2005	2008				
王毅	2005			2010		
俞文正	2005			2010		
潘志辉	2006			2011		
孙雯	2006	2009				
李荣					2007	2009

姓名	硕士研究生		博士研究生		博士后	
	入学时间	毕业时间	入学时间	毕业时间	入学时间	毕业时间
周玲玲			2006	2010		
瞿芳术	2007			2012		
王兆之	2007			2012		
张艳			2007	2011		
高伟	2008			2013		
韩正双	2008			2013		
沈玉东	2008	2011				
丁安	2009			2014		
李凯	2009			2014		
周莎莎	2009	2012				
张剑桥	2010	2012				
余华荣	2010			2016		
常海庆	2010			2016		
邵森林	2010			2016		
王彩虹			2011	2017		
王明泉			2011	2017		
雒江涵			2011	2016		
白朗明	2011			2017		
杜星	2011			2017		
郭绍东	2011			2017		
王辉			2012	2017		
柳斌	2012			2018		
唐小斌			2014	2018		
鄢忠森	2013	2015	2015	2019		
朱学武	2014	2016	2016			
陈天意	2012	2014				
邢加健	2015					
王天玉	2015					
郭远庆			2017			
杨海燕					2014	2016
王茜			2014			

姓名	硕士研究生		博士研究生		博士后	
	入学时间	毕业时间	入学时间	毕业时间	入学时间	毕业时间
王金龙			2017			
杨海洋			2017			
张晗	2016					
黄乔津	2016	2018				
曾玮琛	2017					
赵煊琦	2017	2019				
徐一帆	2017	2019				
孙成超	2017	2019				
仲琳	2017	2019				

主要参考文献

一、李圭白论文

[1] 李圭白.高浑浊河水自然沉淀池的新计算方法.哈尔滨工业大学土木建筑学报，1958，（2）：76-86.

[2] 李圭白，董辅祥，刘馨远.卧式沉淀池水力状况的模型试验研究.哈尔滨工业大学土木工程学报，1958，（02）：36-57.

[3] 李圭白，于维元，孙国臣.蓬蓬头曝气设备的计算方法.哈尔滨建筑工程学院学报，1962，（2）：39-52.

[4] 李圭白.高浑浊水的拥挤沉降实验研究.哈尔滨建筑工程学院学报，1963，（2）.

[5] 李圭白，于维元.天然锰砂除铁法试验研究.哈尔滨建筑工程学院学报，1963，（4）：27-40.

[6] 李圭白.高浑浊水的动水浓缩规律和自然沉淀池的计算方法.土木工程学报，1964，（01）：76-86.

[7] 李圭白.次高浑浊水的动水浓缩规律.哈尔滨建筑工程学院学报，1965，（1）：97-106.

[8] 李圭白，于维元.用天然锰砂去除水中铁质的实验研究.高等学校自然科学学报，1965，（1）：4.

[9] 李圭白.天然锰砂过滤除铁的基本规律.建筑结构，1973，（03）：34-43.

[10] 李圭白.天然锰砂除铁滤层的设计和计算.建筑结构，1973，（03）：34-43.

[11] 李圭白.天然锰砂除铁的机理.哈尔滨建筑工程学院学报，1974，（01）：7-15.

[12] 李圭白.关于无阀滤池反冲洗的计算问题.哈尔滨建筑工程学院学报，1975，

（01）：49-60.

[13] 李圭白.接触催化除铁的人造锈砂滤料.给水排水，1976，（2）：47.

[14] 李圭白.农村家用简易除铁法.建筑技术通讯（给水排水），1976，（02）：19.

[15] 李圭白.给水处理的管式生物氧化法.建筑技术通讯（给水排水），1976，（03）：32-33.

[16] 李圭白.人造"锈砂"除铁.哈尔滨建筑工程学院学报，1978，（01）：75-80.

[17] 李圭白.关于用自然形成的锰砂除锰的研究.哈尔滨建筑工程学院学报，1979.

[18] 李圭白.空气接触氧化法除锰.建筑技术通讯（给水排水），1980，（01）：26-29.

[19] 李圭白.试谈科研对教学的促进作用.哈尔滨建筑工程学院学报，1980，（2）：102-106.

[20] 李圭白.对高浓度浑水静水沉淀浓缩若干理论问题的探讨.哈尔滨建筑工程学院学报，1981，（02）：1-9.

[21] 李圭白.对"曝气-石英砂过滤法除铁的调研和试验"一文的几点看法.建筑技术通讯（给水排水），1981，（03）：43-47.

[22] 李圭白.试论锈砂除铁和水质分类.哈尔滨建筑工程学院学报，1981，（4）.

[23] 李圭白，陈辅君.沙峰型高浊度水沉淀池计算.土木工程学报，1981，（04）：71-80.

[24] 李圭白，汤鸿霄.煤、砂滤层反冲洗计算公式.环境科学学报，1981，1（04）：275-284.

[25] 李圭白.试论高浓度、中浓度和低浓度浑水沉淀池的统一计算方法.哈尔滨建筑工程学院学报，1982，（01）：67-76.

[26] 李圭白.高浓度泥水沉淀（浓缩）池的模型律.环境科学学报1982，2（01）：44-58.

[27] 李圭白. 次高浊度水沉淀池的计算方法. 哈尔滨建筑工程学院学报, 1983,（01）: 48-64.

[28] 李圭白, 崔福义. 聚丙烯酰胺的最佳水解度及水解条件选择. 中国给水排水, 1987, 3（04）: 8-12.

[29] 李圭白, 马军. 天然大分子有机物质对活性炭吸附水中微量有机污染物的影响哈尔滨建筑工程学院学报, 1988, 21（04）: 52-62.

[30] 李圭白, 马军. 高锰酸钾氧化法去除饮用水中微量的丙烯酰胺. 建筑技术通讯（给水排水）, 1989,（02）: 8-12+21.

[31] 曲久辉, 李圭白. 用高锰酸钾去除松花江水中微量苯酚的动力学及其哈尔滨建筑工程学院学报, 1990, 23（03）: 52-58.

[32] 崔福义, 李圭白. 流动电流法混凝控制技术. 中国给水排水, 1991, 7（06）: 36-40.

[33] 李圭白, 马军. 用高锰酸钾去除和控制受污染水源水中的致突变物质. 建筑技术通讯（给水排水）, 1992,（02）: 15-18+2-3.

[34] 李圭白. 水的社会循环和水资源可持续利用. 给水排水, 1998, 24（9）.

[35] 崔福义, 李圭白. 流动电流混凝控制技术在我国的应用. 中国给水排水, 1999, 15（07）: 24-26.

[36] 许国仁, 李圭白. 高锰酸钾复合药剂去除水中微污染效能的研究, 中国土木工程学会水工业分会, 2000: 16.

[37] 张锦, 李圭白, 陈忠林. 高锰酸钾复合药剂去除放线菌嗅味研究. 中国给水排水, 2002, 18（03）: 10-13.

[38] 李圭白. 城市饮用水处理工艺的发展过程. 中国建设报, 2010-03-05（006）.

[39] 李圭白. 水危机及其对策－水的良性社会循环. 城镇供水, 2010,（03）: 3-7.

[40] 李圭白. 饮用水处理工艺的发展历程. 中国建设信息（水工业市场）, 2010,（06）: 8-9.

[41] 李圭白，田家宇，齐鲁．第三代城市饮用水净化工艺及超滤的零污染通量．给水排水，2010，46（08）：11-15.

[42] 李圭白．饮用水安全问题及净水技术发展．中国工程科学，2012，14（07）：20-23.

[43] 李圭白，瞿芳术，梁恒．关于在城市饮水净化中采用绿色工艺的一些思考．给水排水，2014，40（08）：1-3.

二、李圭白著书

[1] 李圭白．地下水除铁．哈尔滨建筑工程学院给水排水教研室、中国建筑工业出版社，1977.

[2] 李圭白，刘超．地下水除铁除锰．中国建筑工业出版社，1989.

[3] 崔福义，李圭白．流动电流及其在混凝控制中的应用．黑龙江省科学技术出版社，1995.

[4] 于水利，李圭白．高浊度水絮凝投药控制．大连理工大学出版社，1997.

[5] 李圭白，蒋展鹏，范瑾初，龙腾锐．城市水工程概论．中国建筑工业出版社，2002.

[6] 李圭白，张杰．水质工程学（上下册）．中国建筑工业出版社，2005.

[7] 李星，杨艳玲，李虹，李圭白．透光率脉动检测混凝投药控制技术．化学工业出版社，2005.

[8] 李圭白、杨艳玲、李星、李虹．锰化合物净水技术．中国建筑工业出版社，2006.

[9] 杨艳玲，李星，李圭白．水中颗粒物的检测及其应用．化学工业出版社，2007.

[10] 李圭白，蒋展鹏，范瑾初，龙腾锐．给排水科学与工程概论．中国建筑工业出版社，2010.

三、档案资料

[1] 李圭白简历.教师升职表.存于哈尔滨工业大学档案馆.

[2] 饮用水源水高效净化与案例消毒技术.科技成果鉴定证书.存于哈尔滨工业大学档案馆.

[3] 获奖项目汇编.存于哈尔滨工业大学档案馆.

[4] 中国工程院院士登记表.存于哈尔滨工业大学档案馆.

[5] 关于李圭白同志当选为中国工程院院士的通知.建设部司发文.存于哈尔滨工业大学档案.1995.7.6.

[6] 毕业证存根.存于哈尔滨工业大学档案馆.

[7] 哈尔滨工业大学学生卡.存于哈尔滨工业大学档案馆.

[8] 讲师呈报表.存于哈尔滨工业大学档案馆.

[9] 高等学校确定与提升教授、副教授职务名称呈报表.存于哈尔滨工业大学档案馆.

[10] 入团志愿书.存于哈尔滨工业大学档案馆.

[11] 入党志愿书.存于哈尔滨工业大学档案馆.

[12] 登记表.自传.存于哈尔滨工业大学档案馆.

四、口述访谈

李圭白、陈忠林、许国仁、马军、于水利、彭永臻、崔福义、刘灿生、南军、曲久辉、刘俊新、傅涛、顾芳、李星、梁恒、柳兵。

五、书面采访

李继震、高乃云、纪洪杰、何寿平、贾瑞宝、李孟、刘锐平、沈裘昌、夏圣骥、俞文正。

六、研究资料

[1] 给排水科学与工程专业发展史记 . 崔福义主编 . 北京：中国建筑工业出版社 . 2017.1

[2] 李昌传 . 周士元 . 哈尔滨：哈尔滨工业大学出版社 . 2009.7.

[3] 李圭白学术论文集 - 贺李圭白院士七十寿辰 . 刘灿生，于水利，崔福义 . 北京：中国建筑工业出版社 . 2001.

[4] 李圭白学术论文集—贺李圭白院士八十寿辰 . 崔福义，田家宇，梁恒 . 北京：中国建筑工业出版社 . 2010.

[5] 我的水墨人生 . 张自杰 . 哈尔滨：

七、研究著述

[1] 我国地下水除铁锰技术发展简史 . 刘灿生 .

[2] 饮用水卫生与处理技术 . 秦钰慧主编 . 北京：化学工业出版社 . 2002.6.

八、报刊文章

[1] 为了 21 世纪的水工业 - 记水处理专家李圭白 . 中州院士风 . 采余学珍 . 中国科学技术出版社 . 1999.

[2] 哈尔滨工业大学与建筑大学合并 . 人民日报海外版 . 董伟，胡斌，2000-6-13.

[3] "长江学者"马军：一江清水心中流 . 中国教育报 2008-1-29.

[4] 中国民族卫生协会健康饮水专业委员会成立大会在京召开人民网 . 2010-3-22.

[5] 李圭白钱易等向全国人大环境资源委员会递交饮用水标准 . 水世界 2007-12-21.

[6] 国家饮水标准 20 年未变 专家联名上书宜尽早修订 . 李虎军 . 南方周末 . 2005-3-31.

[7] 2005 年：松花江发生重大水污染事件 . 新华网 . 2009-7-29.

[8] 中国工程院院士、松花江水污染处理专家组成员李圭白教授说：恢复供水后 水质肯定能达标 . 新晚报 . 刘韬 . 2005-11-26.

[9] 第五届世界水大会——"中国水日"活动 . 水世界-中国城镇水网 . 2006-9-11

[10] 全国给水深度处理研究会 2007 年年会开幕 . 水世界 . 2008-1-24.

[11] 李圭白院士呼吁科学饮用健康水 . 金信安水务 . 2008-6-26.

[12] 确保饮用水安全"水源决定水质". 中国水网 . 2012-3-28.

后　记

2015 年，"李圭白学术成长资料采集"项目由中国科协批准立项，项目由崔福义负责，主要参加人员有梁恒、张艳、陶丹梅、孙红烈。还有一大批哈尔滨工业大学的教师和研究生先后参加了部分工作。项目组的工作包括相关人员访谈、音像资料征集录制、档案资料征集整理、实物收集、资料长编、年表、传记等。历时 3 年的研究工作，于 2018 年通过了项目验收。《净水人生——李圭白传》即是项目工作的核心成果。传记以纪实的手法具体描述了李圭白院士精彩的人生。

项目研究工作得到了"采集工程领导小组办公室"张藜、吕瑞花、张佳静等几位老师的帮助和指导，更得到了李圭白院士的全力支持和配合。在最初的采访中，李圭白院上刚做完腰间盘手术不久，他坚持从家到办公室接受几个小时的采访，给了采访工作的大力支持。他没有写日记，做笔记的习惯，凭记忆讲述一生，真是佩服他有那么惊人的记忆力。

李圭白院士的一生比较低调，他除了专业论文资料外，之前没有传记和回忆录，接受记者采访也只是就某一事件的采访，所以，可参考的文字资料很有限。口述访谈中，他讲的大多是专业上的"干货"，因此，笔者在梳理资料时，要科普的几大研究方向上的专业知识较多，感到宏观构建大框架容易，但微观构思细节着墨难。

在《净水人生——李圭白传》《李圭白年表》及《资料长编》的完成过程中，笔者共访谈了 16 人，29 人次，其中包括李圭白在哈尔滨、北京和上海等地的学生和社会各界人士的支持和帮助。在采访过程中，还通过发放采访提纲的方式，书面采访了李圭白院士在外地的 10 名学生，在此一一致谢。

　　本书是李圭白院士的第一本传记，笔者是本着高度负责的精神和对先生的敬意来完成写作的。因多方面原因，难免有缺陷和问题，望专家、学者和读者提出宝贵意见。

李圭白学术成长资料采集小组

执笔人　陶丹梅

2018.10

图书在版编目（CIP）数据

净水人生——李圭白传/陶丹梅等编著. —北京：中国建筑
工业出版社，2019.7（2021.2重印）
ISBN 978-7-112-23677-0

Ⅰ.①净… Ⅱ.①陶… Ⅲ.①李圭白-传记 Ⅳ.①K826.16

中国版本图书馆 CIP 数据核字（2019）第081860号

"李圭白学术成长资料采集"项目由中国科协2015年批准立项，历时3年的
研究工作，于2018年通过了项目验收。本书是项目工作的核心成果。李圭白院士
的成长经历和国家的发展紧密相关；科研道路和专业发展密切联系，本书以纪实
的手法描述了李圭白院士的精彩人生，也从一个侧面反映了国家的飞速发展，以
及给水排水专业的发展历史。

责任编辑：王美玲　王　跃
书籍设计：康　羽
责任校对：芦欣甜

净水人生——李圭白传

陶丹梅　崔福义　梁　恒　编著
*
中国建筑工业出版社出版、发行（北京海淀三里河路9号）
各地新华书店、建筑书店经销
北京雅盈中佳图文设计公司制版
北京建筑工业印刷厂印刷
*
开本：787×960毫米　1/16　印张：30½　字数：398千字
2020年6月第一版　2021年2月第二次印刷
定价：98.00元
ISBN 978-7-112-23677-0
（33920）